グローバル経営要論

岸川善光 [編著]
Kishikawa Zenko

朴 慶心 [著]
Park Kyeong Sim

同文舘出版

──────◆ はじめに ◆──────

　近年，企業を取り巻く環境は，高度情報社会の進展，地球環境問題の深刻化，グローバル化の進展など，歴史上でも稀な激変期に遭遇している。環境の激変に伴って，ビジネスもマネジメントも激変していることはいうまでもない。本書は，このような環境の激変に対応するために企画された「経営学要論シリーズ」の第7巻として刊行される。

　30数年前，私は女優桃井かおりさんの父君である桃井真氏（元防衛庁防衛研修所研究部長）の地政学に関する講演を聞いたことがある。メルカトル図法の地図は，太平洋戦争の頃，日米の中間地点のハワイで日米開戦になったような誤解を与える。日本航空の飛行機はなぜアラスカの上空を飛ぶか，それはアラスカが日米の中間地点であるからである。今後は，地球儀を身近において，地球規模で正しく考えるべきである，との講演の趣旨は，当時の私にとても鮮烈な印象を与えた。早速，やや大きめの地球儀を購入し，書斎の電気を消して，少し離れた所から懐中電灯を照らし，手で地球儀（グローブ）を自転の方向に回転させると，確かにグローバルに考えている気分になったものである。

　本書は，大学（経営学部，商学部，経済学部等など）における「グローバル経営論」，「国際経営論」，大学院やビジネススクールにおける「グローバル経営特論」「国際経営特論」などの教科書・参考書として活用されることを意図している。また，海外の駐在員や国際事業部などでグローバル経営に関連する仕事に従事する実務家が，自らの実務を体系的に整理する際の参考書として活用されることも十分に考慮されている。

　本書は，3つの特徴をもっている。特徴の第一は，グローバル経営論に関連する内外の先行研究をほぼ網羅して，論点のもれを極力防止したことである。体系的な総論（第1章〜第3章）に基づいて，グローバル経営論の各論（第4章〜第9章）として，重要なテーマ（日本的経営，グローバル経営環境，多国籍企業，多国籍企業の機能別管理，多国籍企業間行動の新展開，異文化マネジメント）を6つ選定した。第10章は，まだ独立した章のテーマにはなりにくいものの，それに次ぐ重要なテーマを6つ選択し，グローバル経営論の今日的課題としてまとめた。

　これらの総論，各論について，「要論シリーズ」の基本コンセプトに基づいて，

各章10枚，合計100枚の図表を用いて，視覚イメージを重視しつつ，文章による説明と併せて理解できるように，立体的な記述スタイルを採用した。記述内容は「要論」の特性上，基本項目に絞り込んだため，応用項目・発展項目についてさらに研究したい読者は，巻末の詳細な参考文献を参照して頂きたい。

　特徴の第二は，グローバル経営論における「理論と実践の融合」を目指したことである。理論については，内外の先端的な研究成果を選択しつつ，「一定の法則性」の導出を常に目指して体系的に記述した。理論面では，常に原典に立ち戻り出所のページを明示するなど，可能な限り厳密さを追求した。実践については，グローバル経営に関する現実的な動向について言及した。また，「理論と実践の融合」を目指して，各論（第4章〜第9章）では，事例やトピックを意識して織り込んだ。

　特徴の第三は，従来のグローバル経営論のアプローチに加えて，学際的アプローチを多用したことである。グローバル経営において，マクロ（経済）－セミマクロ（産業）－ミクロ（企業）の適合が極めて重要であるので，マクロ（経済）やセミマクロ（産業）の動向にも必要に応じて言及した。わが国の1人あたりGDPが世界1位（1980年代）から27位（2014年）にまで転落した原因は，日本的経営の制度疲労がその背景にあるとの問題意識をもち，その解決を目指している。

　これらの3つの特徴は，実は編著者のキャリアに起因する。編著者は日本総合研究所などのシンクタンクにおいて，四半世紀にわたって，経営コンサルタントとして，数多くのクライアントに対して，経営コンサルティングに従事してきた。武田薬品工業における国際事業部の組織変革を皮切りに，多種多様なテーマについて数多く経験した。その後，横浜市立大学など大学・大学院に移籍後は，多くの学生・院生と共に生きたグローバル経営論を探究してきた。まさに，「理論と実践の融合」を目指したキャリアを積んできたといえよう。

　今回も，同文舘出版の市川良之取締役をはじめとする編集スタッフに大変お世話になった。「最初の読者」でもあるプロの編集スタッフのコメントは，執筆者にとって刺激になり，極めて有益であった。記して格段の謝意を表したい。

2015年12月

岸川　善光

目　次

【第1章】グローバル経営の意義　　1

1．グローバル化の進展 …………………………………………… 2
① グローバル環境の変化　2
② 国際ビジネスの展開　4
③ 統一化と分散化　6

2．グローバル経営の定義 ………………………………………… 7
① 先行研究の概略レビュー　7
② 国際経営とグローバル経営の異同点　8
③ 本書におけるグローバル経営の定義　10

3．グローバル経営の目的 ………………………………………… 11
① 世界規模の効率　12
② 柔軟な各国対応　14
③ 世界規模の学習とイノベーション　16

4．グローバル経営の特質 ………………………………………… 20
① 本拠地である国の競争優位　20
② 多様性との対応　22
③ リスクとの対応　26

5．グローバル統合とローカル適応 ……………………………… 27
① グローバル統合　27
② ローカル適応　28
③ グローバル統合とローカル適応の関係性　30

【第2章】グローバル経営論の生成と発展　33

1．貿易（輸出入） …………………………………………………… 34
- ① 企業行動　35
- ② 比較優位の原理　36
- ③ 貿易形態の変化　39

2．現地販売拠点 …………………………………………………… 40
- ① 企業行動　40
- ② 海外直接投資　42
- ③ ハイマー理論とキンドルバーガー理論　43

3．現地生産拠点 …………………………………………………… 45
- ① 企業行動　45
- ② プロダクト・ライフサイクル理論　48
- ③ 内部化理論　50

4．現地企業（現地子会社） ……………………………………… 52
- ① 企業行動　52
- ② ＯＬＩパラダイム　54
- ③ 現地企業（現地子会社）の新展開　56

5．グローバル企業 ………………………………………………… 57
- ① 企業行動　57
- ② トランスナショナル・モデル　58
- ③ グローバル経営論の生成と発展に関する「一定の法則性」　60

【第3章】グローバル経営の体系　65

1．グローバル経営戦略 …………………………………………… 66
- ①　グローバル経営戦略の意義　66
- ②　グローバル経営戦略の構成要素　68
- ③　国・地域軸の追加　69

2．グローバル経営組織 …………………………………………… 71
- ①　組織の発展段階モデル　71
- ②　グローバリゼーションの進展と組織構造　74
- ③　統合ネットワークの形成　76

3．グローバル経営資源 …………………………………………… 78
- ①　グローバル経営資源の意義　78
- ②　リソース・ベースト・ビュー　80
- ③　選択と集中　82

4．グローバル・イノベーション ………………………………… 84
- ①　イノベーションの意義　84
- ②　グローバル規模の学習とイノベーション　86
- ③　技術イノベーション・マネジメント　88

5．グローバル経営システム ……………………………………… 91
- ①　経営システムの基本構造　91
- ②　経営管理システムの構造　93
- ③　業務システムの構造　95

【第4章】日本的経営　　97

1．日本的経営の概念 …………………………………………… 98
① 先行研究の概略レビュー　98
② 日本的経営の変遷　100
③ 本書における日本的経営の位置づけ　102

2．日本的経営の基盤 …………………………………………… 104
① 日本的経営の起源　104
② 文化的要因　105
③ 経営システム　108

3．欧米的経営との国際比較 …………………………………… 110
① 欧州的経営　110
② 米国的経営　112
③ 特殊性と普遍性　115

4．アジア的経営との国際比較 ………………………………… 116
① 中国的経営　116
② 韓国的経営　119
③ 特殊性と普遍性　121

5．日本的経営からグローバル経営への脱皮 ………………… 123
① 日本的経営のメリットとデメリット　123
② 日本的経営の限界　125
③ グローバル経営への脱皮　126

【第5章】グローバル経営環境　　129

1．経済環境 …………………………………………………………… 131
① 現　状　131
② グローバル経営との関係性　133

2．政治環境 …………………………………………………………… 135
① 現　状　136
② グローバル経営との関係性　138

3．社会環境 …………………………………………………………… 139
① 現　状　140
② グローバル経営との関係性　142

4．自然環境 …………………………………………………………… 143
① 現　状　144
② グローバル経営との関係性　145

5．市場環境 …………………………………………………………… 147
① 現　状　148
② グローバル経営との関係性　149

6．競争環境 …………………………………………………………… 150
① 現　状　151
② グローバル経営との関係性　153

7．技術環境 …………………………………………………………… 154
① 現　状　154
② グローバル経営との関係性　157

【第6章】多国籍企業　161

1．多国籍企業の概念 …………………………………… 162
  ① 先行研究の概略レビュー　162
  ② 共通項の抽出と分類　163
  ③ 本書における多国籍企業の定義　165

2．世界の多国籍企業 …………………………………… 166
  ① 欧州・米国の多国籍企業　166
  ② 日本の多国籍企業　169
  ③ アジアNIEs・ASEAN・BRICsの多国籍企業　170

3．多国籍企業と国家 …………………………………… 173
  ① 国家が与える影響　173
  ② 多国籍企業と受入国の関係　175
  ③ 今後の多国籍企業と国家の関係　177

4．多国籍企業の競争戦略 ……………………………… 178
  ① 競争戦略の意義　178
  ② 多国籍企業の持続的競争優位　180
  ③ 多国籍企業のビジネス・システム戦略　182

5．多国籍企業の組織 …………………………………… 185
  ① 多国籍企業の組織モデル　185
  ② 統合ネットワークと分化ネットワーク　188
  ③ グローバル組織の変革　190

【第7章】多国籍企業の機能別管理　193

1．経営システムの構造 …………………………………………… 194
- ① 経営システムの体系　194
- ② 経営管理システム・業務システムの機能　195

2．人的資源管理 …………………………………………………… 196
- ① 人的資源管理の意義　196
- ② 人的資源管理の課題　198

3．財務管理 ………………………………………………………… 199
- ① 財務管理の意義　199
- ② 財務管理の課題　201

4．情報管理 ………………………………………………………… 202
- ① 情報管理の意義　202
- ② 情報管理の課題　204

5．法務管理 ………………………………………………………… 206
- ① 法務管理の意義　206
- ② 法務管理の課題　208

6．研究開発管理 …………………………………………………… 209
- ① 研究開発管理の意義　209
- ② 研究開発管理の課題　211

7．調達管理 ………………………………………………………… 212
- ① 調達管理の意義　212
- ② 調達管理の課題　213

8．生産管理 ………………………………………………………… 215
- ① 生産管理の意義　215
- ② 生産管理の課題　217

9．マーケティング管理 …………………………………………… 218
- ① マーケティング管理の意義　218

② マーケティング管理の課題　220
10. ロジスティクス管理 ………………………………………… 222
　　① ロジスティクス管理の意義　222
　　② ロジスティクス管理の課題　223

【第8章】多国籍企業間行動の新展開　227

1．多国籍企業とデファクト・スタンダード ………………… 228
　　① デファクト・スタンダードの意義　228
　　② デファクト・スタンダードと競争優位　230
　　③ デファクト・スタンダードによる企業間関係の構築　232
2．多国籍企業と戦略的提携 ……………………………………… 233
　　① 戦略的提携の意義　233
　　② 戦略的提携と競争優位　236
　　③ 戦略的提携による企業間関係の構築　238
3．多国籍企業とM&A …………………………………………… 239
　　① M&Aの意義　239
　　② M&Aと競争優位　241
　　③ M&Aによる企業間関係の構築　242
4．多国籍企業とSCM（サプライチェーン・マネジメント）… 243
　　① SCM（サプライチェーン・マネジメント）の意義　243
　　② SCM（サプライチェーン・マネジメント）と競争優位　245
　　③ SCM（サプライチェーン・マネジメント）による企業間関係の構築　247
5．多国籍企業の参入（進出）戦略と撤退戦略 ……………… 249
　　① 参入（進出）戦略と撤退戦略の意義　249
　　② 参入（進出）と撤退の要因と方策　251
　　③ 参入（進出）戦略と撤退戦略による企業間関係の構築・再構築　254

【第9章】異文化マネジメント　　257

1．異文化マネジメントの意義　258
① 文化の概念　258
② 国の文化と組織文化　260
③ 異文化マネジメントの目的　264

2．異文化シナジー　265
① 異文化シナジーの概念　265
② 異文化インターフェイス　267
③ 文化的多様性　268

3．異文化コミュニケーション　269
① 異文化コミュニケーションの概念　269
② 英語の重要性　270
③ コンテクスト・マネジメント　271

4．異文化マネジメントの人材育成　272
① 文化的多様性とヒト　272
② 異文化トレーニング　275
③ 異文化マネジャー　277

5．組織文化の変革　278
① 組織文化の機能と逆機能　278
② 組織文化の変革メカニズム　281
③ 変革型リーダーの役割　283

【第10章】グローバル経営論の今日的課題　287

1．グローバル企業間（組織間）関係 …………………………… 288
　① 現　状　288
　② 今後の課題　290

2．グローバル・ビジネス・システム …………………………… 298
　① 現　状　298
　② 今後の課題　302

3．多国籍企業の社会的責任 ……………………………………… 304
　① 現　状　304
　② 今後の課題　307

4．リスク・マネジメント ………………………………………… 310
　① 現　状　310
　② 今後の課題　312

5．グローバル経営と金融 ………………………………………… 315
　① 現　状　315
　② 今後の課題　318

参考文献 …………………………………………………………… 321
索　引 ……………………………………………………………… 351

◆ 図表目次 ◆

図表1-1　為替・原油・貿易収支
図表1-2　統一化と分散化
図表1-3　国際経営とグローバル経営の比較
図表1-4　グローバル経営の目的
図表1-5　経済性の概念の変遷
図表1-6　2つの対概念を組み合わせた市場対応
図表1-7　シュンペーター理論の構図
図表1-8　国の競争優位の決定要因
図表1-9　グローバル統合とローカル適応の関係性
図表1-10　経営モデルの変遷

図表2-1　グローバル化の発展段階
図表2-2　リカードの比較生産費説の数値例
図表2-3　参入戦略
図表2-4　国家間の資源移動
図表2-5　大規模多国籍製造企業（1914年頃）
図表2-6　日本の海外直接投資の推移
図表2-7　新製品Xのプロダクト・ライフサイクルのプロセス
図表2-8　多国籍企業の現地子会社に対する本社の4つの志向形態
図表2-9　現地子会社の役割差別化モデル
図表2-10　バートレット=ゴシャールの組織モデル

図表3-1　経営戦略の構成要素
図表3-2　経営戦略の拡張
図表3-3　経営組織の発展段階モデル
図表3-4　グローバリゼーションの進展と組織構造（ストップフォード=ウェルズ）
図表3-5　統合ネットワーク
図表3-6　限界収穫逓減と限界収穫逓増
図表3-7　価値創造ゾーン
図表3-8　プロダクト・イノベーションとプロセス・イノベーションの融合
図表3-9　3つの障壁（溝）の克服手段
図表3-10　経営システムの基本構造

図表4-1　日本企業の経営システムの変容と特徴
図表4-2　文化のレベルとその相互作用
図表4-3　人間モデル：「間人」と「個人」
図表4-4　ドイツ企業のガバナンス機構
図表4-5　米国企業のガバナンス機構
図表4-6　日本と欧米との経営比較
図表4-7　中国企業の経営システムの変遷
図表4-8　韓国企業の経営システムの変容と特徴
図表4-9　日本・中国・韓国の経営システムの比較
図表4-10　日本におけるEPA（経済連携協定）取組み状況

図表5-1　経営環境要因
図表5-2　景気循環の概念図
図表5-3　戦後日本の景気循環
図表5-4　経済成長率と設備投資率
図表5-5　グローバル・ガバナンスの組織的基盤
図表5-6　世界における人口動態
図表5-7　水ビジネス市場における各国の取組み企業
図表5-8　価値連鎖の基本形
図表5-9　ロボットの発展
図表5-10　各技術戦略のメリット・デメリット

図表6-1　多国籍企業化の定義
図表6-2　アジアの主要多国籍企業
図表6-3　各地域の多国籍企業の比較
図表6-4　多国籍企業と国家の三角関係
図表6-5　多国籍企業と国家（受入国）の関係
図表6-6　多国籍企業の経営管理の特徴
図表6-7　垂直統合型バリュー・チェーンと水平統合型バリュー・チェーン
図表6-8　多国籍企業の組織モデル
図表6-9　多国籍企業の組織モデル別の特徴
図表6-10　分化ネットワークとしての多国籍企業構造の再概念化

図表7-1　経営システムの基本構造
図表7-2　Morganの国際人的資源管理モデル

図表7-3	財務管理の体系	
図表7-4	ハブ・アンド・スポーク型モデルと直接取引型モデル	
図表7-5	多国籍企業における知的財産権の種類	
図表7-6	研究開発の国際化	
図表7-7	先端的・次世代グローバル調達モデル	
図表7-8	コンピュータ統合生産システム=CIM	
図表7-9	多国籍企業のマーケティング戦略に影響を及ぼす諸要因	
図表7-10	国際標準の貨物識別子（UCR）による物流情報の共有	
図表8-1	デジュール・スタンダードとデファクト・スタンダード	
図表8-2	デファクト・スタンダードと競争優位	
図表8-3	戦略的提携の主な目的とリスク	
図表8-4	多角的アライアンス構築の戦略的要因	
図表8-5	経営統合におけるM＆Aの位置づけ	
図表8-6	M＆Aのプロセス	
図表8-7	SCM（サプライチェーン・マネジメント）の発展過程	
図表8-8	eマーケット・プレイスによる流通の変化	
図表8-9	最適な参入戦略	
図表8-10	撤退において最も重視された理由	
図表9-1	文化概念に関する分析レベル	
図表9-2	過去－現在－未来	
図表9-3	異文化シナジーの創造	
図表9-4	文化的多様性のメリットとデメリット	
図表9-5	コミュニケーションのプロセス	
図表9-6	コンテクストの違い	
図表9-7	個人の視点（内的キャリア）と組織の視点（外的キャリア）	
図表9-8	異文化トレーニングの類型	
図表9-9	組織文化の機能	
図表9-10	成長段階別の文化の機能および変革メカニズム	
図表10-1	トヨタのネットワーク構造	
図表10-2	企業間（組織間）関係論のパースペクティブ	
図表10-3	生産・販売・物流統合CIMの概念図	
図表10-4	新しい産業組織の概念図	

図表10-5　利害関係者と社会的責任の階層構造
図表10-6　経営における人間性・社会性に関する主要項目
図表10-7　リスク・マネジメントの変遷
図表10-8　リスク・マネジメント・プロセス
図表10-9　1985年9月からの円高がもたらしたもの
図表10-10　初期条件としての低水準均衡

第1章 グローバル経営の意義

本章では，グローバル経営の意義について考察する。グローバル化の進展，グローバル経営の定義・目的・特質について検討し，グローバル統合とローカル適応の重要性を導出する。

第一に，グローバル化の進展について考察する。まず，グローバル環境の変化について，不思議な6年サイクルの国際的ショックについて理解する。次に，国際ビジネスの展開について，歴史的に言及する。さらに，グローバル化における統一化と分散化について理解を深める。

第二に，グローバル経営の定義について考察する。まず，先行研究の概略レビューを行う。次に，類似概念である国際経営とグローバル経営の異同点について考察する。さらに，本書におけるグローバル経営の定義を導出する。

第三に，グローバル経営の目的について考察する。まず，世界規模の効率の実現が重要であるが，効率を考察する前提として，経済性の概念の変遷について理解する。次いで，標準化vs.現地適応化に焦点を絞り，柔軟な各国対応について理解を深める。さらに，世界規模の学習とイノベーションについて言及する。

第四に，グローバル経営の特質について考察する。まず，本拠地である「国の競争優位」について理解する。次に，多様性との対応について理解を深める。本節では具体例として，政府の役割の多様性に言及する。さらに，リスクとの対応について理解を深める。

第五に，グローバル経営の意義のまとめとして，グローバル統合とローカル適応について考察する。二項対立や二律背反と捉えるのではなく，止揚（アウフヘーベン）の重要性を理解する。

1 グローバル化の進展

❶ グローバル環境の変化

　伊丹敬之［2004］によれば，1950年～1973年までのゴールデン・イヤーズが終わると，わが国の経済と企業は，1973年（第一次オイルショック），1979年（第二次オイルショック⇒実際は，1978年末から），1985年（プラザ合意の円高），1991年（ソ連の崩壊・冷戦構造の崩壊・バブルの崩壊），1997年（アジア通貨危機・国際金融危機）という不思議な6年サイクルの国際的ショックに見舞われている[1]。伊丹敬之［2004］に準拠しつつ，この不思議な6年サイクルの国際的ショックを中心に，近年のグローバル環境の変化についてみてみよう。

① 1950年～1973年（ゴールデン・イヤーズ）：この時期は，国際政治の面では，米国とソ連という東西両陣営の2つの超大国による冷戦構造によって，比較的安定がもたらされていた。2つの超大国は，傘下の国々の重しの役割

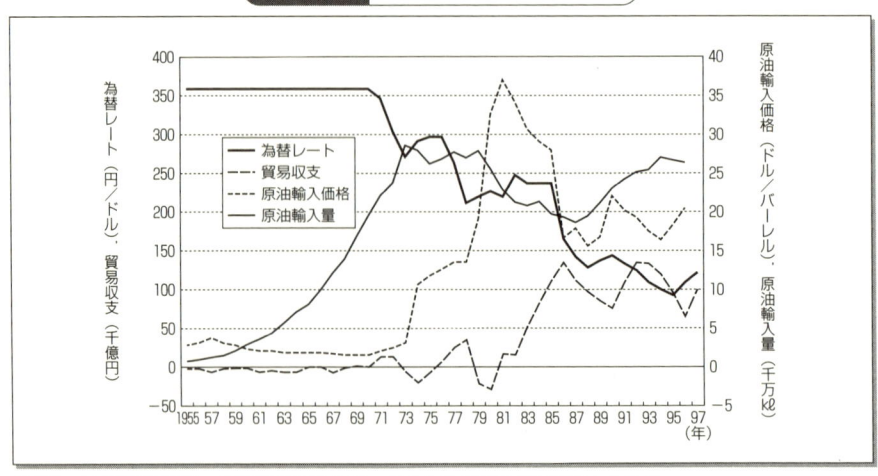

図表1-1　為替・原油・貿易収支

（出所）大蔵省貿易統計，日銀経済統計年報，日本石油連盟の各種資料を複合化。

を担っており，地域紛争も少なく，政治的不安定も少なかった。

　経済的には，ケインズ政策全盛の時代であり，政府が大きな役割を果たして，景気循環の安定が保たれていた。国際的な価格体系の面でも，為替や原油価格は安定を続けていた。図表1-1に示されるように[2]，為替も原油価格も見事に安定していた。20数年に及ぶゴールデン・イヤーズの時期，わが国は安定の受益者として，巨大な産業基盤をつくりあげることに成功した。

② 1973年（第一次オイルショック）：1973年に原油価格が4倍に高騰し，その他の資源価格の高騰も相まって，世界の様々な商品・財の国際価格体系へのゆらぎとなり，激しい価格調整が必要になった。第一次オイルショックの2年前（1971年）のドルの金兌換停止（ニクソンショック）とあわせて，為替とエネルギーという国際経済を支配する2つの秩序が四半世紀ぶりに崩れたのである。わが国では，1973年の第一次オイルショックに対して，省エネ対策を実施することによって，国をあげて減量経営に取り組んだ。しかし，このショックをきっかけとして，日本の高度成長は終わりをつげた。

③ 1979年（第二次オイルショック）：第一次オイルショックの後，かなり健全な体質になりかけたところに，第二次オイルショックが発生した。日本は比較的スムーズに乗り切ることができたが，米国や欧州は，第二次オイルショックによって大きな打撃を受け，経済は危機的状況になった。その危機の中から，「市場主義社会」への回帰の動きが英国と米国で始まった。すなわち，1979年のサッチャー政権（英国），1981年のレーガン政権（米国）が誕生した。世界は，転換の80年代に突入することになった。

④ 1985年（プラザ合意の円高）：1970年代から80年代は，繊維，鉄鋼，電機，自動車など，多くの産業分野において，貿易摩擦問題が多発した。日米繊維交渉，カラーテレビ摩擦，自動車の対米輸出規制，日米半導体協定などが世間を賑わした。これらの原因として，1985年のプラザ合意による急激な円高があげられる。急激な円高は，輸出から海外直接投資に転換した大きな背景であり，まさに転換の80年代を象徴する出来事の1つである。

⑤ 1991年（ソ連の崩壊・冷戦構造の崩壊・バブルの崩壊）：転換の80年代において，共産主義・社会主義体制の国々でも大きな変化があった。経済危機

の重みに加えて，冷戦構造の軍事的負担が重なって，もはや社会全体が耐えられなくなり，ついに破綻が始まった。1989年にはポーランド，1991年にはソ連が崩壊した。同じ頃，中国は市場経済（社会主義市場経済）を積極的に推進し，驚異的な経済成長率を実現した。

⑥　1997年（アジア通貨危機・国際金融危機）：1990年代は，80年代の停退から復活した米国主導のグローバリゼーションが本格化した。その背景として，IT革命（ICT革命）と金融の国際化があげられる。瞬時にグローバルな規模でホットマネーが動き回るが，それは国際資本市場の錯乱要因ともなり，1997年にはアジア諸国においてアジア通貨危機が発生した。他方，WTO（世界貿易機関），IMF（国際通貨基金），サミットなど，米国主導のグローバリゼーションに対する異議申し立ても頻発するようになった。

　上で，不思議な6年サイクルの国際的ショックについて概観した。正確に6年ごとに大事件が起こっており，6年ごとのショックの度に，日本の経済は落ち込み，成長率も大きく落ち込んでいる。グローバル環境と日本の環境は，もはや密接不離の関係にあることが鮮明になった。

❷　国際ビジネスの展開

　フェアウェザー（Fayerweather,J.）［1969］が指摘したように，国際ビジネスの沿革は，ある意味で遠く数千年の昔に遡り，フェニキアの商人の時代を越えて，古代の交易商人の時代に至るともいえる[3]。その後，中世の冒険商人を経て，17世紀にオランダや英国が設立した東インド会社は，植民地経営のための国策会社とはいえ，多国籍企業の源流ということができよう。しかし，現代企業が国際ビジネスに本格的に取り組んだのは，第二次世界大戦後のことである。

　第二次世界大戦後，それまでの国際ビジネスの主流であった貿易（輸出入）から，現地販売・現地生産を目的とした海外直接投資（foreign direct investment : FDI）を行う企業が急激に増大した。特に，米国では，第二次世界大戦の戦勝国であり，かつ本土における被害が少なかったことから，1950年代から海外直接投資を本格化させた。

　1950年代に，米国は，世界経済における絶大な地位を確立し，多くの企業が

海外直接投資を活発化させた。当初は，鉱業や石油などの資源開発関連企業の海外直接投資が多かったが，次第に，自動車，電機などの製造業も，カナダ，中南米，さらに欧州，アジアに対して多大な直接投資を行った。

　1960年代になると，米国企業の海外直接投資はますます活発になり，先発企業ではすでに多国籍化し，世界的なネットワークを構築し始めた。IBM，コカ・コーラ，ダウ・ケミカル，Ｐ＆Ｇ，GM，GEなど，当時米国を代表する多くの企業が多国籍企業に成長し，世界市場の覇者となった。

　1970年代に入ると，米国の経済力が相対的に低下した。米国企業の生産性の伸びがとまり，それに伴って米国企業の海外直接投資は頭打ちになりやがて減少し始めた。60年代に進出した市場から撤退する企業もみられるようになった。

　この米国企業の退潮とは対照的に，1970年代半ばになると，欧州企業や日本企業の海外直接投資が目立つようになった。実際には，欧州企業の海外直接投資は，歴史的にみると米国企業よりも早かったが，60年代後半からECの経済統合の動きに対応し，さらに米国企業の欧州進出に対抗するために，ICI，フォルクスワーゲン，フィアット，シーメンス，ネッスル（現ネスレ），ユニリーバなどの企業が多国籍化した。70年代半ばからは，欧州企業よりも日本企業の海外直接投資が特に顕著になった。松下電器，東芝，日立，ソニー，ホンダ，日産，東レ，味の素など，日本を代表する企業が，多国籍企業として世界市場に相次いで進出した。

　1980年代になると，韓国，台湾，香港などのアジア新興工業国（NIEs）の企業が，海外直接投資を本格化させ，多国籍化の道を進むようになった。これらアジアNIEsの企業は，80年代までは地理的に近接するアジア地域に投資していたが，韓国のサムスンのように，北米や欧州にも積極的に進出する多国籍企業が現れた。

　さらに，1990年代から21世紀初頭にかけて，BRICs（ブラジル，ロシア，インド，中国）の企業も，海外直接投資を本格化させつつある。例えば，中国のハイアールなどは，白物家電の世界市場を席捲する勢いがある。

　このように，ゴールデン・イヤーズの1950年代からほぼ半世紀の国際ビジネスの進展の動きをみても，国際ビジネスは，紆余曲折はありながらも，本格的

に成長・発展していることがわかる。もはや国内経済だけのクローズド・システムに戻ることはありえないといえよう。

❸ 統一化と分散化

　グローバル化について考察するとき，統一化と分散化，統合と分化，標準化と適応化，集権と分権，単一化と多様化，グローバル統合とローカル適応など，二分法的，二項対立的，トレードオフ（二律背反）的な要素が数多く見受けられる。二分法的，二項対立的，トレードオフ（二律背反）な要素を，弁証法的に，より高い次元に止揚（aufheben：アウフヘーベン）させることが必要不可欠であることはいうまでもない。

　統合と分化，標準化と適応化，集権と分権，単一化と多様化，グローバル統合とローカル適応については，それぞれ該当する箇所で考察することにして，ここではフェアウェザー［1969］の統一化と分散化についてみてみよう。

　フェアウェザー［1969］は，図表1-2に示されるように[4]，統一化の要因として，

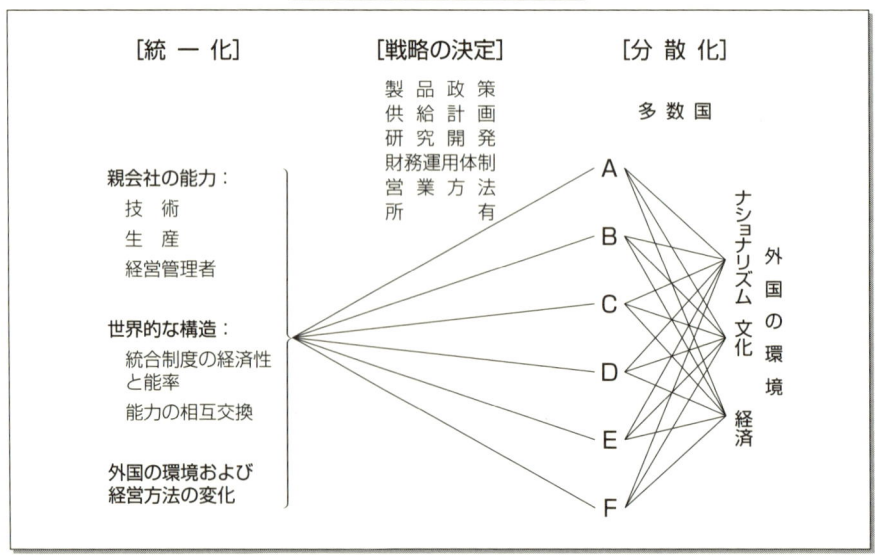

図表1-2　統一化と分散化

（出所）Fayerweather, J. [1969] 訳書202頁を筆者が一部修正。

①親会社の能力，②世界的な構造，③外国の環境および経営方法の変化，の3つをあげている。これらは，多国籍企業の存在理由，比較優位性の基盤であり，分散化とは本来対立する要因である。一方，分散化の要因として，①（外国の）ナショナリズム，②（外国の）文化，③（外国の）経済，の3つをあげている。ナショナル・インタレストを満足させ，ナショナリズムによる感情的な抵抗を最小限にするには，世界的な統一というアプローチよりも，むしろ地域主義をとるアプローチのほうがよい。文化についても，経済についても同様である。

統一化と分散化の衝突は，製品政策，供給計画，研究開発，財務運用体制，営業方法，所有など，あらゆる面で起こりうる。例えば，製品政策において，ソニーのウォークマン，ナイキのスポーツシューズ，マクドナルドのハンバーガーなどは，統一化・同質化が可能である。他方，食品，嗜好品などは，イスラムの国でブタ肉が禁止されているように，統一化・同質化は適切ではない。インドネシアにおける味の素のブタ肉成分混入事件が政治問題化したことはまだ記憶に新しい。食品，嗜好品などは各国の文化・嗜好に応じて，分散化・異質化・多様化が欠かせない。

2 グローバル経営の定義

❶ 先行研究の概略レビュー

本書におけるグローバル経営の定義を行うために，まず，グローバル経営の定義に関する先行研究の中からいくつかの定義を選択して，その概略について簡略なレビューを行う。

ジョーンズ（Jones, G.）［2005］は，厳密な定義とはいえないものの，グローバル経営において，多国籍企業は，生産量のかなりの割合を本国以外で生産し，自社株を多くの証券取引所で上場していると指摘している。また，研究開発，財務，マーケティングなどの重要な本社機能は，企業内部地理的に分散しており，もはや本国に限定されるものではないと述べている[5]。

浅川和宏［2003］によれば，グローバル経営について，広義においては，日常語として世界中にプレゼンスを有し，事業展開を行うマネジメントとしている。また狭義には，世界市場を単一市場と捉え，付加価値活動を1カ所で集中的に行い，経済効率性や規模の経済を享受する戦略を指すと述べている[6]。

ジョーンズ［2005］と浅川和宏［2003］に共通した見方は，世界の市場や競争環境を単一であると捉える戦略的見方である。しかし，世界の市場や競争環境は，果たして単一といえるであろうか。

吉原英樹［2005］によれば，グローバル経営とは，多国籍企業にふさわしい経営のことである。すなわち，多国籍企業が本来持つ優位性を追求し，実現する経営のことである。ここで多国籍企業の優位性とは，グローバルな発想，グローバルな経営資源の活用，グローバルなビジネスチャンス，の3つである[7]。

上述した定義に関する先行研究の他にも，グローバル経営の特性を考える場合，①意思決定者の視点，②競争優位の源泉，③市場の捉え方（セグメンテーション），④活動（機能）の配置と調整，⑤拠点間での資源のやり取り，⑥調整のメカニズム，など多種多様な観点が存在する。それらの特性について体系的に言及した定義はまだ存在しない。

❷ 国際経営とグローバル経営の異同点

グローバル経営は，国際経営と同義語として用いられることもあるので，国際経営とグローバル経営の異同点について考察する。

国際経営は，国境の無い経営ではない。国境はあり，国境を越えて行われる経営，あるいは国境を跨いで行われる経営が国際経営である[8]。国際経営活動には様々なものがあるが，製造業を例にとると次の2つに大別できる[9]。

① 日本から海外に出ていく活動：輸出，海外生産，海外研究など。
② 外国から日本に入ってくる活動：輸入，技術導入，外国企業との合併など。

国際経営活動を行う代表的な企業は多国籍企業である。多国籍企業については，第6章において詳しく考察する。

国際経営と国内経営で大きく異なる点は，外部要因であり，それには国際的リスクや紛争，多様な環境，国際開発などがあげられる。国際的リスクには革

第1章 グローバル経営の意義

命からテロリズムに至る政治変動や，通貨，外貨規制，税制などの経済変動があり，いずれの場合にも国内経営では経験しない危険が満ちている[10]。

わが国の企業による国際経営の特徴として，①日本人による経営，②日本語による経営，③親会社・本社の非国際性，の3つがあげられる。これらは批判的に表現すると悪循環の関係にある[11]。楽天やファーストリテイリングなどにおいて，英語の社内公用語化などの改善はみられるものの，一部の企業を除く多くの企業では，上述した3つの特徴を今も色濃く有している。すなわち，①現地人社長，②英語，③内なる国際化[12]，を目指す企業はまだ数少ない。

わが国企業の国際経営の特徴が，他国の企業と大差をつけられる原因になっていると思われる。グローバル経営で有名な韓国のサムスン電子と日本企業の比較をしてみよう。サムスン電子は2009年度会計において，売上高1,168億ドルを達成し，それ以降，ICT・家電業界において世界でトップの座についた。日本企業とこれほどまで大差がついた要因として，竹村健一編［2006］は，サムスンの強さの源泉を人材育成に求めている[13]。サムスンでは，学歴に頼らない独自の基準による新入社員の採用に始まり，世界各国の優秀な技術者やMBA取得者を大量に採用するなど，企業の骨格を作る人材採用に力を注いでいる。

一方，大半の日本企業では，先述したように，今でも日本語を中心とした経営が行われている。その理由として，①日本語で蓄積される親会社の経営資源，②日本的経営と日本語の親和性，③親会社の非国際性，④取引先が日本企業中心，⑤日本人が英語を使うことの問題点，などがあげられており，多くの課題を抱えていることがわかる。

日本語で経営を行うことの最大のコスト（犠牲）は，多国籍企業の優位性を発揮できないことである。具体的には，各国の優秀な人材を活用できず，採用しても日本の多国籍企業では活躍できないためにすぐに辞める。つまり各国の優秀な人材を活用できないことを意味している[14]。

従来，わが国の国際経営の特徴について，不幸にして深い議論がなされてこなかった。しかし，国際化から次第にグローバル化する現代において，世界各国の優秀な人材を獲得できず，国境を越えたイノベーションが生まれないことは，企業経営において致命的である。今後は，従来の日本的経営や，国際経営

とは異なるグローバル経営が喫緊の課題であるといえよう。

❸ 本書におけるグローバル経営の定義

　上で，従来の日本的経営や，国境を前提とした国際経営ではなく，グローバル化する現代において，グローバル経営が重要な課題であることを述べた。しかし，国際経営とグローバル経営は，海外において企業が活動するということもあり，図表1-3に示されるように[15]，いくつかの共通点が存在する。

　第一の共通点は，ともに国境を越えて行われる経営である。また，経営主体は多国籍企業であることが多い。第二の共通点は，様々な外的要因が働くということである。進出先の国によって環境は様々であるので，国際経営やグローバル経営において，企業に影響を及ぼす外的要因は実に多種多様なものがある。第三の共通点は，自国には無い海外における経営資源を活用することである。企業は海外進出によって，自国のみの経営活動では得られない優秀な人材や，安価な経営資源を得ることができ，資金の調達も他国から行うことが可能となる。

　他方，図表1-3で明らかなように，国際経営とグローバル経営の相違点も多い。国際経営は，あくまでも本拠地である日本の経営に依存しているが，グローバル経営は，現地における適した人材，適した戦略などを模索するために，日本の経営に拘らず，世界的（地球的）な視野で物事を進めるという特徴がある。

　前に，グローバル経営の特性として，①意思決定者の視点，②競争優位の源

図表1-3　国際経営とグローバル経営の比較

	国際経営	グローバル経営
国境	またぐ	またぐ　時には複数国を単一とみなす
外的要因	政治，経済，社会，文化	政治，経済，社会，文化
輸出入	行う	行う
海外生産	組立生産も一貫生産も行う	組立生産も一貫生産も行う
海外子会社	本国の経営資源を活用	世界中のリソースを社内に獲得し，全社で共有し活用
海外研究開発	現地適合，優秀な現地人材の活用	現地適合，優秀な現地人材の活用，国境を越えたイノベーション

（出所）　岸川善光編［2015a］247頁。

泉，③市場の捉え方（セグメンテーション），④活動（機能）の配置と調整，⑤拠点間での資源のやり取り，⑥調整のメカニズム，など多種多様な観点があると述べた。すべての観点を完全に網羅することはできないものの，これらの先行研究を踏まえて，本書では「グローバル経営とは，トランスナショナルな視野に基づいて，自国内のみでは得られない経営資源を獲得し，競争優位を確立することによって，市場特性・顧客ニーズに合致した価値（財・サービス）をグローバルに提供する経営活動である」と定義して議論を進める。

3 グローバル経営の目的

　グローバル経営の目的を考察するために，まず，グローバル経営の目的に関する先行研究の中からいくつかを選択して，その異同点について簡略なレビューを行う。国際経営の目的については多くの先行研究が存在するが，グローバル経営の目的に関する先行研究は，図表1-4に示されるように[16]，まだ極めて少ない。しかし，サンプル数は少ないものの，グローバル経営の目的は，①効率性，②市場対応，③学習，の3つの観点から考察されていることがわかる。本書では，グローバル経営の目的として，①世界規模の効率，②柔軟な各国対応，③世界規模の学習とイノベーション，の3つを選択してそれぞれについて考察する。

図表1-4　グローバル経営の目的

	バートレット＝ゴシャール [1995]	江夏健一＝桑名義晴編 [2006]	安室憲一編 [2007]	岸川善光編 [2016a]
①効率性	世界規模の効率	グローバルな効率性	グローバルなスケールでのオペレーションの効率の追求	世界規模の効率
②市場対応	各国対応	現地環境へ適応	各国市場への適応	柔軟な各国対応
③学習	技術革新	イノベーションと学習	イノベーションの達成	世界規模の学習とイノベーション

(出所) Barrlett, C.A. [1995] 訳書48頁, 江夏健一＝桑名義晴編 [2006] 131頁, 安室憲一編 [2007] i 頁。

❶ 世界規模の効率

　グローバル経営において，世界的な効率の実現は必要不可欠である。低コストと高品質は，もはやトレード・オフ（二律背反）の関係ではなく，低コストと高品質を両立した世界的な効率の実現は，グローバル経営に欠かすことのできない必要条件である。

　世界規模の効率を考察する前提として，まず，経済性の概念の変遷についてみてみよう。経済性とは，インプット（コスト，投入資源）とアウトプット（成果・産出）の関数のことである。企業経営において，経済性の概念は極めて重要である。また，経済性の概念は，時代とともにその重要性に変化がみられる。

　宮澤健一［1988］によれば，経済性の概念は，図表1-5に示されるように[17]，工業化時代に重要であった「規模の経済」（economies of scale）から，情報化時代では「範囲の経済」（economies of scope）にその重要性がシフトし，さらにネットワーク化の進展に伴って「連結の経済」（economies of linkage）が重要になりつつある。

　「規模の経済」とは，インプット（投入資源）に着眼した経済性の概念である。具体的には，活動規模の拡大に伴って，製品単位あたりの平均費用が低下する傾向のことである。

　「規模の経済」が生ずる主な原因は，生産活動の「分割不可分性」にある。すなわち，生産要素がその機能を発揮するには，一定の大きさ（規模）を必要とするのである。この「分割不可分性」は，工場レベル，企業レベルなど様々なレベルで存在する。例えば，工場レベルの「分割不可分性」は，機械・装置・生産方式・管理方式など，主として技術的な要因によって生ずる。

　宮澤健一［1988］によれば，「規模の経済」は，工業化時代の経済性の概念であり，大量生産，分業システムがその最大の特徴である。実際に，工業化社会では，「規模の経済」の実現を目指して，大量生産方式，分業システムが採用され，工場規模や企業規模の拡大が図られた。

　ところが，情報化時代に入ると，大量生産から少量多品種生産に生産形態が変わり，「規模の経済」に代わって「範囲の経済」が重要になってきた。「範囲

第1章 グローバル経営の意義

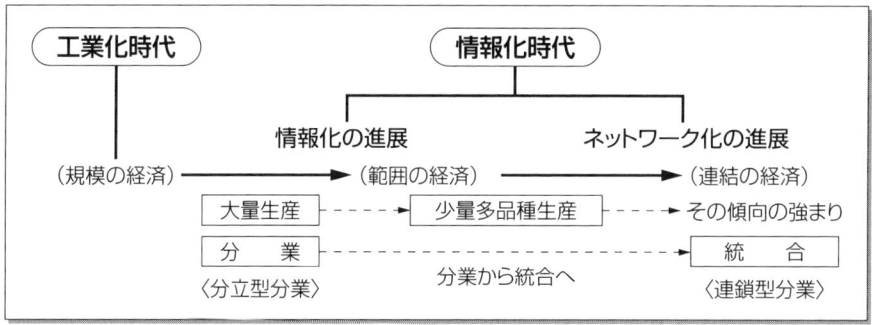

(出所) 宮澤健一 [1988] 51頁に基づいて筆者が一部修正。

の経済」とは，インプット（投入資源）に着目して，複数の事業活動を行った費用よりも，それらをまとめて行うときの費用が少ない場合，そこで生ずる費用節約効果のことである。

「範囲の経済」は，このように複数財の生産や複数の組織活動による業務多角化・多様化によって得られる経済性であり，業務やノウハウなどの「共通生産要素」によってもたらされる。

さらに，情報化の進展の時代からネットワーク化の進展の時代に入ると，「範囲の経済」の他に「連結の経済」が重要な経済性の概念になってきた。「連結の経済」とは，複数の主体間のネットワークによって生まれる経済性であり，組織結合による相乗効果がその典型的な事例としてあげられる。連合，提携，統合，事業基盤共有，合併など，組織結合による相乗効果を経営戦略においていかに具現化するか，このことが企業経営上重要な課題となってきた。

「範囲の経済」が経営資源のインプット面を重視しているのに対して，「連結の経済」は，単に共通生産要素が無コストあるいは低コストで転用可能というインプット面だけではなくて，情報・ノウハウなどが核となった組織間・主体間の結合によってシナジー効果が創出されるなど，アウトプット面の条件を併せもつ。

「範囲の経済」は，単一主体，単一組織の多角化を指しているのに対して，「連結の経済」は，「複数主体」間の結びつきが，知識・技術の多重利用によっ

て生む経済性を意味する。この概念の１つの核心は，主体間の連結というところに経済性成立の局面をみることにある。

理論的に少し整理してみよう。インプット（コスト・投入資源）面における「連結の経済」としては，複数の主体（企業）の連結による外部資源の活用および外部資源の共有による「取引コスト」を中心とした「コストの削減」をあげることができる。コストはいうまでもなく，投入資源を金額で測定し表示したものであるので，投入資源の削減と言い替えてもよい。

アウトプット（成果・産出）面における「連結の経済」としては，広義の連結による「外部効果の内部化」をあげることができる。「外部効果の内部化」とは，外部性（外部経済，外部不経済）の内，市場の評価に漏れた効果（外部効果）を内部に取り込むことをいう。

「外部効果の内部化」は，第一に，企業間の資源・情報交換の面で考えられる。いわゆる資源連結によるシナジー，情報連結によるシナジーがその典型である。資源や情報は，通常は，各経済主体に分散している。しかし，企業間で資源や情報が部分的に重複している場合も多い。広義の連結によって，これらの資源や情報が，複数の主体間において共通の目的のため共有されるならば，資源連結によるシナジー，情報連結によるシナジーが発生する。

「外部効果の内部化」は，第二に，ビジネス・ノウハウの面で現実化する。具体的には，①企業間の資源連鎖や機能連鎖の組み替えによる新たなビジネス・ノウハウの修得，②情報連結による「新たな価値の創出」をもたらす新たな情報や新たな意味の創出などがあげられる。

上で，規模の経済，範囲の経済，連結の経済という３つの経済性の概念について概観した。グローバル経営においても，工業化⇒情報化⇒ネットワーク化の流れは顕著であり，世界規模の効率を実現するために，その前提として，経済性の概念の変遷について正しく理解しておく必要がある。

❷ 柔軟な各国対応

市場対応における「標準化vs. 現地適応化」の問題は，1960年代から，主として国際マーケティング論の分野において，バゼル（Buzzell）[1968]，アイマ

ー（Aymer）［1970］，ソレンソン=ヴィーチマン（Sorenson=Wiechmann［1975］）らによって，激しい論争が行われてきた，すなわち，国境を越えて標準化・共通化された国際マーケティング活動を展開することが可能か，あるいは現地向けに適応化・分散化が必要かという問題である。激しい論争を経て，4P（製品，価格，流通チャネル，販売促進）を中心としたマーケティング・ミックスにおいて，標準化と適応化のバランスが必要であるとの認識に落ち着いた。

ところが，1980年代に入り，70年代に標準化した製品を世界中に販売して大成功をおさめた日本企業に対する対抗策から，レビット（Levitt, T.）［1983］が『ハーバード・ビジネス・レビュー』において，「市場の同質化（homogenization）」を根拠として，グローバル標準化の必要性を強く主張した[18]。

しかし，レビット［1983］の「市場の同質化」の議論は，多くの研究者から明確な根拠はないとの批判を受けた。バートレット=ゴシャール（Bartlett, C. A.=Ghoshal, S.）［1995］も，レビットの主張に否定的な見解を述べている[19]。

第6章で詳しく考察するが，バートレット=ゴシャール［1995］が分類した4つのグローバル組織の中で，グローバル企業によるグローバル戦略の事例として，自動車，エレクトロニクスなど，世界中のニーズが統一化・統合化されつつある市場分野も確かに存在する。日本の多国籍企業がその典型的な該当例である。

一方，バートレット=ゴシャール［1995］が分類したマルチナショナル企業におけるマルチナショナル戦略にみられるように，食品，嗜好品など各国の市場特性の違いに敏感に反応しなければならない市場分野も厳然と存在する。

図表1-6 2つの対概念を組み合わせた市場対応

	グローバル化（世界化）	ローカル化（現地化）
標準化（統合化）	II	I
適応化（分散化）	III	IV

（出所）江夏健一=桑名義晴編［2006］103頁を筆者が一部修正。

図表1-6に示されるように，①「標準化 vs. 適応化（統合化 vs. 分散化）」，②「グローバル化 vs. ローカル化（世界化 vs. 現地化）」という２つの対概念を組み合わせると，４つ（Ⅰ・Ⅱ・Ⅲ・Ⅳ）の市場対応策があげられる。

Ⅰ：標準化（統合化）－ローカル化（現地化）は，各国別に異質の標準化市場が存在していることを示している。

Ⅱ：標準化（統合化）－グローバル化（世界化）は，各種製品に世界共通の部品・ソフトを用いて効率性を上げることを示している。世界規模の効率，グローバル・デファクト・スタンダードを目指す市場対応である。バートレット=ゴシャール［1995］が分類した４つのグローバル組織の中で，グローバル企業におけるグローバル戦略がこれに該当する。

Ⅲ：適応化（分散化）－グローバル化（世界化）は，多数国で製品仕様やデザインなどの差別化を図り，結果として世界共通の差別化を実現することを示している。バートレット=ゴシャール［1995］が分類した４つのグローバル組織の中で，トランスナショナル企業におけるトランスナショナル戦略がこれに該当する。

Ⅳ：適応化（分散化）－ローカル化（現地化）は，多数国で製品仕様やデザインなどの差別化を図り，各国の多様な顧客ニーズに適応することを示している。バートレット=ゴシャール［1995］が分類した４つのグローバル組織の中で，マルチナショナル企業におけるマルチナショナル戦略がこれに該当する。

柔軟な各国対応というグローバル経営の目的は，４つの市場対応の中で，Ⅳ：適応化（分散化）－ローカル化（現地化）のことであり，バートレット=ゴシャール［1995］が分類した４つのグローバル組織でいえば，マルチナショナル企業のマルチナショナル戦略に該当するといえよう。

❸ 世界規模の学習とイノベーション

上述した世界規模の効率，柔軟な各国対応に続くグローバル経営の第三の目的は，世界規模の学習とイノベーションである。

一般的に，学習（learning）とは，新しい知識や技術を習得することである。しかし，経営学において，学習を専門的に扱う組織行動論の領域においては，

第1章　グローバル経営の意義

　学習とは，経験の結果，「主体の行動が永続的に変化する活動あるいはプロセス」を指す概念である。

　学習には，学習する主体によって，①個人レベルの学習，②組織レベルの学習，の2つに大別することができる。通常は，学習する主体（行動を変化させる主体）は，基本的に個々の人間であるが，近年では，個人レベルの学習だけでなく，組織レベルの学習に注目が集まっている。組織レベルの学習は，組織学習（organizational learning）や学習する組織（learning organization）の問題として知られている。組織学習は，グローバル経営のような激しい環境変化の中で，企業が存続し発展するために必要不可欠な要素である。

　組織学習は，アージリス=ショーン（Argyris, C.=Schone, D.H.）[1978]によれば，その性質および水準によって，①シングル・ループ学習（single-loop learning），②ダブル・ループ学習（double-loop learning），の2つに区分される。

① 　シングル・ループ学習[20]：シングル・ループ学習は，既存の目標・価値基準・規範を遵守しつつ，エラーを修正し，より効率的な方法を発見する学習方法である。行動の結果，発見された問題点や課題が，行動の変化のみによって解決される一本のループの中で学習される。

② 　ダブル・ループ学習[21]：ダブル・ループ学習は，既存の目標・価値基準・規範そのものに疑問を投げかけ，場合によってはそれを否定することによって，新しい目標・価値基準・規範を生み出す学習方法である。ダブル・ループ学習は，行動の結果に基づいて学習するだけでなく，目標・価値基準・規範などにも修正を加える，という2本のループを通じて問題解決が図られる。

　組織において，ダブル・ループ学習は極めて重要である。なぜならば，ダブル・ループ学習によって，組織に飛躍的な発展をもたらす可能性が高いからである。

　野中郁次郎=紺野登[1999]が主張するように，組織的知識創造は，戦略的組織変革などのイノベーションにおいて，極めて重要である。彼らの知識創造プロセスは，SECIモデルと呼ばれており，①共同化（socialization），②表出化（externalization），③連結化（combination），④内面化（internalization），の4つの知識変換パターンによって構成される[22]。

　野中郁次郎=竹内弘高[1996]は，組織学習と知識創造の関連性について，「知

識が創造されるとき，シングル・ループ学習とダブル・ループ学習が相互に作用しあい，ダイナミックなスパイラルを形成する」と述べている[23]。

上述した学習，組織学習，知識創造は，イノベーションに不可欠な要素である。グローバル経営において，①価値の創出・提供と対価の獲得，②社会的責任の遂行，③経営システムの存続と発展，のそれぞれについて，イノベーションは必要不可欠である。

すなわち，価値の創出・提供においても，社会的責任の遂行においても，企業の存続・発展においても，企業がイノベーションを実現することができなければ，グローバル経営は成り立たないので，イノベーションは，グローバル経営の中で，極めて重要な位置を占めるといえよう。

従来，イノベーションの本質について，多くの学問分野において，多面的な研究が行われてきた。本項では，代表的な経済学者，経営学者，社会学者，情報学者であるシュンペーター（Schmpeter, J.A.）[1926]，ドラッカー（Drucker, P.F.）[1974]，ロジャーズ（Rogers, E.M.）[1982]，野中郁次郎=寺本義也編 [1987] によるイノベーションの概念についてみてみよう。

経済学者のシュンペーター [1926] は，「生産とは，利用できる種々の物や力の結合を意味し，生産物や生産方法や生産手段などの生産諸要素が非連続的に新結合することがイノベーションである。このイノベーションは内部から自発的に発生する経済の非連続的発展および創造的破壊につながるものである[24]」と述べた。図表1-7に示されるように[25]，シュンペーターのイノベーションでは，「生産諸要素の新結合」が鍵概念である。「生産諸要素の新結合」として，①新しい財貨，②新しい生産方法，③新しい販路の開拓，④原料あるいは半製品の新しい供給源の獲得，⑤新しい組織の実現，の５つを例示列挙している。

経営学者のドラッカー [1974] は，「イノベーションとは，科学や技術そのものではなく価値である。組織の中ではなく，組織の外にもたらす変化である。イノベーションの尺度は，外の世界への影響である。したがって，イノベーションは常に市場に焦点を合わせなければならない[26]」と述べた。つまり，事業を発展させるためには，市場・顧客を創造することが必要であり，そのために企業家はイノベーションを行うのである。ドラッカーのイノベーションでは，

第1章 グローバル経営の意義

「顧客の創造」が鍵概念である。

社会学者のロジャーズ［1982］は,「イノベーションとは,個人もしくは他の採用単位[27]によって新しいものと知覚されたアイディア,行動様式,物である[28]」と指摘した。ロジャーズのイノベーションでは,「普及」が鍵概念である。

情報学者の野中郁次郎=寺本義也編［1987］は,「企業の自己革新(イノベーション)とは,意味のある新しい情報を獲得し,創造し,その結果次元の異なる思考や行動様式を形成することである[29]」と述べた。野中郁次郎［1986］のイノベーション論では,組織的な情報創造プロセスにおける「情報創造」と「自己組織化」が鍵概念として位置づけられている[30]。すなわち,彼の5段階の情報創造プロセス・モデルの内,ゆらぎの創発,矛盾の焦点化,矛盾解消への協力現象,組織的慣性の4つのプロセスでは「情報創造」が中心的な課題であり,成果の不可逆性のプロセスでは,「自己組織化」が中心的な課題となっている。

本書では,"知識創造による新価値の創出"をイノベーションの本質であると認識し,「イノベーションとは,知識創造によって達成される技術革新や経

図表1-7 シュンペーター理論の構図

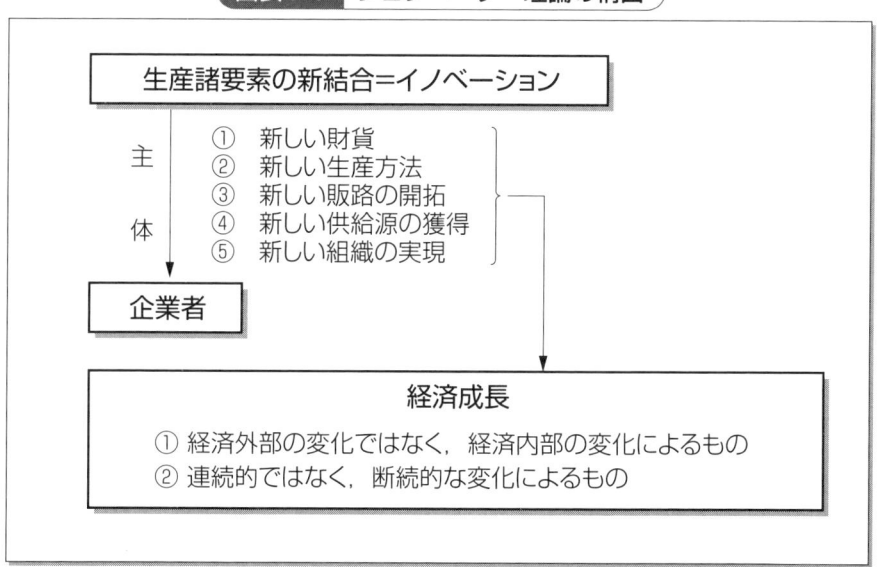

```
生産諸要素の新結合=イノベーション
        ① 新しい財貨
  主     ② 新しい生産方法
        ③ 新しい販路の開拓
  体     ④ 新しい供給源の獲得
        ⑤ 新しい組織の実現
  ↓
 企業者

 経済成長
  ① 経済外部の変化ではなく,経済内部の変化によるもの
  ② 連続的ではなく,断続的な変化によるもの
```

(出所) 岸川善光編［2004a］33頁。

営革新によって新価値を創出する機能(活動)」と定義して議論を進める。グローバル経営における学習やイノベーションについては，重要な課題であるので，第3章第4節などいくつかの場面で多面的に考察する。

4 グローバル経営の特質

❶ 本拠地である国の競争優位

　グローバル経営とは，企業が国境を越えて，あるいは企業が国境をまたいで経営を行うことである。一時期，グローバル経営になれば，国境はなくなる(ボーダーレス)という議論が盛んになったことがある。しかし，現実にはグローバル経営においても，国境は厳然として存在するのみならず，国境の重要性はますます重要性を帯びつつある。

　グローバル経営は，国内経済と分離することのできない密接な関係にあるとはいえ，グローバル経営は，国内経営の単なる延長ではない。グローバル経営は，国内経営とどこが本質的に違うのだろうか。グローバル経営の特質として，まず，国の競争優位との関連性について考察する。

　国内経営の場合，本拠地としての自国の法，制度，文化などの環境要因は，いわば国内経営にとって所与の条件である。それも周知の条件となる。一方，グローバル経営の本拠地としての自国は，グローバル経営のプラットフォームであり，そのプラットフォームの優劣がグローバル経営の優劣につながる。

　ポーター(Porter, M.E.)[1990]は，ある国が特定産業において，国際的に成功するのはなぜか，という問いに対して，図表1-8に示されるように[31]，国の競争優位の決定要因として，①要素条件，②需要条件，③関連・支援産業，④企業の戦略，構造およびライバル間競争，の4つの要素をあげた[32]。この4つの要素は，図表の形状から「ダイヤモンド」と名付けられた。

① 要素条件：ある任意の産業で競争するのに必要な熟練労働またはインフラストラクチャーといった生産要素における国の地位。

② 需要条件：製品またはサービスに対する本国市場の需要の性質。
③ 関連・支援産業：国の中に，国際競争力をもつ供給産業と関連産業が存在するかしないか。
④ 企業の戦略，構造およびライバル間競争：企業の設立，組織，管理方法を支配する国内条件および国内のライバル間競争の性質。

ポーター［1990］は，この「ダイヤモンド・モデル」を用いて，ドイツの印刷機産業，米国の患者モニター装置産業，イタリアのセラミック・タイル産業，日本のロボット産業の4つを取り上げ，丁寧な実証分析を行っている[33]。また，10カ国（デンマーク，シンガポール，ドイツ，スウェーデン，イタリア，スイス，日本，英国，韓国，米国）を調査対象として，6年間にわたって詳細に調査を行い，国の競争優位について，体系的かつ実証的な考察を行っている[34]。

各国は，国の競争優位の決定要因として，①要素条件，②需要条件，③関連・支援産業，④企業の戦略，構造およびライバル間競争，の4つの要素（ダイヤモンド）について，それぞれの制約の中で多様な取組みを行っている。ポーター［1990］によって，本拠地である自国のダイヤモンドの良否は，グローバル経営にとって，従来の常識を覆すほど大きな役割を果たしていることが判明した。

図表1-8 国の競争優位の決定要因

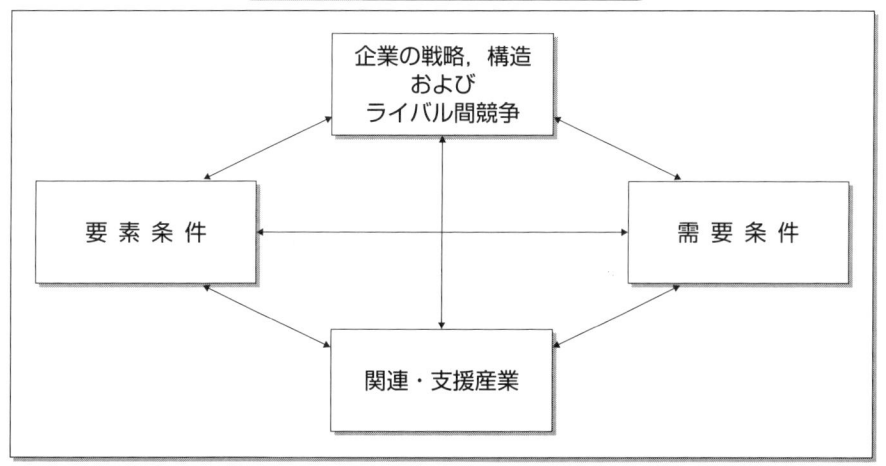

```
            ┌──────────────┐
            │ 企業の戦略，構造 │
            │     および      │
            │  ライバル間競争  │
            └──────────────┘
                   ↕
    ┌────────┐         ┌────────┐
    │ 要素条件 │ ←──→  │ 需要条件 │
    └────────┘         └────────┘
                   ↕
            ┌──────────────┐
            │  関連・支援産業  │
            └──────────────┘
```

（出所）Porter, M.E. ［1990］訳書106頁。

❷ 多様性との対応

　日本人は，島国で単一民族のせいか，多様性との対応において，個人も組織も昔から不得手といわれる。しかし，グローバル経営の特質は，まさしく多様性との戦いでもあるので，多様性に関する理解と，理解に基づいたあらゆる局面における冷静な対応が必要不可欠である。

　多様性について考察する「切り口」は枚挙にいとまがないほど多いが，上でポーター［1990］の名著である『国の競争優位』を取り上げたので，ポーター［1990］に準拠して，国の競争優位の決定要因として，①要素条件，②需要条件，③関連・支援産業，④企業の戦略，構造およびライバル間競争，の4つの要素に対して，各国の政府がどのような影響を与えるか，「政府の役割」に絞って考察する。そして，各国（韓国，イタリア，スウェーデン，日本，スイス，ドイツ，英国，米国）の課題について考察する[35]。

① 要素条件に与える政府の役割：政府の役割は，専門的な人的資源，科学的知識，経済情報，インフラストラクチャー，その他の生産要素を創造しグレードアップすることである。政府は，要素創造の主要な原動力である。

② 需要条件に与える政府の役割：伝統的な政府の政策は，政府による支出（購入），信用供与などである。防衛向け調達ではほぼすべての国で行われている。政府の製品規格や製造工程への規制なども需要条件に影響を与える。買い手に関する情報提供などは需要の質を高めることに寄与する。

③ 関連・支援産業に対する政府の役割：重要な政府の役割の1つとして，関連産業，支援産業を育成し，クラスター（産業集積）を形成することがあげられる。具体的には，地理的に集中させるための地域政策を推進・実施する。

④ 企業の戦略，構造およびライバル間競争に対する政府の役割：従来の通貨に関する規制，海外投資に対する規制など，グローバル化に対する規制ではなく，グローバル化の支援が重要である。国内のライバル間競争は，グローバル経営にとって最も望ましいので，政府は競争に対する規制を行わないことが肝要である。従来，国内のライバル間競争を緩和するために，競争に対する規制が各国で行われてきたが，大半が生産性の向上に寄与していない。

〈韓国の課題〉

　韓国は，政府と財閥による開発主義的な経済運営によって，1980年代以降，目覚ましい成功を実現した。しかし，今後の韓国の政府の役割は，大きく軌道修正をする必要がある。個々の産業への直接介入，財閥に対する依存，広範な保護政策などは，初期については有効であったが，今後も有効という保証はない。効率のよい資本市場，需要サイドの確立，多角化パターンの修正，競争戦略の修正，クラスターの深耕，などが今後の課題といえよう。

〈イタリアの課題〉

　イタリアでは，低賃金，補助金，保護政策に依存した経済から，近年，急速にイノベーション推進の経済へと改善されつつある。ただし，イタリア政府は，人的資源開発，研究開発，インフラストラクチャー，金融市場など，多くの分野において，その責任を十分に果たしていない。また，イタリア経済のかなりの部分を占める国有あるいは国営の企業は，国際的にみて成功しているとはいえない。ライバル間競争に対する規制も多い。競争が広まらない限り，イタリア経済の今後の発展は難しい。イノベーション，競争の実現のための支援がイタリア政府の喫緊の役割といえよう。

〈スウェーデンの課題〉

　スウェーデンは，小国ではあるが，政治的な中立政策によって，戦争の被害を免れてきた。高水準の教育，優れた語学力など要素条件に恵まれており，ボルボなど多くの多国籍企業の本拠地でもある。スウェーデンの政府は，社会民主主義の伝統のもと，広範にわたる産業規制を行ってきた。政府直営，政府準直営の企業も多い。しかし，スウェーデン経済は，一種の落とし穴に陥っている。課税率が極端に高く，企業の海外移転が増大している。所得の再配分，平等主義，社会福祉への高い関心，競争ではなく協力意識，大きな政府への希求など，価値観に関わる領域を再構築する必要があると思われる。イノベーションやグレードアップに対する意欲が落ちていることはまぎれもない事実である。

〈日本の課題〉

　日本経済は，70年代〜80年代に，世界的なサクセス・ストーリーを享受した。いわゆる「ジャパン・アズ・ナンバーワン」である。日本政府を主役として，

日本的経営が寄与したというのがお決まりの解説である。実際に，ダイヤモンド・モデルを用いて具体的に考察すると，①要素条件，②需要条件，③関連・支援産業，④企業の戦略，構造およびライバル間競争，の4つの要素に対して，日本政府の働きかけは絶妙で，イノベーションとグレードアップによる生産性の向上こそが成功の鍵であった。ただし，90年代に入り「失われた10年」を経験し，さらに，世紀をまたいで「失われた20年」も経験した。2014年の1人あたりGDPは世界27位にまで後退し，先進国としての面影が薄れつつある。政府の役割としては，流通システム，医療保健サービス，情報関連サービス，サービス全般など，世界的にみて生産性の低いセクターに対して新たなビジョンを示す必要がある。

〈スイスの課題〉

　スイスは，19世紀まで貧しい国であった。20世紀に入り，わずか人口800万人弱の小国ではあるものの，時計などの精密機械をはじめとして，多くの産業分野で目覚ましい発展を遂げている。スウェーデン同様，中立政策のおかげで産業は無傷のまま残った。多言語に通じた人的資源，ヨーロッパを代表するビジネス・スクールの集中など，要素条件には極めて恵まれている。しかし，永続してきた繁栄の裏返しか，イノベーションとグレードアップを鈍らせる規制へ向かう傾向が強まりつつある。国内競争を弱める紳士協定のような動きもある。今後は，競争による活性化策を再度根付かせることが重要な課題である。

〈ドイツの課題〉

　ドイツは，30年足らずの間に，二度にわたり世界大戦に敗北した。国土を東西に二分され，苦難の道を経験したが，経済のダイナミズムが戻り，今や欧州の王者として君臨している。ドイツ政府は，①要素条件，②需要条件，③関連・支援産業，④企業の戦略，構造およびライバル間競争，の4つの要素において，社会主義・社会民主主義的な欧州の伝統に反して，比較的控えめな介入をしている。ドイツでは，日本同様，従業員，経営者，投資家の投資に対するモティベーションが衰えの兆しをみせている。また，新規事業の形成が停滞している。どの分野で，どのようにイノベーションとグレードアップを仕掛けるか，ドイツ政府の腕の見せどころである。

〈英国の課題〉

　英国は，産業革命後，大英帝国として栄華を誇ってきたが，その後，サッチャー政権（1979年～1990年）の登場まで，衰退の歴史であった。英国の教育システムは，極めて遅れており，労働者の技能も他の先進国と比較するとはるかに劣っている。金融などまだ世界的な水準にある産業分野もいくつかは存在するものの，イノベーションやグレードアップに対する取り組みは十分ではない。英国の政府は，経済運営については，伝統的に自由放任主義を採用しており，市場調整がどのような問題も解決するというのが支配的見解であった。サッチャー政権以降，やや回復のきざしがみられるようになってきた。しかし，通信，港湾，保健サービスなどの分野にみられるように，独占企業と保護主義的な規制によって競争力が衰えたという反省がまだ十分とはいえない。新事業の形成を推し進め，失業者の減少を実現しないと，斜陽からの脱皮は容易ではない。

〈米国の課題〉

　米国は，第二次世界大戦の戦勝国として，かつ戦争の被害が米本土に全く及ばなかったことによって，大戦後，米国の競争優位は確立した。米国政府は，①要素条件，②需要条件，③関連・支援産業，④企業の戦略，構造およびライバル間競争，の4つの要素に対して，直接的に干渉することはほとんどなかった。まさに，ビジネスにおいて競争するのは企業であり，企業の取組みの強さが米国の競争力の基盤であった。1970年代から1980年代にかけて，米国の競争力の衰退が観察されたが，その後，政府も企業も的確な対応によって，再び競争力が回復しつつある。

　上で，国の競争優位の決定要因として，①要素条件，②需要条件，③関連・支援産業，④企業の戦略，構造およびライバル間競争，の4つの要素に対して，各国の政府がどのような影響を与えるか，「政府の役割」に絞って考察した。そして，各国（韓国，イタリア，スウェーデン，日本，スイス，ドイツ，英国，米国）の課題について概観した。グローバル経営に関する多様性について，政府の役割という一点に絞っても，驚くほどの多様性があることが分かる。グローバル経営は，まさに国ごとの多様性との戦いなのである。

❸ リスクとの対応

　近年，企業活動を取り巻く環境は激変している。市場構造の変化はいうまでもなく，企業システムの上位システムである産業システム，さらに産業システムの上位システムである経済システム，また，各国の経済システムの上位システムであるグローバルシステムの変化が加速しており，従来にも増して企業活動のリスクは増大し，かつ多様化している。

　リスクとは本来，企業活動の正常な遂行を妨げ，そのために企業に損害をもたらす現象の内，次のような3つの特性を有しているものをいう[36]。

① 不確実性：発生原因が不明確で，そのため発生頻度・発生時期・発生場所などが確定できない。

② 主観性：発生原因が不明確なため，主観的な基準に基づく対策しかたてられない。

③ 危険：発生する現象によって損害を被る。

　従来，リスクと不確実性を同一視する向きもあるが，厳密にいえば，「不確実性」はリスクの構成要素の1つにすぎない。「生き物」としての企業にとって，リスクは企業発展の「機会」であるという側面と，リスクは企業存続にとって「脅威」という二面性をもっている。グローバル経営について考察する場合，リスクがもっているこの「機会」と「脅威」という二面性が，極めて重要な鍵概念（キーコンセプト）になる。

　企業は，経営のグローバル化により，新たなビジネスチャンスの拡大とともに，様々なリスクの拡大にも直面する。グローバル経営では，国内における企業活動では経験することの少ない次のようなリスクが存在する[37]。

① 経済的リスク：金利，為替レート，経済圏，外資政策，インフラストラクチャー，資本市場，消費性向，購買力，経済成長率，投資などに関わるリスク。

② 政治的リスク：暴動，テロ，革命，戦争，人権，人種差別，地域主義，ブロック化，官僚支配，民族，領土などに関わるリスク。

③ 技術的リスク：基礎技術，製造技術，管理技術，情報技術，科学技術水準，技術者などに関わるリスク。

④ 文化的リスク：言語，宗教，習慣，地勢などに関わるリスク。
⑤ その他のリスク：人口，環境問題などに関わるリスク。

上述したように，グローバル経営には，様々なリスクが存在する。しかし，多国籍企業にとって最大のリスクとなるのは，上述したすべてに関わるカントリーリスクである。カントリーリスクとは，企業が海外で事業を行う場合や，海外の企業に貸し付けを行う場合に，戦争やテロなどの政治情勢の変化，あるいは国有化，海外送金や輸出許可の停止などの経済政策の変化などによって，企業が大きな損害を被るリスクである。誘拐や身代金の要求など現地社員の治安問題や自然災害もカントリーリスクに含まれる。

近年では，2011年のタイの大洪水の影響で，トヨタやホンダをはじめとする自動車関連企業が浸水による生産不能，また部品調達不能によって操業停止に追い込まれた。タイは低コストで高品質の部品を調達できるので，ASEANの中で最も自動車関連企業が集積しており，予期せぬ洪水は東日本大震災に続く大きな痛手となった。

グローバル経営は，リスクの観点からみれば，上であげた様々なリスクとの戦いである。したがって，グローバル化から得られるチャンスを失わないためにも，リスク・マネジメントのノウハウを組織的に修得することが必要不可欠である。リスク・マネジメントについては，第10章で多面的に考察する。

5 グローバル統合とローカル適応

本章で，グローバル経営の意義について考察した結果，グローバル経営の本質は，グローバル統合とローカル適応であることが明らかになってきた。そこで，グローバル経営の意義のまとめとして，①グローバル統合，②ローカル適応，③グローバル統合とローカル適応の関係性，の３点について考察する。

❶ グローバル統合

グローバル統合（global integration）とは，企業経営における各要素を同一化・

統合していくアプローチである[38]。国家や地域の枠組みを超え,「世界を単一のもの」と捉えることで,世界規模の効率性・合理性を追求する。グローバル統合に関するキーワードを抽出すると,以下の3点に集約される。

① 標準化：製品・サービスの規格等を統一し,経営活動における意思決定等をルール化,ルーティン化する。規模の経済を最大化し,グローバル規模でのコスト優位性を得る。しかし,現地ニーズや環境変化への柔軟性に欠ける恐れがある[39]。
② 集権化：組織における意思決定権限を,親会社のトップに集中させる。公式権限が親会社に集中することにより,組織活動の調整が容易になり,組織構成員の活動を容易に調整することができる。一方で,子会社の意思決定権限を奪い,子会社のもつ経営資源が,十分に活用されない可能性がある[40]。
③ 単一化：「パックス・アメリカーナ」という言葉で表現されるような単一の文化・価値観に統合する。しかし,組織が多様性を喪失し,外部環境への対応力の低下を招く可能性がある。

グローバル統合を追求した経営モデルとして,バートレット=ゴシャール (Bartlett, C.A.=Ghoshal, S.) [1989] の「グローバル企業」[41]や,ヒーナン=パールミュッター (Heenan, D.A.=Perlmutter, H.V.) [1979] の「本国志向型」[42]があげられる。

これらの経営モデルは,レビット (Levitt,T.) [1983] が指摘する「市場の同質化 (homogenization)」[43]に立脚した類型モデルであり,本国優位が前提となっている。すなわち,地域別・国別の表面的な差異を無視して,世界をあたかも一つの市場であるかのように見做して事業展開を行う。

しかし,実際には,グローバル化が進展することによって,国家や地域の存在意義が高まり,地域,国家,個人のレベルでニーズやウォンツが多様化する。単一製品市場がグローバルに形成されているわけではなく,ローカル市場や消費者の嗜好も捉えなければならない[44]。

❷ ローカル適応

ローカル適応 (local responsiveness) とは,各国の異質性を尊重し,経営の現

第1章 グローバル経営の意義

図表1-9　グローバル統合とローカル適応の関係性

グローバル統合	ローカル適合
標準化	適応化
集権化	分権化
単一化	多様化

（出所）江夏健一=桑名義晴=岸本寿生編［2008］208頁に基づいて筆者作成。

地化を進めるアプローチである。ボーダーレス化が進展するに伴って，常識とは逆に，国家・地域の存在意義が高まり，経営の各要素に大きな影響を与える。ローカル適応に関するキーワードを提示すると，以下の3点に集約される。

① 適応化：製品・サービスの現地化を進める。グローバル規模でのコスト優位性には欠けるが，現地市場に限定すれば，収益を上げやすい。
② 分権化：海外子会社の重要性が増し，オペレーションを中心に，部分的な権限移譲が行われる[45]。経営の現地化により，経営幹部に現地人が登用されるようになると，現地政府，現地ニーズに対する柔軟な対応が可能となる。一方で，本国との意思疎通が困難になり，調整コストの増大やコンフリクト（conflict）の増大が懸念される。
③ 多様化：多国籍企業は，本質的に異文化・多文化である。文化・価値観の異質性を尊重することによって，人的資源や情報的資源の多様性が増大する。しかし，組織内のコミュニケーションが難しいことや，表面化しづらい価値観の違いなど，異文化・多文化は，ある意味でリスクそのものでもある。

ローカル適応を最適化した経営モデルとして，バートレット=ゴシャール［1989］の「マルチナショナル企業[46]」や，ヒーナン=パールミュッター［1979］の「現地志向型[47]」があげられる。

以上のような特徴は，ヨーロッパの多国籍企業（ネスレ，ユニリーバ，ABBなど）に多くみられる。折橋靖介［2003］が指摘するように，ヨーロッパは地域統一的な文化，法規，制度やイデオロギーが存在していたことがない[48]。

同一地域内でも各国の違いは大きく，本国市場の小さなヨーロッパの多国籍企業は，比較的早期にローカル適応を求められた。

❸ グローバル統合とローカル適応の関係性

上述したグローバル統合とローカル適応の関係性を考察すると，図表1-9に示されるように，標準化と適応化，集権化と分権化，単一化と多様化，の各要因は，本質的にトレードオフ（二律背反）の関係にある。しかし，グローバル経営において，これらの一見トレードオフ（二律背反）の関係にある要因を，より高い次元に止揚（アウフヘーベン）しなければならないことはすでに述べた。

ここで，これらの経営モデルを整理すると，グローバル統合とローカル適応のトレードオフ（二律背反）関係は，図表1-10に示されるように，以下の3段階に分類することができる[49]。

① 対立：グローバル統合とローカル適応の対立を許容し，いずれか片方を追及する。バートレット゠ゴシャール［1989］が指摘する「伝統的モデル」（インターナショナル企業，マルチナショナル企業，グローバル企業）がこれに

図表1-10　経営モデルの変遷

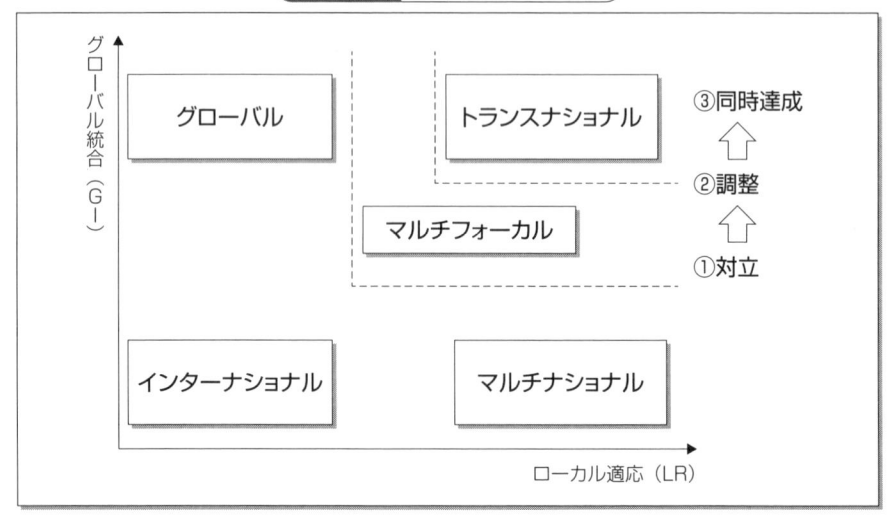

（出所）茂垣広志［2001］143頁などを参照して筆者作成。

該当する。
② 調整：グローバル統合とローカル適応がトレードオフ（二律背反）であることを許容しているが，条件適応的に調整する。プラハラード=ドーズ（Prahalad, C.K=Doz, Y.L.）［1987］の「マルチフォーカル企業」が該当する。
③ 同時達成：バートレット=ゴシャール［1989］の「トランスナショナル企業」や伊丹敬之［1991］の「グローカル企業」がこれに該当する。各拠点が相互依存的に運営され，世界規模の効率と柔軟な各国対応を追求する。しかし，トランスナショナル企業やグローカル企業は，現段階では理念型の域を超えておらず，まだ実在する企業は存在しない。日・米・欧などを極とした多極体制は，調整段階から同時達成段階へのアプローチの1つである。現在の多国籍企業は調整段階からの脱却を目指している過程にあるといえよう。

1）伊丹敬之［2004］75頁。
2）大蔵省貿易統計，日銀経済統計年報，日本石油連盟の各種資料を複合化。
3）Fayerweather, J.［1969］訳書3頁。
4）同上書202頁を筆者が一部修正。
5）Jones, G.［2005］訳書355頁を筆者が一部修正。
6）浅川和宏［2003］5頁。
7）吉原英樹［2005］218頁。
8）同上書12頁。
9）吉原英樹［2011］25頁を筆者が一部修正。
10）山崎清=竹田志郎［1993］17頁。
11）吉原英樹［2005］236頁。
12）同上書146頁。
13）竹村健一編［2006］7頁。
14）吉原英樹［2005］218頁。
15）岸川善光編［2015a］247頁。
16）Bartlett, C.A.=Ghoshal, S.［1995］訳書48頁，江夏健一=桑名義晴編［2006］131頁，安室憲一編［2007］ⅰ頁。
17）宮澤健一［1988］51頁に基づいて，筆者が一部用語を修正。
18）Levitt, T.［1983］訳書1-3頁。
19）Bartlett, C.A.=Ghoshal, S.［1995］訳書26頁，32-33頁。
20）Argyris, C.=Schone, D.H.［1978］p.18.
21）同上書p.24.
22）野中郁次郎=紺野登［1999］111-114頁。
23）野中郁次郎=竹内弘高［1996］64-66頁。

24) Schmpeter, J.A.［1926］訳書182-183頁。
25) 岸川善光編［2004a］33頁。
26) Drucker, P.F.［1974］訳書266-267頁。
27) 他の採用単位は，個人以外にイノベーションを享受する存在であり，組織や企業などがこれにあたる。
28) Rogers, E.M.［1982］訳書18頁。
29) 野中郁次郎=寺本義也編［1987］14頁。
30) 野中郁次郎［1986］171頁（今井賢一編［1986］，所収）
31) Porter, M.E.［1990］訳書（上巻）106頁。
32) 同上書（上巻）106-107頁。
33) 同上書（上巻）261-343頁。
34) 同上書（上巻）399-533頁，同上書（下巻）3-121頁。
35) 同上書の該当箇所について，筆者が要点を抜粋した。なお，一部用語を修正した。
36) リスクの定義については，武井勲［1987］，石名坂邦昭［1994］，武井勲［1998］の定義を参照した。
37) 岸川善光［1999］231頁。
38) グローバル統合について，統一された定義はまだ存在しない。
39) 標準化の定義は，神戸大学大学院経営学研究室編［1999］798頁を参照した。
40) 二神恭一編［2006］335頁を参照した。
41) Bartlett, C.A.=Ghoshal, S.［1989］訳書20頁。
42) Heenan, D.A.=Perlmutter, H.V.［1979］訳書19-21頁。
43) Levitt, T.［1983］訳書1-3頁。
44) 江夏健一=桑名義晴編［2006］75頁。
45) 二神恭一編［2006］580-581頁を参照した。
46) Bartlett, C.A.=Ghoshal, S.［1989］訳書19頁。
47) Heenan, D.A.=Perlmutter, H.V.［1979］訳書19-21頁。
48) 折橋靖介［2003］68頁。
49) 伊丹敬之［1991］124-130頁。

第2章 グローバル経営論の生成と発展

　本章では、グローバル経営論の生成と発展について考察する。グローバル化の発展段階と、グローバル経営に関連する各種基礎理論をクロスさせて、グローバル経営論の生成と発展に関する「一定の法則性」を導き出す。

　第一に、貿易（輸出入）段階の理論について考察する。まず、貿易（輸出入）段階の企業行動を理解する。次いで、比較優位の原理を中心に理解を深める。さらに、近年における貿易形態の変化について言及する。

　第二に、現地販売拠点段階の理論について考察する。まず、現地販売拠点段階の企業行動を理解する。次に、多国籍企業論で最重要概念の1つである海外直接投資について理解を深める。さらに、ハイマーとキンドルバーガーの優位性の理論に言及する。

　第三に、現地生産拠点段階の理論について考察する。まず、現地生産拠点段階の企業行動を理解する。次いで、プロダクト・ライフサイクル理論、さらに、内部化理論について理解を深める。

　第四に、現地企業（現地子会社）段階の理論について考察する。まず、現地企業（現地子会社）段階の企業行動を理解する。次に、OLIパラダイムについて理解を深める。さらに、現地子会社の役割差別化など新たな動向について言及する。

　第五に、グローバル企業段階について考察する。まず、グローバル企業段階の企業行動を理解する。次いで、トランスナショナル・モデルについて理解を深める。さらに、グローバル経営論に関する「一定の法則性」を考察するために、先学の理論を検討する。

グローバル化の発展段階モデルは，バーノン（Vernon, R.）［1971］：①輸出，②現地生産，③発展途上国への輸出マーケティング，④発展途上国での生産や，ダニング（Dunning, J.H.）［1993］：①間接輸出，②直接輸出（現地販売子会社の設立を含む），③現地生産（部品組立て・生産），④現地生産（新製品の現地生産），⑤地域・グローバル統合にみられるように，今まで数多く提示されてきた。
　本章では，図表2-1に示されるように[1]，経済企画庁調査局編［1990］によるグローバル化の発展段階に基づいて，①貿易（輸出入），②現地販売拠点，③現地生産拠点，④現地企業（現地子会社），⑤グローバル企業，のそれぞれについて，企業行動および関連するグローバル経営の基礎理論について考察する。グローバル化の発展段階モデルとクロスさせながらグローバル経営論を考察することによって，グローバル経営論の生成と発展に関する「一定の法則性」を導き出すことが目的である。

図表2-1　グローバル化の発展段階

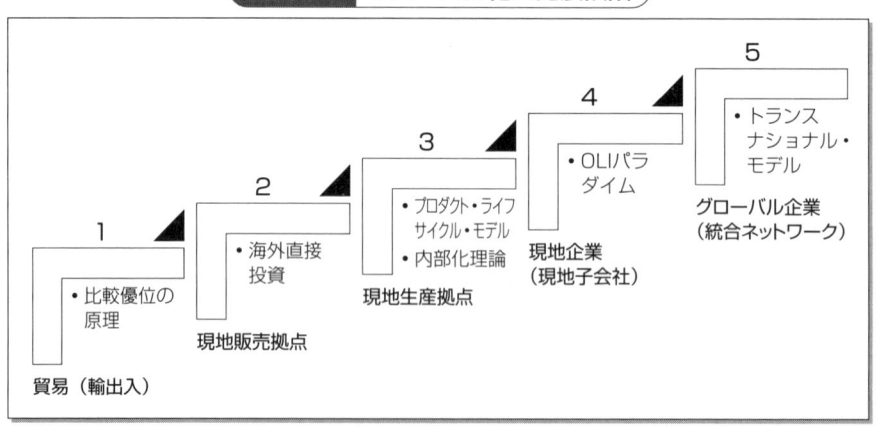

1　貿易（輸出入）
　・比較優位の原理

2　現地販売拠点
　・海外直接投資

3　現地生産拠点
　・プロダクト・ライフサイクル・モデル
　・内部化理論

4　現地企業（現地子会社）
　・OLIパラダイム

5　グローバル企業（統合ネットワーク）
　・トランスナショナル・モデル

（出所）経済企画庁調査局編［1990］257頁の5段階モデルに基づいて，筆者が分析枠組みを作成。

1　貿易（輸出入）

第2章 グローバル経営論の生成と発展

❶ 企業行動

　グローバル化の発展段階の第一段階は，貿易（輸出入）である。貿易（輸出入）にはその先史として，商業，交易の長い歴史がある。すなわち，人類は，古代から国家や民族の境界（ボーダー）を超えて，商業，交易などの活動を行ってきた。高校生向けの世界史の教科書にも，紀元前12世紀から地中海貿易をほぼ独占し，カルタゴなど多くの植民地を建設したフェニキア人の交易活動は，必ず記述されている。

　また，中世の十字軍の遠征後，都市（中世都市）の成立とともに，地中海地域および北海・バルト海地域の二大商圏を中心として，遠隔地商業が盛んになった。特に，イタリアのヴェネチア・ジェノヴァ・ピサなどの海港都市が，東方貿易（レヴァント貿易）によって，香辛料や絹織物など価格差の大きな商品を輸入して莫大な利益を獲得していた。

　さらに交易の歴史は進展した。15世紀のフィレンツェの市政を独占し，ルネサンスの保護者となったメディチ家や，15世紀にイタリアとの香辛料・羊毛取引で財をなし，15世紀末から16世紀にかけて南ドイツ銀山の独占的経営を行い，皇帝や教皇の位をも左右したアウグスブルグのフッガー家など，交易によって商業金融資本家が登場した。

　17世紀から18世紀にかけて，オランダ，イギリスがそれぞれ東インド会社を設立した。これらは株式会社の原型ではあるものの，植民地経営および植民地統治のためのいわば国策会社であり，純粋な民間の貿易会社ではない。イギリスの東インド会社は，資金力などの面でオランダの東インド会社に及ばず，香辛料産地であるインドネシアに進出することができなかった。

　わが国では，江戸時代に200年もの間，鎖国政策のもとで，諸外国との国交・通商を絶っていた。江戸幕府は，日本人の海外渡航，外国船の来航を禁止していた。貿易活動は，幕府の管理下におかれ，清（中国），オランダ，朝鮮，琉球に限定された取引が行われていた。

　しかし，1853年にペリーが浦賀に来航し，翌年，日米和親条約が締結された。この日米和親条約によって下田と箱館が開港された。さらに1858年に米国，続

いてイギリス，オランダ，ロシア，フランスとの間で，修好通商条約が締結され，閉鎖経済（鎖国）から解放経済に移行した。

幕末の開港（箱館，横浜，長崎，新潟，兵庫），開市（江戸，大坂）に伴って，国際ビジネスの初期段階として，海外貿易が開始された。1865年頃，日本からは生糸（79.4％），茶（10.5％），蚕卵紙（3.9％），海産物（2.9％）などが輸出され，海外からは毛織物（40.3％），綿織物（33.5％），武器（7.0％），艦船（6.3％），綿糸（5.8％）などが輸入された。当時の主要な輸出入品は，製糸・繊維製品・軍需品に大きく偏重していたことが分かる。

貿易は，当初は横浜，長崎，箱館の3港の居留地において，外国商人と日本人の貿易商人（売込商や引取商）との間で，銀貨を用いて行われた。当時，輸出入額では横浜が，取引の相手国ではイギリスが圧倒的に多かった。

❷ 比較優位の原理

上述した古代フェニキア人の交易，中世地中海の東方貿易，メディチ家・フッガー家にみられる交易，オランダ・イギリスの東インド会社によるアジアとの直接貿易，わが国における幕末からの海外貿易など，交易や貿易は，なぜ行われたのであろうか。

貿易の発生を説明する最初の理論は，スミス（Smith, A.）［1776, 1950］が『諸国民の富』において示した「絶対生産費説」といわれている。これはA国がX財をB国より安く生産することができ，B国はY財をA国よりも安く生産できるのであれば，それぞれ最も効率的に生産可能な財の生産に「特化」して貿易を行えば，両国にとって貿易による利益が得られ，「特化」と「分業」が促進され，両国の経済厚生が増大するというものである。

しかし，現実には，世界のすべての国が，必ずしもある財の生産において，「絶対優位」をもっているとは限らない。スミス［1776, 1950］の「絶対優位」説は，極めて分かり易いが，この説に従えば，すべての財の生産コストが自国より外国のほうが低ければ，自国はすべての財を輸入しなければならず，輸入代金は，輸出以外の方法で獲得した外貨で支払わなければならなくなるなど，現実を説明する理論としては大きな欠陥があった。

第2章　グローバル経営論の生成と発展

　そこで，スミス［1776, 1950］の後継者でもあるリカード（Ricard, D.）［1817］は，「比較生産費説」によって，たとえある国のみがすべての財の生産に「絶対優位」を持つ場合でも，他の国は1国内のある財において「比較優位」があれば，貿易による経済厚生の増大がありうることを明らかにした。すなわち，1国内において，ある財の生産コストが他の財よりも「相対的」に大きな「比較優位」を有する場合，その財に生産を「特化」して輸出を行い，「比較劣位」にあるその他の財を輸入することによって，自給自足の場合の利益を上回ることができることを示したのである。

　リカード［1817］の「比較生産費説」について，澤田康幸［2003］の仮想例を用いて考察する。リカード［1817］は，2財・1生産要素（生産に用いられる投入財）・2国（国際貿易論では，2×1×1モデルという）を用いて国際貿易を議論している。ここでは，図表2-2に示されるように[2]，2財を半導体とフリースとし，1生産要素を労働力とし，2国を日本と中国として考察する。

　図表2-2の数値例によれば，日本では，2人の労働力を投入することによって1つの半導体の生産が可能になる。また，4人の労働力を投入することによって1枚のフリースの生産が可能になる。換言すれば，半導体の労働生産性は1/2，フリースの労働生産性は1/4である。一方，中国では，1つの半導体の生産に10人，1枚のフリースの生産に5人の労働力を必要とする。

　図表2-2の数値例では，日本は中国に比べて半導体の生産にもフリースの生

図表2-2　リカードの比較生産費説の数値例

	国内の総労働量	半導体生産の単位当たり必要労働量	フリース生産の単位当たり必要労働量	半導体生産の機会費用[*1]	フリース生産の機会費用[*2]
日本	2,000人	2人	4人	0.5	2
中国	5,000人	10人	5人	2	0.5

*1　半導体1単位生産のフリース1枚生産に対する相対的必要労働量。
　2　フリース1枚生産の半導体1単位生産に対する相対的必要労働量。
（出所）澤田康幸［2003］21頁。

産にも，より少ない労働力の投入を必要としており，両財の生産に優位性を持っていることが分かる。このような状況を日本の「絶対優位」と呼んでいる。すなわち，必要労働量が半導体については2＜10，フリースについては4＜5であるので「絶対優位」という。

しかし，半導体生産では，日本と中国の1人あたり必要労働量の格差は1：5であるのに対して，フリース生産では4：5である。このような場合，日本は半導体生産に「比較優位」を持っており，中国はフリース生産に「比較優位」を持っているという。

このことをもう少し詳しくみてみよう。日本において1単位の半導体を生産するためには2人の労働力が必要である。1人の労働力は，1／4＝0.25枚のフリース生産に使うことができるので，2人の労働力を投入し1単位の半導体を生産するために犠牲となるフリース生産，すなわち半導体生産の機会費用はフリース単位で2×0.25＝0.5となる。同様に，中国における半導体のフリース生産で測定した機会費用は，10×1／5＝2となる。したがって，半導体生産の機会費用は日本のほうが低い。この場合，日本は半導体生産に「比較優位」を持つという。

同様の計算をフリースの機会費用について行うと，日本ではフリース生産の機会費用は2，中国では機会費用は0.5となる。したがって，中国ではフリース生産の機会費用が日本と比べて低く，フリース生産に「比較優位」を持っていることが分かる。ちなみに，日本と中国の唯一の生産要素である労働量を最大限利用して可能となる半導体生産とフリース生産の組合せを，生産可能性フロンティアという。

リカード［1817］の比較生産費説を，さらに精緻化したのがヘクシャー＝オリーン（Heckscher=Ohlin）理論である。ヘクシャー＝オリーン理論は，新古典的アプローチによる理論であり，各国の生産要素の賦存量の相違が各財の生産コストの差をもたらし，各国の比較優位を決めるとしている。ところが，この洗練化されたはずの比較生産費説に対して，レオンチェフ（Leontief, W.S.）は，米国の貿易構造を分析し，米国は資本集約的な財を輸入し，労働集約的な財を輸出していることを実証的に明らかにした。レオンチェフは，ヘクシャー＝オリ

ーン理論は,この事実に反していると鋭く批判した。これは,「レオンチェフの逆説」として知られている。

上で,国際ビジネスの第一段階である貿易に関する基礎理論として,スミス[1776,1950]の「絶対生産費説」,リカード[1817]の「比較生産費説」,ヘクシャー=オリーンの比較優位理論,レオンチェフの逆説について考察した。古典的貿易理論は,比較優位の原理を中心に,国際分業の視点から発展してきたが,これらの古典的貿易理論は,いずれも2国間の労働生産性の違いを優位性の差として貿易を説明している。しかし,優位性は労働生産性のみで決定されるものではない。また,完全競争であることや,生産要素の移動は無いとするなど,多くの前提条件をつけた理論である。そのため,スミス,リカード,ヘクシャー=オリーンの理論だけでは,今日の多国籍企業の行動を体系的かつ実証的に説明することはできない。

❸ 貿易形態の変化

先述したように,貿易は,当初は横浜,長崎,箱館の3港の居留地において,外国商人と日本の貿易商人(売込商や引取商)との間で,銀貨を用いて行われた。当時の外国商人・商社として,幕末志士との取引で有名なグラバー商会など,大小様々な多くの企業が日本に進出し,輸出入の大半(75%～90%)を占めた。

外国商人・商社が貿易を支配する中で,三井物産,伊藤忠商事,丸紅,兼松,三菱商事など総合商社の前身が,貿易に参入するために設立され,外国商人・商社との競争に挑んだ。輸出振興は,近代国家にとって国是でもあったので,上述した総合商社による貿易の振興は国家をあげた課題でもあった。この段階の輸出入は,外国商人・商社,日本の総合商社などによる間接輸出・間接輸入が大半であった。

貿易形態はその後も変化し,多様化してきている。第二次大戦前までの貿易の多くは,資源の賦存状況の違いから生じる比較優位によって,異なる商品構成の輸出入が行われていた。しかし,戦後は,資本主義の発展によって,先進国間の寡占市場における製品の差別化や規模の経済の存在によって行われる貿易が進展した[3]。

このような新たな貿易は，以下の2種類に分けることができる[4]。
① 垂直型貿易：資源賦存量の異なる先進国と途上国の間で行われる。比較優位の原理によって説明される貿易である。
② 水平型貿易：生産要素の賦存量の似通った先進国の間で行われる。所得水準の上昇に伴う消費者選好の多様化とそれに基づく製品差別化によって増大する。

これまでの垂直型貿易に代わって，この水平型貿易が発展してきている。このような貿易形態の構造的変化をもたらした要因として，以下の項目があげられる[5]。
① 先進工業国において所得水準が上昇し，その結果，需要の多様化がもたらされた。
② 製造技術が一層進歩して，先進工業国では需要に見合った多様な生産をすることが可能となった。
③ 先進工業国の間では，経済を活性化するために関税などの貿易障壁を軽減ないし撤廃して，自由貿易体制へ移行しようという意欲が強い。
④ 運輸・通信手段の目ざましい発達により，先進工業国における需要動向が把握しやすく，しかも大量で迅速な輸送ができるようになった。

このように，世界を取り巻く経済情勢の変化により，企業の貿易活動は，より現地化を重視したものへと変わっていった。換言すれば，貿易（輸出入）のみでは，グローバルな競争優位を獲得することは，現実的にも難しくなっている。

2 現地販売拠点

❶ 企業行動

貿易（輸出入）段階の間接輸出による事業活動だけでは，現地の顧客ニーズを把握することは難しい。また，多くの国で頻発する貿易摩擦の回避も困難である。需要の多様化や貿易摩擦の回避などに対応するために，オペレーション

を海外に移転するいわゆる現地化の必要性がさらに増大した。それに伴って，新たな企業行動と企業行動理論が求められた。

グローバル化の発展段階の第二段階は，現地販売拠点の設置である。間接貿易（輸出入）の段階のカウンターパートは，商社などの貿易代行業が多かったが，直接貿易（輸出入）に移行する頃から，現地販売拠点の設置が直接貿易と併行して進展した。

アーカー（Aaker, D.A.）[2001]は，図表2-3に示されるように[6]，新たな事業に参入する場合の参入戦略を類型化した。買収，合弁，提携，ライセンシングなど，様々な方策がすでに存在する。海外進出の場合，これらの参入戦略の中

図表2-3　参入戦略

参入戦略	主な利点	主な欠点
内部開発	・既存資源を使用できる。 ・特に製品／市場に明るくない場合に買収コストを回避できる。	・時間がかかる。 ・見通しが不確か。
社内ベンチャー	・既存資源を利用できる。 ・有能な起業家を引き止めておく可能性がある。	・過去の例から，必ずしも成功するとは限らない。 ・社内的な緊張を作り出す可能性がある。
買収	・時間を節約できる。 ・参入障壁に打ち勝つ。	・高くつく。通常，不要な資産まで買収しなければならない。 ・2組織結合上の問題。
合弁または提携	・技術／マーケティングの組合せで，小企業／大企業のシナジーを利用できる。 ・リスク分散できる。	・企業間のオペレーションに摩擦を生じる可能性がある。 ・一方の会社の価値が時間が経つにつれて減少する可能性がある。
他社からのライセンス	・技術に即座にアクセスできる。 ・財務的リスクが少ない。	・特許技術や技術的スキルが育たない。 ・ライセンス元に依存する。
教育的買収	・新事業への窓口となり，初期スタッフを確保できる。	・買収先が起業家精神を無くしてしまうリスクがある。
ベンチャー・キャピタルと育成	・新技術，新市場への窓口となりうる。	・資金供給だけでは，会社の成長につながらないことが多い。
他社へのライセンシング	・市場へ即座にアクセスできる。 ・コスト，リスクともに低い。	・市場の知識，コントロールを失ってしまう。 ・ライセンス元に依存する。

(出所)　Aaker, D.A. [2001] 訳書338頁を筆者が一部修正。

で，合弁，ライセンシング，フランチャイジングなどが比較的多用される。

❷ 海外直接投資

グローバル化の発展段階において，第二段階：現地販売拠点，第三段階：現地生産拠点，第四段階：現地企業（現地子会社），第五段階：グローバル企業は，経営資源の観点からみると，海外直接投資（foreign direct investment：FDI）の範疇に該当する。

海外直接投資（FDI）とは，国連の定義によれば，「投資家が自ら居住する国以外で事業活動を行う企業に対して，継続的に関与していく権利を獲得するために行われる投資」のことである。投資の目的は，海外の企業を「支配（コントロール）」することである。つまり，経営支配を伴う国際投資が海外直接投資（FDI）である。

直接投資に対する間接投資は，有価証券の取得を目的とする投資である。間接投資は証券投資（ポートフォリオ投資）とも呼ばれており，利息や配当などいわゆるキャピタルゲインの獲得を目的とした資本移動として捉えられている。

海外直接投資（FDI）は，「経営資源のパッケージ移転」を伴うので，間接投資

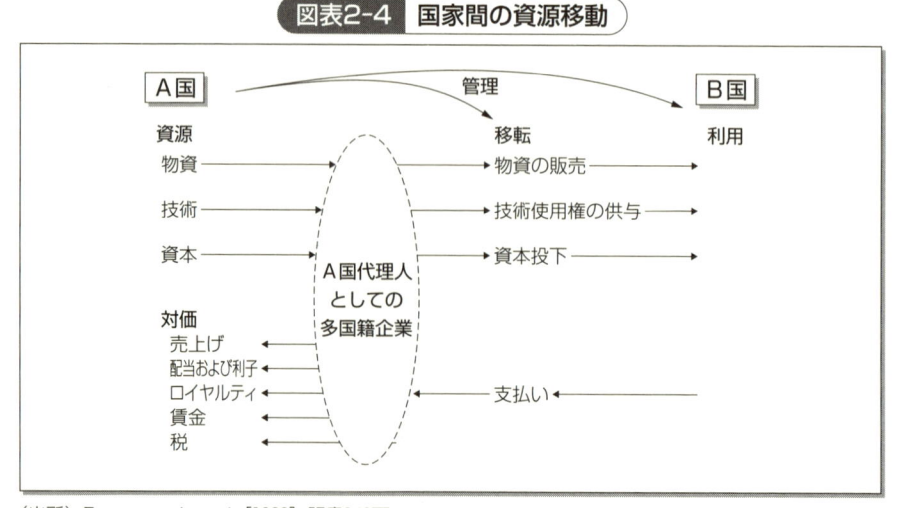

図表2-4　国家間の資源移動

A国	管理	B国
資源	移転	利用
物資 →	→ 物資の販売 →	
技術 →	→ 技術使用権の供与 →	
資本 →	→ 資本投下 →	
	A国代理人としての多国籍企業	
対価		
売上 ←		
配当および利子 ←		
ロイヤルティ ←	← 支払い ←	
賃金 ←		
税 ←		

（出所）Fayerweather, J. [1969] 訳書149頁。

のような単なる資本移動（金融的現象）ではない。フェアウェザー（Fayerweather,J.）[1969] は，図表2-4に示されるように[7]，物資・技術・資本などの「経営資源のパッケージ移転」を行う主体を多国籍企業と認識している。ちなみに，フェアウェザー [1969] は，経営資源の移転の主要な方法として，①本国からの輸出，②親企業が過半数の株式を支配する子会社による海外生産，の2つを例示列挙している[8]。

海外直接投資（FDI）による海外進出において，①完全所有子会社か合弁か，②グリーンフィールド（新会社の設立）か買収か，など「所有政策」と呼ばれている分野は極めて重要である。

完全所有子会社は，メリットとして，重要な経営資源（情報，技術，スキルなど）を直接支配（コントロール）できるので，経営戦略やオペレーションの自由度が極めて高くなる。他方，デメリットとして，海外事業の失敗のリスクをすべて負わねばならない。

合弁は，ヘナー（Hennart, J.F.）[1991] が提示した株式保有比率95％以上を完全所有子会社，5％未満を証券（ポートフォリオ）投資，5％以上95％未満を合弁という区分と，従来の80％以上を完全所有子会社，20％未満を証券（ポートフォリオ）投資，20％以上80％未満を合弁とする区分，の2つに大別される。

グリーンフィールドか買収かという選択は，海外直接投資（FDI）を検討する上でとても重要な課題である。グリーンフィールドは，新会社を自らの手ですべて一から立ち上げるやり方である。他方，買収は，現地の既存企業の経営資源を迅速に調達・入手するための方策である。経営資源の入手の迅速性，現地企業が保有しているネットワークの活用など，買収は，海外進出において多くのメリットがあげられる。ただし，現地国からの反発，異文化マネジメントの困難さ，組織運営の困難さ，など多くのデメリットも付随して発生する。

❸ ハイマー理論とキンドルバーガー理論

ハイマー（Hymer, S.H.）[1960, 1976] は，国際経営論，グローバル経営論のパイオニアとして知られている。ハイマー以前の国際経営の理論は，利子率の格差に基づく資本移動論（利子率の低い国から高い国へ資本が移動する投資活動）

によって説明されてきた。すなわち，金融資産を所有してキャピタルゲインの獲得を目指す証券（ポートフォリオ）投資については説明できても，企業が直接投資によって，なぜ外国の企業を支配（コントロール）するかについては説明することができなかった。

　ハイマー[1960, 1976]は，現地国において情報不足など不利な立場におかれているはずの外国企業が，現地の企業に代わって事業活動を行うのはなぜか，という理由として，①競争の排除，②優位性の保有，の2点をあげた[9]。

　第一に，競争の排除についてみてみよう。少数の企業が国境を跨いで水平的・垂直的な不完全競争下におかれると，市場に少数の企業しか存在しない状況では，企業同士の暗黙または公然の結託や，利潤協定の締結，あるいは合併・買収によって，競争が大きく制限され，企業の総利潤は増大するので，一方の企業が他の企業を支配（コントロール）しようとする[10]。国境を跨ぐ企業が競争制限をして，相互に合併・買収を行うときに多国籍企業が生まれるという。

　第二に，優位性の保有についてみてみよう。企業が現地国において不利な立場にありながら，現地のライバル企業と競争するには，何らかの優位性を必要とする。生産技術，スキル，製品差別化能力，規模の経済，資金調達力などの優位性があれば，優位性から生じる利益を獲得することができる。しかし，優位性があれば必ず多国籍企業になるわけではない。優位性を活用した輸出や，優位性そのものを現地企業にライセンシングをするなど，方法は数多く存在する。したがって，優位性の保有は，多国籍企業の必要条件ではあるものの，十分条件とはなりえない。

　多国籍企業の必要十分条件を満たすためには，①優位性を企業はなぜ海外で利用するのか，②優位性の利用において，なぜ企業自ら支配（コントロール）するのか，という2つの問いに対して明確に答えなければならない。ハイマーは，優位性を企業はなぜ海外で利用するのかという問いに対しては，国内外のコストの条件（関税や為替レートなど）を指摘する。海外における事業活動がコスト面で有利になった時，企業は優位性を海外で利用する。また，優位性の利用を企業自らが支配（コントロール）するのは，市場が不完全であることによる。市場が不完全であるならば，つまり，独占あるいは寡占が存在している

のであれば，企業間の結託によって企業間の競争は排除され，企業の利益を高める[11]。

上述したハイマーの理論は，1960年，MITに博士論文として提出された。最優秀論文は，MITプレスから刊行されるというルールがありながら，審査員の1人が単純すぎるという異議を述べたため，刊行が1976年まで延期された。しかし，ハイマー理論は，それ以降の国際経営論，グローバル経営論，多国籍企業論の理論研究の基礎となった。

次に，キンドルバーガー (Kindleberger, C.P.) [1969] の理論について考察する。ちなみに，キンドルバーガーは，当時，MITにおける指導教授であった。キンドルバーガー [1969] は，ハイマー [1960, 1976] の論文を引用しつつ，多国籍企業がもつ優位性を「独占的優位性」と名付け，その源泉として，①販売市場での不完全競争[12]，②生産要素市場での不完全競争[13]，③規模の経済[14]，④政府による参入規制[15]，の4つに分類し，それぞれの内容について具体的に検討した。

しかし，キンドルバーガー [1969] は，なぜか優位性の利用方法については触れていない。つまり，優位性をもつ企業が，なぜ輸出やライセンシング（ライセンス供与）ではなく，海外直接投資（FDI）に向かうかという解明はなされていないのである。

このような欠陥が散見されるが，ハイマー [1960, 1976] やキンドルバーガー [1969] の理論は，①国際経営・グローバル経営・多国籍企業を直接の分析対象とすることを初めて可能にしたこと，②市場の不完全性を前提として，ミクロ（企業）のレベルで対外直接投資を分析する枠組みを提示したこと，によって高く評価されるべきであろう。

3 現地生産拠点

❶ 企業行動

グローバル化の発展段階の第三段階は，海外生産拠点の設置である。貿易（輸

出入），海外販売拠点の設置によって，現地市場における販売量の増加，比較優位構造の変化，現地市場ニーズに即応した製品設計などの理由によって，生産拠点の海外移転が始まる。海外生産拠点の設置によって，海外販売拠点のア

図表2-5 大規模多国籍製造企業（1914年頃）

会社名	国籍	製品	1914年の海外工場の数	海外工場の立地場所
シンガー	アメリカ	ミシン	5	イギリス，カナダ，ドイツ，ロシア
J&Pコーツ	イギリス	カタン糸	20	アメリカ，カナダ，ロシア，オーストリア・ハンガリー，スペイン，ベルギー，イタリア，スイス，ポルトガル，ブラジル，日本
ネスレ	スイス	練乳 ベビーフード	14	アメリカ，イギリス，ドイツ，オランダ，ノルウェー，スペイン，オーストラリア
リーバ・ブラザーズ	イギリス	石鹸	33	アメリカ，カナダ，ドイツ，スイス，ベルギー，フランス，日本，オーストラリア，南アフリカ
サン・ゴバン	フランス	ガラス	8	ドイツ，ベルギー，オランダ，イタリア，スペイン，オーストリア・ハンガリー
バイエル	ドイツ	化学品	7	アメリカ，イギリス，フランス，ロシア，ベルギー
アメリカン・ラジエーター	アメリカ	ラジエーター	6	カナダ，イギリス，フランス，ドイツ，イタリア，オーストリア・ハンガリー
シーメンス	ドイツ	電気機器	10	イギリス，フランス，スペイン，オーストリア・ハンガリー，ロシア
L.M.エリクソン	スウェーデン	電話設備	8	アメリカ，イギリス，フランス，オーストリア・ハンガリー，ロシア
アクムラトーレン・ファブリーク	ドイツ	電池	8	イギリス，オーストリア・ハンガリー，スペイン，ロシア，ポーランド，ルーマニア，スウェーデン

（出所）Jones, G. [1995] 訳書121頁。

第2章 グローバル経営論の生成と発展

フターサービスの充実，ロジスティクス・ネットワークの構築などを伴うことが多い。

ジョーンズ（Jones, G.）[1995]は，図表2-5に示されるように[16]，1914年頃（約100年前）の大規模多国籍製造企業の一覧表を示している。米国，イギリス，スイス，フランス，ドイツ，スウェーデンにおいて，多様な業種における多国籍企業が，すでに多くの海外工場を設置していたことがわかる。

わが国の海外直接投資（FDI）は，図表2-6に示されるように[17]，1970年代から増加し始め，1985年のプラザ合意による円高を契機として，80年代および90年代に急増した。70年代から80年代は，繊維，鉄鋼，電機，自動車，半導体など，多くの産業分野において，貿易摩擦問題が発生した。プラザ合意後の円

図表2-6　日本の海外直接投資の推移

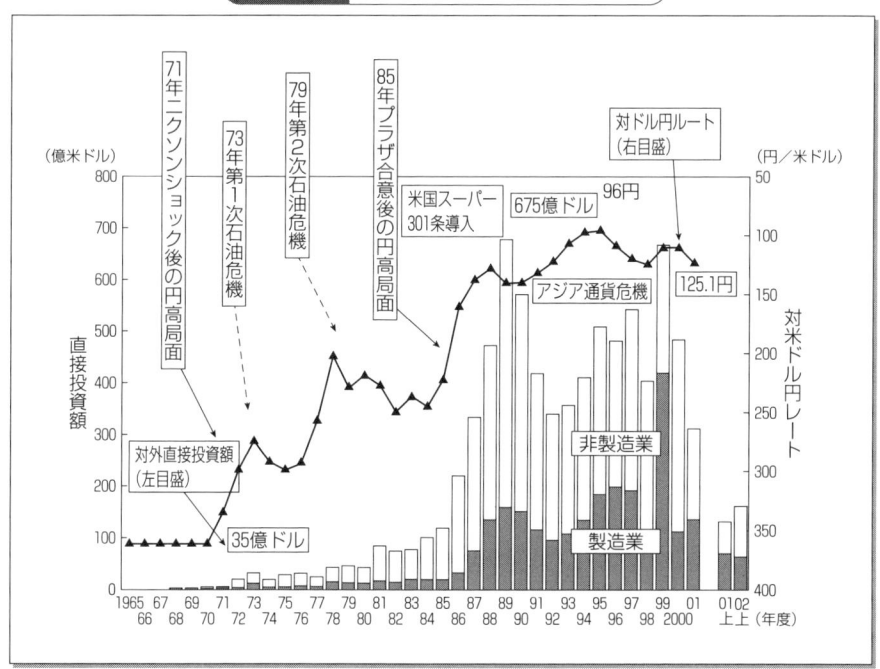

(注) 対米ドル円ルート：東京インターバンク市場　直物中心相場期中平均
　　 96年度以降の直接投資額は，期中平均レートにて，経済産業省が米ドルに換算。
(出所) 経済産業省[2002]『海外事業活動基本調査報告』，財務省[2002]『対外直接投資届出・報告実績』
　　 など各種データを複合化した。

高と，70年代および80年代に各国で頻発した貿易摩擦問題が海外直接投資の急増の原因といえよう。

❷ プロダクト・ライフサイクル理論

　対外直接投資を説明する理論は，様々なアプローチ・方法で議論されてきた。先述したハイマー［1960, 1976］は，対外直接投資の誘因を，国際資本移動論を超えて産業組織論に見出したように，比較優位に基づく貿易論を超えて，主としてイノベーション論によって対外直接投資の発生原理を論じた理論が，バーノン（Vernon, R.）［1966］のプロダクト・ライフサイクル理論（注：バーノン自身はプロダクト・サイクル理論と呼んでいる）である。

　バーノン［1966］は，図表2-7に示されるように[18]，製品のライフサイクルを，①導入期，②成熟期，③標準化期の3段階に分類したうえで，各段階における企業行動の違いに注目し，対外直接投資を説明しようとした。

図表2-7　新製品Xのプロダクト・ライフサイクルのプロセス

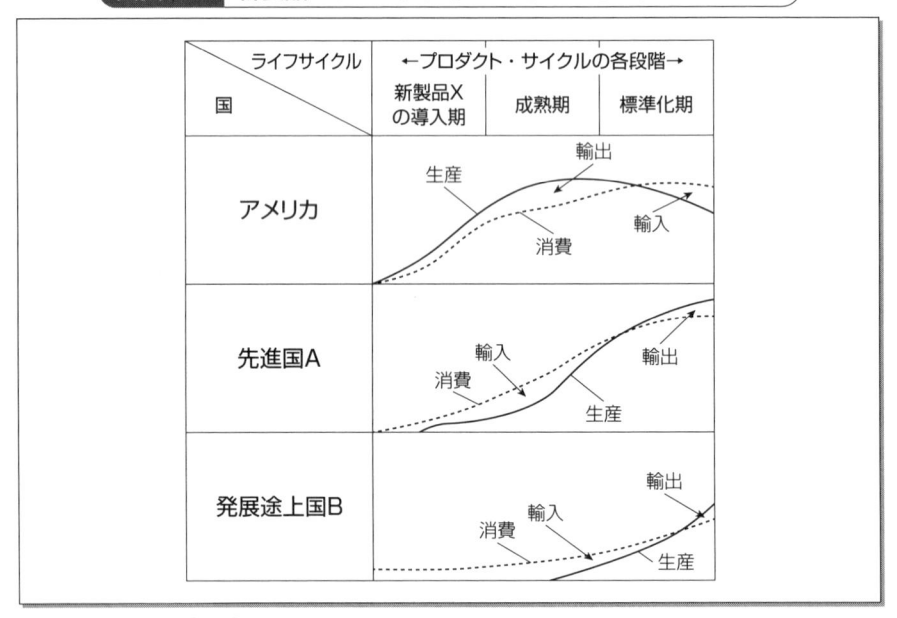

国＼ライフサイクル	←プロダクト・サイクルの各段階→		
	新製品Xの導入期	成熟期	標準化期
アメリカ	生産／輸出／消費		輸入
先進国A		輸入／消費	輸出／生産
発展途上国B			輸出／輸入／消費／生産

（出所）Vernon, R.［1996］p.199.

第2章　グローバル経営論の生成と発展

① 導入期：新製品の開発・商品化は，米国に立地する米国企業の手で行われる。需要は主として高所得者層であり，需要の価格弾力性は低いので，コスト低減の必要性はあまり存在しない。米国から他の先進国（当時，ヨーロッパ，日本は準先進国であった）に輸出する。
② 成熟期：需要は拡大し，価格弾力性が上昇する。生産技術の安定化に伴って，大量生産が可能になり，規模の経済が実現する。価格は下落し，準先進国であるヨーロッパと日本において製品需要が生まれる。米国企業はヨーロッパや日本に輸出するが，さらに市場が拡大すると，現地生産に移行する。ただし，輸出から現地生産への移行は，米国企業にとって一大転換を意味するので，トリガー（引き金）がないと踏み切れない。トリガー（引き金）として，模倣の出現，現地市場における競合企業の出現，現地政府の輸入制限などがあげられる。

　リーダー企業が海外進出を果たすと，米国内の他のライバル企業が追随し，海外進出のブームになる。この現象を，ニッカバッカー（Knickerbocker, F.T.）［1973］は，「バンドワゴン効果」と呼び，「一団となって海外に直接投資をする傾向がある」と指摘している[19]。

③ 標準化期：生産技術が陳腐化すると，価格競争が支配的になり，かつてのイノベーション企業も競争優位が発揮できなくなる。米国と準先進国では需要が頭打ちになり，逆に，発展途上国では需要が拡大する。先述した貿易論における「比較優位の原理」に逆らって，資本集約的であるにも関わらず，発展途上国で生産し，先進国に逆輸出をするようになる。このことを「レオンチェフの逆説」と呼ぶことはすでに述べた。

　上述したバーノン［1966］のプロダクト・ライフサイクル理論は，第二次世界大戦後から1960年代前半の「パックス・アメリカーナ」の時代の多国籍企業化のダイナミズムを描写したものである。1970年代に入り，米国を頂点とする世界経済のヒエラルキーが崩壊し，ヨーロッパや日本の多国籍企業が台頭し，さらに，多国籍企業自身，グローバルなネットワーク構造に進化すると，プロダクト・ライフサイクル理論の前提が大きく崩れ，それとともに理論の説明力・予見力に大きな限界が生じた。

❸ 内部化理論

　これまでとりあげた理論は，主に対外直接投資に注目したものであった。これに対して，1970年代半ば以降，対外直接投資の意思決定主体である企業に研究の関心が移った。企業はなぜ本国以外の国に対して付加価値活動を拡張するのかという問いかけから，内部化理論（internalization theory）が誕生した[20]。

　内部化とは，企業の内部に市場を創出するプロセスである。すなわち，企業間取引を企業内取引に置き換える行為をいう。ハイマー［1960, 1976］やキンドルバーガー［1969］による不完全市場に関する議論は，内部化の概念を生み，その後，多国籍企業の内部化理論として様々な研究者によって展開された。

　内部化理論の源流は，ノーベル経済学賞受賞者のコース（Coase, R.H.）［1937, 1988］にまで遡る。その後，多国籍企業の内部化理論は，イギリスのレディング学派（バックリー=カソン（Buckley, P.J.=Casson, M.C.）［1976］，ラグマン（Rugman, A.M.）［1981］，ダニング（Dunning, J.H.）［1993］など）と，米国の取引コスト学派（ノーベル経済学賞受賞者ウィリアムソン（Williamson, O.E.）［1975］，ヘナー（Hennart, J.F.）［1991］など），によって精緻化されつつある理論である。

　取引コスト学派のウィリアムソン［1975］によれば，内部化理論のポイントを簡潔に要約すると，市場取引による「取引コスト」と内部取引による「取引コスト」と比較して，組織による内部取引のほうが効率的である場合，市場取引から内部取引に代替されるというものである。

　バックリー=カソン［1976］は，新古典派経済学派が想定するような完全競争市場は現実には存在しないという認識のもと，市場の不完全性と内部化との関係を始めて明確にした[21]。バックリー=カソン［1976］によれば，内部化の誘因（要因）となる市場の不完全性は，次のような場合に発生するという[22]。

① 先物市場の欠落：市場によって結び付けられた相互依存的な企業活動には，著しいタイムラグを伴う場合があるが，その調整に必要な先物市場は存在しないかもしれない。
② 差別的価格付け：中間財に対する市場支配力の行使のために，ある種の差別的価格付けが必要となる場合があるが，外部市場においては実施できない。

③　寡占：市場が寡占状態にある場合，取引の実施・維持が不可能になる。
④　価値の評価の不一致：知識の性質や財の価値の評価が，買い手と売り手の間で一致しない。
⑤　政府の干渉：国際的な市場では，政府の干渉（関税，資本移動に対する規制など）が行われる。

バックリー=カソン［1976］は，特に中間財としての知識に関する市場の不完全性が，内部化の誘因（要因）を高めることを強調している。知識は公共財（public goods）であるので，価格設定を効率的に行うことは本来的に難しい。

ラグマン=レクロー=ブース（Rugman, A.H.=Lecraw, D.J.=Booth, L.D.）［1986］は，世界経済システムにおいて，多国籍企業が自由貿易と「対称性」をもつことを指摘し，それによって内部化を説明した[23]。

ラグマン［1981］は，市場の不完全性を2つに分類した。第一は，関税，数量割当，外貨規制，非関税障壁など，政府規制・統制による市場の不完全性である[24]。第二は，特許や特別な知識や情報などによる非政府誘導の自然的に発生する市場の不完全性である[25]。これらの市場の不完全性に関する考察を踏まえて，ラグマン［1981］によれば，多国籍企業は，貿易が不完全市場によって妨げられた場合の自由貿易の代替物として位置づけられる[26]。

内部化理論は今日，多国籍企業の支配的理論として高く評価されているものの，いくつかの根源的な問題を有している。内部化理論を長年研究している長谷川信次［1998］によれば，内部化理論の主な問題点・課題は次の5点である[27]。

①　企業の境界の問題を，取引相手との効率性の問題に帰着させてしまい，ライバル企業との相互作用を伴う戦略的な局面が欠落している。
②　理論の根底にある「市場の失敗」（外部市場の不完全性）のパラダイム自体が極めて静態的な概念であるので，激変する環境下でダイナミックに行動する多国籍企業を考察する理論としての動態的な視点が欠如している。
③　不完全市場を回避する利益と，内部化のコストに関する比較分析が不十分である。
④　取引形態の選択肢が，市場取引か内部化かの「二分法」で単純すぎる。したがって，国際的な戦略的提携などの問題を扱うことができない。

⑤　先進国間の同一産業内における「相互上陸（相互進出）」による直接投資が説明できない。

4　現地企業（現地子会社）

❶ 企業行動

　現地拠点（販売拠点，生産拠点）の設置が進むに伴って，企業は現地市場での一層の市場開拓を進めるため，一般的に，主要機能の現地化をさらに進める。それまでの販売，生産だけでなく，財務，人事，研究開発，購買などの諸機能を持つ現地企業（現地子会社）の設置が，グローバル化の発展段階の第四段階である。

　現地企業（現地子会社）の設置において，本社－現地企業（現地子会社）の関係性は，極めて重要な経営課題となる。コントロールのあり方，権限移譲のあり方など，一歩間違えば現地企業（現地子会社）を設置した意義が喪失するほどのダメージを被ることがある。

　現地子会社に対する本社の志向は，各社各様ではあるものの，ヒーナン゠パールミュッター（Heenan, D.A.=Perlmutter, H.V.）[1979] は，図表2-8に示されるように[28]，①本国志向（ethnocentric：E），②現地志向（polycentric：P），③地域志向（regiocentric：R），④世界志向（geocentric：G），の4つに分類し，頭文字をとって，「E-P-R-Gプロファイル」と称した。それぞれについて，簡潔にみてみよう。

①　本国志向（E）：国際経営に関する主要な意思決定は，本社のトップ・マネジメントが行い，現地子会社には裁量権がない。本国至上主義の経営が行われ，本社と現地子会社の関係は，支配（コントロール）と従属の関係である。

②　現地志向（P）：現地適応を重視し，現地子会社に大きな権限と責任が与えられる。ただし，財務，研究開発などは本社に意思決定権限が残る。

③　地域志向（R）：世界と国の中間にある地域本社・本部（例えば，北米地

域本社)に大きな権限と責任が与えられ,地域に適応した経営が行われる。
④ 世界志向（G）：世界的な視野で，本社と現地子会社が有機的に結び付き，統合ネットワークによって国際ビジネスを推進する。

図表2-8 多国籍企業の現地子会社に対する本社の4つの志向形態

企業の諸側面	志向			
	本国志向	現地志向	地域志向	世界志向
組織の複雑性	本国では複雑,在外子会社は単純	変化に富むが相互に独立	地域ベースで相互依存性が高い	世界ベースで複雑性が増大し,相互依存性は高い
権限；意思決定	本社に集中	本社集中の相対的低下	地域本部に集中および／または在外子会社間の協議増大	世界中の本社および在外子会社の協議
評価と統制	人事考課と業績評価に本社基準を採用	現地で決定	地域で決定	世界および現地を含んだ基準を採用
賞罰；インセンティブ	報酬は本社で厚く,在外子会社で薄い	まちまち,報酬の高低は在外子会社の実績いかんに依存する	報酬は地域目標にそった貢献度に依存する	国際的および現地経営幹部に対する報酬は,現地および世界目標の達成度に依存する
コミュニケーション；情報の流れ	在外子会社に対して大量の命令,指図,助言を行なう	本社と子会社間に限定。子会社相互間ではなし	統括本部に限られるが,地域本社間および各国間で行われる	相互コミュニケーションと世界中の在外子会社間で行われる
地理的属性	本国籍法人	現地国籍法人	地域企業	真の意味での世界的企業,ただし各国の国益を遵守する
継続性（採用,要員配置,人材開発）	世界中の主要な地位には本国の人材を	現地の主要な地位には現地人を	地域内の主要な地位には同地域の人材を	主要な地位には世界中から人材を

（出所）Heenan, D.A. = Perlmutter, H.V.［1979］訳書19頁。

❷ OLIパラダイム

　1950年代以降，対外直接投資（現地販売拠点⇒現地生産拠点⇒現地子会社）による多国籍企業化が世界的に進展したことに伴い，様々な視点から国際経営，グローバル経営の理論が研究されてきた。しかし，これらの研究は，各研究者の研究意図に基づくものであり，全体としての統一性・整合性に欠けていた。

　ダニング（Dunning, J.H）[1979] によれば，1950年代から1970年代までに提示された国際経営，グローバル経営の主な理論（①資本移動論，②産業組織論，③産業立地論，④内部化理論）は，「部分的説明」に留まっているとして，厳しく批判している[29]。なお，ここで例えば産業組織論というのは，産業組織論の分析枠組みを用いてとか，産業組織論の概念に準拠してという意味である。他の理論も同様である。

① 　資本移動論：資本移動論は，国と国の間にある利子率の違いに基づく国際的な資本移動を対象としたものであり，支配（コントロール）の問題など，海外直接投資については説明ができない。
② 　産業組織論：ハイマーやキンドルバーガーにみられるように，産業組織論を基礎として，海外直接投資が「なぜ」，「どのように」行われるかを説明する理論であり，優位性を識別する理論であるが，産業組織論では，「どこで，企業が持つ優位性が利用されるか」という問いに答えることができない。
③ 　産業立地論：立地理論に基づいて，海外直接投資を「どこに」行うかを説明する理論である。この立地論では，「なぜ，企業が海外市場で競争優位をもつことができるのか」という問いに答えることができない。
④ 　内部化理論：内部化理論は，「市場の失敗」を前提として，「企業が所有する優位性を海外市場においてどのような形態で使用するか」という問いに答える理論である。しかし，「どの国で事業を実施すべきか」という問いに答えることはできず，「部分的説明」に留まっている。

　ダニング [1979, 1988] は，上述した諸理論の限界を克服するために，OLIパラダイムを提唱した。OLIパラダイムは，折衷理論とも呼ばれており，最初に提唱されたのは1977年の論文とされている。しかし，1977年の論文は入手が困

難であるので，1979年の論文および1988年の著書に準拠して考察する。OLIパラダイムは，①所有特殊的優位：O，②立地特殊的優位：L，③内部化優位：I，の３つの優位性の頭文字から命名されている。その内容についてみてみよう[30]。

① 所有特殊的優位（ownership specific advantages：O）：技術，知識，ノウハウなどの無形資産の保有，企業規模・製品多角化などの優位性，労働力・天然資源などの資源にアクセスする能力など，他社にはないユニークな資産を保有することからくる優位性で，企業の競争力の源泉となる。

② 立地特殊的優位（location specific advantages：L）：経済活動の場としての立地の魅力度を識別する要素で，天然資源など生産要素の賦存，投入物（労働力，エネルギー，部品など）の価格，輸送費や通信費，関税・非関税障壁，投資インセンティブ，インフラ，技術基盤などにおける優位性のことである。

③ 内部化優位（internalization incentive advantages：I）：不完全な市場での取引を回避して，企業内に内部化したほうが魅力的になる優位性のことである。具体的には，調査や交渉費用の回避，所有権の保護費用の回避，先物市場の欠如の補償，競争戦略として相互援助・移転価格などのビジネス慣行の実施など，内部化を魅力的にする優位性のことである。

ダニング［1988］は，対外直接投資が行われるためには，所有特殊的優位，立地特殊的優位，内部化優位，の３つの優位性がすべて満たされることが必要であると主張した[31]。

現地企業（現地子会社）の設置によって，主要機能の水平的な拡大をしつつ，現地ニーズに対応していくという企業の多国籍化行動の本格化が見られる。OLIパラダイムは，企業の多国籍化がより多様化していく現実を説明するために，その分析枠組みを作った点で評価されている。

OLIパラダイムの学際的・総合的アプローチは，現実の国際経営の多様性と複雑性を反映しようとしたものであり，それまで発表されてきた理論を統合した理念モデルである。その反面で，多くの要素を包含し過ぎたため，このモデルの現実予見能力を大きく損なう結果が生じているという批判もある。

❸ 現地企業（現地子会社）の新展開

　先述したヒーナン=パールミュッター［1979］の現地子会社に対する本社の志向は，「E-P-R-Gプロファイル」に示されるように，国により，産業により，企業規模によって，各社各様の志向を持っている。

　次は観点を換えて，本社からの視点・志向ではなく，現地企業（現地子会社）の役割差別化について考察する。バートレット=ゴシャール（Bartlett, C. A.=Ghoshal, S.）［1989］は，図表2-9に示されるように[32]，1）現地環境の戦略的重要性，2）現地子会社の経営資源と組織能力，の2つの軸を用いて「役割差別化モデル」を提唱した。そして，現地子会社を，①戦略リーダー（strategic leader），②貢献者（contributor），③ブラックホール（black hole），④実行者（implementer），の4つに分類した。

① 戦略リーダー：戦略リーダーは，強い競争力をもち，戦略的に重要な市場に位置している。重要な市場に必要な経営資源も組織能力も十分に備えている。戦略リーダーは，本社のパートナーとして，現地における役割を果たすだけでなく，グローバルな役割も併せて果たす。戦略リーダーは，イノベーション能力があり，イノベーションと学習においても重要な役割を果たす。

② 貢献者：戦略的に重要度の低い市場で活動しているが，経営資源と組織能

図表2-9　現地子会社の役割差別化モデル

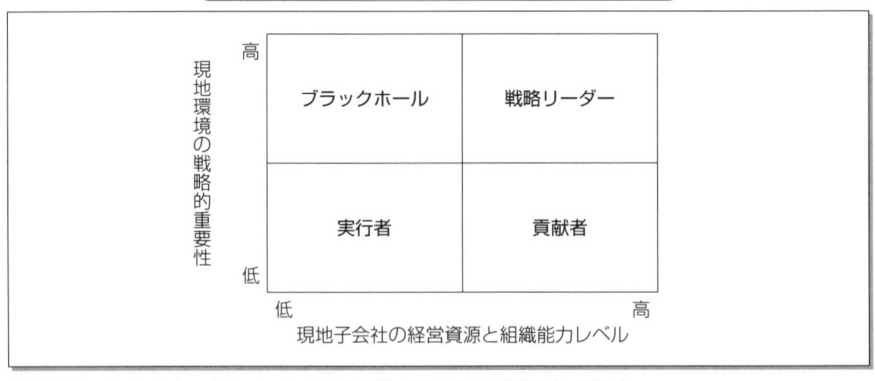

	経営資源・組織能力 低	経営資源・組織能力 高
現地環境の戦略的重要性 高	ブラックホール	戦略リーダー
現地環境の戦略的重要性 低	実行者	貢献者

（出所）Bartlett, C.A. = Ghoshals, S. ［1989］訳書142頁を筆者が一部修正。

力は十分にある。エリクソンのオーストラリアの子会社にみられるように，受入国政府の突然の現地化要求などに対応するには，この貢献者が欠かせない。イノベーション能力はあるが，現地の事業環境そのものが刺激に乏しいので，戦略リーダーほどには期待できない。

③　ブラックホール：戦略的に重要な市場に位置するが，それに対応するための経営資源と組織能力が欠けている。日本市場のフィリップスにみられるように，戦略リーダーになる能力がないので，市場のトレンドや競合企業の動きを監視する「窓」の役割を果たす。イノベーション能力が不足しているので，イノベーションは期待できない。

④　実行者：戦略的に重要でない市場で活動し，経営資源も組織能力も十分ではない。現地市場で活動できるだけの能力をもち，グローバル戦略に必要な「規模の経済」と「範囲の経済」の実現に貢献する。イノベーションの担い手にはなれないものの，イノベーションを学習するくらいの能力はある。

上述した現地子会社の「役割差別化モデル」は，多様性に富んだグローバル環境に対して必要な組織の柔軟性を身につけるために，組織を分化させる方法を提示した。組織を一律にマネジメントする伝統的な組織モデルでは限界がある。特に，本社と現地子会社の関係が，コントロールからコーディネーションに移行しつつある現在，現地子会社の役割差別化について体系的に検討することは必要不可欠である。

5 グローバル企業

❶ 企業行動

今まで，貿易（輸出入）⇒現地販売拠点⇒現地生産拠点⇒現地企業（現地子会社）について考察してきた。グローバル化の発展段階の第五段階は，いよいよグローバル企業の段階である。

貿易（輸出入），現地販売拠点，現地生産拠点，現地企業（現地子会社）の

経験を踏まえて，多国籍企業はより高度な行動を目指すようになった。多国籍企業については，第6章で章を独立して詳しく考察するが，ここでは簡潔に多国籍企業の企業行動をみておこう。

多国籍企業のより高度な行動とは，第一に，経営規模の効率を目指して，「規模の経済」「範囲の経済」「連結の経済」を実現するために，様々な経営戦略を立案し遂行する。第二に，柔軟な各国対応によって，市場の多様化に的確に対応する。具体的には，①標準化・統合化が可能な事業（製品・市場）分野，②適応化・分散化が必要な事業（製品・市場）分野に適した企業行動をとる。第三に，企業の存続・発展のために，世界規模の学習とイノベーションを推進する。

本章のグローバル企業は，元々は経済企画庁調査局編［1990］で用いられている概念であるので，多国籍企業とはいうものの，後述するバートレット＝ゴシャール（Bartlett, C.A.＝Ghoshal, S.）［1989］の組織モデルでいえば，1990年当時の日本の多国籍企業の特性であった「狭義のグローバル企業」のことである。多国籍企業は，「狭義のグローバル企業」だけでなく，マルチナショナル企業，インターナショナル企業，トランスナショナル企業など，様々な類型が存在するので，これからは経済企画庁調査局編［1990］の多国籍企業の概念を拡張して考察することにする。

❷ トランスナショナル・モデル

多国籍企業の企業行動を体系的に考察するために，バートレット＝ゴシャール［1989］の組織モデルについてみてみよう。

バートレット＝ゴシャール［1989］は，図表2-10に示されるように[33]，多国籍企業を主として戦略能力の視点に基づいて，①マルチナショナル企業，②グローバル企業，③インターナショナル企業，④トランスナショナル企業，の4つに分類し，この4つの組織構造について，様々な考察を加えている。

① マルチナショナル企業：強力な現地子会社に戦略的姿勢や組織能力を発達させて，各国の市場特性の違いに敏感に対応する企業。欧州の多国籍企業の大半がこれに該当する。海外市場の特性を踏まえた戦略アプローチに適した組織体制といえる。

第2章 グローバル経営論の生成と発展

② グローバル企業：経営戦略や経営管理上の決定を本国の本社に集中させ，グローバルな規模の経営によって，コスト優位性を追求する企業。日本の多

図表2-10 バートレット＝ゴシャールの組織モデル

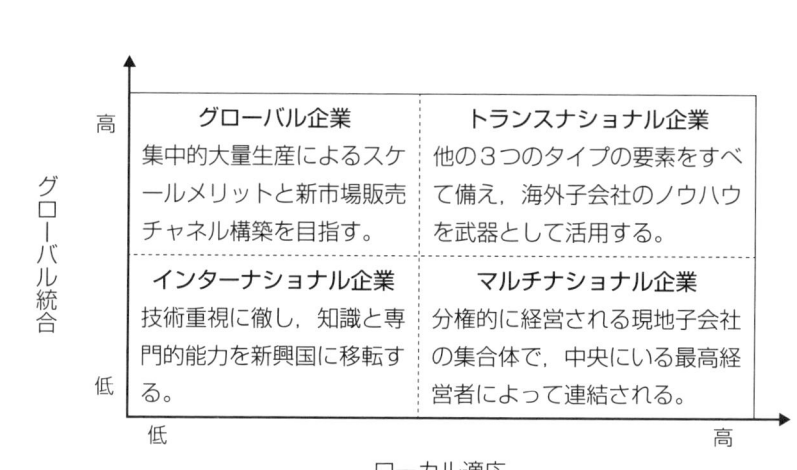

	グローバル統合低←→高 / ローカル適応低←→高
高・低 (グローバル統合高, ローカル適応低)	**グローバル企業** 集中的大量生産によるスケールメリットと新市場販売チャネル構築を目指す。
高・高 (グローバル統合高, ローカル適応高)	**トランスナショナル企業** 他の3つのタイプの要素をすべて備え，海外子会社のノウハウを武器として活用する。
低・低 (グローバル統合低, ローカル適応低)	**インターナショナル企業** 技術重視に徹し，知識と専門的能力を新興国に移転する。
低・高 (グローバル統合低, ローカル適応高)	**マルチナショナル企業** 分権的に経営される現地子会社の集合体で，中央にいる最高経営者によって連結される。

	マルチナショナル	グローバル	インターナショナル	トランスナショナル
メリット	自国の経営環境に柔軟に対応できる	世界規模での効率性を実現可能	積極的に技術革新を推進し活用する	世界規模での効率性，現地適応，技術革新の追求
目的	各国ごとに差別化したアプローチ	コスト面で競争優位を確立する	本国の技術革新を海外子会社で活用する	海外子会社によるグローバル資源の有効活用
能力と組織力の配置	分散型，徹底した現地主義	中央集権型，自国中心主義	能力の中核部は中央集権型，他は分散型	分散と集中を最適な状態で統合
海外事業の果たす役割	現地化の徹底	親会社の戦略を実行	親会社の資源・能力を海外子会社に移転	海外の組織単位ごとに役割分担を行う
イノベーション戦略	現地市場向け開発を現地の経営資源を活用して行う	自国で開発した知識を海外に移転する	中央で知識開発を行い，海外の組織単位に移転する	各国の市場動向を考慮して共同で知識を開発し，世界中で共有を行う

（出所）Bartlett, C.A.=Ghoshal, S. [1989] 訳書69頁に基づいて筆者が一部追加・修正。

59

国籍企業の大半がこれに該当する。世界共通の市場に通用する製品を生み出し，世界的規模の生産を目指す極めて効率性の高い組織体制といえる。
③　インターナショナル企業：知識や専門技術の世界的な利用をベースに考え，親会社が持つ知識や専門技術を，海外市場向けに移転したり適応させたりする企業。米国の多国籍企業の大半がこれに該当する。海外の生産拠点・販売拠点の役割は，本国の本社を助けることに主眼がおかれる。
④　トランスナショナル企業：従来，上述したグローバル企業（グローバルな効率性の追求），マルチナショナル企業（各国の市場特性への適応），インターナショナル企業（世界的なイノベーションの促進）は，それぞれトレード・オフの関係にあるとみなされてきた。ところが，近年では，世界的な効率性を追求し，各国市場の特性にあわせ，世界的なイノベーションを促進することを，同時に求められるようになってきた。図表2-10に示されるように，トランスナショナル企業は，これらの要求を同時に満たすことを目的として，分散型組織の特徴を持ち，本社を含めた各国の海外子会社間のネットワークにおいて，経営資源や能力の蓄積・配分を相互依存的かつ最適に行う。また，知識の開発と普及においても，他の組織とは異なり，世界的規模でイノベーションが行われる。

　上述したように，多国籍企業の組織特性として，トランスナショナル企業を構築することが望ましいとされるが，トランスナショナル企業の実現には，解決すべき多くの課題がある。一朝一夕にトランスナショナル企業が生まれるわけではない。現段階では，理念型モデルの域をでているとはいえない。また，実在する多国籍企業はまだ存在しないといわれている。

❸　グローバル経営論の生成と発展に関する「一定の法則性」

　本章の主な目的は，冒頭で述べたように，グローバル経営論の生成と発展に関する「一定の法則性」を導き出すことである。まず，本章で考察した内容との比較分析を兼ねて，手元にある参考文献の刊行年順に，その内容を抽出する。
①　山崎清=竹田志郎編［1993］：1）国際的資源移動論，2）プロダクト・ライフサイクル，3）産業組織論的接近，4）政治経済的多国籍企業論，5）多国

第2章 グローバル経営論の生成と発展

籍企業の内部化理論,の5つを取り上げている[34]。刊行後,20年以上が経過しており,その間の研究の全体像を把握することに難がある。ただし,政治経済的多国籍企業論としてギルピン（Gilpin, R.）を取り上げるなどの独自性もある。

② 江夏健一=桑名義晴編［2001］：1）国際ビジネスの理論の幕開け（ハイマー,キンドルバーガー,ケイブス），2）多国籍企業の内部化理論,3）寡占的反応と多国籍企業（プロダクト・ライフサイクル理論），の3つを取り上げている[35]。刊行年代が古いという制約のせいか,学説史に関する考察の対象範囲が狭く,全体のページに占める学説史の分量も少ない。そのせいか,それぞれの理論間の関係性や整合性に関する考察が課題として残っている。

③ 吉原英樹編［2002］：1）国際経営の理論のパイオニア（ハイマー,キンドルバーガー,ケイブス），2）プロダクト・サイクル理論,3）内部化理論と折衷アプローチ,の3つを取り上げている[36]。簡潔にポイントを踏まえたまとめ方は高く評価できるものの,それぞれが事典的な「部分的説明」に留まっており,理論間の関係性が把握しづらい。

④ 浅川和宏［2003］：1）海外直接投資の論理,2）バーノンの国際プロダクトサイクル理論,3）所有・ロケーション・内部化の優位：ダニングのOLIパラダイム,の3つを取り上げている[37]。大部な著書にも関わらず,学説史は意外にもわずか4ページの分量である。分量的に少ないという制約のせいか,理論間の関係性が把握しづらいという課題が残っている。

⑤ 折橋靖介［2003］：1）産業組織論アプローチ：優位性理論,2）内部化理論,3）折衷理論,4）プロダクト・ライフサイクル理論,5）プロダクト・プロセス・イノベーション,6）雁行形態論,7）寡占理論,8）国際的資源移動論,の8つを取り上げている[38]。8つの理論については,多くの参考文献にあたり,丁寧な考察がなされているが,事典的な記述が多く,それぞれの理論の発展の順序,関係性などが把握しづらい。なお,プロダクト・プロセス・イノベーションの項は,プロダクト・イノベーションとプロセス・イノベーションに区分すべきであろう。

⑥ 山口隆英［2006］：1）ハイマー理論,2）バーノンのプロダクト・ライフサイクル・モデル,3）バックレイ=カソンの内部化理論,4）ダニング

の折衷理論，の4つを取り上げている[39]。この4つの理論について，優位性という類似性を軸として考察しており，ダニングの折衷理論を中心に据えている。理論の発展段階に沿った考察といえよう。

⑦ 中村久人［2006］：1）貿易論（絶対生産費説，比較生産費説，ヘクシャー=オリーン理論），2）ハイマー=キンドルバーガー理論，3）製品ライフ・サイクル理論，4）多国籍企業の内部化理論，5）折衷理論（OLIモデル），の5つを取り上げている[40]。多国籍企業の一般理論を目指して，学際的なアプローチを採用し，それぞれの理論の特徴と限界について考察している。すべてではないものの，原典に戻り引用ページを示すなど，基本的かつ良心的な執筆スタイルは共鳴できる。

⑧ 安室憲一編［2007］：1）資本移動論から直接投資論へ，2）プロダクト・サイクル論，3）雁行形態論，4）不完全競争下の「企業行動論」（ハイマー，キンドルバーガー），5）内部化理論（レディング学派，取引コスト学派），6）小島理論，の6つを取り上げている[41]。社会科学としての「グローバル経営論」において，具体的な事例の寄せ集めでは意味がない，という問題意識に基づいて，理論の歩みとして独立した章立てにしている。

上で，グローバル経営論の生成と発展に関する「一定の法則性」を導き出すために，8冊の参考文献に基づいてその内容を概観した。初期の事典的な「部分的説明」から，徐々に理論の発展段階および方向性を踏まえた説明に進化しつつあることが読み取れる。

本章では，貿易（輸出入）⇒現地販売拠点⇒現地生産拠点⇒現地企業（現地子会社）⇒グローバル企業というグローバル化の発展段階と，グローバル経営の基礎理論とのクロス分析によって，「理論と実践の融合」を考慮しつつ，グローバル経営論の生成と発展について考察した。

① 貿易（輸出入）：スミスの「絶対生産費説」，リカードの「比較生産費説」，ヘクシャー=オリーンの比較優位，レオンチェフの逆説
② 現地販売拠点：海外直接投資（FDI），フェアウェザーの経営資源のパッケージ移転，ハイマーとキンドルバーガーの優位性理論
③ 現地生産拠点：バーノンのプロダクト・ライフサイクル理論，ウィリアム

ソン，バックリー=カソン，ラグマンの内部化理論
④ 現地企業（現地子会社）：ダニングのOLIパラダイム
⑤ グローバル企業：バートレット=ゴヤールの組織モデル

このような考察を踏まえると，グローバル経営論は，国際分業論に基づいた古典的貿易論を源流として，多国籍企業論へと発展してきたことが鮮明に理解できる。その多国籍企業論は，大半が「優位性」を基軸としたものであった。近年になって，バートレット=ゴシャールの組織モデルなどが提唱され始め，なぜ多国籍企業が発生するかといった，単なる多国籍企業論から脱皮しつつあるものの，グローバル経営論は，多国籍企業の現実の動きに対応できていない。

吉原英樹編［2002］は，伝統モデルで想定された多国籍企業像は，もはや限界にきていると述べている[42]。すなわち，伝統モデルでは，企業の海外進出は，既得の「優位性」が生み出す潜在利益を防衛するための手段に他ならなかった。今日の多国籍企業は，もっと積極的な動機に基づいて行動している。「優位性」をもつ企業が多国籍企業となるのではなく，多国籍化することによって新たな「優位性」を形成しなければならない。

そのためには，今後のグローバル経営論は，①多国籍企業論，②グローバル経営環境論，③グローバル経営戦略論，④グローバル経営組織論，⑤グローバル経営資源論，⑥グローバル・イノベーション論，⑦グローバル経営機能論，⑧異文化マネジメント論，などの研究成果を積極的に取り込み，体系的かつ学際的な研究が望まれる。

1）経済企画庁調査局編［1990］257頁の5段階モデルに基づいて，筆者が分析枠組みを作成。
2）澤田康幸［2003］21頁。
3）経済企画庁調査局編［1990］247頁。
4）同上書247頁。
5）伊藤文雄［1980］222-223頁。
6）Aaker, D.A.［2001］訳書338頁を筆者が一部修正。
7）Fayerweather, J.［1969］訳書149頁。
8）同上書70頁。
9）Hymer, S.H.［1960,1976］訳書28頁。
10）同上書32-33頁を中心として，筆者がハイマーの所説の主旨を要約。
11）同上書32頁。

12）Kindleberger, C.P.［1969］訳書26-29頁。
13）同上書29-32頁。
14）同上書32-35頁。
15）同上書35-43頁。
16）Jones, G.［1995］訳書121頁。
17）経済産業省［2002］『海外事業活動基本調査報告』，財務省［2002］『対外直接投資届出・報告実績』など，公的な各種データを複合化した。
18）Vernon, R.［1966］p.199.
19）Knickerbocker, F.T.［1973］訳書3頁。
20）江夏健一=長谷川信次=長谷川礼［2008］65頁。
21）「市場の不完全性と内部化の関係をはじめて明確にした」という指摘は，Rugman, A. M.［1981］訳書7頁を援用した。
22）Buckley, P.J.=Casson, M.［1976,1991］訳書38-48頁を筆者が要約した。
23）Rugman, A.M.=Lecraw, D.J.=Booth, L.D.［1986］訳書126-128頁。
24）Rugman, A.M.［1981］訳書7頁など，多くの該当ページで「市場の不完全性」について述べている。
25）同上書7頁，25頁。
26）同上書22-24頁。
27）長谷川信次［1998］59-61頁を筆者が要約した。(ただし，用語を一部修正した)
28）Heenan, D.A.=Perlmutter, H.V.［1979］訳書19頁。
29）Dunning, J.H.［1979］pp.272-274.を筆者が要約。
30）Dunning, J.H.［1988］p.27.（Table1-1の内容を筆者が取捨選択して要約した）
31）同上書p.28。
32）Bartlett, C.A.=Ghoshal, S.［1989］訳書142頁を筆者が一部修正。
33）同上書69頁に基づいて，筆者が一部追加・修正。
34）山崎清=竹田志郎編［1993］20-32頁。
35）江夏健一=桑野義晴編［2001］33-45頁。
36）吉原英樹編［2002］62-79頁。
37）浅川和宏［2003］9-12頁。
38）折橋靖介［2003］19-46頁。(注：折橋によるナンバリングでは9つの理論ということになるが，7番目の理論が漏れているので，実際には8つの理論である)
39）山口隆英［2006］10-43頁。
40）中村久人［2006］21-37頁。
41）安室憲一編［2007］59-73頁。
42）吉原英樹編［2002］75-76頁。

第3章 グローバル経営の体系

　本章では，総論のまとめとして，グローバル経営の体系について理解するために，5つの観点を設定し，それぞれの観点からグローバル経営について考察する。

　第一の観点として，グローバル経営戦略について考察する。まず，グローバル経営戦略の意義について理解する。次いで，グローバル経営戦略の構成要素について理解を深める。さらに，グローバル経営戦略では，従来の経営戦略に国・地域軸が新たに追加されることに言及する。

　第二の観点として，グローバル経営組織について考察する。まず，組織の発展段階モデルについて理解する。次に，多国籍企業の組織モデルについて理解を深める。さらに，統合ネットワークの形成に言及する。

　第三の観点として，グローバル経営資源について考察する。まず，グローバル経営資源の意義について理解する。次いで，リソース・ベースト・ビューに言及する。さらに，選択と集中，具体的には，コア・コンピタンスとアウトソーシングについて理解を深める。

　第四の観点として，グローバル・イノベーションについて考察する。まず，イノベーションの意義について理解する。次に，グローバル規模の学習とイノベーションに言及する。さらに，技術イノベーション・マネジメントについて理解を深める。

　第五の観点として，グローバル経営システムについて考察する。まず，グローバル経営システムの構造について理解する。次いで，経営管理システムの構造に言及する。さらに，業務システムの構造について理解を深める。

1 グローバル経営戦略

❶ グローバル経営戦略の意義

　もともと軍事用語である戦略（strategy）の語源は，ギリシャ語のstrategosからきたもので，本来の意味は，将軍の術（the general's art）であるという。
　アンゾフ（Ansoff, H.I.）[1965]，ホッファー=シェンデル（Hofer, C.W.= Shendel, D. E.）[1978]，石井淳蔵=奥村昭博=加護野忠男=野中郁次郎[1996]，大滝精一=金井一頼=山田英夫=岩田智[1997]などの先行研究をレビューすると，経営戦略の定義には多種多様な概念が混在している。しかし，それらを整理すると，いくつかの共通項に集約することができる。
　共通項の第一は，「経営戦略とは，環境対応パターン（企業と環境とのかかわり方）に関するものである」という点である。経営戦略は，環境変化のリスクを企業発展の「機会」と企業存続の「脅威」に選別し，環境変化に対して創発的に対応することにその意義がある。
　共通項の第二は，「経営戦略とは，企業の将来の方向に一定の指針を与える構想である」という点である。ここで構想とは，軍事用語でいうグランド・デザインに相当する概念である。
　共通項の第三は，「経営戦略とは，企業における様々な意思決定の指針の役割を果たす」という点である。
　上でみたように，経営戦略には多種多様な概念が混在しているものの，これらの共通項を整理して，本書では，「経営戦略とは，企業と環境とのかかわり方を将来志向的に示す構想であり，組織構成員の意思決定の指針となるも」と定義して議論を進めることにする[1]。
　経営戦略を策定するためには，戦略的思考が不可欠である。戦略的思考とは，どのような思考であろうか。どのような特徴をもっているのであろうか。戦略的思考の本質を問うことは，経営戦略の本質を考察することでもある。

第3章 グローバル経営の体系

　まず，経営戦略の前史の1つといえる軍事戦略において，プロシャの軍師であったクラウゼヴィッツは，戦略をどのようにみていたのであろうか。キャノン（Cannon, J.T.）［1968］によれば，クラウゼヴィッツは，「戦略とは，適応のシステムである。それは不断に変化する環境のもとで，所期の計画を遂行することである」と述べた[2]。クラウゼヴィッツは，戦略の概念として環境の不確実性に着目し，環境変化に対する適応をその本質としている。

　ポーター（Porter, M.E.）［1998a］は，「戦略の本質は，差別化である」[3]と明快に主張した上で，差別化に基づいて，顧客に独自の価値を提供するためのポジションを創り出すことが重要であると述べた。ポーターの戦略概念は，競争戦略に重点を置いており，価値連鎖（value chain）のどこかに，競合企業とは異なる一連の独自の価値活動を選択することを重視している。

　野中郁次郎［2002］は，経営戦略の本質を「環境概念と能力概念を関係づけた差別化概念の創造」ととらえている[4]。
① 環境と能力の関係づけ：環境の機会と自社の強みをいかに結びつけるか。
② 差別化概念の創造：独自の資源展開のための新たな概念を創造する。

　伊丹敬之［2003］は，経営戦略の本質を，下記の7つのキーワードによって概括的に示した[5]。
① 差別化：競争相手との間に何らかの形で差をつくりだすこと。
② 集中：優先順位付けに基づいて，集中的に資源配分を行うこと。また，これによって組織活動の「核」「中心」をつくること。
③ タイミング：新製品，設備投資などのタイミングを重視すること。
④ 波及効果：テコの原理を用いて小さな資源投入で波及効果の連鎖反応をつくりだすこと。
⑤ 組織の勢い：組織の勢いを利用し，また演出すること。
⑥ アンバランス：企業を長期間安定した均衡状態に置かず，アンバランスの連続から，長期的な適合を図ること。
⑦ 組合わせの妙：製品と資源，集中と差別化など，様々な戦略要素の「適合」を図ること。

　以上，クラウゼヴィッツの「適応」，ポーターの「差別化」「独自の価値」，

野中郁次郎の「差別化の創造」，伊丹敬之の「差別化」「集中」「タイミング」「波及効果」「組織の勢い」「アンバランス」「組合せの妙」，という4人の先行研究に準拠しつつ，戦略的思考ひいては経営戦略の本質について概観した。

❷ グローバル経営戦略の構成要素

　経営戦略の構成要素については，すでに様々な研究成果が蓄積されている。ここでは，アンゾフ［1965］，ホッファー＝シェンデル［1978］，石井淳蔵＝奥村昭博＝加護野忠男＝野中郁次郎［1996］，大滝精一＝金井一頼＝山田英夫＝岩田智［1997］，の4つの先行研究を取り上げ，そのアウトプットを概括的にレビューする。レビューの結果，図表3-1に示されるように[6]，いくつかの異同点が存在する。

　なお，この経営戦略の構成要素に関する先行研究における異同点の抽出は，①先行研究の著者が意識的に経営戦略の構成要素として取り上げ，自ら明示的に指摘しているか，②当該戦略要素を章レベルの独立した項目として取り扱っているか，という2つの基準を設定し，それに基づいて先行研究の比較分析を行った。したがって，図表3-1に○印がない場合でも，著書全体をみた場合，当該戦略構成要素について，その著者が経営戦略の構成要素として全く記述をしていないという意味ではない。

　上述した先行研究の異同点に関する考察を踏まえて，本書では，経営戦略の構成要素として，下記の5つの構成要素を選択する。

① ドメイン：自社の戦略空間は何か，自社の事業は何か，自社の事業の再構築をいかに行うか，など。
② 製品・市場戦略：どのような製品・市場分野を選択するか，具体的には，どのようなセグメンテーションを選択するか，どのような製品差別化と市場細分化を行うか，いかに新製品開発，新市場開拓を行うか，など。
③ 経営資源の蓄積・配分：必要な経営資源をどのように蓄積するか，限られた経営資源を何にどのように配分するか，独自の資源展開によってどのようなコア・コンピタンスを形成するか，など。
④ 競争戦略：誰を競合企業（競争相手）とするか，何を競争力の源泉として戦うか，競争力をどのように利用するか，競争力をいかに効率的につくるか，など。

第3章 グローバル経営の体系

図表3-1 経営戦略の構成要素

	アンゾフ [1965]	ホッファー= シェンデル [1978]	石井淳蔵他 [1996]	大滝精一他 [1997]	岸川善光 [2006]
①ドメイン	—	○	○	○	○
②製品・市場戦略	○	—	—	—	○
③資源展開	—	○	○	○	○
④競争戦略	○	○	○	○	○
⑤ビジネス・ システム	—	—	○	—	○
⑥その他				創造性 社会性	創造性 革新性 社会性

(出所) 岸川善光［2006］69頁。

⑤ ビジネス・システム戦略：ビジネス・システムをいかに構築するか，企業間関係をどのように変革するか，など。

❸ 国・地域軸の追加

　国内中心の経営戦略とグローバル経営戦略との決定的な違いの１つに,「国・地域」の存在がある。政治・経済・文化などの諸側面において，各国・各地域の重要性は計り知れない。大滝精一=金井一賴=山田英夫=岩田智［2006］は，経営戦略における議論の拡張の必要性を指摘し，図表3-2に示されるように[7]，従来の経営戦略（事業戦略，機能別戦略）に，地域別戦略を加えた。上述した経営戦略の構成要素（①ドメイン，②製品・市場戦略，③経営資源の蓄積・配分，④競争戦略，⑤ビジネス・システム戦略）に，地域別戦略を追加してクロスさせると，グローバル経営戦略の特徴が浮かび上がる。

① ドメイン：上述したように，自社の戦略空間は何か，自社の事業は何か，自社の事業の再構築をいかに行うか，などがドメイン設定の課題である。ド

図表3-2　経営戦略の拡張

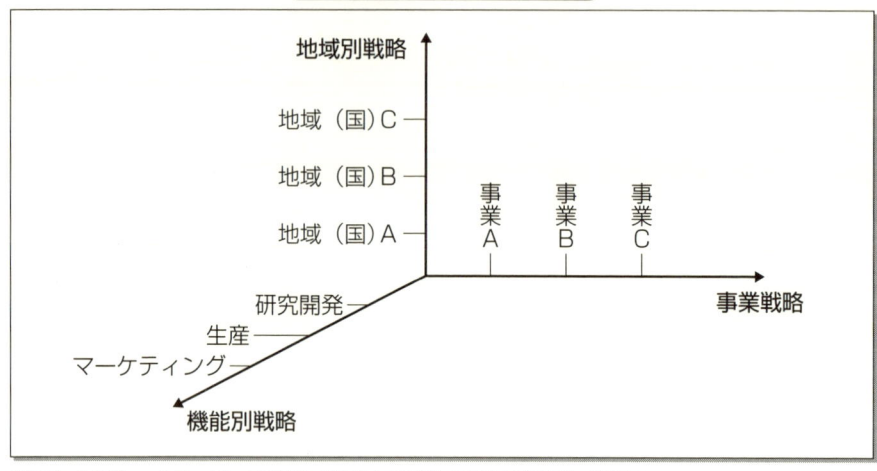

（出所）大滝精一=金井一頼=山田英夫=岩田智［2006］237頁を筆者が一部修正。

メインは，事業レベルと企業レベルに大別される。榊原清則［1992］は，レビット（Levitt, T）［1960］の鉄道の事例を用いて，鉄道というドメインの場合，1）活動の物理的実態だけに着目し，その意味で範囲が狭かった。2）変化の方向性や発展の道筋を示唆することができなかった。3）広く社会が納得するような一般性に欠けていた，という認識を示した[8]。そして，1）空間の広がり（狭い←→広い），2）時間の広がり（静的←→動的），3）意味の広がり（特殊的←→一般的），の3つのドメイン定義の次元を提示した。グローバル経営戦略の場合，ドメインに国・地域の軸を追加すると，空間の広がりは必須となる。意味の広がりも増大する。

② 製品・市場戦略：どのような製品・市場分野を選択するか，どのようなセグメンテーション，具体的には，どのような製品差別化と市場細分化を行うか，新製品開発，新市場開拓をいかに行うか，などが製品・市場戦略の課題である。製品・市場戦略に国・地域の軸を追加してクロスさせると，例えば，新たな海外市場の開拓に関する議論があげられる。企業が成長の機会を求め，海外市場への参入をめざす場合，その形態は，一般に，①輸出，②海外直接投資（FDI），③技術ライセンシング，などがあげられるが，グローバル経営

戦略上極めて重要な課題である。
③　経営資源の蓄積・配分：必要な経営資源をどのように蓄積するか，限られた経営資源を何にどのように配分するか，独自の資源展開によってどのようなコア・コンピタンスを形成するか，などが経営資源の蓄積・配分の課題である。経営資源の蓄積・配分において国・地域の軸を追加すると，例えば，現地子会社の配置戦略があげられる。グローバル統合とローカル適応のプレッシャーに対応するためには，現地子会社の戦略的活用が必要不可欠である。
④　競争戦略：誰を競合企業（競争相手）とするか，何を競争力の源泉として戦うか，競争力をどのように利用するか，競争力をいかに効率的につくるか，などが競争戦略の課題である。競争戦略に国・地域の軸を追加すると，国の競争優位を含めて，極めて多面的かつダイナミックな競争戦略が必要になる。国・地域別に，戦う相手も方法も異なるからである。
⑤　ビジネス・システム戦略：ビジネス・システムをいかに構築するか，企業間関係をどのように変革するか，などがビジネス・システム戦略の課題である。ビジネス・システム戦略に国・地域の軸を追加すると，グローバル規模での企業間関係の促進などがあげられる。企業内国際分業から，複数企業間における国際分業体制への移行までビジネス・システム戦略の射程が広まる。経営資源の内部開発だけでは，多国籍企業間の競争に打ち勝つことはできない。経営資源の外部調達（提携，M＆Aなど）など，ビジネス・システム戦略の役割は急激に増大しつつある。

2　グローバル経営組織

❶ 組織の発展段階モデル

バーナード（Barnard, C.I.）［1938］によれば，組織とは，「2人またはそれ以上の人々の意識的に調整された活動や諸力のシステムである[9]」。この場合，組織は，極めて抽象的な概念であり，より包括的な協働システムにおけるサブ

システムとして位置づけられている。

　すなわち，バーナード［1938］の組織は，単なる分業システムとしての職能構造ではなく，仕事を通じた人間の組織である。それは，個性のある存在である人間が，個人の力では成し得ない目的を達成するために，その限界・制約を克服するための人間の協働システムを意味する。

　現実に，個人としての人間には，多くの場合，様々な局面において能力の限界がある。このような支障や障害を，（個人）目的達成上の制約（constraint）という。この制約を克服するための基本的な代替案として，①目的の変更，②制約克服のための手段・方法の創出，の2つがあげられる。例をあげてみてみよう。目的地へ行く一本道の上に，1人では動かせないほどの大きな石があって，そのままでは通れない。このような状況の中で可能なことは，①目的地へ行くことを断念して新しい目的地を設定する（目的の変更）か，②障害となっている石を除去する（制約克服の手段・方法の創出）か，のいずれかである[10]。この制約克服の手段・方法の中で，協働（cooperation）がもっとも有効な方法とされているのである。

　この協働システムとしての組織は，環境の変化，経営戦略の変化に伴って，組織形態が変化する。ある組織を一定の望ましい状況に移行させることを組織変革といい，受動的な組織の変化ではなく，能動的かつダイナミックな組織変革が組織の存続・発展のためには欠かせない。

　チャンドラー（Chandler, A.D.Jr.）［1962］によれば，事業が成長すると，組織プランを作成したり，見直したりすることは避けられない。事業が成長してそれに伴って組織を変革しないと，非効率が生じるだけである。すなわち，地理的市場，職能，製品ラインの拡大によって新たなマネジメント課題が持ち上がっても，それに応えるために新たな組織を設計できなければ，技術，資本，人材などの面で規模の経済は実現できない[11]。組織を設計することは，その組織の顧客や競争相手などの環境，つまり，環境・市場に対して組織を適合させることである。

　ガルブレイス＝ネサンソン（Galbraith, J.R.=Nathanson, D.A.）［1978］は，図表3-3に示されるように[12]，経営組織の発展段階を，単純組織から単一職能組織への

第3章 グローバル経営の体系

図表3-3　経営組織の発展段階モデル

```
                         単純組織
                            │
                            │ 規模の成長
                            ↓
         無関連事業への多角化    単一職能組織    垂直統合
        ┌──────────────────┤         │         ├──────────────────┐
        ↓                   関連事業       内部成長              集権的
     持株会社                  への                          職能部門制組織
        │ ↑                  多角化                              │ ↑
  内部成長の強化                 ↓                         規模の経済性
  無関連事業の吸収           事業部制組織     ←────────────── 関連事業への多角化
        │                      │
        ↓                      │                              ↓
     世界的                     │                           世界的
    持株会社                    │                        職能部門制組織
        │ ↑                    ↓                              │ ↑
  内部成長の強化              世界的          関連事業への多角化   規模の経済性
  無関連事業の吸収          多国籍企業
```

　──▶　新しい組織構造をもたらす戦略
　──▶　合衆国の企業にとって支配的な発展経路

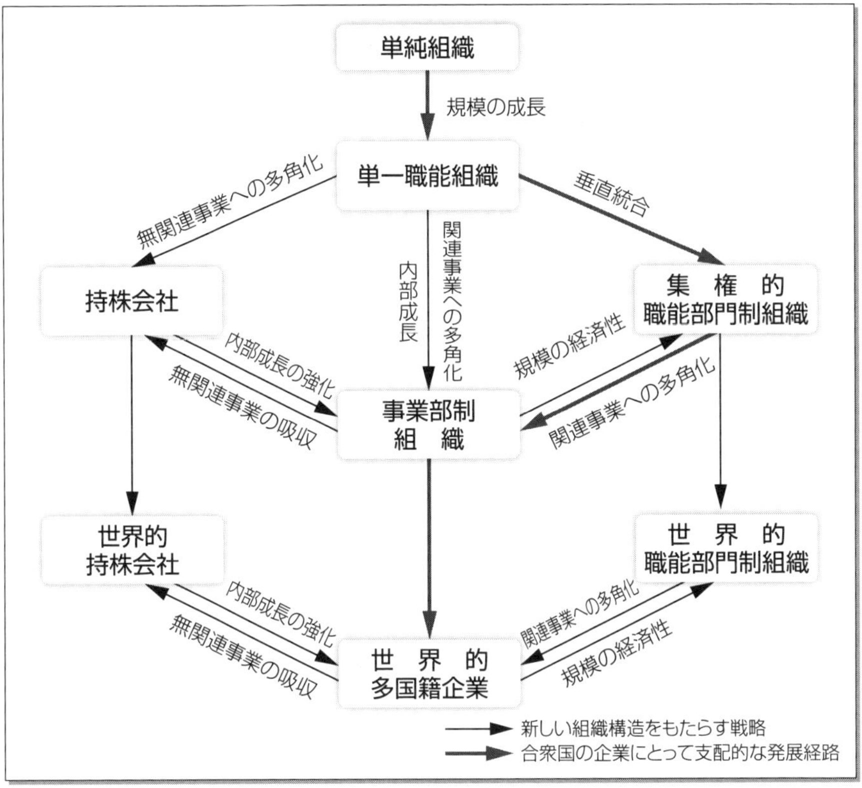

(出所)　Galbraith, J.R.=Nathanson, D.A. [1978] 訳書139頁。

発展（第一段階），単一職能組織から集権的職能部門制組織，事業部制組織，持株会社への発展（第二段階），集権的職能部門制組織，事業部制組織，持株会社から世界的職能別組織，世界的株式会社，世界的多国籍企業への発展（第三段階），の３つの段階に区分した。

　多くの経営組織の発展段階モデルのレビューに基づいて展開されたガルブレイス=ネサンソン［1978］の発展段階モデルは，ある段階から次の段階に発展する組織構造の変化は，新しい経営戦略の採用によって導かれること，そして，質的に異なる組織構造が生み出されることを示している。経営組織の発展は，経営戦略に従って組織構造が変わるとともに，組織構造が戦略を変えることも

ある。そのため環境－経営戦略－組織の適合を踏まえた組織構造を創出することが組織変革の大きな課題である。

❷ グローバリゼーションの進展と組織構造

　グローバリゼーションの進展に伴って，組織構造は，ある「一定の法則性」をもちながら変化する。ストップフォード=ウェルズ（Stopford, J.M.=Wells, L.T.）[1972]は，グローバリゼーションの進展と組織構造の関係性について，①海外進出の初期段階（自立的海外子会社），②国際事業部（海外事業部），③グローバル構造（グローバル製品別事業部，地域別事業部，グローバル・マトリックス構造），の3つのフェーズ（段階）に大別して考察した。

① 　海外進出の初期段階（自立的海外子会社）[13]：海外進出の初期段階において，親会社と自立的海外子会社は，持株会社と同じ方式で，親会社と緩やかな財務関係で結ばれるという方式を採用する。

② 　国際事業部（海外事業部）[14]：グローバル化が進展すると，国際事業部が編成される。国際事業部は，企業の全海外活動を覆う「傘（かさ）」である。国際事業部は，国内の事業部ほどには自立性をもっていない。人的資源の観点からみれば，国際事業部は，企業内のあらゆる国際関係専門家のたまり場である。この国際事業部のフェーズ（段階）では，海外事業と国内事業を連結しようという動きはほとんど起こらない。

③ 　グローバル構造（グローバル製品別事業部，地域別事業部，グローバル・マトリックス構造）[15]：国際事業部の規模が大きくなると，国際事業部を創設した力そのものが，国際事業部の解体を促進する。なぜならば，企業の全海外活動を覆う「傘（かさ）」ではなく，製品別または地域別に，全世界的な視野でマネジメントを行ったほうが効果的である，と経営者が気づき始めるからである。

　グローバル構造（グローバル製品別事業部，地域別事業部，グローバル・マトリックス構造）について，バートレット=ゴシャール[1989]は，図表3-4に示されるように[16]，ストップフォード=ウェルズ[1972]のグローバリゼーションの進展と組織構造の考え方について紹介している。なお，この図表は，グロー

図表3-4　グローバリゼーションの進展と組織構造（ストップフォード=ウエルズ）

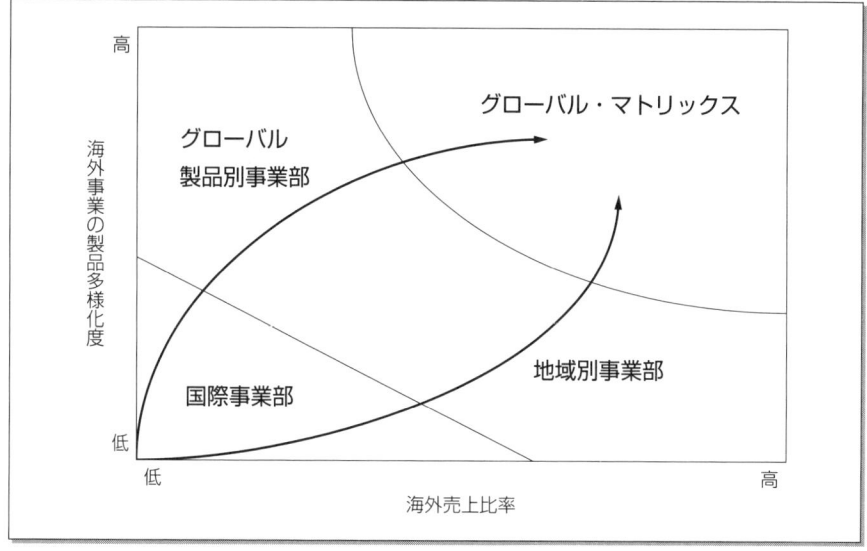

```
縦軸：海外事業の製品多様化度（低→高）
横軸：海外売上比率（低→高）

・国際事業部（左下）
・グローバル製品別事業部（左上）
・地域別事業部（右下）
・グローバル・マトリックス（右上）
```

（出所）Bartlett, C. A.=Ghoshal, S. [1989] 訳書41頁。

バル経営組織における有名な図表である。大半の国内外の著者は，ストップフォード=ウェルズ［1972］の原典を確認することなく，ストップフォード=ウェルズ［1972］の図表として，原典の該当ページをわざわざ抜いて掲載しているが，実は，ストップフォード=ウェルズ［1972］の原典にはこの図表は存在しない[17]。

図表3-4でも明らかなように，グローバリゼーションの進展に伴う組織構造の変革には，2つの典型的な路線がある[18]。すなわち，製品多角化戦略のためのグローバル製品別事業部[19]と，地域多角化戦略のための地域別事業部[20]である。さらにその先には，グローバル・マトリックス構造がある。

グローバル製品別事業部は，グローバルな製品多角化を推進するための組織として位置づけられる。特に，新製品の海外移転，製品のライフサイクル管理などの局面において効果性を発揮する。

地域別事業部は，地域多角化を推進するための組織として位置づけられる。地域別事業部は，国際事業部における地域管理から発展するケースが多い。広範な地域多角化の局面で効果性を発揮する。

さらにグローバル化が進展すると，グローバル製品別事業部と地域別事業部の欠点を克服するために，グローバル・マトリックス構造を志向することがある。世界的な多国籍企業であるABBは，グローバル・マトリックス構造を採用した典型例である。ABBでは，「大きくて小さい」「グローバルでローカル」「集権で分権」という相対立する矛盾を解決するための組織として，1988年，スウェーデンのアセアとスイスのブラウン・ボベリの合併時に，グローバル・マトリックス構造を採用した。しかし，10年後の1998年，製品別事業部制に戻った。ABBですらグローバル・マトリックス構造を維持することは困難であったのである。ABB以外にも，IBM，ダウ・ケミカル，シティバンクなど，いくつかの企業がグローバル・マトリックス構造を試みたが，成功事例はないといわれている。マトリックス組織に特有のツー・ボス（二人上司）・システムなどが，日常のマネジメントの運営上，多くのトラブルの原因になったといわれている。

❸ 統合ネットワークの形成

　グローバル経営では，①世界規模の効率，②柔軟な各国対応，③世界規模の学習とイノベーション，の実現を目的とする。そのためには，図表3-5に示されるように[21]，1）各部門に分散され，専門化された資源と能力，2）相互に関連づけられた部門間で，部品・製品・資源・人材・情報の広範な交換，3）

図表3-5　統合ネットワーク

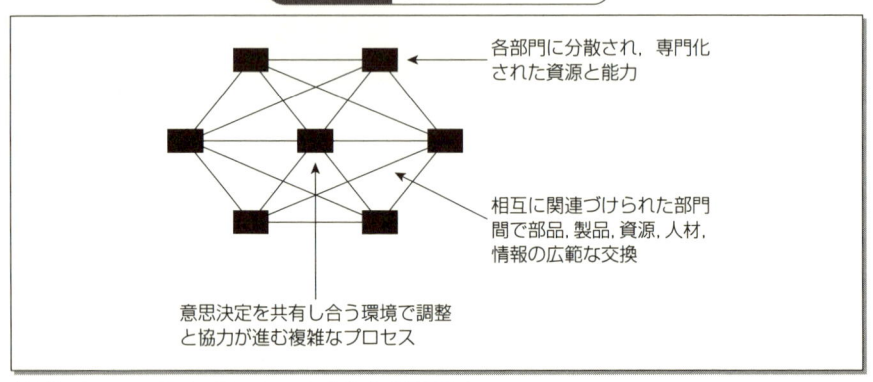

　　　　　　　　　→　各部門に分散され，専門化
　　　　　　　　　　　された資源と能力

　　　　　　　　　→　相互に関連づけられた部門
　　　　　　　　　　　間で部品,製品,資源,人材,
　　　　　　　　　　　情報の広範な交換

　　意思決定を共有し合う環境で調整
　　と協力が進む複雑なプロセス

（出所）Bartlett, G. A.=Ghoshal, S. [1995] 訳書129頁。

意思決定を共有しあう環境で，調整と協力が進む複雑なプロセス，という特性をもつ「統合ネットワーク」が不可欠である。

　グローバル経営組織において，本社－海外子会社関係は，すでに多くの研究成果が蓄積されている。まず，コントロールについてみてみよう。従来，本社は海外子会社に対して，標準化，公式化などの公式メカニズムを用いてコントロール（支配）を行ってきた。ここでの関係は，本社対海外子会社というダイアディック（一対一）な関係であることが多かった。ところが，グローバル化の進展に伴って，複数の海外子会社間関係が同時に進展するにつれて，本社の役割は，コントロールからコーディネーションに移行せざるを得ない。複数の海外子会社をすべてダイアディック（一対一）にコントロール（支配）することは，本社の能力を超えるばかりでなく，効果性・効率性の面でも問題が大きすぎる。

　本社とすべての海外子会社の「統合ネットワーク」を構築できれば，本社によるコーディネーションのあり方，海外子会社の戦略的役割などが大きく変わってくる。海外子会社の役割については，第2章において，現地子会社の役割差別化モデルとして，①戦略リーダー，②貢献者，③ブラックホール，④実行者，の4つに区分してすでに考察した。

　ところで，「統合ネットワーク」は，先述したグローバル・マトリックス構造と同様に，まだ現段階では，理念型モデルの域を脱していないといえよう。製品軸と地域軸のマトリックス構造でさえ，成功事例がないとされている中で，ネットワーク構造になれば，より調整や協力の仕方は複雑になる。しかし，解決の方法がないわけではない。ICT（情報通信技術）を活用した「統合ネットワーク」（グローバル最適生産ネットワーク，人的資源ネットワーク，グローバル会計ネットワークなど）は，ICTの進展に伴ってかなり高度なレベルに到達しつつある。

3 グローバル経営資源

❶ グローバル経営資源の意義

　経営資源とは，企業活動を行う上で必要な資源や能力のことである。経営資源は，一般的に，①ヒト，②モノ，③カネ，④情報，の4つに区分される[22]。
① 　ヒト：作業者，熟練工，セールスマン，技術者，研究者，経営者などのことであり，人的資源，人材（人財）といわれることもある。これらのヒト（人的資源）が提供する便益がなければ，企業活動は成り立たない。
② 　モノ：原材料，部品，建物，工場，設備，土地などのことであり，物的資源ともいわれる。モノ（物的資源）が保持する便益がなければ，企業活動は成り立たない。
③ 　カネ：手元資金，運転資金，設備投資資金などの資金のことであり，資金的資源ともいわれる。カネ（資金的資源）がなければ，企業活動は成り立たない。
④ 　情報：技術，スキル，ノウハウ，ブランド，企業イメージ，暖簾などのことであり，情報的資源ともいわれる。情報的資源は，伊丹敬之［1984］などによって強調された資源の概念であり，見えざる資産（invisible asset）といわれることもある。最近では，能力（ケイパビリティ），コンピタンス，知識など，多くの類似用語が併せて用いられている。
　上述した経営資源は，外部からの調達が容易であるか否かによって，①可変的資源，②固定的資源，の2つに大別される[23]。
① 　可変的資源：企業活動の必要に応じて，市場など外部から調達できる経営資源のことである。ヒト（人的資源）では未熟練工，モノ（物的資源）では原材料，部品などが可変的資源の例としてあげられる。
② 　固定的資源：市場など外部から調達することが難しく，自社で蓄積しなければならない経営資源のことである。ヒト（人的資源）では熟練工，情報的資源では組織文化，ブランド，企業イメージ，顧客の信用などが固定的資源

第3章 グローバル経営の体系

の例としてあげられる。

　以上で明らかなように、企業は、ヒト（人的資源）、モノ（物的資源）、カネ（資金的資源）、情報（情報的資源）という有形・無形の「経営資源の集合体」であるということができる。

　企業が「経営資源の集合体」であることを最初に提唱したのは、ペンローズ（Penrose, E.T.）［1959］である。わが国の吉原英樹=佐久間昭光=伊丹敬之=加護野忠男［1981］や伊丹敬之［1984］の資源概念に関する研究も、主としてペンローズの概念を洗練化したものであり、ペンローズの経営資源の研究における学問的な功績は大きい。

　ペンローズは、企業を「経営資源の集合体」ととらえ、企業の資源から産出される生産的用役の「意味」を重視した。その結果、日々の企業活動を通じて蓄積される未利用資源の有効活用こそが、企業の成長において特に重要であるという認識を示した。未利用資源の中でも、技術、ブランド、信用、チャネル、顧客情報など、情報的資源で、かつ自社で蓄積するしか他に方法がない固定的資源の活用ができれば、経営戦略上極めて効果性、効率性が高いことはいうまでもない。

　経営資源の蓄積・配分には、①経験曲線効果、②プロダクト・ライフ・サイクル、③限界収穫、など考慮すべきいくつかの基礎的条件がある[24]。紙幅の都合上、ここでは限界収穫に絞って考察する。

　限界収穫とは、図表3-6に示されるように[25]、限界産出量／限界投入量のことである。具体的には、生産要素の単位当たり投入量（限界投入量）を増大したとき、単位当たり産出量（限界産出量）が減少する場合、「限界収穫逓減」という。逆に、生産要素の単位当たり投入量（限界投入量）を増大したとき、単位当たり産出量（限界産出量）が増大する場合、「限界収穫逓増」という。

　従来、多くの企業が支配されてきたのは「限界収穫逓減」の法則である。
① ヒト（人的資源）：疲労などの理由によって、限界収穫は逓減する。
② モノ（物的資源）：故障などの理由によって、限界収穫は逓減する。
③ カネ（資金的資源）：模倣などの理由によって、限界収穫は低減する。

　しかし、情報（情報的資源）の場合、資源としての特性が、ヒト（人的資源）

図表3-6　限界収穫逓減と限界収穫逓増

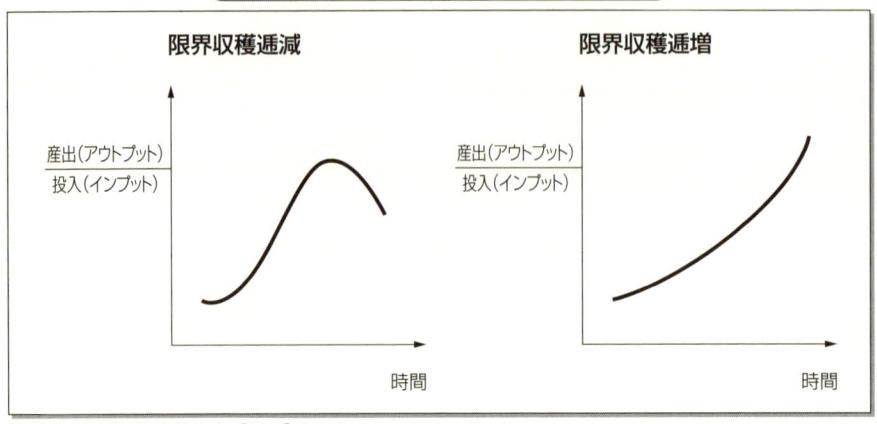

（出所）寺本義也=岩崎尚人［2000］212頁。

モノ（物的資源），カネ（資金的資源）とは異なるので，疲労，故障，模倣などの理由で，一義的に限界収穫が低減するとは限らない。むしろ，「限界収穫逓増」の事例が，情報産業をはじめとして多くの産業において観察されている。

技術，スキル，ノウハウ，ブランド，企業イメージ，暖簾などの情報（情報的資源），その中でも特に，組織文化，ブランド，企業イメージ，顧客の信用などの固定的資源は，グローバル経営において極めて重要な要素である。

❷ リソース・ベースト・ビュー

リソース・ベースト・ビューとは，経営資源の価値の観点から，経営戦略（特に，競争戦略）について考察することである。ルメルト（Rumelt, R.P.）［1974］，ハメル=プラハラード（Hamel, P.=Prahalad, C.K.）［1994］，コリス=モンゴメリー（Collis, D.J.=Montgomery, C.A.）［1998］，バーニー（Barney, J.B.）［2002］などがリソース・ベースト・ビューの代表的な研究者としてあげられる。

グローバル経営において，多国籍企業が自社のコア・コンピタンス（中核能力）を競争戦略の源泉とするためには，経営資源にいくつかの要件が満たされなければならない。

第3章 グローバル経営の体系

図表3-7 価値創造ゾーン

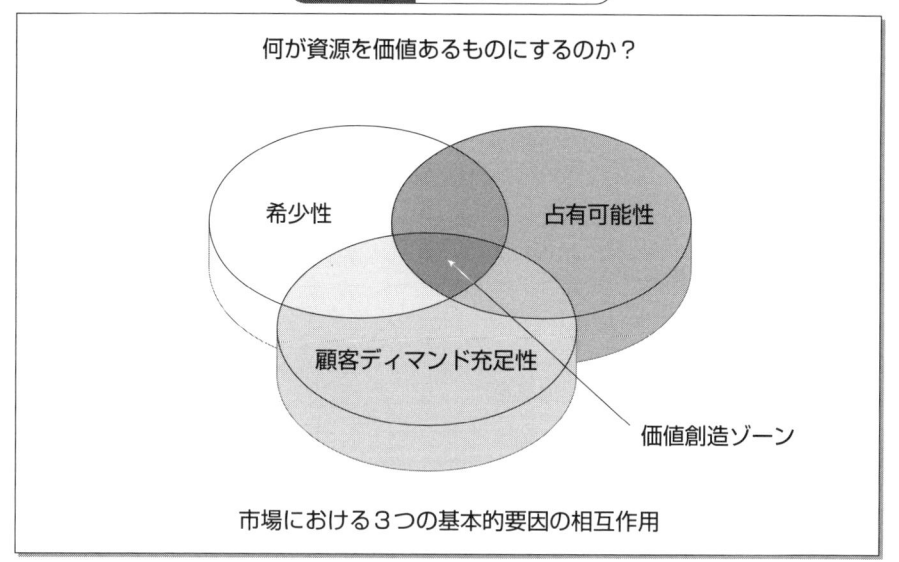

何が資源を価値あるものにするのか？

- 希少性
- 占有可能性
- 顧客ディマンド充足性
- 価値創造ゾーン

市場における3つの基本的要因の相互作用

（出所）Collis, D. J.=Montgomery, C. A. [1998] 訳書51頁。

コリス=モンゴメリー［1998］は，図表3-7に示されるように[26]，企業が所有する資源の価値は，①顧客ディマンド充足性（demand），②希少性（scarcity），③専有可能性（appropriability），の3つの側面が交わる部分において創造される。すなわち，ある資源が顧客の求めていることを充足し，競合企業による複製が困難で，生み出す利益を企業が単独で占有できるとき，その資源によって価値が創造される[27]，と述べている。

① 顧客ディマンド充足性（demand）：資源の価値を決定する第一の要因は製品・市場にある。価値の高い製品は，顧客がすすんで支払うような価格で，顧客ニーズの充足に貢献するものでなければならない。例えば，カカオ豆はチョコレート・メーカーにとって不可欠なインプットであるが，それは重要な製品差別化をもたらすものではなく，価値のある資源にはならない。

② 希少性（scarcity）：資源が価値あるものであるためには，資源の希少性が長期間にわたって持続する必要がある。また，資源の模倣困難性（inimitability）が欠かせない。模倣困難性を持続するためには，1）物理的にユニーク，

2）経路依存性，3）因果関係の不明瞭性，4）経済的抑止力，が必要不可欠であるとされている。要するに，複製が困難でなければならない。

③　専有可能性（appropriability）：その資源によって，誰が利益を獲得できるのか，生み出す利益を企業が単独で占有できるとき，その資源は真に価値ある資源といえる。なぜならば，いくら企業がその資源を所有していても，所有している企業が利益を得るとは限らないからである。

❸ 選択と集中

　経営資源の蓄積・配分において，選択と集中が必要不可欠である。グローバル経営においても，経営資源は無限ではなく，有限であるという厳然たる事実がある。そこで，選択と集中に関するテーマとして，コア・コンピタンスとアウトソーシング，に焦点を絞って考察する。

　ハメル=プラハラード（Hamel, P.=Prahalad, C.K.）［1994］によれば，「コア・コンピタンスとは，顧客に対して他社には真似のできない自社ならではの価値を提供する企業の中核的な力のこと[28]」である。すなわち，コア・コンピタンスとは，顧客に特定の利益をもたらす一連のスキルや技術をいう。近年，このコア・コンピタンスが経営資源ベースの経営戦略論を中心として，重要な経営資源とみなされつつある。ちなみに，上述したコリス=モンゴメリー［1998］は，コア・コンピタンス（core competence）よりも，独自能力（distinctive competence）のほうが適切な表現であると述べているが[29]，本書では，ほぼ同じ類似用語としてコア・コンピタンスの用語をそのまま用いる。

　従来，競争戦略では，特定の製品を単位として，競争優位の源泉について検討してきた。ポジショニング，経験曲線，コストなどの論点は，単一の製品，または密接に関連しあった製品群という枠組みで論じられることが多かった。

　コア・コンピタンスは，製品単位で競争優位の源泉を検討するのではなく，もっと幅広く，企業全体の競争力としてとらえる概念である。企業における様々な経営資源を組み合わせて，新しいアウトプットをつくるプロセスを生み出し，運営する能力のことをコア・コンピタンスという。企業の風土，伝統，文化などと深く関わる概念であるといえよう。

ハメル=プラハラード［1994］によれば[30],コア・コンピタンスには,次の3つの要件が不可欠である。
① 顧客価値：コア・コンピタンスは,顧客に認知される価値を他の何よりも高めなければならない。コア・コンピタンスかどうかは,顧客の利益を中心に判断される。
② 競合他社との違い：コア・コンピタンスは,ユニークな競争能力でなければならない。特定企業の企業力のレベルが,他社と比較して数段優れているのでない限りコア・コンピタンスとはいわない。
③ 企業力を広げる：コア・コンピタンスは,明日の市場への入り口でなければならない。すなわち,新たな製品・市場への参入が可能な能力をコア・コンピタンスという。

このように,企業力としてのコア・コンピタンスは,個別的なスキルや技術を指すのではなく,むしろそれらを束ねたものである。従来の経営資源の概念が要素に注目したものであるのに対して,コア・コンピタンスの概念は,要素を組み合わせる能力に注目した概念であるといえる。

次に,アウトソーシングについてみてみよう。近年,企業活動を取り巻く環境は激変しており,競争も激化の一途をたどっている。このような環境下,アウトソーシングを行う企業が増えている。アウトソーシングとは,企業活動に必要な活動（機能）の一部を,外部の企業に継続的に委託することである。経営資源の外部調達の新たな方法であるといえよう。

近年では,メーカーでありながら生産活動のアウトソーシングを行っている企業も増大しつつあり,ファブレス企業と呼ばれている。アウトソーシングをさらに徹底し,ほとんどの活動（機能）をアウトソーシングして,それらの活動（機能）の調整機能だけに特化した企業をバーチャル企業と呼んでいる。

アウトソーシングの効果としては,①外部の企業に競争原理を導入することによって,高品質で迅速なサービスを安価に得ることができる,②固定費の変動費化によって,変化に対する柔軟な対応力を得ることができる,③自社の活動（機能）を本業に特化させることによって,より深いコア・コンピタンス（独自能力）を蓄積することができる,④外部の企業を活用することによって,必

要な投資を削減することができる，などのメリットを得ることができる。

　グローバル経営において，上述したコア・コンピタンスとアウトソーシングにみられる選択と集中は，極めて重要な経営課題である。グローバル経営組織の節で，①各部門に分散され，専門化された資源と能力，②相互に関連づけられた部門間で，部品・製品・資源・人材・情報の広範な交換，③意思決定を共有しあう環境で，調整と協力が進む複雑なプロセス，を有する「統合ネットワーク」について触れたが，選択と集中を推進するためにも，この「統合ネットワーク」が欠かせない。

4　グローバル・イノベーション

❶ イノベーションの意義

　企業は，真空状態ではなく，環境の中に生きる生き物・生命体である。企業は，オープン・システムであるので，環境の変化に対応することによってのみ，その存続・発展が可能になる。

　経営システムの目的として，①価値の創出・提供と対価の獲得，②社会的責任の遂行，③経営システムの存続と発展，の３つがあげられるが，この３つの目的を実現するために，イノベーションは必要不可欠である。

　すなわち，価値の創出・提供においても，社会的責任の遂行においても，企業の存続・発展においても，企業がイノベーションを実現することができなければ，経営システムの３つの目的は達成できない。その意味で，イノベーションは，経営機能の中で，極めて重要な位置を占めるといえよう。

　すでに第１章において，グローバル経営の第三の目的として，「世界規模の学習とイノベーション」を取り上げ，学習とは，「主体の行動が永続的に変化する活動あるいはプロセス」と定義して，学習を，①個人レベルの学習，②組織レベルの学習，に大別した。また，学習の性質および水準によって，①シングル・ループ学習，②ダブル・ループ学習，に区分して考察した。

第3章 グローバル経営の体系

　イノベーションについても，代表的な経済学者，経営学者，社会学者，情報学者であるシュンペーター，ドラッカー，ロジャーズ，野中郁次郎=寺本義也の所説を概観した。ここでも，そのエッセンスを簡潔にレビューすることにする。

　経済学者のシュンペーター（Schumpeter, J.A.）［1926］は，「イノベーションは，内部から自発的に発生する経済の非連続的発展および創造的破壊につながるものである[31]」と述べた。シュンペーターのイノベーションでは，「生産諸要素の新結合」が鍵概念である。「生産諸要素の新結合」として，①新しい財貨，②新しい生産方法，③新しい販路の開拓，④原料あるいは半製品の新しい供給源の獲得，⑤新しい組織の実現，の5つを例示列挙している。

　経営学者のドラッカー（Drucker, P.F.）［1974］は，「イノベーションは，常に市場に焦点を合わせなければならない[32]」と述べ，「顧客の創造」がドラッカーのイノベーションの鍵概念である。

　社会学者のロジャーズ（Rogers, E.M.）［1982］は，「イノベーションとは，個人もしくは他の採用単位（企業などの組織）によって新しいものと知覚されたアイディア，行動様式，物である[33]」と指摘した。ロジャーズのイノベーションでは，「普及」が鍵概念である。

　情報学者の野中郁次郎=寺本義也編［1987］は，「企業の自己革新（イノベーション）とは，意味のある新しい情報を獲得し，創造し，その結果，次元の異なる思考や行動様式を形成することである[34]」と述べた。野中郁次郎［1986］のイノベーションでは，組織的な情報創造プロセスにおける「情報創造」と「自己組織化」が鍵概念である[35]。

　本書では，"知識創造による新価値の創出"をイノベーションの本質であると認識し，「イノベーションとは，知識創造によって達成される技術革新や経営革新によって新価値を創出する機能（活動）」と定義して議論を進める。

　"知識創造による新価値の創出"を本質とするイノベーションは，次の2つの特性をもつ。

① イノベーションは，「創造的破壊」を起こすものでなければならない。
② イノベーションには，「断続性（非連続性）」がある。

❷ グローバル規模の学習とイノベーション

　グローバル・イノベーションは，文字通りグローバル規模で行うイノベーションを意味する。浅川和宏［2003］は，グローバル・イノベーションを，「ひとつの国の中だけで新たな科学技術の発明から製品化や商業化まで行うのではなく，それらのいずれか（あるいは全て）の活動を国際化すること」と述べている[36]。そして，バートレット=ゴシャール（Bartlett, C.A.=Ghoshal, S.）［1989］とノーリア=ゴシャール（Nohria, N.=Ghoshal, S.）［1997］に準拠して，グローバル・イノベーションのプロセスを，①ローカル・フォー・ローカル，②センター・フォー・ローカル，③ローカル・フォー・グローバル，④グローバル・フォー・グローバル，の4つに類型化して紹介している[37]。

① ローカル・フォー・ローカル：イノベーションの潜在的チャンスの察知および実施を海外子会社（ローカル）で行い，イノベーションの成果も現地での活用に限定している。重要な資源（リソース）や能力は，海外子会社に分散されており，海外子会社は資源を本社に対してあまり依存していない。イノベーションについて，ローカル適応に傾斜しており，グローバル統合には消極的である。欧州の多国籍企業である「マルチナショナル企業」に該当する。

② センター・フォー・グローバル：イノベーションの潜在的チャンスの察知および実施を本社（センター）で行い，グローバル規模での活用を図る。主要な資源（リソース）や能力はすべて本社に集中しており，海外子会社はもっぱら本社に資源を依存している。グローバル統合に傾斜しており，ローカル適応には消極的である。日本の多国籍企業である「グローバル企業」に該当する。

③ ローカル・フォー・グローバル：イノベーションの潜在的チャンスは海外子会社によって察知する。イノベーションの実施段階では，当初は当該海外子会社によって行われるが，その後の段階では，世界中の海外子会社で実施される。主要な資源（リソース）や知識は海外子会社に分散される。米国の多国籍企業である「インターナショナル企業」に該当する。ただし，海外子会社は本社に対して高い自律性を有しており，他の海外子会社との相互依存

性が高いので，後述する「トランスナショナル企業」に類似している。
④　グローバル・フォー・グローバル：イノベーションの潜在的価値は，本社・海外子会社に関わらず察知され，イノベーションの成果も世界中で活用される。主要な資源（リソース）や能力は，世界中に分散され，しかも専門化され，「統合ネットワーク」上の本社・海外子会社は，相互に依存している。海外子会社内，海外子会社間，本社と海外子会社間におけるコミュニケーションは極めて密に行われる。「トランスナショナル企業」に該当する。

　上で，イノベーションのプロセスを，①ローカル・フォー・ローカル，②センター・フォー・ローカル，③ローカル・フォー・グローバル，④グローバル・フォー・グローバル，の4つに類型化して考察したが，いずれのプロセスにおいても，近年，知識創造についての関心が高まりつつある。なぜならば，知識創造は，イノベーションを発生させ，競争優位を生み出すことができるからである。知識創造の特性は，組織的に行われるということである。野中郁次郎=紺野登［1999］によれば，組織的知識創造とは，「組織が個人・集団・組織全体の各レベルで，企業の環境から知りうる以上の知識を，新たに創造（生産）することである[38]」。

　野中郁次郎=紺野登［1999］は，知識創造のプロセスである「SECIプロセス（下記の4つのプロセスの頭文字から命名）」を提示し，「暗黙知が形式化され，それが他者の行動を促進し，その暗黙知が豊かになる。さらに，それがフィードバックされ，新たな発見や概念につながる。暗黙知と形式知の組合せによって，下記の4つの知識変換パターンが想定できる[39]」と述べている。

① 　共同化（Socialization）：個人の中にある目に見えない暗黙知を，多数の個々人の目に見えない暗黙知へ転換するプロセスである。それは，個人の暗黙知を組織内の文化に転換させるプロセスともいえる。

② 　表出化（Externalization）：個人の暗黙知を会話や聞き込みなどにより表面化させ，それを文章化，マニュアル化することによって，組織内のメンバーが共有可能な形式知に転換するプロセスである。

③ 　連結化（Combination）：すでに文章化，マニュアル化されて形式知として共有されている組織のいくつかを結合したり，整理したり，または体系化す

ることによって，新たな形式知を生み出すプロセスである。
④　内面化（Internalization）：共有されている形式知が，深く理解されることによって，個人の経験や主観と相まって，新たな暗黙知が個人の中に形成されるプロセスである。

　個人の持つ暗黙知が組織的知識創造の基礎であり，新しい知識の豊かな未開拓の源泉であるので，それに焦点を当てることによって知識創造プロセスが始まる[40]。すなわち，知識創造は共同化から始まるといえる。知識創造は，暗黙知の共有，暗黙知から形式知への転換，形式知から形式知への転換（異なった形式知を組み合わせて新たな形式知を創造する），形式知から暗黙知への転換，のプロセスを通じて実現できる。このように，知識は，形式知と暗黙知の相互作用によって創造され，拡大される。組織において，上述した4つの変換プロセスを通じて，個人の暗黙知を組織的に増幅させることは重要な課題である。

❸ 技術イノベーション・マネジメント

　グローバル・イノベーションにおいて，技術イノベーション・マネジメントは，極めて重要な課題である。しかし，紙幅の都合もあるので，①プロダクト・イノベーションとプロセス・イノベーションの融合，②イノベーションの3つの障壁（溝）の克服手段，の2つに絞って考察する。

　出川通［2004］が主張するように[41]，プロダクト・イノベーションが，今後の日本の製造業におけるイノベーションのポイントになると思われるが，グローバル・イノベーションにも全く同じことがいえよう。しかし，図表3-8に示されるように[42]，プロセス・イノベーションとプロダクト・イノベーションを分けて考えるのではなく，生産技術や製造プロセスを踏まえた新商品，新技術の提案を行い，プロダクト・イノベーションの強化を図るべきである。すなわち，グローバル・イノベーションにおいて，プロダクト・イノベーションとプロセス・イノベーションの融合が何よりも求められる。

　次に，イノベーションの3つの障壁（溝）の克服手段について考察する。技術イノベーション・マネジメントのプロセスは，図表3-9に示されるように[43]，一般的に，時系列的な観点から，研究，開発，事業化，産業化，という

第3章 グローバル経営の体系

図表3-8 プロダクト・イノベーションとプロセス・イノベーションの融合

	基礎研究	応用研究	開発・設計	生産設計	製造
現状の位置づけ	← プロダクト・イノベーション →			← プロセス・イノベーション →	
今後の位置づけ	← プロダクト・イノベーション →				

単に拡張するのではなく，組み込みを意図して拡張する

← プロセス・イノベーション →

深耕

(出所) 産業能率大学総合研究所バリューイノベーション研究プロジェクト編 [2008] 203頁。

4つのステージに分類することができる。そして，出川通 [2009] によれば，この4つのステージの間に，「魔の川」「死の谷」「ダーウィンの海」という3つの障壁（溝）が存在する。

第一に，「魔の川」についてみてみよう。研究開発（R&D）という用語にみられるように，研究と開発は，一般的に，一体化した概念とされている。しかし，研究と開発は，もともとは違う概念であり，別のステージとして存在している。出川通 [2009] は，この研究・開発間の障壁を「魔の川」と名づけた[44]。

「魔の川」に陥る原因として，研究と開発のベクトルの相違があげられる。つまり，シーズ志向の研究と，ニーズ志向の開発を混同してしまうことが「魔の川」に陥る原因となる。研究から開発に進む場合，シーズ志向からニーズ志向に発想を変えて製品開発を行わねばならない。「魔の川」を克服するためには，研究成果に基づきつつも，マーケティングにより開発ターゲットを明確にして，開発プロジェクトとして推進する必要がある。

「魔の川」に流されていたら，いくら素晴らしい研究結果が得られても，顧客満足や企業価値の増大に貢献することはあり得ない。開発・事業化・産業化

図表3-9　3つの障壁（溝）の克服手段

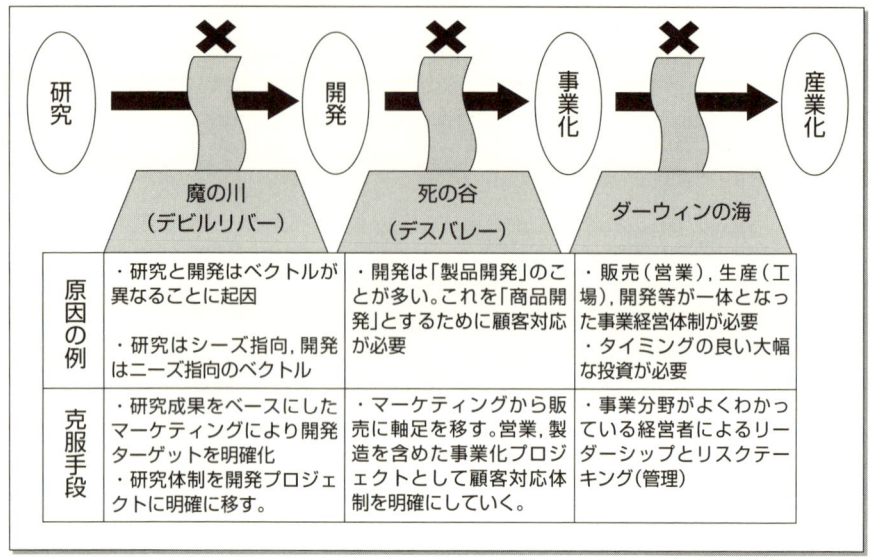

	魔の川（デビルリバー）	死の谷（デスバレー）	ダーウィンの海
原因の例	・研究と開発はベクトルが異なることに起因 ・研究はシーズ指向，開発はニーズ指向のベクトル	・開発は「製品開発」のことが多い。これを「商品開発」とするために顧客対応が必要	・販売（営業），生産（工場），開発等が一体となった事業経営体制が必要 ・タイミングの良い大幅な投資が必要
克服手段	・研究成果をベースにしたマーケティングにより開発ターゲットを明確化 ・研究体制を開発プロジェクトに明確に移す。	・マーケティングから販売に軸足を移す。営業，製造を含めた事業化プロジェクトとして顧客対応体制を明確にしていく。	・事業分野がよくわかっている経営者によるリーダーシップとリスクテーキング（管理）

（出所）　出川通［2009］58頁。

のステージに進まないと，全てが水の泡となる。研究と開発の違いを明確に認識し，ニーズ志向によって，まず顧客満足を目指す開発に進むべきである。

　第二に，「死の谷」についてみてみよう。近年，開発の成果をいかに事業活動に有効に活用するかという事業化のマネジメントが大きな鍵となっている[45]。この事業化のマネジメントにおいて，「死の谷」をいかに克服するか，ということがしばしば問題視される。「死の谷」とは，米国の下院科学委員会の報告書（Unlocking Our Future）の中で，同委員会副議長が，連邦政府の資金供給の対象である基礎研究と民間企業が行う応用研究開発のギャップが，ますます拡大していく現象を表現するために用いた比喩である[46]。

　児玉文雄［2007］によれば[47]，「死の谷」を避けるための方策の1つとして，トリクルアップ戦略がある。トリクルアップ戦略とは，最初は一般消費財市場に向けて開発し，同時併行的に，付加価値の高い製品に関する機能学習を行い，さらに，新技術を応用して利益率の高い製品や，特殊用途を必要とする市場に順次展開するという戦略のことである。

事業化のマネジメントにおいて，営業や製造を含めた事業化プロジェクトを編成し，明確な事業化ビジョンを共有して取り組むことが必要である。また財務面での負担を軽減することも，死の谷を超える方策として，必要不可欠であるといえよう。

第三に，「ダーウィンの海」についてみてみよう。事業化から産業化のステージに移行すると，もはや技術経営の役割はほぼ完了しており，経営そのものの問題であることが多い。比喩的にいえば，MOTからMBAへの移管である。

事業化と産業化の間にある障壁（壁）を「ダーウィンの海」という。「ダーウィンの海」は，それまでのステージとは異なり，他社との激しい競争が常態である。まさに弱肉強食の世界である[48]。

「ダーウィンの海」に陥る原因としては，産業化に不可欠な販売（営業），生産（工場），開発などが一体となった事業推進体制の不備，タイミングの良い大型投資の欠落などがあげられる。

「ダーウィンの海」を克服するためには，事業分野に精通している経営管理者によるリーダーシップとリスクテイキングが欠かせない。産業化のステージでは，研究，開発，事業化の各ステージよりも，経営管理者の役割は遥かに大きく，かつ成果に対する責任も極めて重い。

5 グローバル経営システム

❶ 経営システムの基本構造

本書では，「経営システムとは，環境主体との対境関係，すなわち環境とのかかわり方を重視する経営体・組織であり，かつ経営体・組織の機能（行動）を含む概念である」と定義し[49]，議論を進めることにする。

広義の経営システムは，図表3-10に示されるように[50]，①環境主体との対境関係，すなわち環境とのかかわり方を保持する狭義の経営システム，②価値の創出・提供のために直接必要な業務システム，③狭義の経営システムおよび業

図表3-10 経営システムの基本構造

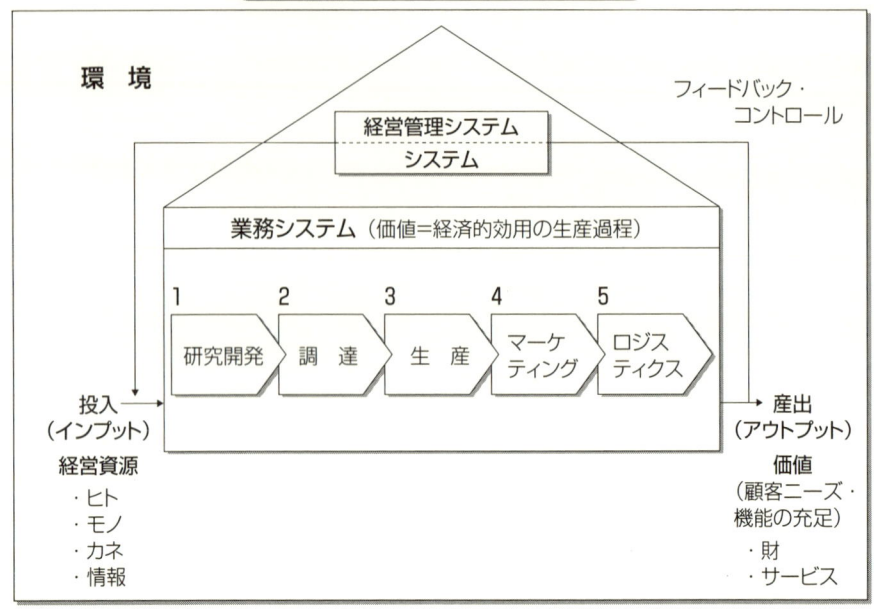

環　境

経営管理システム
システム

業務システム（価値＝経済的効用の生産過程）

1 研究開発　2 調達　3 生産　4 マーケティング　5 ロジスティクス

フィードバック・コントロール

投入（インプット）
経営資源
・ヒト
・モノ
・カネ
・情報

産出（アウトプット）
価値
（顧客ニーズ・機能の充足）
・財
・サービス

（出所）　森本三男［1995］36頁を参考にして，筆者が作成。

務システムのフィードバック・コントロールを行う経営管理システム，の3つのサブシステムによって構成される。

　経営システムには，①価値の創出・提供と対価の獲得，②社会的責任の遂行，③経営システムの存続・発展，という3つの目的・使命がある。

　経営システムの目的・使命の第一は，価値の創出・提供と対価の獲得である。企業，官庁，学校，協会，労働組合，病院，軍隊など，すべての経営システムにとって，価値の創出・提供は，その他の何ものよりも優先される根源的な目的・使命である。ここで価値とは，各種経営システムにおける顧客機能（顧客ニーズ）を充足する経済的効用のことである。同時に，価値は対価の源泉でもある。

　顧客機能（顧客ニーズ）の充足のためには，顧客を創造し，有形財および無形財（サービス）を創出・提供しなければならない。顧客の創造といっても，顧客は各種経営システムに迎合してくれるわけではないので，経営システムの

側のイノベーションが不可欠である。

　経営システムの目的・使命の第二は，社会的責任の遂行である。各種経営システムには，多くの利害関係者が存在する。例えば，企業システムの場合，主たる利害関係者として，株主，従業員，消費者，取引業者，金融機関，政府，地域住民が挙げられる。これらの利害関係者に対する義務のことを社会的責任という。企業システムの場合，企業の社会的責任（CSR）という。

　経営システムの目的・使命の第三は，経営システムの存続・発展である。価値の創出・提供と対価の獲得を実現し，社会的責任の遂行を果たすためには，経営システムの存続・発展が不可欠である。企業システムの場合，営利原則に基づく利益の追求は，第一義的に重要な課題である。利益がなければ，株主に対する配当，従業員に対する給料の支払など，企業の社会的責任（CSR）を果たすことはできない。利益がなければ「ない袖は振れない」のである。また，利益は顧客が価値をどの程度受け入れたかを示す尺度でもある。

❷ 経営管理システムの構造

　経営管理システムは，図表3-10で明らかなように，①環境主体との対境関係，すなわち環境とのかかわり方を保持する狭義の経営システム，②価値の創出・提供のために直接必要な業務システムに対して，フィードバック・コントロール（feedback control）を行うことをその基本機能とする。

　フィードバック・コントロールは，出力・産出（アウトプット）に関する情報を入力・投入（インプット）側に再送する（再び戻す）ことによって，変換処理，変換プロセスを制御することである。フィードバック（feedback）は，出力・産出（アウトプット）の変化に対して，変化を減少させる方向に制御する「ネガティブ・コントロール」と，変化を増加する方向に制御する「ポジティブ・コントロール」に大別される。

　フィードバックとは対照的に，出力・産出（アウトプット）とは関係なく，ある条件下において，システムの制御のために，常に決められた入力・投入（インプット）を加えることをフィードフォワード（feedforward）という。

　学術的には必ずしも正確な表現とはいえないものの，フィードバックとフィ

ードフォワードについて，その概念を理解するために，身近な運転の事例についてみてみよう。車を運転する場合，速度標識とスピードメーターを比較して，現在のスピードが速度標識の基準速度よりもオーバーしている場合，速度標識の基準速度に合わせて減速することをフィードバックという。また，これから急な坂道を登る場合，速度標識の基準速度を維持するために，前もってアクセルを踏むことをフィードフォワードという。

フィードバック・コントロールは，①狭義の経営システム・業務システムの円滑な運営，②狭義の経営システム・業務システムのイノベーション，の2つを実現するために行われる。

第一に，狭義の経営システム・業務システムの円滑な運営とは，フィードバックとフィードフォワードによって，経営システムの構成要素間の適合を図りつつ，経営システムの出力・産出（アウトプット）に関する所期の目標を実現するために，入力・投入（インプット）および変換処理，変換プロセスを効果的かつ効率的に制御することである。変換処理，変換プロセスとは，価値（経済的効用）の生産システム，すなわち，本書でいう業務システムのことである。

第二に，狭義の経営システム・業務システムのイノベーションとは，環境とのかかわり方の革新（ドメインの再定義など），経営システムの構成要素の革新，業務システムの革新などのことである。先の運転の事例でいえば，速度標識の基準速度が現状にそぐわないので基準速度を変更するとか，道路の幅を拡張して基準速度を上げることなどがこれに該当するであろう。

本章では，経営管理システムとして，①人的資源管理，②財務管理，③情報管理，④法務管理の4つの機能を取り上げる。これらの機能については，第7章「多国籍企業の機能別管理」において別途考察する。

① 人的資源管理：職務設計，人的資源フロー・マネジメント，報酬マネジメント，労働条件，労使関係など。
② 財務管理：資金調達，資金運用，財務計画，経営分析，財務諸表など。
③ 情報管理：情報戦略，情報資源管理，情報システム開発，情報システム運用など。
④ 法務管理：M＆A，内部統制システム，知的財産権，会社法，コーポレー

ト・ガバナンスなど。

❸ 業務システムの構造

業務システムは，企業が提供する価値（経済的効用）の生産システムのことである。図表3-10で明らかなように，最も機能（活動）の範囲が広い製造業では，①研究開発，②調達，③生産，④マーケティング，⑤ロジスティクス，の5つの機能によって構成される。これらの機能については，第7章「多国籍企業の機能別管理」において別途考察する。

① 研究開発：研究開発計画，研究開発管理，各機能間の連携・調整など。
② 調達：調達コスト管理，資材管理，在庫管理，購買管理，外注管理，倉庫管理など。
③ 生産：生産計画，生産方式，生産管理，自動化，生産情報システムなど。
④ マーケティング：マーケティング・システム，戦略的マーケティング，マーケティング・ミックス，ソシオ・エコロジカル・マーケティングなど。
⑤ ロジスティクス：ロジスティクス・システム，ロジスティクス・ネットワーク，物流センター，物流，ロジスティクス・コスト，在庫管理など。

---

1 ）岸川善光編［2015a］96頁。
2 ）Cannom, J.T.［1968］pp.16-17.
3 ）Porter, M.E.［1998a］訳書76頁。
4 ）野中郁次郎［2002］46頁。
5 ）伊丹敬之［2003］36頁。
6 ）岸川善光［2006］69頁。
7 ）大滝精一=金井一頼=山田英夫=岩田智［2006］237頁。
8 ）榊原清則［1992］41頁。
9 ）Barnard, C.I.［1938］訳書76頁。ただし，体系をシステムに変更した。
10）森本三男［2003］2-3頁。一本道の大きな石の話は，本来，バーナード自身の説明例であるが，森本三男の説明のほうが分かり易いので，森本三男［2003］を援用した。
11）Chandler, A.D.Jr.［1962］訳書16,20頁。
12）Galbraith, J.R.=Nathanson, D.A.［1978］訳書139頁。
13）Stopford, J.M.=Wells, L.T.［1972］訳書29-31頁。
14）同上書32-38頁。
15）同上書38-41頁。
16）Bartlett, C.A.=Ghoshal, S.［1989］訳書41頁。

17) この図表は，国内外の大半の著書において，Stopford, J.M.=Wells, L.T.［1972］の図表として，わざわざ出所のページを抜いて引用されるが，実際には，この図表は該当書には存在しない。もっとも，5-1図（訳書96頁）と5-3図（訳書98頁）を合成すると，よく似た図表になるともいえる。
18) Stopford, J.M.=Wells, L.T.［1972］訳書98頁。
19) 同上書44-71頁。
20) 同上書72-94頁。
21) Bartlett, C.A.=Ghoshal, S.［1989］訳書129頁。
22) 岸川善光［2006］140頁。
23) 吉原英樹=佐久間昭光=伊丹敬之=加護野忠男［1981］26頁。
24) 岸川善光［2006］144-148頁。
25) 寺本義也=岩崎尚人［2000］212頁。
26) Collis, D.J.=Montgomery, C.A.［1998］訳書51頁。
27) 同上書49頁。
28) Hamel, P.=Prahalad, C.K.［1994］訳書11頁。
29) Collis, D.J.=Montgomery, C.A.［1998］訳書52頁。
30) Hamel, P.=Prahalad, C.K.［1994］訳書260-265頁。
31) Schumpeter, J.A.［1926］訳書182-183頁。
32) Drucker, P.F.［1974］訳書266-267頁。
33) Rogers, E.M.［1982］訳書18頁。
34) 野中郁次郎=寺本義也編［1987］14頁。
35) 野中郁次郎［1986］171頁（今井賢一編［1986］，所収）
36) 浅川和宏［2003］177頁。
37) 同上書177-179頁を，筆者が一部追加・修正をしながら要約。
38) 野中郁次郎=紺野登［1999］110頁。
39) 同上書111-114頁。
40) 野中郁次郎=竹内宏高［1996］126頁。
41) 出川通［2004］24頁。
42) 産業能率大学総合研究所バリューイノベーション研究プロジェクト編［2008］203頁。
43) 出川通［2009］58頁。
44) 同上書57頁。
45) 植之原道行［2004］135頁。
46) 児玉文雄［2007］63頁。
47) 同上書65-67頁を筆者が要約。
48) 出川通［2009］55-56頁。
49) 岸川善光編［2015a］69頁。
50) 森本三男［1995］36頁を参考にして，筆者が作成。

第4章 日本的経営

　本章では，グローバル経営について考察するための前提として，従来の日本的経営について考察する。1980年代頃の日本的経営は，1人あたりGDPが世界1位に躍進した原動力として，世界中から羨望の眼でみられたが，今日では，異質論さえ出始めている。

　第一に，日本的経営の概念について考察する。まず，日本的経営に関する先行研究の概略レビューを行う。次に，日本的経営の変遷について考察する。後進性⇒高い評価⇒絶賛⇒異質と評価が乱高下していることを理解する。さらに，本書における日本的経営の位置づけについて言及する。

　第二に，日本的経営の基盤について考察する。まず，日本的経営の起源について理解する。次いで，集団主義・間人主義などの文化的要因に言及する。さらに，グローバル最適生産システムなどの経営システムについて理解を深める。

　第三に，欧米的経営との国際比較を行う。まず，欧州的経営について考察する。次に，米国的経営について理解を深める。さらに，欧米的経営の特殊性と普遍性について概観する。

　第四に，アジア的経営との国際比較を行う。まず，GDP世界2位に躍進した中国的経営について考察する。次いで，日本同様，急成長を実現した韓国的経営に言及する。さらに，アジア的経営の特殊性と普遍性について概観する。

　第五に，日本的経営からグローバル経営への脱皮について考察する。まず，日本的経営のメリット・デメリットについて理解する。次に，日本的経営の限界に言及する。さらに，グローバル経営への脱皮について概観する。

近年，わが国の企業活動は，急速にグローバル化しており，経営管理・経営戦略・経営組織など各種領域において，本格的なグローバル化が要請されている。現実に，従来の日本的経営では多くの限界が露呈しつつある。例えば，1980年代に世界1位であった1人当たりGDPは，約30年経った今，世界27位（2014年）にまで凋落しており，もはや先進国の輝きを失いつつある。アジアにおいても，3位にまで低落している。日本は決してアジアの盟主などではありえない。

　グローバル経営を考察するにあたり，日本的経営の功罪を正しく理解することが必要不可欠である。日本的経営は異質であるといった通俗的な理解だけでは，日本企業におけるグローバル経営の変革はできない。異質か異質でないかという観点でいえば，欧米の経営も，中国・韓国などのアジアの経営も，当然のこととして異質である。特に，第二次大戦後，米国の政治的・経済的・軍事的な優位性を背景として，米国の経営学者が米国の経済システム・経営システムを普遍的とみて，日本の経済システム・経営システムを異質で特殊性を有しているという主張をしてきたが，米国も1980年代頃から，自らの異質性・特殊性に気付き始めた。米国的経営（米国型経営）も日本的経営（日本型経営）と同様に，多くの問題点と課題を抱えている。

1 日本的経営の概念

❶ 先行研究の概略レビュー

　経営のグローバル化を考察するうえで，日本的経営（注：日本型経営など類似した呼称がいくつか存在するが，以下，日本的経営に統一して議論を進める）に関する理解は不可欠である。まず，日本的経営に関する先行研究の中から，いくつかを選択し，刊行年順に簡潔なレビューを行う。

　アベグレン（Abegglen, J.C.）［1958］は，綿密な調査に基づいて『日本の経営』を刊行した。この『日本の経営』の刊行によって，日本的経営に関する研究が

一躍世間の注目を浴びた。そこでは，当初「終身の関係」(a lifetime commitment) と呼ばれた「終身雇用制」の概念が分析枠組みとして用いられており，「終身雇用制」の概念の中でも，従業員と会社との関係（アベグレンによれば，「雇用契約の範囲を超えた従業員と会社との間における義務と責任の相互交換の関係」）を家族的ととらえ，この「経営家族主義」をもって日本的経営の主な特徴としている。また，日本的経営を「工業化前の組織的制度と欧米の技術との混成物である[1]」とも述べている。

間宏［1971］は，①経営家族主義，②経営福祉主義，を日本的経営の特徴としている。日本的経営の源流を江戸時代の商家のモデルに求め，この経営家族主義が明治・大正時代における財閥の家族経営に発展し，さらに戦後，それが経営福祉主義に発展したと述べている。経営福祉主義とは，「労使が協力一致して，企業の業績向上を図り，それを通して，企業の発展と従業員の福祉の向上を同時に達成する[2]」という考え方である。

OECD［1972］は，日本的経営の特徴を，①生涯雇用，②年功賃金，③企業別労働組合，の3つに集約し，これらを「三種の神器」とした[3]。この調査結果は，わが国の経営実務界および経営学の関連学会に対して多大なインパクトを与え，その後長年にわたり，終身雇用制，年功序列制，企業別労働組合の3点が日本的経営の「三種の神器」として定着した。

岩田龍子［1977］は，日本的経営を，「国民的心理特性，経営の編成原理，経営制度の3者が，相互に調和的に作用し合い，相互に強化し合いつつ，高度の集団忠誠心とともに組織のダイナミズムが生み出されている[4]」と述べている。すなわち，集団主義を日本的経営の大きな特徴としてあげた。岩田龍子のいう集団主義とは，「個人の利害」に対して「集団の利害」を優先する価値観を土台としており，集団に対して「無限定の義務」を負うことにその特徴があるとしている。

津田真澄［1977］は，「日本の経営体は，合法性，合理性を備えた機能的職務集団ではなく，共同生活体になっているということに日本の経営体の特質がある[5]」と述べている。なお，共同生活体とは，家庭と社会を含む社会生活の具体的な領域であり，「むら」の概念であるとしている。

安保哲夫［1994］は，現場主義を，日本的経営・生産システムの最大の特徴としている。現場主義とは，経営者・技術者・現場従業員が一体となって，モノづくり，すなわち生産現場の問題に取り組むことをいう[6]。

　吉原英樹［2001］は，日本的経営の特徴として，①日本的生産システム，②人本主義経営，③陰徳の国際経営，の3点をあげている[7]。特に，人本主義経営は，「経営は人なり」という言葉に象徴されるように，①ヒト，②モノ，③カネ，④情報，の4つの経営資源のうち，ヒトを最も重要とする考え方である。

　上で，アベグレン［1958］，間宏［1971］，OECD［1972］，岩田龍子［1977］，津田真澂［1977］，安保哲夫［1994］，吉原英樹［2001］の先行研究を概観した。これらの先行研究を比較すると，いくつかの異同点が見えてくる。これまで，①終身雇用制，②年功序列制，③企業別労働組合，④集団主義，⑤福利厚生制度，などが日本的経営の通説とされてきた。終身雇用制や年功序列制による安定性・公平性は，日本的経営における最大の特徴である。また，集団主義，家族主義，共同生活体にみられるように，集団志向性も日本的経営の大きな特徴である。

　時代が進むにつれて，日本的経営の特徴として，次第に日本的生産システムの特徴が強調されるようになってきた。しかし，日本的経営は，人的要因に大きく依存した経営システムであることは昔も今も変わらない。

❷ 日本的経営の変遷

　岸川善光編［2015a］は，「日本的経営とは，経営管理に関する国際比較を踏まえて，日本企業に特有の経営管理システムのことをいう。具体的には，日本企業の経営管理システムと欧米企業の経営管理システムやアジア企業の経営管理システムを比較して，日本企業の経営管理システムの特殊性を中心として体系化したものを日本的経営という」と述べている[8]。

　日本的経営は，時代の変遷に伴って大きく変遷しつつある。第二次世界大戦の終戦直後から，政治・経済・社会・文化などあらゆる面において，わが国の「後進性」が指摘された。経営学の分野においても例外ではなく，労使関係の後進性や労働市場の閉鎖性などを克服するためには，それぞれの研究分野にお

いて，包括的かつ実証的な研究が必要であった。

　日本的経営の特徴に対する評価は，時代の進展に伴って大きく変化してきた。具体的には，①終戦直後の労使関係や労働市場に関する研究にみられる「後進性」「前近代性」「封建制度」などのネガティブな評価，②OECD［1972］の調査研究にみられる日本的経営の特質を経済成長の秘密とする高い評価，③ヴォーゲル（Vorgel, E.F.）［1979］の「ジャパン・アズ・ナンバーワン」にみられる日本的経営に対する絶賛，④バブル崩壊後における日本的経営に対する異質論，などがあげられる。

①　「後進性」「前近代性」「封建制度」などのネガティブな評価：終戦直後の労使関係や労働市場に関する研究において，敗戦の劣等感もあり，日本的経営を「封建制の遺物」と卑下し，極めてネガティブな評価に終始した。

②　経済成長の秘密とする高い評価：OECD［1972］の調査研究の時期は，日本の貿易や海外直接投資の爆発的な拡大の時期と重なり，日本的経営こそが経済成長の秘密であるとの論調が急速に広まった。日本人の特性の1つでもあるが，それまでの過度の劣等感は，裏返しによって過度の優越感にすぐに変わった。

③　日本的経営に対する絶賛：ヴォーゲル［1979］の「ジャパン・アズ・ナンバーワン」の刊行時，日本経済は，奇跡的ともいえる高度成長期であった。まさに黄金の80年代に入る直前であり，ユダヤの陰謀，褒め殺しではないかと噂されるほど日本的経営は絶賛された。

④　日本的経営に対する異質論：1970年代から黄金の1980年代にかけて，繊維，鉄鋼，電機，自動車，半導体など多くの産業分野において，貿易摩擦問題が頻発した。1990年に合意された日米構造協議の前後には，リビジョニストによって，日本の市場は閉鎖的でアンフェアであるとの「日本異質論」が急速に広まった。この種の議論では，往々にして，日本の言語や文化そのものが非関税障壁とされることがある。まさに，わが国はエイリアン（異星人）にされたのである。同じ時期，日本国内でも会社人間化，長い労働時間など，日本的経営に対する批判が多発した。

　上述したように，日本的経営に対する世界の評価は，第二次世界大戦後の比

較的短い期間においても，後進性⇒高評価⇒絶賛⇒異質と，評価が乱高下していることがわかる。どの経済システム・経営システムが異質で，どの経済システム・経営システムが優れているかを判断するのは極めて難しいという証左でもある。

❸ 本書における日本的経営の位置づけ

　日本的経営に限らず，どの経営システム（経営管理システム）も，その根底には合理性の追求がある。しかし，その合理性も真空状態において存在するのでなく，それぞれの社会的・文化的基盤によって大きく規定される。例えば，日本における合理性と，インドネシアにおける合理性は，多くの面で大きく異なる。いうまでもなく社会的・文化的基盤が異なるからである。

　本書では，日本的経営の異質性・特殊性に偏重するつもりはないものの，比較研究・学際研究は避けて通れないので，まず，比較研究・学際研究の出発点として，日本的経営について，①経営目標，②戦略特性，③組織特性，④管理特性，の4つの観点から，従来の日本的経営と現在の日本的経営がどのように変化したかについて考察する。

　現在の日本的経営は，図表4-1に示されるように[9]，①経営目標，②戦略特性，③組織特性，④管理特性，の4項目共に，項目によって濃淡はあるものの近年大きく変化しつつある。

　経営目標は，過去の高度経済成長時代における成長志向から，次第に利益志向に変化しつつある。具体的には，ほとんどの産業にみられた横並びのシェア拡大路線から，長期の安定利益の拡大を目指すようになりつつある。

　戦略特性では，従来の撤退戦略が消極的であったのに対して，現在では，問題事業からの撤退の機動性が高くなってきた。また，本書のテーマでもあるが，国内志向の経営から国際化志向（グローバル化志向）の経営に大きく変わりつつある。

　組織特性では，カンパニー制，分社化など事業ユニットの独立性（大幅な権限移譲）があらゆる産業において高まりつつある。

　管理特性では，終身雇用（長期雇用）に関する変化が微妙な時期にある。も

第4章 日本的経営

図表4-1　日本企業の経営システムの変容と特徴

	現　　在	←	従　　来
経営目標	利益志向	←	成長志向
	長期の安定利益	←	成長の結果としての利益
	経営における長期的視野	←	経営における長期的視野
戦略特性	分析志向	←	分析志向
	コア資源の内部開発	←	コア資源の内部開発
	関連多角化	←	関連多角化
	問題事業からの撤退の機動性	←	問題事業からの撤退の消極性
	国際化志向	←	国内志向
組織特性	職務規定・役割の弾力的運用	←	職務規定・役割の弾力的運用
	伸縮分業	←	伸縮分業
	ミドル・アップダウン経営	←	ミドル・アップダウン経営
	意思決定での財務・会計部門の影響の拡大	←	意思決定での事業ラインの影響の強さ
	事業ユニットの独立性（大幅な権限委譲）	←	権限が制約された事業ユニット
管理特性	終身雇用（長期雇用）	←	終身雇用（長期雇用）
	成果主義賃金制度	←	年功序列賃金制度
	OJT重視の人材育成	←	OJT重視の人材育成
	スペシャリスト志向	←	ジェネラリスト志向
	内部昇進	←	内部昇進
	非公式的な情報交換	←	非公式的な情報交換
	社内外への積極的な情報開示	←	情報開示の消極性
	管理における自己統制	←	管理における自己統制

（出所）王効平=尹大栄=米山茂美［2005］19頁。

ともと，終身雇用も年功序列も，組織の成長を前提としたシステムに他ならない。組織の成長が望めなければ，「ない袖は振れない」ので，終身雇用も年功序列も徐々に崩壊せざるをえない。一時期，年功序列賃金制度から成果主義賃金制度に多くの企業が変化を試みたが，「虚妄の成果主義」と揶揄されるように，

成功した企業は数少ない。

本書では，上述した後進性⇒高評価⇒絶賛⇒異質という流れは踏まえつつも，日本的経営に対する卑下も，過度の優越も，異質性・特殊性に対する偏重も避けながら，日本的経営をグローバル経営に向けた重要かつ現実的な研究対象として位置づける。普遍か特殊かといった議論や，単なる理念型モデルの提示ではあまり生産的であるとは思えない。

2 日本的経営の基盤

❶ 日本的経営の起源

すでに考察したように，間宏［1971］は，日本的経営の源流を江戸時代の商家のモデルに求め，この経営家族主義が明治・大正時代における財閥の家族経営に発展し，さらに戦後，それが経営福祉主義に発展したと述べている。経営福祉主義とは，労使が協力一致して，企業の業績向上を図り，それを通して，企業の発展と従業員の福祉の向上を同時に達成する，という考え方である。

高橋俊夫監修［2002］も，日本的経営の発生を江戸時代の商家の経営と管理のシステムに起源を求めている。そして，第一次世界大戦期，さらに1920年代の不況の時期に，「三種の神器」の2つの面，すなわち年功制と終身雇用制が普及し始めたとみている[10]。

江戸時代（徳川時代）は，幕藩体制のもとで長期間にわたって平和が維持された。幕藩体制の基本は，藩（お家）という生活共同体にあった。藩（お家）は，政治的な仕組みであるばかりでなく，家臣一同の生計のための仕組みでもあったので，藩（お家）を守る意識は藩主も家臣も相当強かったといわれている。「お家大事」の伝統が，商家にも伝播したことは疑う余地がない。

商家は「家業（family business）」から発展した。「家業」は「営利と家の論理の結合」であり[11]，先祖の家産を子孫に継承するための生業のことである。この伝統的な家業を基調とした共同体的かつ連帯的集団性から経営家族主義が形

第4章　日本的経営

成された。すなわち，経営家族主義の根底は，家業の当主と奉公人との関係としての「丁稚・奉公人制度」にあるといえよう。「丁稚・奉公人制度」の発生時期は，明確な記録はないものの，江戸時代の中期頃には全国に普及し始めたといわれている。

　「丁稚・奉公人制度」において，商家の当主と丁稚・奉公人の関係は，主従の関係であると同時に親子の関係ともみなされた。双方の間には，憐憫・慈愛の情と忠誠・忠孝の倫理が強調された。野田信夫［1988］は，「丁稚・奉公人制度」について，「乱世の武家社会の中で生きる商家は，厳格な主従関係と家族関係を軸とした運命共同体意識を何よりも大事にしたことと，祖父の遺訓尊重など祖先崇拝にすがる心情とが染み出している」と述べている[12]。

　この「丁稚・奉公人制度」から派生した経営家族主義が，明治・大正時代における財閥の家族経営に発展し，さらに第一次世界大戦期，1920年代の不況の時期を経て，第二次世界大戦後，それが経営福祉主義に発展した。経営家族主義，経営福祉主義が日本的経営の起源の1つであることは間違いあるまい。

❷ 文化的要因

　日本的経営に限らず欧米の経営もアジアの経営も，国の文化，組織文化に大きく規定される。国の文化，組織文化の概念は，組織論や経営学の領域において，比較的新しい概念である。当初は，社会学・文化人類学・文化論から組織現象を説明する視角の1つとして借用されていたにすぎない。ところが，国の文化，組織文化が組織目的の実現，組織目標の達成に強い影響をもつことが検証され，組織文化のあり方，組織文化の変革など，いわゆる「組織文化のマネジメント」が，1980年代以降，重要な経営課題として認識されるようになった。

　国の文化は，その国の国民によって内面化され共有化された特有の価値観，行動規範，信念の集合体である。次に，組織文化についてみてみよう。ピーターズ=ウォーターマン（Peters, T.J.=Waterman, R.H.）［1982］は，「組織文化とは，組織構成員がもつ共通の価値観（shared value）である」と定義している[13]。また，シャイン（Schein, E.H.）［1985］は，組織文化を「ある特定のグループが外部への適応や内部統合の問題に対処する際に学習したグループ自身によって創られ，

図表4-2 文化のレベルとその相互作用

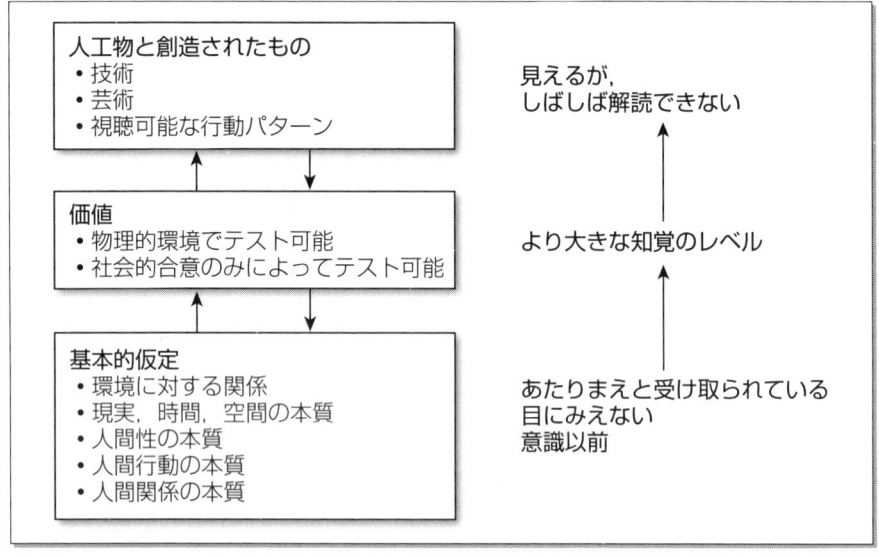

```
人工物と創造されたもの
 ・技術
 ・芸術                          見えるが，
 ・視聴可能な行動パターン          しばしば解読できない

価値
 ・物理的環境でテスト可能         より大きな知覚のレベル
 ・社会的合意のみによってテスト可能

基本的仮定
 ・環境に対する関係              あたりまえと受け取られている
 ・現実，時間，空間の本質         目にみえない
 ・人間性の本質                  意識以前
 ・人間行動の本質
 ・人間関係の本質
```

(出所) Schein, E.H. [1985] 訳書19頁。

発見され，また発展させられた基本的仮定のパターン」と定義している[14]。

さらに，図表4-2に示されるように[15]，組織文化のレベルについて，①人工物と創造物，②（組織メンバーの日常的な行動を支配する）価値，③（内部統合や外部適合などの問題に対応して学習された学習の結果として習得された）基本的仮定，の3つに分類している。シャイン [1985] によれば，この基本的仮定こそが，まさに組織文化の本質であり，組織文化そのものである。基本的仮定は，人工物と創造物のレベル，価値のレベルに対して，根底から影響を及ぼすからである。

加護野忠男 [1988a] は，組織文化について，「組織構成員によって内面化され共有化された価値，規範，信念のセット（集合体）」と定義づけている[16]。

本書では，ピーターズ=ウォーターマン [1982]，シャイン [1985]，加護野忠男 [1988a] らによる先行研究のレビューに基づいて，組織文化を「組織構成員によって共有化された基本的仮定，価値観，規範，信念のセット（集合体）である」と定義して議論を進める。

第4章 日本的経営

　このように，国の文化も組織文化も，共有化された基本的仮定，価値観，規範，信念のセット（集合体）によって構成されており，また規定されているので，日本企業，欧米企業，アジア企業の企業行動が大きく異なるのは当然のことである。

　日本的経営は，文化的側面から考察すると，日本人および日本企業の組織構成員によって共有された基本的仮定，価値観，規範，信念のセット（集合体）によって規定された経営システムであるといえよう。日本的経営には，様々な特徴がある。例えば，勤勉，滅私奉公，平等主義など，枚挙にいとまがないほど多くの研究が蓄積されている。

　紙幅の都合上，ここでは集団主義に絞って考察する。日本的経営の特徴，日本的経営の基盤として，集団主義は必ずといってもいいほど多く取り上げられてきた。集団主義とは，「個人と集団との関係で，集団の利害を個人のそれに優先させる集団中心（集団優先）の考え方」である[17]。そして，大半の場合，集団主義の対立概念として，個人主義がとりあげられることが多かった。すなわち，日本的経営が集団主義で，欧米的経営が個人主義というお決まりの対比である。

　しかし，日本企業の組織特性を，集団主義に見出す考え方には多くの問題点がある。例えば，集団主義においては，自主体のみに焦点を合わせているのであり，自主体と客体（他主体を含む）との関連性については無視されている。つまり，「関係体」「ネットワーク」の観点が欠けている。集団主義という限定された見解によって，多重構造化した組織内の集団行動を的確に捉えることは困難であり，他の経営体との特徴的な関係のネットワークを理解することはさらに困難になる[18]。すなわち，日本的経営組織は，集団論とネットワーク論の統合によってはじめて全体的に把握することが可能になる[19]。

　このような考察を踏まえて，従来の集団主義vs. 個人主義の構図に対して，濱口惠俊編［1993］は，「間人主義」という新たな概念を提示した。間人（the contextual）とは，「関係体」として「個人」を捉える人間モデルである[20]。「間人主義」では，図表4-3に示されるように[21]，「相互作用」のあり方に最大の特徴がある。

図表4-3　人間モデル：「間人」と「個人」

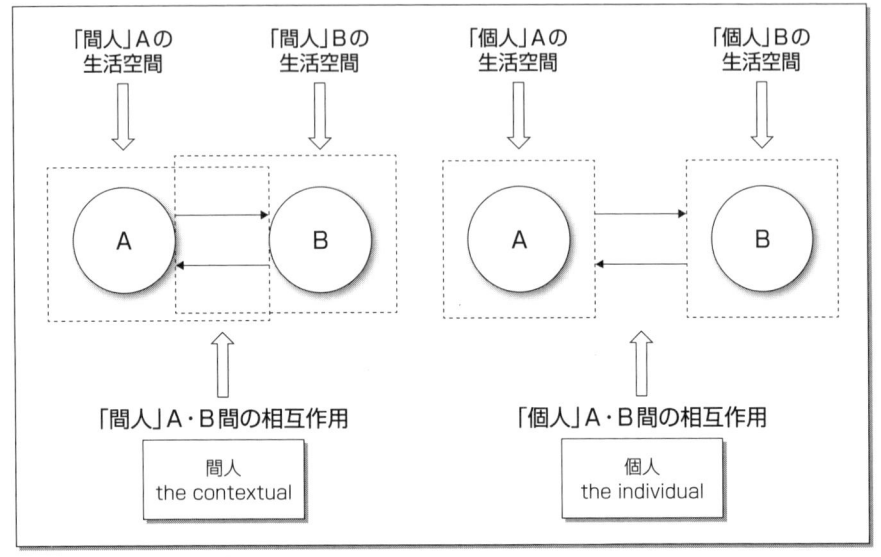

```
「間人」Aの    「間人」Bの    「個人」Aの    「個人」Bの
生活空間      生活空間      生活空間      生活空間
   ↓            ↓            ↓            ↓

   A    →    B            A    →    B
        ←                      ←

        ↑                      ↑
「間人」A・Bの相互作用    「個人」A・B間の相互作用

     間人                    個人
  the contextual         the individual
```

(出所) 濱口惠俊編 [1993] 24頁。

　吉田和男 [1993] は，濱口惠俊の「間人主義」について，「個人主義」との対比をしつつ，次のように簡潔にまとめている[22]。
① 　間人主義：相互依存主義，相互信頼主義，対人関係の本質化
② 　個人主義：自己中心主義，自己依拠主義，対人関係の手段化
　従来の通説のように，欧米的経営が個人主義に依拠しているとすれば，決して普遍的かつ理想的な経済システム・経営システムとはいえないであろう。日本的経営の基盤は，単なる集団主義ではなく，濱口惠俊の「間人主義」であるとすれば，日本的経営の新たな利点・欠点が発見されるに違いない。

❸ 経営システム

　従来，伝統的な日本的経営論では，日本的経営の特徴，日本的経営の基盤として，上述した文化的要因に関する考察が主流であった。近年，生産システムをはじめとする各種経営システムに関する考察が増加しつつある。
　各種経営システムの中でも，グローバル最適生産システム（global optimum

manufacturing system）の構築が，世界的な関心を集める中で，わが国のグローバル最適生産システムに関心が集まるのはある意味で当然のことといえよう。

　グローバル最適生産システムにおいて，①生産拠点の最適配置，②生産・マーケティング・ロジスティクスの統合，③生産管理手法の開発，④ロボットに典型的な最新式設備投資の推進，など様々な経営課題がある。

① 生産拠点の最適配置：自動車やエレクトロニクスのように世界規模の効率を目指すことのできる製品分野と，食品や嗜好品のように柔軟な各国対応が必要な製品分野では，生産拠点の配置の方法は自ずと異なる。市場規模，市場の成長性などを考慮に入れた生産拠点の配置は，グローバル経営において最重要課題の1つである。

② 生産・マーケティング・ロジスティクスの統合：市場の成熟化，顧客ニーズの多様化などの変化に対応するために，近年の経営システムでは，生産・マーケティング・ロジスティクスの統合が必須課題になりつつある。具体的には，ICT（情報通信技術）の進展に伴って，生産・販売・物流統合CIM（computer integrated manufacturing）システムが主流になりつつある。生産・販売・物流統合CIMは，生産と関連のある部門（機能）の情報システムを，ネットワークによって統合・連結したものである。生産・販売・物流統合CIMによって，コスト低減，品質向上，柔軟性の向上，多品種・少量生産の実現，省力化など，重要な経営課題を同時に達成することができる。生産の目的は，単に経済財（製品・サービス）を生産するだけではない。顧客ニーズを満たす価値の創出こそが真の目的である。

③ 生産管理手法の開発：従来，多くの日本企業によって，ジャスト・イン・タイム，カンバン方式，TQC，TQM，カイゼン，多能工化など，多種多様な生産管理手法が開発され，現地子会社にも普及してきた。近年，コストや品質の測定技術の向上を織り込んだ新たな生産管理手法が続々と開発されつつある。

④ ロボットに典型的な最新式設備投資の推進：イギリスなどでは歴史的にも抵抗が大きなロボットによる生産は，日本企業の独壇場に近い。ロボットの保有台数も日本は群を抜いて多い。生産性の向上がグローバル競争の決め手

になるだけに,最新式設備投資の推進は大きな戦略課題である。

上述した各種経営システムに関連する課題,特に,グローバル最適生産システムについて,日本企業の取組みは,近年,比較的順調に推移している。このことが,新たな日本的経営の基盤として注目されつつある。文化的要因は,異質性・特殊性が避けられないが,各種経営システムは,文化的要因よりもはるかに普遍性が高いといえよう。

3 欧米的経営との国際比較

❶ 欧州的経営

先述した日本的経営と同様に,欧米的経営も欧米型経営など類似した呼称がいくつか存在する。さらに,欧州的経営も欧州型経営,米国的経営も米国型経営,など類似した呼称がいくつか存在する。厳密に検討すると若干の差異はあるものの,本書では,日本的経営,欧米的経営,欧州的経営,米国的経営,に呼称を統一して議論を進める。

折橋靖介[2003]は,欧州の企業モデルを,①ゲルマンモデル,②ラテンモデル,③アングロサクソンモデル,の3つの類型に分類し,次のように説明している[23]。

① ゲルマンモデル:主としてドイツ,オランダ,スイス,スカンジナビア諸国にみられる強力な産業基盤に基づく私企業である。企業市民としての重い社会的責任に基づく社会的合意の存在を基本とする。
② ラテンモデル:フランス,イタリア,スペイン,ポルトガルなどのラテン諸国にみられるシステムで,企業経営が政府や政治制度と密着化していることを特徴としている。
③ アングロサクソンモデル:米国やイギリスなどにみられる資本家・株主主権による私企業モデルで株主利益の追求を基本とする。

さらに,折橋靖介[2003]は,"Think Globally, Act Locally"「グローバル的

第4章 日本的経営

視野で考え，地域に密着して行動する」というグローバル思考・地域市民的行動は，欧州企業に共通した思考行動パターンであると述べている[24]。そして，欧州的経営の具体的事例として，ネスレ，ロイヤル・ダッチ=シェル，ユニリーバなどを取り上げて考察している。

　欧州では，オランダ，ベルギー，スイス，スウェーデン，デンマークなど，人口が数百万人程度の小国が多いにも関わらず，極めて多くの多国籍企業を輩出している。アセア・ブラウン・ボベリ（ABB）のように，一時は，先進的なトランスナショナル企業に最も近いといわれた企業も存在する。

　欧州の企業は，「マザー・ドーター構造」と呼ばれる自立的海外子会社によって形成された組織構造を特徴としている。例えば，上述したABBは，世界の生産・販売拠点を約1,000のプロフィット・センターに分けて管理する手法を導入しており，すべての現地法人は対等で，従来の概念の親会社はなく，スイスのチューリッヒにある本社は調整機能のみを有しているとされている。もっとも，ABBも一時的な経営危機に見舞われ，従来の経営システムの見直しが行われている。

　欧州の企業は一般に，社会主義や社会民主主義の影響の名残か，企業を取り巻く利害関係者のうち，従業員の利害を重視した企業経営を行っている。このことは，特に，ドイツのコーポレート・ガバナンス機構にその特徴が表れている。ドイツでは，図表4-4に示されるように[25]，従業員の権益を守るため，「共同決定法」に基づいて，ドイツ企業において最高機関として位置づけられている監査役会への従業員の参画が定められている。ドイツ企業の経営システムは，企業の社会的責任および労働者の責任を極めて重視している。

　ドイツのコーポレート・ガバナンス機構は，株主総会，監査役会，取締役会によって構成される。この中で，監督機関である監査役会と業務執行機関である取締役会がガバナンス機関として位置づけられる。

　ドイツ企業の株主総会は，監査役や会計監査人の選任，定款の変更，会社の解散などの権限を有するものの，日本企業や米国企業の株主総会と異なり，株式会社の最高機関として位置づけられていない。
ドイツ企業で最高機関として位置づけられているのは監査役会であり，監査役

図表4-4　ドイツ企業のガバナンス機構

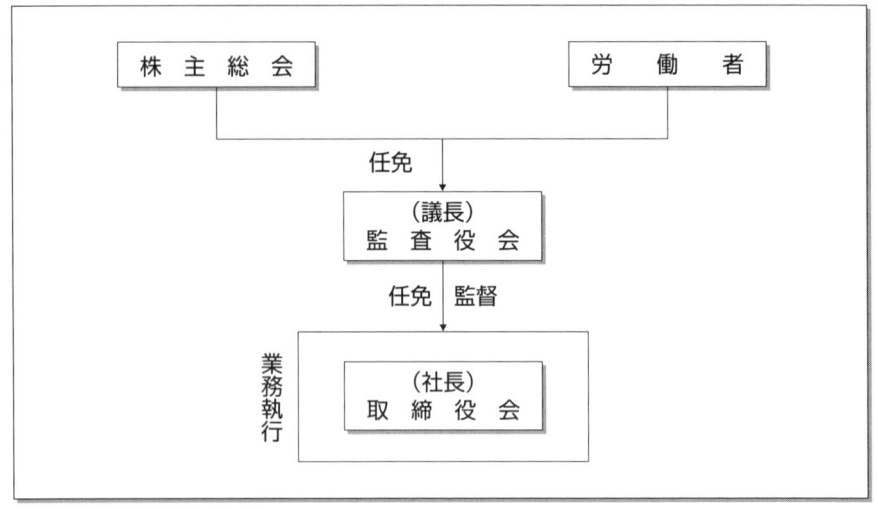

```
┌─────────────────────────────────────────────┐
│   株 主 総 会              労 働 者           │
│        └──────┬───────────────┘              │
│              任免                            │
│            ┌──────────┐                     │
│            │  (議長)   │                    │
│            │ 監 査 役 会│                    │
│            └──────────┘                     │
│         任免 │ 監督                          │
│  業   ┌──────────┐                          │
│  務   │  (社長)   │                         │
│  執   │ 取 締 役 会│                         │
│  行   └──────────┘                          │
└─────────────────────────────────────────────┘
```

(出所) 寺本義也編 [1997] 27頁。

会は，取締役の任免，取締役会に対する監督，年次決算書の確定など，様々な権限を有しており，取締役をコントロールする機能が期待されている。

ドイツ企業の監査役会には，先述したように，「共同決定法」によって，労働者の経営参加が定められている。したがって，監査役会は，株主総会で選出される株主（資本）の代表および労働者によって選出される労働者の代表によって構成される。

このように，法的には取締役会は監査役会の下に位置づけられているものの，現実には，監査役会の業務執行に関する監査は，年に2回程度しか実施されないために，監査役会のモニタリング機能が作動しないことが多い。近年，モニタリング機能の欠如による企業不祥事が増加しつつある。

❷ 米国的経営

米国には，建国時から宗教的，政治的，経済的な亡命者など，多くの人種や民族の人々が集まってきた。当初，イギリスから移住した人々は清教徒が多く，その後の移住者も大半がキリスト教徒であった。従って，米国の共通基盤はキ

リスト教に求められた。しかし，これだけでは多くの人種や民族の多様性を包含することはできない。

そこで，共有できる価値観として，個人の尊重，個人の尊厳を最大限尊重する米国的な個人主義が，人類普遍の基礎とされた。個人主義の思想は，もともとヨーロッパで生まれたものであるが，米国の独立宣言に盛り込まれた「自由と平等」は，米国独特の「イデオロギーとしての個人主義」として機能した[26]。

米国社会は，「自由と平等」「イデオロギーとしての個人主義」などの普遍的原理によってつくられた特殊性を有する社会システムである。普遍的原理を社会システムにおいて適用すると，政治においては民主主義となり，経済においては市場における自由競争となる。自由競争は，米国社会ではすべての社会原理として重要な位置づけを占める。また，自由競争におけるフェアが極めて重視される。民主主義，自由競争，フェアなど，米国における普遍的原理は，すべて個人の尊重，個人の尊厳を最大限尊重するためのものである。

独立宣言に盛り込まれた「自由と平等」は，経営システム（経営管理システム）にも色濃く反映しており，個人主義に基づいた「フェアな自由競争」が重視されている。

オオウチ（Ouchi, W.G.）[1981] は，米国企業の特徴として，①短期雇用，②速い人事考課と昇進，③専門化されたキャリア・パス，④明示的な管理機構，⑤個人による意思決定，⑥個人責任，⑦人に対する部分的関わり，の7つをあげている[27]。これらからも，米国的経営においては，個人主義が基盤となっていることがわかる。

吉原英樹編[2002] は，米国的経営の構成要素として，①株主の利害の重視と株主の監視に基づく企業統治，②米国式企業会計，③社外重役制度，④ストック・オプションの供与，の4点をあげている[28]。

米国的経営は，テイラーの科学的管理，フォードのベルト・コンベア・システムによる大量生産方式，計画的陳腐化を促進するマーケティングなど，経営管理，経営戦略，経営組織など経営に関するあらゆる面で，長期にわたって世界を主導してきた。近年，資本主義vs.社会主義ではなく，資本主義間競争が激化しており，どの資本主義が優れているか，各国の興味と関心が深まっている。

資本主義間競争に関する比較分析のテーマとして，コーポレート・ガバナンス機構の比較分析は，格好のテーマとなる。なぜならば，コーポレート・ガバナンスは，文字通り経営のあり方を示すものであるからである。

　米国企業のガバナンス機構は，図表4-5に示されるように[29]，株主総会および取締役会によって構成される。日本やドイツと異なり，監査役（会）をもたない米国企業では，業務執行に関するコントロール権限を取締役会に委ねており，法的にみると，取締役会による一元的なコーポレート・ガバナンス構造となっている。

　米国企業の株主は，日本企業の株主と同様に，取締役の任免権を有するという意味で，コーポレート・ガバナンスの主権者として位置づけられている。

　近年の米国のコーポレート・ガバナンスにおいて，その改革のために「行動する取締役会（board activism）」や「もの言う株主（shareholder activism）」など，新たな動きがみられる。

図表4-5　米国企業のガバナンス機構

```
             株主総会
               │
              任免
               ↓
┌─────────────────────────────┐
│                              │
│      （会長）     任免        ┌──────────────┐
│業     取締役会 ←──────────→  │  監査委員会    │
│務                監査         └──────────────┘
│執                             
│行     任免  監督              ┌──────────────┐
│        ↓                      │取締役候補指名委員会│
│     （CEO）                   └──────────────┘
│    業務執行委員会              
│                              ┌──────────────┐
│                              │  役員報酬委員会  │
│                              └──────────────┘
└─────────────────────────────┘
```

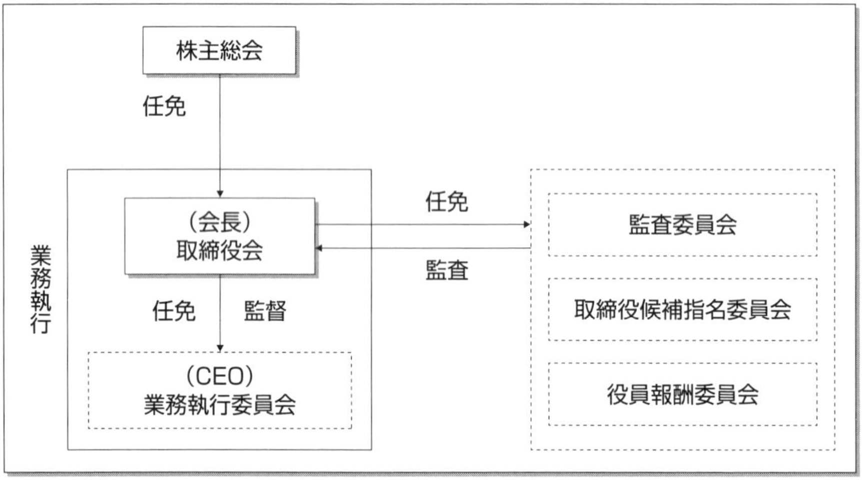

（注）実線枠は法定の機関，破線枠は任意の機関
（出所）寺本義也編［1997］18頁。

❸ 特殊性と普遍性

　日本的経営と欧米的経営を比較してみよう。ただし，日本的経営も欧米的経営も一様ではないので，ここでの比較はそれぞれの経営の平均像による比較にすぎない。図表4-6に示されるように[30]，日本企業と欧米企業との経営を比較すると，全ての項目において差異がみられる。特に，①組織文化，②意思決定，③人的資源管理，④労使関係，⑤生産システム，の5点において，その違いは歴然としている。

　労使関係については，日本は企業別（企業内）労働組合であるため，全てが労使間の協議によって行われる。一方，欧米は，労働組合は産業別組合であり，そこにみられる労使関係では，協調路線を求めることよりも，主として個別の利益を優先する傾向にある。

　ジャスト・イン・タイム（JIT）やリーン生産に代表される日本的生産システムは日本的経営の競争力の源泉となっている。高品質・低コスト・高生産性を実現した日本的生産システムは，欧米企業においても急速かつ広範に導入されつつある。また，欧米企業が編み出したとされるシックス・シグマと呼ば

図表4-6　日本と欧米との経営比較

	日本	欧州	米国
組織文化	集団主義 平等主義，横並び意識	個人主義 能力主義	個人主義 能力主義，自由競争
意思決定	ボトムアップ 長期的視野に基づく	トップダウン 短期的視野に基づく	トップダウン 短期的視野に基づく
権　限	中央集権的	分権的	中核部は中央集権，他は分権
コーポレート・ガバナンス	従業員重視	従業員重視	株主重視
人的資源管理	年功序列制 終身雇用制	実力・成果主義	実力・成果主義
労働組合	企業別（企業内）	産業別	産業別
生産システム	多品種少量生産	大量生産	大量生産

（出所）　岸川善光編〔2015a〕243頁。

れる品質管理方式や，サプライチェーン・マネジメントも，元を辿れば日本に考え方の源流がある。すなわち，日本的生産システムは，生産のグローバル・スタンダードであるといっても過言ではない。日本的経営も欧米的経営も，特殊性と普遍性が混在している。

4 アジア的経営との国際比較

　21世紀は「アジアの時代」といわれるように，近年，アジア（東アジア，東南アジア，南アジア）地域の経済成長は誠に著しい。まさに，アジアは世界の成長セクターとして世界の注目を浴びている。そのアジアの経済システム・経営システムには多くの多様性が存在するが，ここでは，日本を抜いてGDP世界2位に躍進した中国の経済システム・経営システムと，アジアNIEsの典型である韓国の経済システム・経営システム，の2つを取り上げて考察する。先述した日本的経営，欧米的経営（米国的経営，欧州的経営）と同様に，アジア的経営，中国的経営，韓国的経営に呼称を統一して議論を進める。

❶ 中国的経営

　中国経済は，改革開放後，紆余曲折を経ながらも，奇跡的かつ持続的な高度経済成長を遂げてきた。世界の政治的・経済的な混乱の時期に，WTOへの加盟，オリンピックや世界博の開催を相次いで実現し，低賃金による「世界の工場」から，高度成長を背景とする巨大市場として大きく成長している。そして，上述したように，日本を抜いてGDP世界2位の経済大国に躍進した。

　マクロ的には，「社会主義市場経済」システムを採用し，ミクロ的には，国有企業に自主経営が可能な法人の地位を与え，また，株式会社制度が導入され，急速に普及しつつあるなど，経営システムも大きく変化しつつある。

　江夏健一=桑名義晴=岸本寿生編［2008］によれば，中国の魅力は，①未熟練工に対する低賃金，②低い輸入関税，③好意的な財政政策，④安価な土地，である。そして，この4点により，電器産業をはじめとした労働集約的組立産業

が，中国に引きつけられた[31]。

中国では，古くから家族関係が重視される。塩次喜代明［1998］によれば，中国には，家族や血縁関係の者以外は赤の他人，という概念がある。そのような社会における組織では，リーダーの支配機能が大きくなり，家父長的なリーダーが創出されやすい[32]。つまり，中国では，意思決定をリーダーの独断で行うトップダウン型意思決定が行われやすい。また，中国には，家族的経営も多くみられる。この傾向にも，中国人の「家」に対する概念が関係すると考えられる。

中国で突出しているトップ企業は，電器産業に軸をおいて活動する海爾集団（以下，ハイアール）である。ハイアールは，市場主義管理という特徴をもつ。市場主義管理とは，「市場主義の考え方にもとづいて行われる管理[33]」である。ハイアールの市場主義管理では，個人評価，結果評価，短期評価，公開評価，非裁量的評価，金銭的（プラスの）報酬，マイナスの報酬，非属性的報酬，競争主義，などが特徴としてあげられる。

社会主義市場経済を理論的に主導する中国国務院発展研究センター・中国社会科学院［1993］では，中国企業の経営管理のプロセス（管理過程）として，次の7つの機能を選択している[34]。まだ体系的とはいえないものの，日本的経営や米国的経営に関する調査研究がみてとれる内容である。

① 意思決定：市場環境分析，戦略的意思決定など。
② 計画：長・短期計画，科学的な予測など。
③ 組織：機構，機能，人員，責任・権限の明確化など。
④ 指揮：情報，生産経営指揮システムなど。
⑤ 統制：目標・計画・基準と現状との比較，偏差の防止など。
⑥ 協調：対話，会議，計画図表，情報システムなど。
⑦ 奨励：賞罰手段，物質的奨励と精神的奨励など。

中国企業の経営システムは，図表4-7に示されるように[35]，改革初期までと所有制改革以降を比較すると，①経営目標，②戦略特性，③組織特性，④管理特性，の4項目共に，大きく変化しつつあることが分かる。

経営目標では，従来の計画目標の達成から，成長・利益の重視に大きく変化

図表4-7　中国企業の経営システムの変遷

		現在（所有制改革以降）	改革初期まで
経営目標		成長・利益の重視	計画目標（生産高，供給量）達成の重視
		規模の拡大からの利益	生産性重視
		経営における短期的視野	時間軸の軽視
戦略特性		分析・直感・実験志向の混在	行政の延長線上の決定
		関連多角化と非関連多角化の混在	単一製品（企業）への特化
		資金・技術の外部調達プラス内部調達	資金・技術の外部調達
		非収益事業撤退の難しさ	既存事業領域内に限定した経営
		国内志向から国際志向への転換期	国内志向
組織特性		ピラミッド型多層組織	ピラミッド型多層組織
		トップダウン型の経営意思決定	トップダウン型の経営意思決定
		取締役会の経営意思決定への強い影響力	意思決定に対する主管官庁の強い影響力
		事業ユニットの限定的な独立性	事業ユニットの非独立性
管理特性		終身雇用保障の崩壊，短期雇用契約制度の定着	「三鉄」と称された人事管理制度（終身雇用）
		成果主義の積極導入	年功的基本給中心の賃金制度
		OJTを基本としながら，Off-JTも重視	OJT重視の人材育成
		スペシャリスト志向	低い流動性，専門重視
		限定的な情報開示	情報非公開

（出所）王効平=尹大栄=米山茂美［2005］49頁。

した。また生産性重視から利益重視に変化した。これらをみると，社会主義から資本主義に変わったかのような印象である。

　戦略特性では，単一事業から多角化（関連多角化，非関連多角化）が進展しつつある。また，国内志向から国際志向（グローバル志向）に変わりつつある。上述した中国のハイアールは，白物家電で世界的な存在感をもつまでに成長した。

組織特性では，主管官庁の影響力が弱まり，取締役会が経営の意思決定に強い影響力を及ぼすようになりつつある。また，限定的ではあるものの，事業の独立性も芽生えつつある。

管理特性では，終身雇用制（終身雇用保障）が崩壊し，賃金制度では，成果主義が積極的に導入されつつある。その浸透ぶりは，「拝金主義」といわれる風潮が生まれるほどである。

❷ 韓国的経営

韓国が，先進国クラブともいわれるOECD（経済協力開発機構）に加盟したのは1996年10月である。翌年の1997年11月に発生した通貨危機（金融危機）は，わずか1カ月あまりで自国の通貨（ウォン）が米ドルに対して半分以下の水準に暴落するなど，韓国の政治・経済・社会に大きな混乱をもたらした。

韓国の現代史に残るこの大事件（通貨危機=金融危機）は，政治・経済・社会システムだけでなく，韓国企業の経営のあり方にも抜本的な改革を迫る出来事であった。通貨危機（金融危機）後の韓国企業は，事業の再編成（統廃合，売却，撤退など），大幅な人員削減（リストラ）などの「構造調整」（経営改革）を行った。これらの一連の「構造調整」（経営改革）の帰結として，韓国企業の経営システムは大きく変わった。

ところで，韓国的経営について考察する場合，財閥に関する考察は欠かせない。塩次喜代明［1998］は，韓国の代表的な5大財閥として，三星・現代・LG・大宇・鮮京をあげた。これら5大財閥は，韓国の総資産において，58.1％のシェアを占める。また，総売上高でも，67％のシェアを占有する。韓国の単一企業でみると，世界的な業績を誇る企業は少ない。しかし，それでも韓国が世界に注目されるのは，これらの5大財閥の業績が突出しているからである。このように，韓国企業のグローバル化は，5大財閥を中心に急速に進展してきた。

韓国の5大財閥に共通する特徴は，①グローバル・ネットワーク戦略，②アジア重点戦略，③現地化戦略，である[36]。

① グローバル・ネットワーク戦略：海外の子会社全体を，効率よく連結して，資源調達・生産・マーケティングを，最も効率的にすることにより，事業機

会の最適化をはかる。
② アジア重点戦略：韓国では，地域別に事業を分別し，経営を自立させる戦略がとられる。韓国の5大財閥は，地域を5つまたは8つに分類し，特にアジア地域に力を入れる。
③ 現地化戦略：5大財閥は，人事・資金調達・R&D・管理などを現地化することによって，海外直接投資先国に深く根を張ろうとした。地域本社体制をとる三星と大宇グループにおいては，ほとんど全ての経営意思決定が現地で実施される。

また，韓国では中国と同様に，家族的経営の特徴がみられる。韓国企業では，創業者やその一族などが企業の所有権，経営権，人事権などを保持し，専門経営者への権限委託は，かなり限定されているのが一般的である。

福田恵介［2002］によれば，韓国の一流企業には，経営者に強いカリスマ性と強力なリーダーシップがある[37]。つまり，韓国企業の意思決定は，日本のような合議的決定ではなく，トップダウン型の意思決定であるといえる。また，韓国トップ企業の三星では「信賞必罰[38]」を重視し，能力主義による評価が行われる。

韓国の経営システムは，図表4-8に示されるように[39]，通貨危機=金融危機当時と現状を比較すると，①経営目標，②戦略特性，③組織特性，④管理特性，の4項目ごとに大きく変化しつつあることが分かる。

経営目標では，従来のやや日本的経営に近い経営から，短期利益確保を重視する経営に変わりつつある。その根底には，経営における視野が，長期的視野から短中期的視野に変化したことがあげられる。

戦略特性では，もともと国際志向（グローバル志向）が強かったが，近年，ますます国際志向（グローバル志向）が進展している。財閥企業を中心に，「原子炉からラーメンまで」といった極端な非関連多角化から「選択と集中」に変化しつつある。

組織特性では，トップダウン経営が特徴としてあげられる。このトップダウン経営を支えるために，秘書室などオーナー経営者直属のエリート・スタッフ部門が実務的には大きな影響力を有している。

図表4-8　韓国企業の経営システムの変容と特徴

	現　在		従来（金融危機以前）
経営目標	利益重視	←	規模・成長重視
	短期利益確保が優先	←	成長の結果としての利益
	経営における短中期的視野	←	経営における長期的視野
戦略特性	直観と分析のスパイラル	←	直観と分析のスパイラル
	経営資源の内部開発重視	←	資金・技術の外部調達
	選択と集中	←	非関連多角化
	非収益事業からの機敏な撤退	←	既存事業からの撤退は稀
	国際化志向	←	国際化志向
組織特性	トップダウン経営	←	トップダウン経営
	意思決定に対するオーナー経営者直属のスタッフ部門の強い影響力	←	意思決定に対するオーナー経営者直属のスタッフ部門の強い影響力
	事業ユニットの限定的な独立性	←	事業ユニットの非独立性
管理特性	「平生職場」（終身雇用）保障の崩壊	←	「平生職場」（終身雇用）を重視
	成果主義賃金制度の徹底	←	年功的要素の賃金制度
	OJTを基本としながら，Off-JTも重視	←	OJT重視の人材育成
	スペシャリスト志向	←	ゼネラリスト志向
	非公式的な情報交換	←	非公式的な情報交換
	社内外への積極的な情報開示	←	情報開示には閉鎖的

(出所) 王効平=尹大栄=米山茂美 [2005] 69頁。

　管理特性では，「平生職場」（終身雇用）保障が崩壊し，成果主義賃金制度が徹底されつつある。もはや年功序列賃金の要素はほとんどない。

　上述したように，韓国的経営は，通貨危機=金融危機以降，IMFの介入など，実質的には米国的経営の影響を大きく受けた経営システムに変容している。

❸ 特殊性と普遍性

　以上，中国的経営と韓国的経営を取り上げてアジア的経営について考察した。

図表4-9 日本・中国・韓国の経営システムの比較

	日本企業	中国企業	韓国企業
経営目標	利益志向	成長と利益志向	利益志向
	長期の安定利益	規模の拡大からの利益	短期利益確保が優先
	経営における長期的視野	経営における短期的視野	経営における短中期的視野
戦略特性	分析志向	分析・直感・実験志向が混在	直観と分析のスパイラル
	コア技術の内部開発	合弁や提携による技術導入	経営資源の内部開発
	関連多角化	関連多角化と非関連多角化が混在	「選択と集中」（関連多角化）
	問題事業からの撤退の機動性	非収益性事業から撤退の困難さ	非収益性事業からの機敏な撤退
	国際化志向	国内志向と国際化志向への転換期	国際化志向
組織特性	職務規定・役割の弾力的運用	明確な職務規定・役割と厳格な運用	──
	伸縮分業	分業	
	ミドル・アップダウン経営	トップダウン経営が中心	トップダウン経営
	意思決定における財務・会計部門の影響の拡大	意思決定への取締役会の強い影響力	意思決定におけるスタッフ部門の影響
	事業ユニットの独立性	事業ユニットの限定的独立性	事業ユニットの限定的な独立性
管理特性	終身雇用（長期雇用）	契約制（短期雇用）	「平生職場」（終身雇用）保障の崩壊
	成果主義賃金制度	職務給制・成果給制のミックス	成果主義賃金制度の徹底
	OJT重視の人材育成	Off-JTを重視	OJTを基本としながら，Off-JTも重視
	スペシャリスト志向へ	スペシャリスト志向	スペシャリスト志向
	内部昇進	外部昇進	内部昇進
	非公式的な情報交換	──	非公式的な情報交換
	社内外への積極的な情報開示	情報開示は不十分	社内外への積極的な情報開示
	管理における自己統制	規則と上司による厳格な外部統制	──

（出所）王効平=尹大栄=米山茂美［2005］82頁。

第4章 日本的経営

　図表4-9に示されるように[40]，日本・中国・韓国の経営システムを比較すると，①経営目標，②戦略特性，③組織特性，④管理特性，の4項目ごとに，それぞれ特徴がある。

　中国の改革初期，韓国の通貨危機=金融危機以前には，それぞれの国でさらに明確な特徴があったが，近年，中国的経営も韓国的経営も，米国的経営の影響を強く受けて，米国的経営の特徴をかなり取り込みつつあるといえよう。中国的経営も韓国的経営も，日本的経営と比較して，米国的経営との親和性が高い。

　しかし，中国的経営は，社会主義市場経済によって薄まったとはいえ，中国企業と中国共産党や中国政府との関係性は，他の国の企業と政府との関係と比較すると今も強いものがある。企業経営に関する関与（規制や後押し）は，資本主義国のそれとはかなり異質といえよう。

　韓国的経営も，国（マクロ）・産業（セミ・マクロ）・企業（ミクロ）の関係は，1960年代の朴大統領による「開発主義」経済によって，一見社会主義経済のように統制のとれたものであった。近年では，「開発主義」的な要素は薄まりつつあるものの，他国と比較すると今も相当の特殊性を有している。

　従来のように，米国的経営を普遍的とみて，それ以外を特殊的という見方をすれば，アジア的経営（中国的経営，韓国的経営）は，米国的経営に収斂しつつあるということになる。

5　日本的経営からグローバル経営への脱皮

❶ 日本的経営のメリットとデメリット

　本項では，従来の日本的経営のメリットとデメリットについて概観する。岸川善光［1999］は，1990年代当時の日本的経営のメリットとして，次の3点をあげている[41]。
①　経済発展の原動力：日本的経営によって日本企業の競争力が強化され，経

済発展（例えば，1人あたりGDPでは世界1位，世界2位の経済大国）の主要な原動力となっている。

② 雇用の安定：日本的経営の特徴である終身雇用制によって雇用が安定し，この雇用の安定によって，社会的，経済的，精神的な諸問題の抑止に大きく貢献している。

③ 平等感の実現：他国と比較して，所得・身分に関する平等感が醸成され，諸問題の抑止に貢献している。

ところが，現在では，1人あたりGDPは世界1位から187国中27位（2014年現在）にまで下落した。これでは，日本的経営が経済発展の原動力とはいえなくなりつつある。また，雇用の安定についても，現在では，就職もままならず，また失業や転職が増大し，雇用が安定しているとはいい難い。さらに，1990年代頃までは「1億総中流」といわれ，世界でもまれにみる平等社会であったが，現在では，「格差社会」の兆候が様々な局面において見受けられる。

次に，岸川善光［1999］は，1990年代当時の日本的経営のデメリットとして，次の5点をあげている[42]。

① 集団的拘束：日本的経営の特徴の1つである「集団主義」のために，物理的（長時間労働など）にも，精神的（企業文化の押し付けなど）にも，従業員に対する集団的拘束が強く作用し，個人的自由を侵害する場合がある。

② イノベーションの遅れ：業界内での横並び志向（「集団主義」の変形）が強く，新たな産業分野の開拓，新たな事業分野の創出など，イノベーションの遅れが目立つ。

③ 閉鎖性：固定的な企業間関係や途中入社の抑制など，閉鎖性による弊害が増大しつつある。

④ 標準化の遅れ：既存業界における過当競争にこだわり，デファクト・スタンダードやグローバル・スタンダードなど，標準化に対する対応の遅れが目立つ。

⑤ 能力開発の停滞：企業内教育中心で，それもOJT中心のために，新たな事業機会に対応する能力開発が停滞している。

これらのデメリットは，現在も多くの企業で継続している。このように，従

来の日本的経営の優位性は機能しなくなり，デメリットばかりが目立つようになってきた。従来の日本的経営では，世界的（地球的）な競争において太刀打ちできないことは明白である。

❷ 日本的経営の限界

先述したように，従来の日本的経営の特徴として，①終身雇用制，②年功序列制，③企業別（内）労働組合，④集団主義，⑤福利厚生制度，などが多くの研究者によってあげられてきた。

ところが，これらの中核をなす終身雇用制も年功序列制も，人口や組織が拡大し，若年層が多い「ピラミッド構造」の場合にのみ維持することができる制度であることは周知の事実である。アジア的経営の節で考察したように，中国的経営における終身雇用保障制度も，韓国的経営における「平生職場」（終身雇用）保障制度も，すでに崩壊した。わが国の雇用が不安定になっている根本の原因は，人口減少と組織規模拡大の停滞である。人口（特に若年層人口）が減少し，組織規模の拡大も見込めないとすれば，日本的経営の中核をなす終身雇用制も年功序列制もその基盤を失うことになる。すなわち，日本的経営の基盤そのものが崩壊するのである。

日本的経営の限界として，経営システムの差異による経済摩擦・経営摩擦があげられる。繊維，鉄鋼，電機，自動車，半導体など多くの産業分野において頻発した貿易摩擦の解決策として，1990年に合意された日米構造協議は，リビジョニストによる「日本異質論」がその背景にあったことはすでに述べた。日本の言語や文化が非関税障壁という極端な論調には問題があるものの，いったんエイリアン（異星人）というレッテルが貼られると，そのダメージはなかなか解消しない。グローバル・ビジネスを推進する上で，不利な条件になることは間違いない。

終身雇用制度や年功序列制度を維持するためのコスト（特に人件費）のせいで，日本的経営は欧米的経営と比較して，利益率がかなり低いことが多くの実証データによって検証されている。そのことが，日本市場の魅力度を下げ，日本をパスする外国企業も増大しつつある。1990年同時，日本企業の利益率が低

いこと自体，大きな非関税障壁という論調もあった。

このように，従来の日本的経営には様々な限界が顕著化しつつあり，今のままでは，グローバル経営の経営システムとしては成り立たなくなってきた。

❸ グローバル経営への脱皮

第1章において，グローバル経営の目的として，①世界規模の効率，②柔軟な各国対応，③世界規模の学習とイノベーション，の3つをあげた。この3つの目的を実現するためには，従来の日本的経営では不可能と思われる。

近年，世界の各地域（北米，欧州など）において，地域経済連携の動きが加速しつつある。TPPにみられるように，アジアにおいても例外ではない。

グローバル経営において，「一国孤立主義」では生きていけないのは当然のことである。図表4-10にみられるように[43]，日本を取り巻くEPA（経済連携

図表4-10 日本におけるEPA（経済連携協定）取組み状況

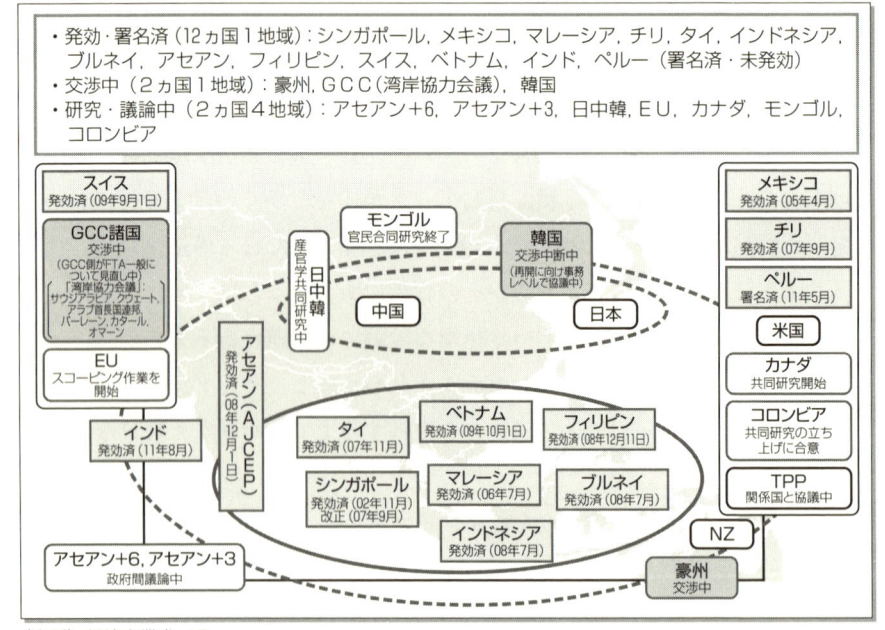

- 発効・署名済（12ヵ国1地域）：シンガポール，メキシコ，マレーシア，チリ，タイ，インドネシア，ブルネイ，アセアン，フィリピン，スイス，ベトナム，インド，ペルー（署名済・未発効）
- 交渉中（2ヵ国1地域）：豪州，GCC（湾岸協力会議），韓国
- 研究・議論中（2ヵ国4地域）：アセアン+6，アセアン+3，日中韓，EU，カナダ，モンゴル，コロンビア

（出所）経済産業省HP
〈http://www.meti.go.jp/policy/trade_policy/epa/file/epa_japan.pdf〉。

協定）の取組み状況は，決して順調とはいえないものの，もはや世界のネットワークの中に完全に組み込まれていることを証明している。

　日本的経営からグローバル経営に脱皮するためには，次の変革が不可欠と思われる。

① 経営目標：企業規模の拡大やシェアの拡大に拘泥せず，中長期の視野にたって，利益志向の経営に変革すべきである。利益が低いと，高配当，高賃金など，利害関係者（ステークホルダー）に対する企業の社会的責任（CSR）も果たせない。

② 戦略特性：国際志向（グローバル志向）を促進し，規模の経済，範囲の経済，連結の経済，の実現に注力すべきである。経営資源面では，コア資源については内部開発を重視すべきである。

③ 組織特性：もたれあいの経営にならないように，事業ユニットの独立性を徹底すべきである。ただし，部別・課別のカンパニー制や分社化など，極端なカンパニー制や分社化は，日本の組織風土にあわないと思われる。「木を見て森を見ず」になると総合力を発揮できなくなる。

④ 管理特性：人口減少，組織縮小のため，終身雇用制度や年功序列制度は，時間とともにゆるやかに崩壊すると思われる。現実に，非正規労働者の飛躍的な増大はこの兆候である。ICT（情報通信技術）を活用した情報共有は，すべての組織階層でますます重要になる。

　従来の日本的経営は，「システム」として機能してきたため，個々の部品（制度，仕組み，ルールなど）だけを取り換えることはできない。特に，日本的経営の文化的要因は，長年にわたり日本人の体質そのものと結びついているので，その変革は容易なことではないと思われる。

1）Abegglen, J.C.［1958］訳書196頁。
2）間宏［1971］98頁。
3）OECD［1972］訳書1頁。
4）岩田龍子［1977］221頁。
5）津田真澄［1977］247頁。
6）安保哲夫［1994］61頁。
7）吉原英樹［2001］201頁。

8）岸川善光編［2015a］242頁。
 9）王効平=尹大栄=米山茂美［2005］19頁。
10）高橋俊夫監修［2002］25頁。
11）間宏［1989］46-47頁。
12）野田信夫［1988］32頁。
13）Peters, T.J.=Waterman, R.H.［1982］訳書51頁。
14）Schein, E.H.［1985］訳書12頁。
15）同上書19頁。
16）加護野忠男［1988a］26頁。
17）間宏［1971］16頁。
18）濱口惠俊=公文俊平［1982］191頁。
19）同上書191頁。
20）濱口惠俊編［1993］23頁。
21）同上書24頁。
22）吉田和男［1993］148頁。
23）折橋靖介［2003］68頁を筆者が一部修正。
24）同上書69頁。
25）寺本義也編［1997］26頁。
26）吉田和男［1993］73頁。
27）Ouchi, W.G.［1981］訳書88頁。
28）吉原英樹編［2002］261頁。
29）寺本義也編［1997］18頁。
30）岸川善光編［2015a］243頁。
31）江夏健一=桑名義晴=岸本寿生編［2008］212頁を筆者が一部修正。
32）塩次喜代明［1998］146-147頁を筆者が一部修正。
33）吉原英樹=欧陽桃花［2006］190頁。
34）中国国務院発展研究センター・中国社会科学院編［1993］訳書84-87頁。
35）王効平=尹大栄=米山茂美［2005］49頁。
36）塩次喜代明［1998］61,63,76頁を参照した。
37）福田恵介［2002］68頁を筆者が一部修正。
38）同上書115頁。
39）王効平=尹大栄=米山茂美［2005］69頁。
40）同上書82頁
41）岸川善光［1999］217頁。
42）同上書217-218頁。
43）経済産業省HP（http://www.meti.go.jp）

第5章 グローバル経営環境

　本章では，グローバル経営環境について考察する。近年，多国籍企業におけるグローバル経営環境は激変しつつある。特に，多国籍企業は，オープン・システムであるので，経営環境の変化を把握することが必要不可欠である。

　第一に，経済環境について考察する。まず，為替レート，金利，景気循環，の3つに焦点を絞ってその現状を理解し，次に，この3つとグローバル経営との関係性について考察する。

　第二に，政治環境について考察する。まず，政治環境要因の中から，グローバル・ガバナンスについて理解し，次いで，政治環境とグローバル経営との関係性について理解を深める。

　第三に，社会環境について考察する。まず，人口動態，文化，価値観の3つに焦点を絞って現状を理解し，次に，この3つとグローバル経営との関係性について概観する。

　第四に，自然環境について考察する。まず，大気，土壌，水に焦点を絞って現状を理解し，次いで，大気，土壌，水とグローバル経営との関係性について理解を深める。

　第五に，市場環境について考察する。まず，市場環境の概要を理解し，次に，市場細分化を取り上げて，様々な観点からグローバル経営との関係性について理解を深める。

　第六に，競争環境について考察する。まず，競争環境について価値連鎖を用いて理解する。次いで，グローバル・ロジスティクスについて概観する。

　第七に，技術環境について考察する。まず，ICT，ロボット，ライフサイエンスに絞って現状を理解し，次に，この3つとグローバル経営との関係性について理解を深める。

企業は，真空状態ではなく，環境の中に生きる生き物である。特に，グローバル市場で活動する多国籍企業は，企業の内外環境の変化に対応することによってのみ，その存続・発展が可能になる。多国籍企業の経営活動は，環境に対して開かれているので，オープン・システム（open system）であるといえる。

　岸川善光［2006］によれば，「環境とは，企業の経営活動に対して，その活動を制約したり促進したりする外的要因のこと」である。一般に，企業と環境は相互に影響しあう関係にある。そして，グローバル経営環境要因は，①経済環境，②政治環境，③社会環境，④自然環境，⑤市場環境，⑥競争環境，⑦技術環境，の7つに分類される[1]。

　今日の多国籍企業は，グローバル経営環境の中で活動する生き物であるので，激変する経営環境に対して，どのように対応（環境適応・環境創造）するかが，グローバル経営を遂行する上で大きな課題になっている。

　本書では，図表5-1に示されるように[2]，グローバル経営環境要因として，①経済環境，②政治環境，③社会環境，④自然環境，⑤市場環境，⑥競争環境，⑦技術環境，の7つを取り上げ，その現状とグローバル経営との関係性について検討する。企業と環境は相互に影響しあう関係にあるので，環境要因を正しく把握するだけでなく，環境要因の変化を踏まえて，環境要因とグローバル経営との関係性を認識することが重要である。

図表5-1　経営環境要因

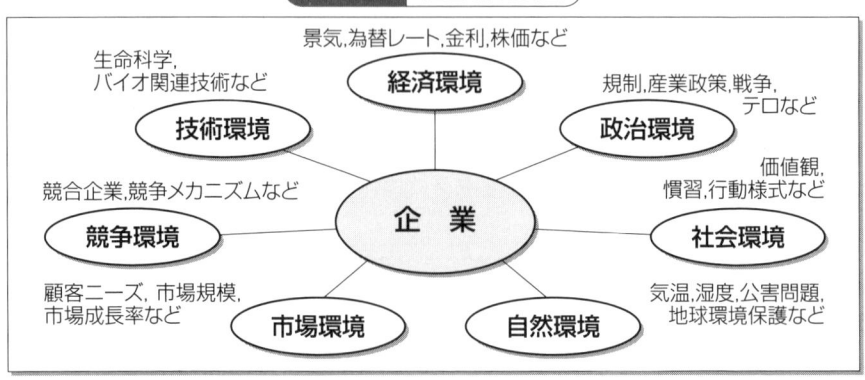

（出所）岸川善光［2006］3頁。

第5章 グローバル経営環境

1 経済環境

❶ 現　状

　海外で事業を行う多国籍企業は，国・地域における様々な環境と直接的あるいは間接的な関係をもっている。ダイナミックな環境変化に受動的に適応するだけでなく，積極的に環境を創造することによって，さらなる成長を図ることが不可欠である。

　岸川善光編［2012b］は，経済環境要因として，為替レート，金利，株価，物価，失業，景気など，様々な要因をあげている[3]。このような様々な経済環境要因の中から，ここでは，①為替レート，②金利，③景気循環，に焦点を絞って考察する。

① 　為替レート：為替レートとは，自国と外国の通貨の交換比率のことである。例えば，日本の通貨円と米国の通貨ドルの間で，1ドルが何円で交換されるか（1円が何ドルで交換されるか）という交換比率が，円とドルの為替レートになる。グローバル化の進展と共に，為替レートは非常に重要なポイントになっている。為替レートが対米ドルレートで，1ドル当たり1円上昇/下落するだけで，企業の利益が数十億円単位で増減するケースも稀ではない。

② 　金利：金利は，資金を貸し借りする際の費用のことであり，金利が上昇すると，金利の貸し手には得，借り手には損になる[4]。金利が上昇すると，企業は，生産を拡大するための資金調達が難しくなる。すなわち，在庫投資，設備投資，建設投資などを行うための資金が借りにくくなる。逆に，金利が低下すると，企業は，資金調達が容易になり，生産活動を拡大することによって，業績を改善することができる。

③ 　景気循環：景気循環は，国の経済状態を判断する最も重要な基礎指標である。景気は，実体経済の状態に加え，企業や家計の経済活動に対するマインド（意識，受け止め方）を表している。景気循環とは，景気の動きが全体と

図表5-2　景気循環の概念図

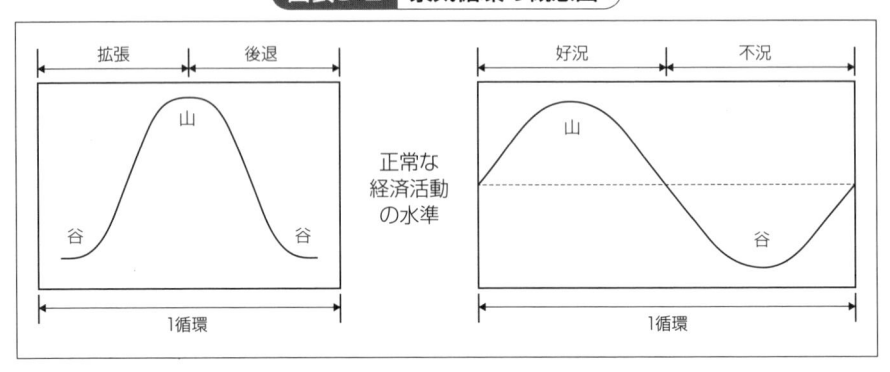

図表5-3　戦後日本の景気循環

	景気拡張期				後退期			全循環
	好況の名前	谷	山	期間（カ月）	不況の名前	谷	期間（カ月）	期間（カ月）
第1循環	朝鮮戦争ブーム		1951年06月	27	朝鮮戦争の反動	1951年10月	4	
第2循環	投資・消費景気	1951年10月	1954年01月	31	昭和29年不況	1954年11月	10	37
第3循環	神武景気	1954年11月	1957年06月	42	なべ底不況	1958年06月	12	43
第4循環	岩戸景気	1958年06月	1961年12月	24	昭和37年不況	1962年10月	10	52
第5循環	オリンピック景気	1962年10月	1964年10月	57	昭和40年不況	1965年10月	12	36
第6循環	いざなぎ景気	1965年10月	1970年07月	23	昭和46年不況	1971年12月	17	74
第7循環	列島改造景気	1971年12月	1973年11月	22	第1次石油危機	1975年03月	16	39
第8循環		1975年03月	1977年01月	28		1977年10月	9	31
第9循環		1977年10月	1980年02月	28	第2次石油危機	1983年02月	36	64
第10循環	ハイテク景気	1983年02月	1985年06月	51	円高不況	1986年11月	17	45
第11循環	平成景気	1986年11月	1991年02月	43	第1次平成不況	1993年10月	32	83
第12循環	さざ波景気	1993年10月	1997年05月	22	第2次平成不況	1999年01月	20	63
第13循環	IT景気	1999年01月	2000年11月	33	第3次平成不況	2002年01月	14	36
第14循環	いざなみ景気	2002年01月	2008年02月	73	世界同時不況	2009年03月	13	86
平均				36			16	53

(出所)　図表5-2, 図表5-3は, 金森久雄=土志田征一編 [1991] 18頁, 景気循環学会=金森久雄編 [2002] 77頁, 福田慎一=照山博司 [2011] 23-24頁, 内閣府経済社会総合研究所 [2011a] に基づいて筆者作成。

して循環的に変動する現象を指す[5]。

　景気循環の局面は, 図表5-2に示されるように[6], 谷から山への拡張期と, 山から谷への後退期に区分できる。また, 景気局面は, 正常な経済活動の水準を基準として, 上回る期間を好況期, 下回る期間を不況期に分類される。図表5-3は, 戦後の日本における2010年までの14回の景気循環を表したものである。

132

第5章 グローバル経営環境

戦後の日本において，景気循環は，拡張期が後退期より長い傾向がある。

海外で事業を行う多国籍企業は，自国および進出国の経済環境，すなわち，為替レート，金利，景気循環，などの動向によって，輸出入，投資，生産などの諸局面において多大な影響を受ける。

❷ グローバル経営との関係性

多国籍企業は，営利原則に基づいて行動する生産経済体であるので，上述したように，①為替レート，②金利，③景気循環，といった経済環境の影響を非常に受けやすい。現実に，これらの経済環境要因の変化は，多国籍企業の利益に大きな影響を与える。

現代の世界経済において，国際取引はますます重要になっており，為替レートは企業の収益を規定する重要な要因となっている。為替や金利は，多国籍企業の活動を刺激したり，抑制したりする作用（機能）がある。そして，為替や金利の水準そのものが企業業績に大きな影響を与える。また，各国のGDP水準，物価動向，消費動向，生産・投資動向，労働市場動向など，様々な経済環境要因を与件としながら，多国籍企業は活動を行わなければならない[7]。

筒井義郎=平山健二郎［2009］によれば，為替レートが重視される原因として，①輸出と輸入，②外貨建て資産と負債，の２点があげられる[8]。為替レートは，国の経済全体だけでなく，多国籍企業の経営活動にも非常に大きな影響を及ぼす。例えば，2012年度，日本における主な製造業の想定為替レートが，１ドル当たり１円円高となる場合，トヨタは約350億円，日産は約200億円，ホンダは約170億円，キヤノンは約78億円，日立製作所は約60億円の営業利益が減少することが見込まれた[9]。また，為替レートの変化によって，円高の場合，輸出産業の価格競争力が大幅に低下し，これが輸出減少の要因となる。さらに，輸入品価格は下落し輸入増大の要因になる。

金利は，金融政策の影響を強く受けると同時に，金融機関および企業の資金繰りに影響を与えるため，金利と実体経済の相互作用を正確に予測し，多国籍企業の利益拡大を図らねばならない。各国が行う金融（金利）政策によって，資金借入れの利子が高くなると，設備投資，在庫投資，などに大きな影響を受

133

ける。金利は，金利以下しか利益が見込めなければ，事業を撤退するという「経済合理性」を判断する最も基本的な経済・経営指標でもある。金利以下しか利益を確保することができなければ，何もせずに寝ていたほうがましという理屈である。

次に，景気循環についてみてみよう。景気は，企業活動そのものと密接な関係をもっている。経済の構成要素として，企業や家計など民間部門があり，政府部門，海外部門，消費，投資，輸出，輸入などがある。景気循環の過程は，基本的に企業の投資活動の変動に基づいて発生している。投資は，景気の上昇局面あるいは拡張局面では投資が増加するので投資ブームが起き，投資率（民間設備投資/GDP）が高まる[10]。

図表5-4に示されるように[11]，経済成長率の高いときには投資率が上がり，低いときには下がっている。すなわち，投資の動向が景気変動を左右することがわかる。しかし，投資に関し景気変動との関係に注意すべきことは，懐妊期間（gestation period）の問題である。工場や船舶投資などの大型投資は，投資開始から生産能力化までに長期間かかるため，乗数効果との時間的ずれが生じ，

図表5-4 経済成長率と設備投資率

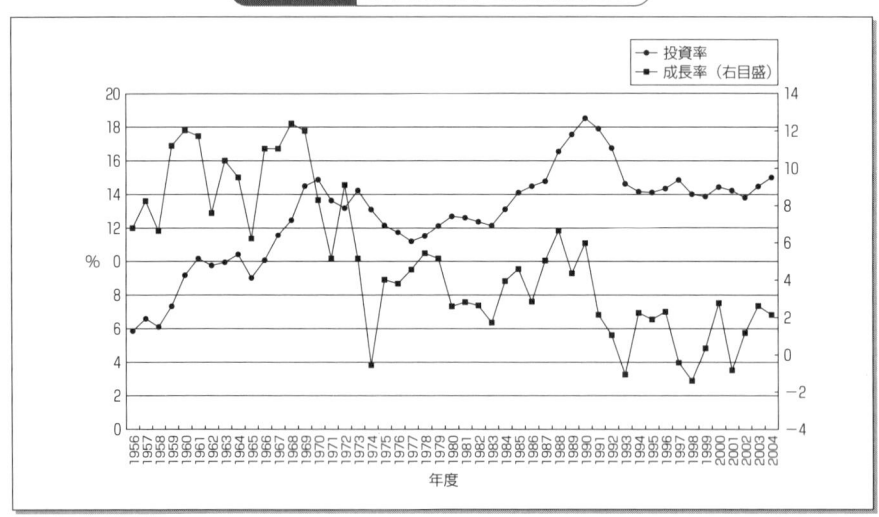

（出所）栗林世=谷口洋志［2007］138頁。

134

需給の調整が意図と反することになる可能性がある。日本では，図表5-3に示されるように，1960年代半ばまでみられた現象である。

　経済におけるグローバリゼーションの進展と共に，経済連携の重要性が高まってきた。現在，東アジアで進行中の経済連携は，各国のFTA（Free Trade Agreement：自由貿易協定）を中心として広がりつつある。しかし，日本の経済におけるグローバル化は，世界的にみても著しく遅れている。日本は他国と比べて，①主要な先進国と新興国に対する輸出額，②海外から日本への直接投資額（対内直接投資），③日本から海外への直接投資額（対外直接投資），などのGDPに占める割合は低い傾向にある[12]。

　したがって，開発途上国などにおける投資は，その国々の経済状況，すなわち景気変動の予測・情報が多国籍企業の重要なポイントになる。上述したように，経済環境における3つの要因（①為替レート，②金利，③景気循環）は，多国籍企業の経営に大きな影響を与えるので，各要因の変動のトレンドを把握し，それに応じた投資及び生産活動によって，究極の競争力の源泉となる生産性を高めることが極めて重要である。

2　政治環境

　政治環境とは，「主として立法府および行政府が，企業の経営活動に対して及ぼす影響のこと」である[13]。政治環境には，政治体制や法律体制の特質，防衛政策，国際的政治状況などが含まれる。また，各種の立法や産業政策などによって，企業経営や活動領域に影響を及ぼす外的要因が含まれる。

　政治環境を，制約要因か促進要因かという観点から分類すると，①企業活動を制約する要因としての規制，②企業活動の変化を促進する要因としての規制緩和，に大別することができる[14]。現実に，特定の産業に属する企業では，規制緩和の動向が経営活動に多大の影響を与えている。

　近年では，国内の政治情勢の変化のみならず，国際的な政治情勢の変化も企業活動に大きな影響を及ぼすようになってきている。例えば，企業活動のグロ

ーバル化に伴う貿易摩擦などの国際的な経済問題は，国際政治と密接な関連性を有するようになり，これに伴って政治環境の範囲も拡大しつつある。世界中で頻発している戦争やテロによるリスクも政治環境に含まれる。

上述した多様な政治環境が社会全体及び企業活動において大きな影響を与えていることはいうまでもない。次に，政治環境の現状とグローバル経営との関係性についてみてみよう。

❶ 現　状

経済のグローバル化とともに，政治システムの変化も起こりつつある。具体的には，政治組織の性質と形態に変化がみられる。その特徴は「グローバル政治」である。世界の一部で政治が動くと，それがただちに世界的規模で波及する。その結果，経済・社会・環境のいずれを問わず，ローカルな次元の展開がグローバルな次元で作用したり，その逆も起こりうることになる。

さらに，トランスナショナル（transnational）な争点と課題が急速に増える中で，政治領域の内外で「多中心型」のガバナンス体系が生成している。ヘルド（Held, D.）［2004］は，グローバル・ガバナンスの特徴として，①領域中心型の政治的決定の諸局面が大きく変化していること，②リージョナルな，またグローバルな組織の展開が認められること，③多くの地点で，リージョナルな，また国際的な法の重要性が高まっていることをあげている[15]。

グローバル・ガバナンスは，多層的・多次元的で，また多アクター型の体系である。多層的であるというのは，グローバルな政策の形成と実施には，トランスナショナル型，ナショナル型，そして下位国家型の諸機関の政治的調整と協力が含まれているからである[16]。

山脇直司=押村高［2010］によれば，グローバル・ガバナンスとは，「グローバル公共問題の発生に臨んで，それに有効に対処できるような組織を作り，その解決に役立つような政策を執行する動き」のことである[17]。

換言すれば，グローバル・ガバナンスは，グローバル化の進展など国際政治の構造的変化を受けて，従来の国家中心的な国際関係を越えた新しい国際秩序を展望する概念であるといえる。近年では，国家以外の組織や個人が，経済以

第5章　グローバル経営環境

外の分野でも，秩序を形成・維持する能力を保持している[18]。

グローバル・ガバナンスの組織的基盤として，図表5-5に示されるように[19]，安全保障分野，環境分野，社会福祉分野，経済分野など，多様な領域において多様な組織（機関）が存在する。

グローバルな公共政策が一連の多様なネットワークによって担われ，その範囲が拡大している。例えば，金融活動作業部会（FATF）のような超政府型ネットワーク，世界ダム・フォーラム委員会（The World Commission on Dams Forum）のような公的部門・企業・NGOからなる第三セクター型ネットワーク，国際会計基準協会（IASB）のようなトランスナショナル・ネットワーク型があげられる。このネットワークは，政府・国際組織・企業・NGO部門の専門化と職員の活

図表5-5　グローバル・ガバナンスの組織的基盤

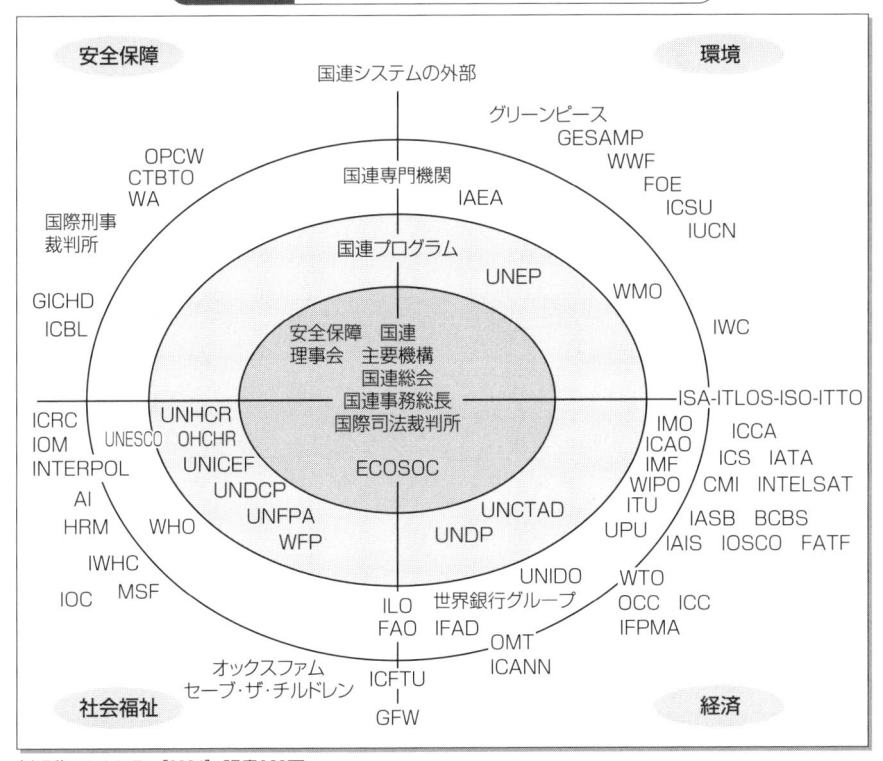

安全保障　　　　　　　　　　　　　　　　　　　　環境

国連システムの外部

グリーンピース
GESAMP
WWF
FOE
ICSU
IUCN

OPCW
CTBTO
WA
国連専門機関
IAEA
国際刑事
裁判所
国連プログラム
UNEP
WMO
GICHD
ICBL
IWC

安全保障　国連
理事会　主要機関
国連総会
国連事務総長
国際司法裁判所
ECOSOC

ISA-ITLOS-ISO-ITTO
IMO　ICCA
ICAO　ICS　IATA
IMF
WIPO　CMI　INTELSAT
ITU　IASB　BCBS
UPU　IAIS　IOSCO　FATF

ICRC　UNHCR
IOM　UNESCO　OHCHR
INTERPOL　UNICEF
AI　　　UNDCP
HRM　WHO　UNFPA
WFP
IWHC
IOC　MSF
ILO
FAO　IFAD
UNCTAD
UNDP
UNIDO
世界銀行グループ
WTO
OCC　ICC
IFPMA
OMT
オックスファム
セーブ・ザ・チルドレン
ICFTU
ICANN
GFW

社会福祉　　　　　　　　　　　　　　　　　　　　経済

（出所）Held, D. [2004] 訳書108頁。

137

動を調整するという点で，重要性を高めている[20]。

❷ グローバル経営との関係性

　企業の行動を支配し，企業家の自由と行動の限界を決定する法と公共政策は多くの点で異なっている。ある国で完全に合法的である企業行為も，他の国では刑事上ないし民事上の犯罪を構成することがある。例えば，米国は，憲法，連邦法律制度ならびに裁判所は，経営活動・経営者行動に対して基本的な原則として役立つ共通の法体系，体系的原理を与えているが，多国籍企業は共通の憲法，連邦法など法的枠組みを持っているわけではない[21]。

　米国議会は，憲法上認められた権限を行使して，米国国内の関税率を法律によって定めてきた。そして，保護貿易の利益は地理的に集中する輸入競争産業に享受されるため，政治過程におけるその圧力は強くなる。一方，輸出志向産業は，外国市場を開放させるよう自国政府に圧力をかける。政府は「立法による関税」から「交渉による関税」へと通商政策の決定方式を変えることによって，輸出志向産業から自由主義的な圧力を，保護主義的な圧力へのカウンター・バランスとして政治過程へ動員することができるようになった[22]。

　1986年，GATT（関税及び貿易に関する一般協定）のウルグアイ・ラウンドが開始され，工業製品だけではなく，農産物，サービス，知的所有権などあらゆるものの「例外なき自由化」が推し進められ，1995年には法的強制力をもって自由貿易を促進するWTO（世界貿易機関）が設立された[23]。

　上述したように，グローバル事業を展開する多国籍企業は，輸出入に関する様々な法律・税制及び規制の変更による影響を受ける。さらに海外での事業展開においては，政治体制・経済環境の変動，戦争・テロ・暴動などによる社会の混乱，災害などによる水・電力・通信網などのインフラストラクチャーや物流機能の障害，現地会社法や人材の採用困難などのリスクにより，事業活動に大きな障害や損失が生じる。また，クーデターや頻繁な政治交代が経済成長を停滞させる。すなわち，政治的不安性は政策の不確実性を高めるため，経済成長を阻害する。これらが生産や販売の制約となり，企業の収益と財政状況に悪影響を及ぼす可能性がある。

会社設立に関する法律の例をみてみると，スペインやメキシコのような国では，地元国民によって一定比率の株式が所有されなければならない。またエチオピアでは，取引に参加するための許可は同国の訪問を繰り返し，長期交渉の後でなければ与えられない。その理由は政治的状況や習慣が原因である[24]。

　グローバル経営環境のもつ政治的・社会的・制度的多元性によって，多国籍企業は極めて複雑で変化に富んだ現実に直面している。多国籍企業の政治環境分析は，政治環境の変化が企業の行動にどのような意味合いを持ち，また逆に企業行動が政治環境にどのような影響をもたらすかを考察して，企業はその国の政治環境を理解し対応することが重要であることはいうまでもない。

3　社会環境

　岸川善光［2006］は，「社会環境とは，少子・高齢化などの人口動態，長年人々によって共有されている価値観・規範・慣習・行動様式の変化などが企業の経営活動に対して及ぼす影響のこと」と定義している[25]。例えば，消費者の価値観・慣習・行動様式の変化は，現実に，企業の商品開発や流通チャネルの開発などに対して大きな影響を及ぼしている。

　社会環境は，時代によって，地域によって，世代によって変化する。例えば，1990年代のバブル崩壊，2000年代のリーマンショック，さらには近年のサイバーテロなど，画期となる事件・現象に起因して，社会環境の変化は著しいものがある。

　斎藤毅憲編［2011］も，上述した岸川善光［2006］と同様に，企業に影響を及ぼす社会環境は，①人口構造（少子・高齢化，核家族化など），②人々の価値観や生活様式，の2種類に分類することができる[26]，と述べている。

　社会環境には，他にも様々な要因が存在するが，ここでは，紙幅上の都合もあるので，①人口動態，②文化，③価値観，の3点に絞って，それらの現状を確認し，さらに，グローバル経営との関係性について考察する。

❶ 現　状

　人口動態とは人口変動の状態をいい，人口の大きさと構造の変動が含まれる。世界の総人口は増加する傾向にあり，少子・高齢化が進んでいる。少子・高齢化の進行は，消費需要の減退などによる経済規模の縮小，労働力人口の減少，税・社会保障負担の増大，地方の過疎化の進行など，様々な分野に複雑かつ深刻な影響を与える[27]。

　世界の総人口数は，図表5-6（A）に示されるように[28]，1950年の約25億人から，2005年には約65億人に達しており，2050年には約91億人まで増加すると予測される。また，65歳以上の人口比率は増加し，他方，出生率は減少しつつあるので，少子・高齢化が進行している。

　先進諸国の高齢化率を比較してみると，図表5-6（B）に示されるように，日本は1980年代までは下位，1990年代には中位であったものの，2005年には最も高い水準となり，世界のどの国もこれまで経験したことのない高齢化社会を迎えている。

　また，高齢化のスピードについて，高齢化率が7％を超えてからその倍の14％に達するまでの所要年数（倍化年数）をみると，フランスが115年，スウェーデンが85年，比較的短いドイツが40年，イギリスが47年である。それに対して，日本は，1970年に7％を超え，その24年後の1994年に14％まで達している。日本における高齢化は，猛烈なスピードで進行している。

　高齢化の社会的背景としては，経済の変化による働き方や消費生活の変化，男女，家族など社会関係や価値観の変化・多様化，さらにこうした変化と従来の慣行，制度との不適合が指摘されている[29]。

　次に，文化と価値観についてみてみよう。企業経営において，文化を意識することは極めて難しいものの，文化を無視した経営はうまくいかない。宮島喬編［2005］によれば，階層分化が進み，世代間のギャップがあり，様々な民族・宗教宗派が共存し，これまで従属的な地位にあった女性や民族マイノリティが自分たちの主張をはっきりと示すようになると，文化の複数化が進む[30]。換言すれば，1つの社会の中で，質を異にする多文化が併存するようになる。

第5章 グローバル経営環境

価値観は，人間が何に価値を置くかという人間の根本的な考え方，態度や信念を指している。また，文化環境とは，宗教，道徳，法律，科学，伝統などの

図表5-6　世界における人口動態

(A) 世界人口の動向

	1950	2005	2050
総人口(千人)	2,529,346	6,512,276	9,149,984
65歳以上人口(千人)	130,543	472,589	1,486,861
先進地域(千人)	63,927	186,347	334,153
開発途上地域(千人)	66,616	286,242	1,152,708
65歳以上人口比率(%)	5.2	7.3	16.2
先進地域(%)	7.9	15.3	26.2
開発途上地域(%)	3.9	5.4	14.6
平均寿命(男性)(年)	45.2	64.2	73.3
平均寿命(女性)(年)	48	68.6	77.9
合計特殊出生率(%)	5	2.7	2

(B) 世界主要国における高齢化率

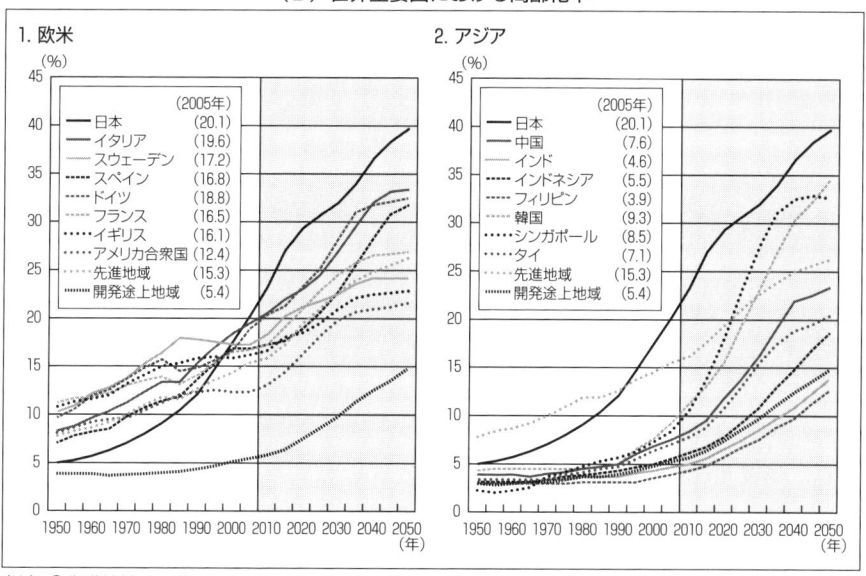

1. 欧米 (2005年)
 - 日本 (20.1)
 - イタリア (19.6)
 - スウェーデン (17.2)
 - スペイン (16.8)
 - ドイツ (18.8)
 - フランス (16.5)
 - イギリス (16.1)
 - アメリカ合衆国 (12.4)
 - 先進地域 (15.3)
 - 開発途上地域 (5.4)

2. アジア (2005年)
 - 日本 (20.1)
 - 中国 (7.6)
 - インド (4.6)
 - インドネシア (5.5)
 - フィリピン (3.9)
 - 韓国 (9.3)
 - シンガポール (8.5)
 - タイ (7.1)
 - 先進地域 (15.3)
 - 開発途上地域 (5.4)

(注) ①先進地域は，北米，日本，ヨーロッパ，オーストラリア，ニュージーランドからなる。
②開発途上地域は，アフリカ，アジア（日本を除く），中南米，ノラネシア，ミクロネシア，ポリネシアからなる。
(出所) 内閣府編 [2011] 11頁。

諸要因からなる社会の複合的産物を意味している。価値観とはこの文化環境に対して基本的な方向づけを与える人間の基準価値を指す[31]。

❷ グローバル経営との関係性

　社会環境要因，すなわち，人口動態，価値観，文化などの変化は，企業の経営活動に大きな影響を与える。企業は，多様な社会環境の変化に対応することができないと，存続・発展が難しいといっても過言ではない。

　上述したように，少子化・人口減少は，経済社会に大きなマイナスの影響を及ぼす。一国の経済を成長させる源泉は，労働投入量の増加，資本投入量の増加および技術進歩などによる全要素生産性（TFP：Total Factor Productivity）の成長に分けられる。また，少子高齢化・人口減少の影響として，まず直接的には，労働力人口の減少を通じた労働投入量の減少が考えられる。そして，人口減少は，需要が縮小することにより失業率が高くなり，経済全体が縮小することになる。人口減少は，親世代（出産可能な年齢層の女性）の人口減少と，合計特殊出生率の持続的な低下との相乗効果によって出生数が減少する一方，人口の高齢化による高齢者の増加を伴う。

　近年のアジア諸国の出生率が減少しつつある。例えば，韓国，フィリピン，シンガポール，インドネシアなどで，出生率が大きく低下している。このことは，アジア諸国に特有の事情，すなわち，結婚，家族，男女の役割分担などについてのアジア的な価値観が出生率に影響していることを伺わせる[32]。人口減少，少子・高齢化は，多国籍企業だけではなく，世界に共通する大きな課題である。

　次に，ライフスタイルの変化をみてみよう。ライフスタイル（life style）とは，個人の価値観とパーソナリティを明示する具体的な行動である。ライフスタイルは，購買・消費行動に大きな影響を与える。ライフスタイルの多様化によって，市場の差別化が進み，多品種少量生産が求められるようになった[33]。

　経営のグローバル化が進むにつれて，個人・企業の価値観，宗教，文化の多様性を許容し，国々の文化の違いを克服することが，新たな企業の価値，社会の価値を形成することになる。文化は，個別的・閉鎖的な次元から普遍的・包

括的な次元へと移行しつつある。馬越恵美子［2000］は，グローバル経営において，各国の制度的・文化的な差異を最小化し，ビジネスにおける共通の価値観を基本として，ベストプラクティスを追求・実現することによって，文化を超えた経営を実現することができる[34]，と述べている。異文化マネジメントについては，第9章において，独立した章として詳しく考察する。

さらに，企業活動のグローバルな展開によって，ステークホルダーの範囲は拡大し，企業の社会的責任の対象と内容は大幅に拡大されつつある。近年，ポスト工業化，グローバル化，ICT化，NPOなどのキーワードによって特色づけられる市民社会へと変貌し，企業の社会的責任の必要性が急速に高まりつつある。社会システムの存続・発展のためにも企業の社会的責任は欠かせない。多国籍企業の社会的責任については，第10章において節を独立して考察する。

4　自然環境

人類は古くから，自然環境を資本として利用してきた。天然資源を原材料として工業製品を作り，燃料として活用することによって，原始的な狩猟採集生活と比較するとはるかに高い生産力を実現し，利便性を高めてきた。

岸川善光編［2015a］は，「自然環境とは，気温・湿気・日射量・日照時間・緯度・経度などの気候地理的要因，公害問題，地球環境問題などが，企業の経営活動に及ぼす影響のこと」と定義している[35]。

食品産業など農産物を扱う業界では，もともと自然環境の変化の影響を直接的に受けやすい企業特性をもっている。しかしながら，自然環境は，食品産業など一部の産業だけでなく，多くの産業に様々な影響を及ぼしている。例えば，自動車産業についてみてみよう。従来，自動車産業は，自然環境の影響をほとんど受けない産業であると思われてきた。ところが，排気ガスに含まれる有害物質によって大気が汚染され，さらにそのことが地球温暖化，オゾンホールの破壊，酸性雨の原因といわれるようになると，自然環境への対応次第では，自動車産業に属する企業にとって，その存続そのものが社会的に許されるか否か

という重大な局面にたたされることになる。

本項では，様々な自然環境要因の中で，①大気，②土壌，③水，の3点に焦点を絞って，現状とグローバル経営との関係性について考察する。

❶ 現　状

21世紀に多国籍企業が直面している課題の1つは，自然環境問題に対する対応であろう。世界的な人口増加，科学技術の発達などにより，地球上の水や空気の質量は，もはや無限ではなく，大気中の微量成分の濃度増加は深刻な影響を及ぼしている。

1980年代から，自然環境問題が国際的な政策課題として大きく取り上げられるようになり，また，企業活動と自然環境との関わりが注目されるようになった。1996年には，国際標準化機構が，環境マネジメントシステムの国際規格「ISO14001」を発行し，環境マネジメントシステムの認証登録制度が始まっている[36]。

① 大気

近年，温室効果ガスによる地球温暖化の問題が注目されつつある。温室効果ガスとは，CO_2，水蒸気，メタン，亜酸化窒素などであり，地球の温室効果に対する70％以上の原因は，CO_2であるといわれている[37]。

最近，PM（Particulate Matter：粒子状物質）2.5などによる深刻な大気汚染の発生を受け，大陸の大気汚染濃度が上昇している。PM2.5の発生原因は，物の燃焼などによって直接発生する。具体的には，①ボイラーや焼却炉，煤煙を発生する施設，②鉱物の堆積場など粉塵（細かい塵）を発生する施設，③自動車，船舶，航空機など，④土壌，海洋，火山の噴煙，などがあげられる[38]。

② 土壌

木村眞人編［1997］によれば，岩石圏・水圏・大気圏の接点にあって，生物の生息する圏域を広く生物圏と呼ぶならば，土壌はまさに生物圏の要に位置し，生物の生存を支えながら，生物圏のホメオスタシスを確保する上で重要な機能を果たしている。土壌悪化の例として，森林伐採，過放牧，過耕作，砂漠化，塩害，土壌汚染などがあげられる[39]。

③　水

　世界で使われている水のおよそ7割が農業用，2割が工業用，1割が家庭用として利用されている。2008年には，人口1人当たりの最大利用可能水資源量が1,700㎥未満の「水ストレス」の状態にいる人は約20億人，1,000㎥未満の「水不足」にある状態の人は約3.3億人に達している[40]。今後，人口増加，地球温暖化，新興国の成長（工業用水需要の増大）などによって，2080年にはさらに18億人が必要な水を利用できない状態になる可能性が指摘されている[41]。

　欧米の先進国は，持続可能な社会の実現のために，政府による先進的な環境関連政策や制度の導入，国民による主体的・自主的取組みが進んでいる。しかし，一部先進国にとどまっていた環境問題が，アジアにおいても大規模に顕在化している。今日，地球温暖化問題の鍵を握っているのは，米国でもEUでもなくアジアである。CO_2排出量は，アジアが世界最大となっている。

❷　グローバル経営との関係性

　今後，多国籍企業における重要な経営課題は，地球温暖化などの自然環境破壊を防止すると同時に，持続可能な社会を構築することである。

　サスティナビリティ（sustainability）というコンセプトは，1987年の「環境と開発に関する世界委員会（ブルントラント委員会）」が発表した報告書（Our Common Future）によって，初めて使用されたものである。

　サビッツ=ウェーバー（Savitz, A.W.=Weber, K.）［2006］によれば，サスティナビリティを「密接に依存し合っている今日の世界のなかで，賢明な事業を行うこと」とし，相互依存関係性の維持を重視している。すなわち，「利害関係者のニーズと利益を把握して，あらゆる利害関係者を結び付ける有機的なネットワークを強めながら，事業を推進するのが持続可能な企業」としている[42]。サスティナビリティ社会は，企業活動の上位概念にあるといえる。

　また，エスティ=ウィンストン（Esty, D.C.=Winston, A.S.）［2006］は，企業のコアとなる戦略に環境を取り組むべき理由として，①利益を上げる機会を得る，②損失やイメージダウンなどリスクを減らせること，と述べている[43]。

　上述したように，PM2.5の発生要因は，煤煙を発生する施設，自動車の排気

ガスなどである。例えば，トヨタは環境負荷を引き下げるハイブリッド車プリウスを開発した。プリウスはユーザーの強い支持を集め，大赤字覚悟で開発したプリウスに莫大な利益創出の道を拓いた。プリウスは，モーター・トレンド誌で2004年のカー・オブ・ザ・イヤーに選ばれた。また2006年の売上は28億ドルに達し，その後も姉妹車を含めると年々増大しつつある。トヨタの環境経営は，コスト削減効果や付加価値の創造，すなわち，経営のサスティナビリティというイノベーションの創出につながったといえる。

　国内外での有害物質に対する法規制の強化を背景として，対象事業者の使用抑制に向けた有害物質の使用実態把握，管理に不可欠な関連測定分析機器の需要が増えている。大気や水質に関する従来の公害用分析器をはじめ，ガスクロマトグラフ（GC）や高速液体クロマトグラフ（HPLG）などの分離分析装置など，環境関連の測定分析機器の需要が安定的に推移している。一方，海外市場の成長も著しい。主にアジア向けの大気・水質分析装置の他に，欧州向けGCなどのニーズも高く，諸外国に向けて輸出が増大している[44]。

　日本では，2003年2月から土壌汚染対策法が施行された。ガソリンスタンドや工場などにおける油汚染土壌は，場外に搬出して浄化槽に埋め戻す方法が一般的であるが，鹿島道路などは，共同事業体「ソレック栃木」を2004年に設立した。低温加熱浄化や汚染土壌に対応している。日本において，多数の企業が土壌浄化に積極的に参加しており，土壌汚染対策ビジネス市場のさらなる拡大が期待される。

　次に，水ビジネスについてみてみよう。世界の水ビジネス市場は，2025年には100兆円規模になると見込まれており，2005年～2030年の間に約22.6兆ドルの水インフラ投資が発生すると予測されている。

　水ビジネス市場における各国の取組みは，世界の人口増加・都市化・工業化の進展に伴って，水ビジネス市場は今後とも爆発的に拡大することが見込まれており，図表5-7に示されるように[45]，多くの企業が参入している。

　日本も，部材・部品・機器製造分野，装置設計・組立・施工分野において多数の企業が参画し，運営・保守・管理分野には商社が参加している。また，ヴェオリア（Veolia Environment）（仏），スエズ（Suez Environment）（仏），を中

図表5-7 水ビジネス市場における各国の取組み企業

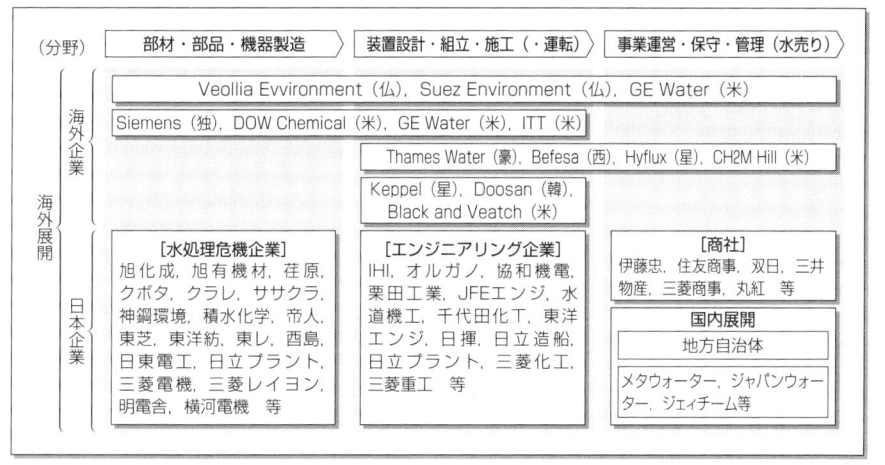

(分野)	部材・部品・機器製造	装置設計・組立・施工（・運転）	事業運営・保守・管理（水売り）
海外企業（海外展開）	Siemens（独），DOW Chemical（米），GE Water（米），ITT（米）	Veollia Evvironment（仏），Suez Environment（仏），GE Water（米） Thames Water（豪），Befesa（西），Hyflux（星），CH2M Hill（米） Keppel（星），Doosan（韓），Black and Veatch（米）	
日本企業	[水処理危機企業] 旭化成，旭有機材，荏原，クボタ，クラレ，ササクラ，神鋼環境，積水化学，帝人，東芝，東洋紡，東レ，酉島，日東電工，日立プラント，三菱電機，三菱レイヨン，明電舎，横河電機　等	[エンジニアリング企業] IHI，オルガノ，協和機電，栗田工業，JFEエンジ，水道機工，千代田化工，東洋エンジ，日揮，日立造船，日立プラント，三菱化工，三菱重工　等	[商社] 伊藤忠，住友商事，双日，三井物産，三菱商事，丸紅　等 [国内展開] 地方自治体 メタウォーター，ジャパンウォーター，ジェイチーム等

（出所）水ビジネス国際展開研究会［2010］7頁。

心とした水専門企業は，装置設計・建設から運営・管理までを中核事業として位置づけ，その事業範囲を部材・部品・機器製造分野にまで拡大し，一貫したサービスを提供している。国際的に企業が参入可能とされる世界の民営化されている水市場は，給水人口ベースで見ると，図表5-7に示されるように，現在，1社で1億人規模の給水を担っているのは，ヴェオリア（仏），スエズ（仏）の2社だけである。ただし，両社とも売上の7割以上はフランスを含めた欧州域内に依拠している。上述したように，自然環境は，様々なビジネスチャンスをもたらす。多国籍企業は，これらのビジネスチャンスを他社より先に発見し，事業を拡大していくことが非常に重要である。

5 市場環境

　岸川善光［2006］によれば[46]，「市場環境とは，顧客ニーズの変化，市場規模の変化，市場成長率の変化など，市場の変化が企業の経営活動に対して及ぼす影響のこと」である。

上述した経済環境，政治環境，社会環境，自然環境，の４つの環境要因は，主としてマクロ的な環境要因であるが，この市場環境は，セミマクロ的およびミクロ的なレベルの環境要因である[47]。

　また，市場は需要と供給が交差する場であり，企業にとって顧客の集合体でもある。顧客ニーズの変化，市場規模の変化，市場成長率の変化などの市場環境の変化は，ダイレクトに企業の経営活動を制約したり促進したりするので，市場環境は，極めて重要な環境要因であるといえよう。次に，市場環境の現状とグローバル経営との関係性について考察する。

❶ 現　状

　多国籍企業は，柔軟な各国対応に特徴がある市場志向のマルチナショナル企業だけでなく，グローバル企業も，インターナショナル企業も，進出国の市場環境の変化に適応し，さらに環境を創造していくことが必要不可欠である。

　今日，世界の顧客ニーズ・欲求は，限りなく多様化し多層化している。顧客は企業に対して，自分の好みにフィットした良質な製品やサービスを，瞬時にしかも「リーズナブルな価格」で提供することを求めている。

　また，企業を取り巻くビジネス環境の変化，すなわち，ボーダーレス，バウンダリーレス，バリアレスの３Ｂ（ボーダー，バウンダリー，バリアの頭文字）のLess化が進展した。それに伴って，市場競争はその規模と範囲の両側面において，未曾有の激変期に入り，複雑化を極めている[48]。

　ところで，グローバル市場で活動する多国籍企業に直接関係しているのは，「企業のインプット市場に関わる環境」と「企業のアウトプット市場に関わる環境」である。すなわち，インプットに関わる生産要素市場（資金市場，労働市場，原材料・中間生産物市場）と，アウトプットに関わる特定の製品市場である。その製品市場では，顧客（潜在的・顕在的顧客）と競合関係にある競争企業の行動がアウトプットの有効性を決定づける[49]。インプットに関わる生産要素市場（資金市場，労働市場，原材料・中間生産物市場）の環境変化も極めて重要な多国籍企業の経営課題である。

　ドラッカー（Drucker, P.F.）[1954] は，市場に参入する際に，明確にすべき

第5章　グローバル経営環境

点として，①市場の潜在的な可能性と趨勢，②経済の発展，流行や好みの変化，競争の変動による市場の変化，③顧客の欲求を変化させ，新しい欲求を創造し，古い欲求を消滅させる技術的イノベーションの可能性，④今日のサービスや製品によって満足させられていない顧客の欲求，の4つをあげている[50]。

　すなわち，多国籍企業が将来を見据えて経営活動を行う場合，企業の本質である「顧客の創造」を成功させるため，常に市場環境を認識し，事業の方向性を見極めることの重要性を指摘している。例えば，Ｐ＆Ｇは，日本市場に参入当初，日本市場の特殊性を軽視し，撤退寸前にまで追いやられた苦い反省に基づいて，その後，日本の消費者，流通システムなど，市場環境に対する徹底的な適応を実行してきた。そして，現在でも積極的に日本市場向けの製品開発と現地生産を推進している。同質性と異質性が混在し，それらが動態的に変化するグローバル市場環境は，多国籍企業活動の地理的範囲の拡大によるものだけでなく，時間の経過によって大きく変化している。

　今日，生産拠点のみならず販売拠点，研究開発拠点の国際化が進展し，主要な地域市場は複雑化を増している。言い換えれば，現地市場において持続可能な競争優位を構築，維持するためには，生産システムの強みに加え，グローバル市場における急速な需要変動への柔軟な対応と，生産拠点の世界的な連結やネットワークによる強みの構築が不可欠となりつつあるといえよう[51]。

❷ グローバル経営との関係性

　上述したように，現在では，消費者の同質性に立脚したマス・マーケティングばかりではなく，消費者の異質性に着目するマーケティングが重視されるようになってきた。すなわち，消費者志向のマーケティングを構成する基盤として，市場細分化（セグメンテーション）があげられる。

　茂垣広志［2006］によれば，グローバル市場細分化戦略の中心的な課題は，複数の国家単位の市場をどのようにして関連づけるか，すなわち，複数の市場には標的となる市場規模があり，ほとんどの国に共通の市場セグメントが存在するからである[52]。

　世界各地でビジネスを展開する多国籍企業は，各国の消費者のニーズを正確

に把握し，それに見合う商品やサービスを提供することを目指す。しかし，異なる市場の消費者の価値観，習慣その慣例は，国によって大きく異なる。例えば，アジアにおけるウイスキーの成長市場は，サントリーのウイスキー輸出統計データの伸び率から明らかなように，国ごとに大きく異なる。韓国では，お客をもてなすために高級な年代ものウイスキーが好まれる。台湾では，2〜3年の短期のサイクルで流行のブランドが移り変わる。タイでは，低価格のウイスキーで家族と夕食を楽しむ。このように，多国籍企業は，国によって，地域によって，文化，習慣が異なり，消費者が異なるという認識から市場セグメントを行わなければならない[53]。

キーガン（Keegan, J.W.）[2000]は，グローバル顧客の細分化とは，「国ごとに，あるいは消費者のグループごとに，同じような属性で同じような購買行動を示す潜在的な顧客を把握するプロセス」と定義している[54]。

今日の多国籍企業は，グローバル顧客を，意味を持った複数のクライテリア（切り口）で細分化しようとする。複数のクライテリアとは，地理的分布，国民所得と人口特性（デモグラフィックな細分化），価値観，態度，ライフスタイル，行動特性，ベネフィットなどである。これに加え，社会的環境，政治的環境，消費者の細分化も，複数のクライテリアとしてあげられる。

今後，多国籍企業は，国別市場に共通する一定の同質性を識別し，規模の経済，範囲の経済性を享受することが重要である。このようなグローバル市場環境（顧客ニーズの同質性と異質性の混在とその変化，需要の変動，顧客企業への個別対応）のもとで，企業は柔軟な生産・販売体制の構築が求められる[55]。

市場のグローバル化は，ICTの進展によって，情報伝達の迅速化を誘発し，技術情報の陳腐化を促進する原因となる。多国籍企業がグローバル市場で生き残るためには，連続的なイノベーションが必要不可欠である。

6 競争環境

岸川善光編［2015a］によれば[56]，「競争環境とは，競合企業（competitor），

競争メカニズム,新規参入の可能性などが,企業の経営活動に対して及ぼす影響のこと」であり,極めてミクロ的な企業レベルの環境要因である。具体的には,競合企業の数,それらの競争力の強弱,あるいは競合企業と競争する場合の競争力の源泉,持続的な競争優位の可否,新規参入の可能性など,競争環境の変化も,市場環境の変化と同様に,ダイレクトに企業の経営活動を制約したり促進したりする。

　競争要因は,グローバル市場の構造的要因を示すもので,ポーターの5つの競争要因のモデルに基づいている。グローバル競争の変化は,財務,マーケティング,生産,あるいはR&Dなど,企業の各機能部門において,各国の活動をうまく調整することが必要となった。ポーター (Porter, M.E.ed.) [1986] は,世界各地に分散した活動の複雑なネットワークを調整することが,競争優位を生むようになる。また,多くの国々の政府との関係が互いに関連し合っている事実を認識しなければならない,と述べている[57]。

　グローバル企業の競争優位には様々な形があって,それらは,活動がどこで行われるかよりも,世界規模でどのように行われるかが重要であろう。次に,競争環境の状況とグローバル経営との関係性についてみてみよう。

❶ 現　状

　先述したように,バートレット=ゴシャール (Bartlett, C.A.=Ghoshal. S.) [1989] は,世界規模において競争上の優位性を築くためには,①世界規模の効率,②柔軟な各国対応,③世界規模の学習とイノベーション,が不可欠であると述べている[58]。

　多国籍企業は,市場の多様性と,不安定性に満ちた競争環境に直面している。このような競争環境は,すべての企業に対して,機会とリスクを及ぼす。競争優位は,企業における研究開発・製造・マーケティング・物流・サービスなど,企業のすべての活動の中から生まれる。

　価値連鎖 (value chain) は,ポーター [1985] が競争戦略の基本的なフレームワーク (分析枠組み) の1つ,すなわち,すべての活動のコスト・ビヘイビアおよび活動の差別化の源泉を理解するためのフレームワーク (分析枠組み) と

図表5-8　価値連鎖の基本形

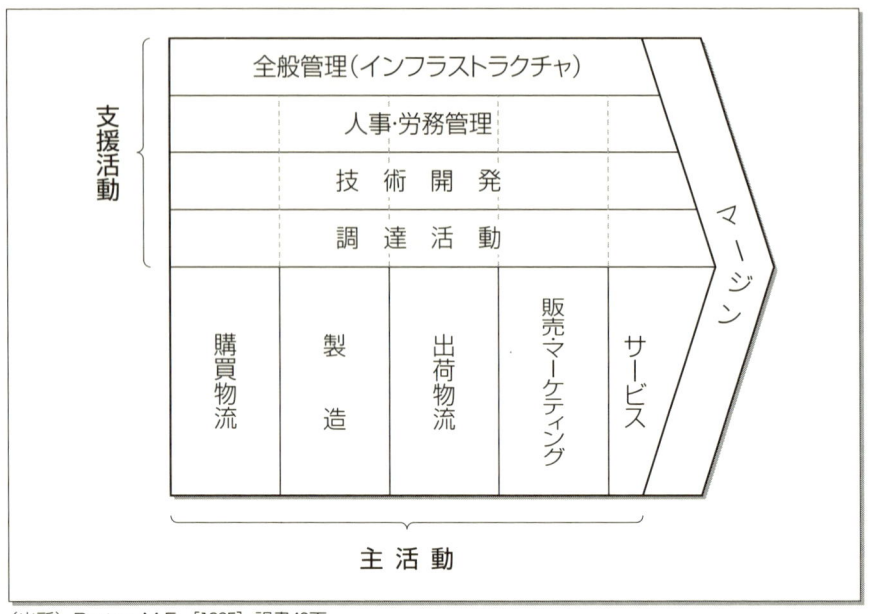

支援活動	全般管理（インフラストラクチャ）					マージン
	人事・労務管理					
	技術開発					
	調達活動					
	購買物流	製造	出荷物流	販売・マーケティング	サービス	

主活動

(出所) Porter, M.E. [1985] 訳書49頁。

して提示した概念である。

　多国籍企業は，価値連鎖内の活動をどのように国別に展開するかを決定しなければならない。価値連鎖は，図表5-8に示されるように[59]，主活動と支援活援活動，の2つによって構成される。この活動はさらに，業界の違い，企業戦略の違いによって，多くの個別の活動に細分化される。

　上述したように，価値連鎖は，価値活動の内部的な連結関係によって競争優位の源泉を創出するためのフレームワーク（分析枠組み）である。ここで連結関係とは，1つの価値活動の実績と，他の活動のコストまたは成果との間の関係のことである。連結関係は，①最適化，②調整，という2つの方法によって競争優位を導き出す。

　競争環境が激しい業界で生き残るために，価値活動は，事業単位全体の中でどのように配置し，さらにどのように調整・最適化を図るかを決めることが必要不可欠であろう。

第5章 グローバル経営環境

❷ グローバル経営との関係性

　上述したように，グローバル競争環境に対応するパターンとして，近年，ロジスティクスを原動力として，企業間の「連合」を目指す行動，企業間の「提携」を目指す行動，企業間の「統合」を目指すなど，企業と企業との関係，すなわち，企業間関係の設計・再設計が急速に進展している。

　ロジスティクスの基本機能は，供給連鎖の効率性および費用対効果を最大ならしめるように計画・実施・統制することである。供給連鎖の機能として，①調達，②製造，③マーケティング，④物流，⑤顧客サービス，があげられる[60]。

　グローバル・ロジスティクスは，2国間以上にまたがる国際間の財の物理的移転に伴う諸活動を最適化する活動を指す。企業活動に伴う国際間の財の移転をどの程度グローバルに統合するかは，その企業の競争優位に直接関連する問題である。多くの市場を1つのものとしてとらえる日本の多国籍企業に典型的なグローバル企業におけるロジスティクスは，異なった対応が必要である。

　1980年代および1990年代において，欧米における規制緩和・民営化によって，グローバル競争環境が変わった。新しい生産拠点としてのアジア諸国の経済発展・産業発展が著しく，生産のグローバル化は，日本企業のみならず欧米企業，アジア企業にとっても経営戦略策定の中心的課題となった。

　ロジスティクスを構成する諸活動は相互に関連し合っており，1つの活動に関する意思決定が，他の活動の費用と効率性に影響を与える。すなわち，どのような活動の組合せを行うかによって「総コスト」に差がでる。それが企業の競争優位にもなる。そのために，常に環境の変化をとらえることのできる情報システムを構築することが重要である[61]。

　例えば，シンガポールでは，通関手続きのICT化を進め，その結果，10分で通関手続きが済むようになった。しかし，日本の港湾では，コンテナ到着後の貨物の滞留期間が平均4日である。このように，国の経済政策の根幹に多国籍企業の誘致を据えたアジア諸国が，グローバル・ロジスティクスのインフラ構築に国をあげて投資を進める中で，日本は立ち遅れ，ジャパン・バッシング

という状況が生まれている。

上述した外部環境は，国内と異なる各国固有のビジネススタイル，経済制度，法律，文化の相違に伴うコンフリクトが不可避となるため，これらの国別に異なるグローバル競争環境に対応するパターンは，必然的に多様にならざるを得ない。競争優位とリスク分散を可能にするための戦略手段として，多国籍企業の戦略的提携も重要な課題である。

7 技術環境

岸川善光編［2011b］によれば[62]，「技術環境とは，科学技術の進歩が企業の経営活動に対して及ぼす影響のことである。具体的には，生命科学，バイオ関連技術，先端情報通信技術などの科学技術の進歩が，新製品，新事業，新素材，新生産方式などの開発に及ぼす影響のこと」である。

技術環境は，特に研究開発（R＆D）における制約要因または促進要因になることが多い。企業活動における研究開発の重要性がますます増大している今日では，技術環境の変化は経営活動に多大の影響を及ぼしている[63]。

技術は個々の企業に蓄積された独自な技術として形成されている。長期的な技術開発，蓄積を通してその企業の事業活動展開の基盤となっている基幹技術，それが中核技術（Core Technology）である。

❶ 現　状

技術のグローバル化は，ある企業の技術資源の蓄積，活用，開発をグローバルに展開することである。その典型的な流れが先進国の多国籍企業から開発途上国の企業に対する技術供与である。技術は一般に，製品やサービスの生産，販売に必要な実践的情報体系ということができる。また，市場，需要の動向からどのような技術開発が期待されているかを把握する必要がある。

技術環境を考察する際，技術環境の行動主体を明らかにすることが非常に重要である。技術環境には，技術開発に直接関わる組織（開発者），間接的に関

第5章　グローバル経営環境

わる組織（開発支援者），利益追求を目的とする私的企業，非営利の公的組織などが含まれている。すなわち，大学，企業，政府機関など，目的の異なるすべての組織がネットワークによってつながっている[64]。具体的には，技術開発と，技術開発に必要な経営資源（ヒト，モノ，カネ，情報）を生み出す技術環境と，他のマクロ的環境の関係性が技術環境の全体像である。

　日本では，従来から様々な分野で技術開発が行われ，その成果は経済発展や企業の経営活動にも重大な影響を与えた。近年注目される最先端技術の応用分野，①ICT（情報通信技術）分野，②ロボット分野，③ライフサイエンス分野，の3つの現状とグローバル経営との関係性をみてみよう。

① 　ＩＣＴ分野

　ICTは，現代世界において広範に普及し，利用・活用されている技術分野である。同時に，現在もなお不断の先端的技術の開発が進みつつある。日本におけるICT政策は，2001年に，内閣に高度情報通信ネットワーク社会推進戦略本部（IT戦略本部）が設置され，2010年に，「新たな情報通信技術戦略」を決定している[65]。

　次に，欧州，韓国，中国におけるICT（情報通信技術）環境を簡潔にみてみよう。欧州委員会（A Strategic Vision for European Standards）は，ICT標準化プロセスにおけるフォーラムやコンソーシアムとの連携が提案されている。また，韓国のICT標準化ロードマップ（Standardizaiton Strategy Map 2012）では，4つのコア技術領域と2つの共通基盤技術を設定し，31技術分野についてロードマップを策定している。その中でICT分野では，ロボット，e-Navigation,e-Health，スマートホームなどがある。次に，中国のICT分野では，2011年に，ICT標準化重点項目として，①軽工業，②電子，③通信，④サービス分野を取り上げている[66]。

② 　ロボット分野

　日本は，世界一のロボット生産国・ロボット使用国である。2010年，日本のロボット生産台数は，9万台を超えており，世界の生産台数の約7割を占めている。また，世界の総稼働台数10万台の約3割が日本国内で使用されている。現在，自動車産業・電子工業において，溶接・塗装・組立て・搬送・成型・部

155

図表5-9　ロボットの発展

		自然環境	人間居住環境	工場環境	不快・危険環境	生存不能環境
自立性（知能）大↑↓小	第三世代	農業ロボット	家庭ロボット 医療ロボット	修理ロボット 縫製ロボット	軍事ロボット	宇宙ロボット 体内手術ロボット
	第二世代	採取ロボット 建設ロボット	掃除ロボット 案内ロボット	保守ロボット 適応作業ロボット [適応化 知能化]	原子力ロボット 海洋ロボット 防火ロボット 地雷除去ロボット [自律性]	宇宙用マニピュレータ 保守点検ロボット
	第一世代	田植えロボット	教育用ロボット イベントロボット [自律性]	産業用ロボット 多機能 溶接組立 単純	遠隔操作マニピュレータ [耐環境性]	マイクロファクトリー 真空ロボット クリーンロボット

（出所）楠田喜宏［2005］48頁。

品ハンドリングなどの，産業用ロボットが主流となっている。近年，ロボットがロボットをつくる事例にみられるように，単なる内蔵プログラムに基づいた作業を行うロボットだけでなく，人間に近い知能・感覚センサーを持つなど，産業用ロボットの高度化・知能化が進んできた。

　現状では，市場に投入されている大半のロボットは産業用ロボットであり，いわゆるサービスロボットの市場はまだ確立したとはいえず，実用化の事例も少ない。今後は，実際の生活空間において，ロボットが活躍することを前提に開発されたロボット技術の他分野への応用，ロボットの高機能化など，一層のレベルアップを図る必要がある。今後は，工場内だけでなく，図表5-9に示されるように[67]，人間と共存し，協力して働く第２世代，第３世代ロボットの活躍が期待できる。換言すれば，ロボットのさらなる実用化が，グローバル経営の重要な課題である。

③　ライフサイエンス分野

　ライフサイエンスは，生物が営む生命現象の複雑かつ精緻なメカニズムを解明する科学であり，その成果は，医療の飛躍的な発展や，食料・環境問題の解決につながるなど，国民生活および国民経済の発展に大きく寄与する[68]。近年，ライフサイエンス分野において，幹細胞（ES細胞・iPS細胞），脳科学，ヒトゲノム，微生物・動植物ゲノム，遺伝子，ヒト胚などに関する研究が大きく展開されてきた。

　今後，上述したICT，ロボット，ライフサイエンスはもちろんのこととして，他の技術分野についても，利用範囲のさらなる拡大が期待できる。

❷ グローバル経営との関係性

　技術戦略は，自社技術開発，他社から技術調達・技術導入，技術供与，技術販売など，多くの課題がある。自社研究開発は，自社が開発した知識，技術，ノウハウを占有することが可能であり，特許に対する取組みをコントロールし，技術的リーダーシップを発揮することもできる。しかも将来の大きな収入が期待できる。一方，自社研究開発は高いリスク，大きな投資コストを伴う。

　技術導入であるライセンシング・インは，図表5-10に示されるように[69]，技術ノウハウの獲得，また成功した技術の場合はリスクも少ない。しかし，信頼できる技術を，どの企業から，どのタイミングで購入するか，あるいはライセンスの期間，価格，調査，人材，コストなど，技術を供給する企業への技術依存などがデメリットとして生ずる。

　ジョイントプログラムは，共同研究あるいは合弁事業などに代表される。すなわち，両者の技術，ノウハウ提供によるシナジー効果，リスクやコストの共有による分散も可能である。一方，デメリットとして，技術漏洩の危険性とともに技術供与先の企業の技術力，競争力の強化に伴うブーメラン効果が課題となる。

　今日の不確実な技術環境の下では，独創的な自社研究開発を他社に先駆けて創出していくことが重要な課題となっている。特許の保有を通じたグローバルな技術連携は企業にとって重大な選択であり，資本提携など企業間ネットワー

図表5-10　各技術戦略のメリット・デメリット

	自社研究開発	ライセンシング・イン	ライセンシング・アウト	ジョイント・プログラム
メリット	1．占有知識の獲得 2．特許コントロールと技術的リーダーシップ 3．将来の収入 4．専門家の組織への誘引	1．知識・ノウハウ獲得 2．リスクの計算可能性 3．低R&Dコスト 4．生産までの中間的期間	1．R&D投資の回収 2．貿易投資制限の回避 3．新市場への参入 4．他社技術の獲得（クロスライセンス） 5．競争的な技術開発の制限	1．知識ノウハウのシナジー効果 2．リスク・コストの分散 3．貿易投資制限の回避 4．新分野への参入 5．スケールメリットの増大 6．未活用資源の活用 7．生産の早期達成
デメリット	1．ハイ・リスク 2．ハイ・コスト 3．開発時間	1．調査・契約コスト 2．ライセンスフィーの支払い 3．技術的依存	1．技術の漏洩 2．ブーメラン効果	1．技術漏洩 2．調整コスト

（出所）Roman, D.P. = Puett, J.F［1983］p205

クを結ぶことも考えられる。しかし，今日では極めて高度で複雑な技術が要請され，しかも開発リスクが高く，特許権の問題もしばしば起きている。企業は，技術・研究開発など様々なリスク，複雑性に対応するため，技術リスク・マネジメントが重要な課題となる。

1）岸川善光［2006］3頁。
2）同上書3頁。
3）岸川善光編［2012b］82-83頁。
4）守屋友一=妹尾芳彦［1993］137頁。
5）内閣府政策統括官室［2011a］238頁。
6）金森久雄=土志田征一編［1991］18頁，景気循環学会=金森久雄編［2002］77頁，福田慎一=照山博司［2011］23-24頁，内閣府経済社会総合研究所［2011a］に基づいて筆者作成。
7）斎藤毅憲編［2011］71頁。
8）筒井義郎=平山健二郎［2009］19-20頁。
9）SankeiBizのHP
〈http://www.sankeibiz.jp/macro/news/120602/eca1206020501001-n3.htm〉。

第5章 グローバル経営環境

10) 守屋友一=妹尾芳彦 [1993] 18,81頁。
11) 栗林世=谷口洋志 [2007] 137,139頁。
12) 戸藤康之 [2011] 44-45頁，62頁。
13) 岸川善光編 [2012b] 106頁。
14) 岸川善光編 [2015a] 11頁。
15) Held, D. [2004] 訳書100-101頁。
16) 同上書107頁,111頁。
17) 山脇直司=押村高 [2010] 255頁。
18) 加茂利男=大西仁=石田徹=伊藤恭彦 [2007] 61頁。
19) Held, D. [2004] 訳書108頁。
20) 同上書111頁。
21) Kolde, E.J. [1968] 訳書248頁。
22) 庄司真理子=宮脇昇 [2011] 99,101頁。
23) 田代洋一=萩原伸次郎=金澤史男 [2006] 12頁。
24) Kolde, E.J. [1968] 訳書249頁。
25) 岸川善光 [2006] 4頁。
26) 斎藤毅憲編 [2011] 72頁。
27) 経営労働政策委員会編 [2002] 4頁,48頁。
28) 内閣府編 [2011] 16-17頁。
29) 干川剛史 [2008] 100頁。
30) 宮島喬編 [2005] 58頁。
31) 占部都美 [1973] 139頁。
32) 小峰隆夫 [2007] 21,34頁を一部加筆。
33) 小松章編 [2002] 27,42頁。
34) 馬越恵美子 [2000] 227頁を一部加筆。
35) 岸川善光編 [2015a] 11-12頁。
36) 岡本眞一編 [2013] v頁,6頁。
37) 井熊均編 [2003] 110頁。
38) 政府広報オンライン [2015]
    〈http://www.gov-online.go.jp/useful/article/201303/5.html〉
39) 木村眞人 [1997] 3頁。
40) 環境省編 [2010] 6,105頁。
41) 同上書105頁。
42) Savitz, A.W.=Weber, K. [2006] 訳書11頁。
43) Esty, D.C.=Winston, A.S. [2006] 訳書36-37頁。
44) エコビジネスネットワーク編 [2007] 362,364頁。
45) 水ビジネス国際展開研究会 [2010] 7頁。(2008年，スエズ社売上：0.8兆円，ヴェオリア社売上：約1.6兆円である)
46) 岸川善光 [2006] 5頁。
47) 岸川善光編 [2015a] 12頁を一部加筆。
48) 茂垣広志 [2006] 73頁。
49) 竹田志郎 [2005] 20頁。

50) Drucker, P.F.［1954］訳書79-81頁。
51) 諸上茂登=藤澤武史=嶋正編［2007］136頁。
52) 茂垣広志［2001］65頁。
53) 堀出一郎=山田晃久［2003］48-49頁。
54) Keegan, J.W.［2000］p.441.
55) 諸上茂登=藤澤武史=嶋正編［2007］137頁。
56) 岸川善光編［2015a］5頁。
57) Porter, M.E.ed.［1986］訳書9-10頁を一部加筆。
58) Bartlett, C.A.=Ghoshal. S.［1995］訳書54頁。
59) Porter, M.E.［1985］訳書49頁。
60) 岸川善光［2006］209頁。
61) 堀出一郎=山田晃久［2003］230-231,248頁一部修正。
62) 岸川善光編［2012b］184頁。
63) 岸川善光編［2015a］12頁。
64) 藤末健三［2005］26,31-33頁。
65) 高度情報通信ネットワーク社会推進戦略本部［2010］「新たな情報通信技術戦略」
 <http://www.kantei.go.jp/jp/singi/it2/100511honbun.pdf>
66) 三菱総合研究所［2012］4,12,28頁。
67) 中山眞［2006］40頁を援用。例えば，安川電気において，ロボットの受注から，製造，出荷までの工程をコンピュータで管理・制御する生産システムのもとで，ロボットがロボットを組み立てている。
68) 文部科学省［2010］112頁。
69) Roman, D.P.=Puett, J.F.［1983］p.205.

第6章 多国籍企業

本章では,多国籍企業について考察する。多国籍企業は,グローバル経営のメイン・プレイヤーであり,経済的のみならず,政治的にも文化的にも,グローバル(世界的,地球的)な環境に対して多大なインパクトを及ぼしている。

第一に,多国籍企業の概念について考察する。まず,多国籍企業の用語や概念について概略レビューを行う。次に,先行研究における用語や概念の共通項を抽出し分類する。さらに,共通項を踏まえて,本書における多国籍企業の定義を導出する。

第二に,世界の多国籍企業について考察する。まず,欧州・米国の多国籍企業について理解する。次いで,日本の多国籍企業について,さらに,アジアNIEs・ASEAN・BRICsの多国籍企業について理解を深める。

第三に,多国籍企業と国家について考察する。まず,国家(本国・受入国)が多国籍企業に与える影響について理解する。次に,多国籍企業と受入国の関係について理解を深める。さらに,今後の多国籍企業と国家の関係について概観する。

第四に,多国籍企業の競争戦略について考察する。まず,競争戦略の意義について理解する。次いで,多国籍企業の持続的競争優位について理解を深める。さらに,多国籍企業の持続的競争優位を実現するために,多国籍企業のビジネス・システム戦略について言及する。

第五に,多国籍企業の組織について考察する。まず,多国籍企業の組織モデルについて理解する。次に,統合ネットワークと分化ネットワークについて理解を深める。さらに,グローバル組織の変革について言及する。

1 多国籍企業の概念

❶ 先行研究の概略レビュー

　グローバル経営のメイン・プレイヤーは，複数国で事業展開をする多国籍企業（multinational enterprise）である。多国籍企業という用語は，1960年に，米国テネシー渓谷公社総裁（長官）であったリリエンソール（Lilienthal, D.E.）が，カーネギー工科大学で行った講演内容を，その年に『多国籍企業』として刊行したことによってはじめて用いられたとされている。その後，多国籍企業という用語は全世界に急速に普及した。

　一方で，多国籍企業の他にも，世界企業，国際企業，地球企業，超国籍企業，無国籍企業など，様々な類似用語が併用されることがある。ちなみに，国連では，多面的な討議を踏まえて，多国籍企業という用語ではなく，超国籍企業という用語を正式に決定している。

　このように，多国籍企業という用語の定義はまだ確立されたものとはいえないが，国際経済学や国際経営学の領域では，多国籍企業という用語がすでに定着しつつあるので，本書でも，多国籍企業という用語に統一して議論を進める。まず，多国籍企業の定義に関する先行研究の中から，時系列的に定義のいくつかを選択して，簡潔なレビューを行う。

　バーノン（Vernon, R.）［1971］によれば，「多国籍企業とは，共通の所有者によって結合され，売上高1億ドル以上を有しており，共通の経営戦略を持って対処し，少なくとも6カ国以上で活動しており，さらに総資産の20％が海外子会社のそれで占められている企業である」[1]。

　国連［1973］は，多国籍企業を「2カ国以上において，事業ないし所得を生み出す資産を支配している企業」と述べており[2]，米国の国務省［1973］は，「資産を2カ国以上で有する全ての企業」と定義している。

　次に，わが国の研究者による多国籍企業の定義をみてみよう。内田吉英

[1993] は，①複数国における子会社の存在，②株主，経営者，従業員構成の国際化，③組織構成のグローバル化，④経営管理の国際化，を多国籍企業の条件としてあげている[3]。

　折橋靖介 [2003] は，多国籍企業を「海外の資産・企業を支配することを通じて，海外事業活動から利益を得ることを目的とした投資行動である海外直接投資の行動主体者」と定義している[4]。多国籍企業と海外直接投資（FDI）の関係性を重視した定義である。

　浅川和宏 [2003] によれば，「多国籍企業とは，海外に複数拠点を持ち付加価値活動を国際的に行う企業」である[5]。この定義には，海外子会社などの拠点があっても，主要付加価値活動をすべて国内で行うだけでは不十分であるとの認識が読み取れる。

❷ 共通項の抽出と分類

　上述したように，多国籍企業の定義には，多種多様な概念が混在している。しかし，それらを整理するといくつかの共通項に集約することができる。

　共通項の第一は，本国以外に生産・販売拠点があるという点である。本国以外のいくつの国で活動をするかについては意見が分かれており，国連 [1973] や米国の国務省 [1973] は，2カ国以上と定義し，バーノン [1971] が主導したハーバード大学多国籍企業プロジェクト・チームは，6カ国以上と定義している。また，海外事業拠点の数量よりも海外比率を重視している研究者も多い。

　共通項の第二は，大企業であるという点である。先述した定義の内，明確に大企業であることを示したものは少ないが，生産拠点数や，売上高の割合から大企業が前提となっていることがわかる。

　共通項の第三は，これらの定義が海外拠点数や海外比率などの数値化されやすい客観的指標に基づいているという点である。ヒーナン゠パールミュッター (Heenan, D.A.=Perlmutter, H.V.) [1979] は，客観的指標の重要性を指摘した上で，客観的指標を用いた定義の基準とは別に，姿勢基準の重要性を強調している。すなわち，ヒーナン゠パールミュッター [1979] は，図表6-1に示されるように[6]，多国籍企業の定義を，定量的な基準からなる客観的指標と，トップ経営者の姿

図表6-1　多国籍企業化の定義

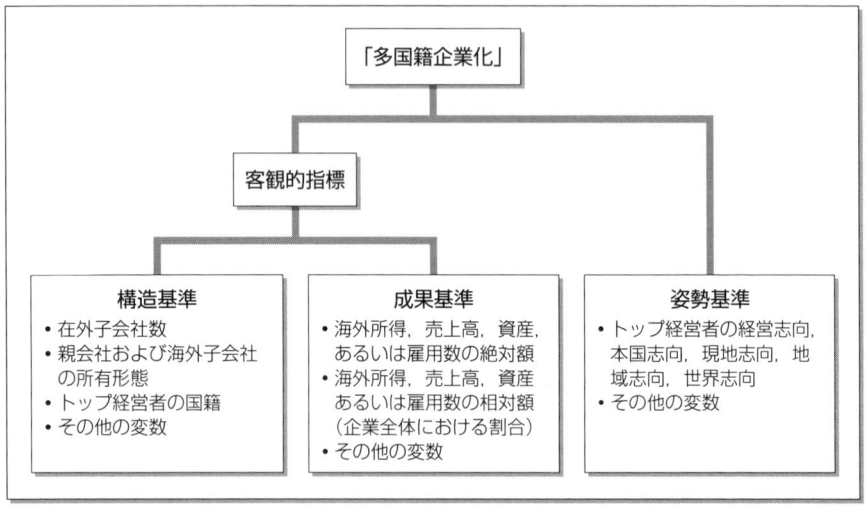

```
                    「多国籍企業化」
                          │
                      客観的指標
                          │
        ┌─────────────────┼─────────────────┐
      構造基準            成果基準            姿勢基準
  ・在外子会社数      ・海外所得，売上高，資産，   ・トップ経営者の経営志向，
  ・親会社および海外子会社   あるいは雇用数の絶対額     本国志向，現地志向，地
   の所有形態       ・海外所得，売上高，資産     域志向，世界志向
  ・トップ経営者の国籍    あるいは雇用の相対額    ・その他の変数
  ・その他の変数       （企業全体における割合）
                  ・その他の変数
```

(出所) Heenan, D.A.=Perlmutter, H.V. [1979] 訳書17頁。

勢からなる姿勢基準に分け，さらに客観的指標を構造基準と成果基準に分けた。構造基準とは，海外子会社数などの組織構造についての基準であり，成果基準とは，海外売上高の比率など企業の成果についての基準である。定量的基準は，数値化が可能なため，規定や進展の度合いが容易にわかる。そのため，多国籍企業の定義の多くは，定量的基準によってなされている。しかし，これらの基準が多国籍企業の度合いを測定する上で妥当であるか否かについては議論の余地がある。

　ヒーナン=パールミュッター [1979] は，むしろ「多国籍企業において，世界的な経営活動に対する経営幹部の考え方を追求することが重要になってくる」と述べ，姿勢基準を重視している[7]。この経営者の態度・信念は，すでに第2章で考察したように，①本国志向（ethnocentric：E），②現地志向（polycentric：P），③地域志向（regiocentric：R），④世界志向（geocentric：G），の4つに分類される。4つの頭文字をとって，「E-P-R-Gプロファイル」と称した[8]。
①　本国志向（E）：国際経営に関する主要な意思決定は，本社のトップ・マネジメントが行い，現地子会社には裁量権がない。本国至上主義の経営が行

われ，本社と現地子会社の関係は，支配（コントロール）と従属の関係である。
② 現地志向（P）：現地適応を重視し，現地子会社に大きな権限と責任が与えられる。ただし，財務，研究開発などは本社に意思決定権限が残る。
③ 地域志向（R）：世界と国の中間にある地域本社・本部（例えば，北米地域本社）に大きな権限と責任が与えられ，地域に適応した経営が行われる。
④ 世界志向（G）：世界的な視野で，本社と現地子会社が有機的に結び付き，統合ネットワークによって国際ビジネスを推進する。

上述した異同点の抽出を考察すると，バーノン［1971］の多国籍企業の概念，すなわち，①大企業であること，②海外現地生産を行っていること，③自国以外に製造子会社および販売子会社を保有していること，④世界共通の経営戦略に基づいた企業活動を行っていること，の4点は，ほぼ妥当性を有するといえよう[9]。

❸ 本書における多国籍企業の定義

多国籍企業について考察する場合，①海外直接投資（FDI）の視点，②多国籍企業の経営目的の視点，③多国籍企業の行動特性の視点，など主要な視点に基づく論点は欠かせない。

第一に，海外直接投資（FDI）の視点では，第2章で述べたように，海外直接投資（FDI）は，利息や配当などのキャピタルゲインの獲得を目的とした証券投資（ポートフォリオ投資）と呼ばれる間接投資とは，投資そのものの特性が大きく異なる。海外直接投資（FDI）の目的は，海外の企業を支配（コントロール）することである。つまり，経営支配を伴う「経営資源のパッケージ移転」の主体が多国籍企業であるという認識は極めて重要である。

第二に，多国籍企業の経営目的の視点では，第1章で述べたように，①世界規模の効率，②柔軟な各国対応，③世界規模の学習とイノベーション，の3点が重要である。①世界規模の効率は，規模の経済，範囲の経済，連結の経営，の実現によって得られることもすでに述べた。②柔軟な各国対応では，1960年代以降の「標準化vs.現地適応化」の議論は，1980年代にレビット［1983］の「市場の同質化」の議論に一時傾いたが，その後，バートレット=ゴシャール［1995］

のグローバル企業によるグローバル戦略とマルチナショナル企業によるマルチナショナル戦略に分類されるなど,「標準化vs.適応化」,「統合化vs.分散化」,「グローバル化vs.ローカル化」の問題は,概念を少しずつ変えながら今後も継続される課題であろう。③世界規模の学習とイノベーションは,イノベーションの本質が"知識創造による新価値の創出"であり,創出された新価値(財・サービス)の優劣が企業の優劣を規定するので,この課題も永遠に継続するものと思われる。

　第三に,多国籍企業の行動特性の視点では,多民族,多国籍,多言語,多文化が常態である多国籍企業を取り巻く環境が,その行動特性に多大なインパクトを及ぼすので,グローバル経営環境や異文化マネジメントなど,多面的な考察が欠かせない。その根底には,従来の事業軸,機能軸に,国・地域という新たな軸が付加されたことが重要な意味を持つ。一般に,グローバル化が進展すると,国・地域の役割は小さくなるという論調が多々見受けられるが,本書では,グローバル化が進展すればするほど,国・地域の存在はむしろ大きくなるという立場にたって考察する。「世界は1つ」というスローガンは存在するが,グローバル経営において完全に「世界は1つ」になることはないであろう。

　多国籍企業の定義に関する先行研究や,本書の総論(第1章〜第3章)を踏まえて,本書では,「多国籍企業とは,トランスナショナルな視野に基づいて,自国内のみでは得られない経営資源を獲得し,競争優位を確立することによって,市場特性・顧客ニーズに合致した価値(財・サービス)をグローバルに提供する企業」と定義して議論を進めることにする。

2 世界の多国籍企業

❶ 欧州・米国の多国籍企業

　欧州・米国は,世界に先駆けて,企業の多国籍化が進んだ地域である。桑原哲也［2002］によれば,18世紀後半からの近代経済発展は,欧米諸国で始まっ

第6章 多国籍企業

た工業化の波が,全世界に波及していくプロセスであった[10]。また,多国籍企業は,各国経済を結び付け,世界を1つの経済単位とするグローバル経済の形成において中心的な役割を果たした[11]。

　欧州・米国の企業は,企業の多国籍化が早い時期から進んだ点で共通する。しかし,欧州・米国における企業の多国籍化の経緯や経営の特徴は,異なる点が見られる。

　まず,欧州多国籍企業について考察する。欧州の特徴としてあげられるのは,比較的小国であるオランダ,スイス,スウェーデン,デンマークなどにおいて,巨大多国籍企業が数多く生まれているという点である。オランダ,スイス,スウェーデン,デンマークといった国々は,市場規模が小さく,企業の成長のためには海外市場に進出しなければならなかったのである。例えば,オランダに本社を持つ電機・エレクトロニクス企業のフィリップス（Philips）は,自国市場の矮小さという弱点を克服し,ライバル企業に打ち勝つために,創設当初から海外市場開拓を進めてきた。

　スイスを本拠とするネスレ（Nestle）は,約100の国・地域に生産拠点をもち,従業員約22万人を擁する世界最大の食品総合メーカーである。スイスの人口は800万人弱であり,国内市場規模は限られているので,成長するためには海外に進出するしか方法がなかった。ネスレの成長戦略は,多国籍化による地理的拡大と,製品多角化を基軸として展開された。

　ロイヤル・ダッチ=シェル（Royal Dutch=Shell）は,「二重国籍企業」として有名な事例である。すなわち,1907年に,オランダのロイヤル・ダッチとイギリスのシェルが,それぞれの国の法律に基づいて持株会社を設立し,2つの持株会社の本社機構として,ロイヤル・ダッチ=シェルとして活動を開始した。

　ユニリーバ（Unilever）も,1929年に,オランダのウニーとイギリスのリーバが,出資比率折半で「二重国籍企業」として誕生した。ユニリーバでは,「現地主導による現地分権」が大幅に進展し,2つの本社は,調整役として位置づけられ「連邦経営」とたとえられるようになった。

　上述したように,欧州の多国籍企業の特徴として,現地志向型のマルチナショナル企業によるマルチナショナル戦略を採っていることがあげられる。組織

的には，「マザー・ドーター構造」と呼ばれる自律的海外子会社によって運営される。欧州市場は，各国のそれぞれの歴史，言語，習慣の違いが顕著であり，消費者の嗜好や行動においても，地域的な差が大きく，多種多様な市場であるという特徴がある。柔軟な各国対応が何よりも重要とされる所以である。

次に，米国の多国籍企業について考察する。米国には，世界を代表する多国籍企業が多数存在する。米国の多国籍企業が発展した理由として，第二次世界大戦後のパックス・アメリカーナ体制があげられる。政治的・経済的・軍事的な優位性によるパックス・アメリカーナ体制によって，米国の多国籍企業は世界中で自由に活動ができた。

しかし，時代を遡って，1848年に設立されたサミュエル・コルト（Samuel Colt）は，1852年にはロンドン工場で連発式のピストルの現地生産に着手し，1950年設立のシンガー（Singer）も，1868年にイギリスで組立工場を，さらに1872年に現地一貫工場を建設し，早くも多国籍企業への道を歩み始めていた。

この他にも，コダック（Eastman Kodak），ジレット（Gillette Safety Razor），ナショナル金銭登録機（NCR），オーティス（Otis Elevator），ウェスタン・エレクトリック（Western Electric）なども海外生産を開始していた。

19世紀末から20世紀初頭にかけて，当時，新産業と呼ばれた化学，電機，自動車，航空機などの産業が勃興し，その中でも自動車産業は，米国が国際的地位を確立していくことに伴って発展し，20世紀を代表する多国籍企業となった。フォード（Ford）やGM（General Motors）は，大量生産方式の導入などによる優位性を背景として，世界中に販売・生産拠点を設立した。具体的には，フォードは1903年に設立し，1904年にはカナダ・フォード設立，1907年までに8カ国，22の取次店を組織化し，輸出を開始している。GMも1908年設立，設立3年目の1911年にはGM輸出会社（General Motors Export）を設立した。

米国の多国籍企業の特徴として，覇権主義的経営を標榜し，インターナショナル企業によるインターナショナル戦略を採っていることがあげられる。インターナショナル戦略は，バーノン［1971］のプロダクト・ライフサイクル論に準拠しつつ，本国の高い技術力を武器にして，本社の知識と能力を世界的に拡大していこうというものである。

第6章 多国籍企業

❷ 日本の多国籍企業

　日本企業の多国籍化は，欧州・米国から大きく遅れ，1950年代から始まった。瀬藤嶺二［1995］は，日本企業の多国籍化には3つの波があるとしている[12]。まず第1波は，中南米と東南アジアなど発展途上国への進出期である。第2波は，発展途上国のウェイトが下がり，先進国に重点を移す転換期である。海外進出を本格化させるプロセスでもあった。第3波は，多国籍化の急激な拡大期であり，進出先が米国，欧州，東南アジアの3地域に集中したことがあげられる。

　日本企業の多国籍化は，1950年代から1970年代後半にかけてアジアが中心地域となっていた。当時の日本企業の競争力は，欧州や米国の企業に比べて，かなり劣っていた。そのため，日本企業は，欧州企業や米国企業が市場として見ていなかったアジアを中心に海外展開をした。1960年代後半からは，アジアNIEsおよびASEAN諸国に設置された輸出加工区に進出した。

　1970年代後半，日本企業は2度目の石油危機に見舞われた。しかし，日本企業は，徹底した減量経営とともに，ME化などのイノベーション（技術革新）を推進し，雇用のフレキシブル化と，多品種少量生産を実現した。この日本的生産システムの進化によって，日本企業の自動車や電子・電機などの高度加工組立型産業は，高品質・低価格を実現し世界市場を席巻した。

　しかし，日本の多国籍企業の成長は，欧米諸国との貿易摩擦を引き起こした。そして，1985年のプラザ合意によって円高が進展し，海外直接投資（FDI）が促進された。この時期，日本の多国籍企業は，アジアNIEsやASEAN諸国にとどまらず，欧州や米国における現地生産を本格化させた。

　ソニー，パナソニック，東芝などの家電企業の多国籍化は，上述した過程で進められた。1970年代，ソニー，パナソニック，東芝は，米国での現地生産に踏み切った。1980年代，現地生産を強化したソニーやパナソニックは，米国の映画会社を買収するなど，企業買収による多角化を進めた。そして，現在，家電企業は，アジア諸国を重要な地域と定め，生産活動や市場獲得を進めている。

　日本の多国籍企業の特徴として，中央集権的なグローバル企業によるグロー

バル戦略を採っていることがあげられる。中央集権的なグローバル企業によるグローバル戦略は，世界的な「規模の経済」を追求することができる。グローバル戦略が有効な産業として，家庭電化製品，建設機械，非鉄金属，化学薬品，化学測定機などがあげられる。自動車や半導体も，本来はグローバル戦略に適しているといえよう。

日本の多国籍企業に関する主な問題点として，①アジア諸国や欧米諸国からの反発，②日本国内の産業空洞化による衰退，の２点があげられる。日本の多国籍企業は，進出先の国を理解し，現地人に支持される環境を，自ら創らなければならない。また，日本の多国籍企業は，国内産業の維持・活用を真剣に考慮する必要がある。

❸ アジアNIEs・ASEAN・BRICsの多国籍企業

近年，アジアNIEs，ASEAN，BRICsなど，欧米や日本以外の地域の多国籍企業が，大きな存在感を持ちつつある。毎年，米国フォーチュン誌は，世界を代表する企業500社を発表する。年度によって企業数に多少の増減はあるものの，中国，韓国の企業は，常に500社の中に10社以上ランクインしている。特に，中国企業は，過去10年ほどで目覚ましい発展を遂げている。中国，韓国の企業以外にも，アジアNIEs，ASEAN，BRICsの企業が上位500社の中に入り，注目される存在になりつつある。

アジアNIEs，ASEAN，BRICsの多国籍企業は，図表6-2に示されるように[13]，韓国のサムスン電子，現代自動車，LG電子など，台湾のエイサー，台湾プラスチックスなど，マレーシアのクォク兄弟，ホンリョンなど，インドネシアのサリム，フィリピンのルシオ・タンといった企業があげられる。また，図表6-2にはないが，近年，インドのタタ，中国のハイアールといった多国籍企業も世界の注目を浴びている。

アジアNIEs，ASEAN，BRICsの多国籍企業の特徴は，図表6-2に示されるように，業種でみれば，電機，半導体，造船，金融，不動産など特定の業種に集中している。進出国・地域でみれば，韓国の多国籍企業の一部，台湾の多国籍企業の一部を除けば，まだグローバル（世界規模，地球規模）な展開にまで

第6章 多国籍企業

図表6-2　アジアの主要多国籍企業

企業およびグループ	業種	主要進出地域	所有
〈韓国〉			
三星	電子機器，石油化学，造船・重機械，建設，金融	全世界	民間
現代	電子機器，自動車，造船・重機械，石油化学，建設，金融	全世界	民間
LG	電子機器，石油精製，石油化学，機械，金属，建設，金融	全世界	民間
〈台湾〉			
エイサー（Acer）	パソコン，半導体	全世界	華人
台湾プラスチックス	石油化学，紡績，電子	米国，アジア	華人
TSMC（台湾集積電路）	半導体受託生産	米国，アジア	官民
エバーグリーン（長栄）	海運，陸運，航空		華人
プレジデント（統一）	食品，流通，製造業	中国	華人
〈香港〉			
チェウンコン（長江実業）	不動産，電力，埠頭，小売，通信	中国	華人
ニューワールド（新世界）	不動産，通信，ホテル，金融	中国	華人
ウィーロック（会徳豊）	海運，不動産，ホテル，通信	中国，アジア	華人
〈シンガポール〉			
UOB（United Overseas Bank）	金融，不動産，ホテル，製造業	アジア	華人
DBS（Development Bank of Singapore）	金融	アジア	政府系
ホンリョン（豊隆）	金融，不動産，ホテル，製造業	アジア	華人
シンガポール・テクノロジーズ	造船，製造，航空	アジア	政府系
センバワン	船舶修理，製造，海運，エンジニアリング	政府系	
〈マレーシア〉			
クォク兄弟（郭兄弟）	投資，ホテル，製造業，不動産	アジア	華人
ホンリョン（豊隆）	金融，製造業，不動産，ホテル	アジア	華人
〈タイ〉			
CP（Charoen Pokphand）	飼料，食品，不動産，通信	アジア	華人
バンコク銀行	金融，不動産	アジア	華人
〈インドネシア〉			
サリム	金融，不動産，製造業，農園	アジア	華人
〈フィリピン〉			
ルシオ・タン	タバコ，ビール，銀行，航空	アジア	華人

（資料）朱炎編［2000］，関口操=武内成編［1997］，Zutshi, R.K.=Gibbons, P.T.［1998］．
（出所）吉原英樹編［2002］280頁。

至っていない。

　上で考察したように，欧州，米国，日本，アジアNIEs・ASEAN・BRICsの多国籍企業の特徴は，図表6-3に示されるように[14]，①多国籍化の開始時期，②多国籍化の要因，③経営の特徴，④課題，の４項目について比較すると明確な特徴がある。欧州の多国籍企業はマルチナショナル企業，米国の多国籍企業はインターナショナル企業，日本の多国籍企業はグローバル企業の特徴を有する。アジアNIEs・ASEAN・BRICsの多国籍企業は，総じて，国（政府）との関係が一種独特である。特に，韓国，台湾，中国など，東アジアの国（政府）と多国籍企業の関係性を考察すると，①経済のファンダメンタルズの重視，②国（政府）の市場への積極的な介入，③国（政府）と民間企業との癒着，などが特徴としてあげられる。これらの特徴は，多国籍化のある段階までは有効であるが，その後，多国籍企業の成長に伴って弱点となることが予測される。

図表6-3　各地域の多国籍企業の比較

	欧州	米国	日本	アジアNIEs・ASEAN・BRICs
多国籍化の開始時期	1800年代後半	1800年代後半	1950年代	1980年代後半〜2000年代
多国籍化の要因	・国内市場の小ささの克服	・パックス・アメリカーナ体制による米国企業の優位性	・アジア市場・欧米市場の獲得を目指す。 ・日本の先進国化による高コスト化，欧米からの圧力	・輸出志向型工業化 ・東アジア工業化による国外のビジネスチャンスの拡大 ・製造業・IT産業で強みを持つ
経営の特徴	・マルチナショナル型の現地適応アプローチ	・インターナショナル型の普遍化アプローチ	・中央集権型のグローバル型経営	・強い多角化志向 ・キャッチアップ型の産業構造 ・家族的所有経営 ・ネットワーク志向 ・独特の金融システムによる支援
課題	・多国籍化による組織の肥満化 ・従来の欧州型経営方式の限界	・本国産業の空洞化 ・進出国の反発	・本国産業の空洞化 ・進出国の反発	・コア事業とイノベーション能力の弱さ ・経営の前近代性

（出所）筆者作成。

3 多国籍企業と国家

❶ 国家が与える影響

　多国籍企業と国家は，現代社会における二大主権者である[15]，といえよう。国家主権は，国際社会において国家を代表する最上位の主体であり，国家は統治する限定された領域内で，外部からの干渉や権力に支配されることなく，排他的な権力を行使する。

　一方，多国籍企業は，複数国に資産や活動拠点を保有し，国境を越えて，複雑・多様で機動性に富んだ行動をとり，多くの国家に多大な影響を与える主体として存在感を増大させてきた。両者の目標とするところは異なり，両者の関係には相対立する要因が内在している[16]。

　多国籍企業の経営は，図表6-4に示されるように[17]，本国，受入国の2つから強い影響を受ける。多国籍企業に対する本国からの影響，多国籍企業に対す

図表6-4　多国籍企業と国家の三角関係

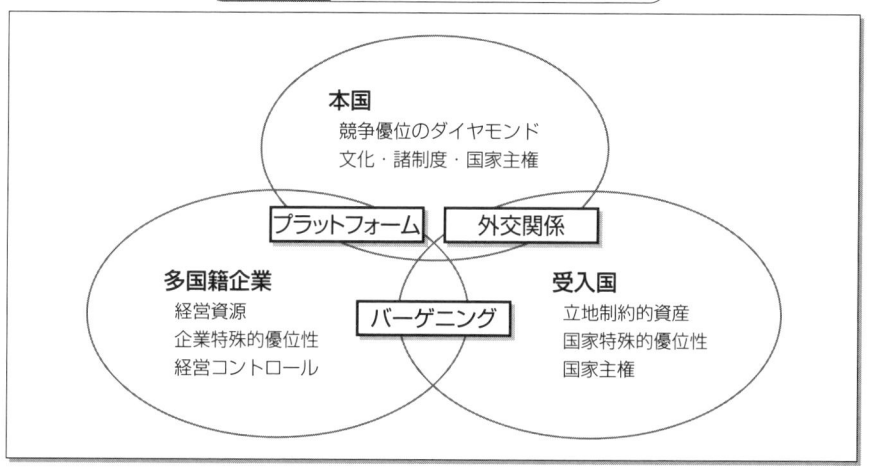

本国
　競争優位のダイヤモンド
　文化・諸制度・国家主権

プラットフォーム　　外交関係

多国籍企業
　経営資源
　企業特殊的優位性
　経営コントロール

バーゲニング

受入国
　立地制約的資産
　国家特殊的優位性
　国家主権

（出所）安室憲一編［2007］210頁を筆者が一部修正。

る受入国からの影響の2点は，多国籍企業のグローバル経営を考察する上で，極めて重要な要素である。

まず，多国籍企業に対する本国の影響について考察する。ポーター[1990]は，最もグローバル化した産業においても，本国の環境が，多国籍企業の競争優位の源泉になると指摘している[18]。

国内企業の場合，本拠地としての自国の法，制度，文化などの環境要因は，いわば国内企業にとって所与の条件である。多国籍企業の場合，本拠地としての自国は，多国籍企業のプラットフォームであり，そのプラットフォームの優劣が多国籍企業の優劣につながる。

ポーター[1990]は，第1章で考察したように，ある国が特定産業において，国際的に成功するのはなぜか，という問いに対して，国の競争優位の決定要因として，①要素条件，②需要条件，③関連・支援産業，④企業の戦略，構造およびライバル間競争，の4つの要素をあげた[19]。この4つの要素は，図表の形状から「ダイヤモンド」と名付けられた。

① 要素条件：ある任意の産業で競争するのに必要な熟練労働またはインフラストラクチャーといった生産要素における国の地位。
② 需要条件：製品またはサービスに対する本国市場の需要の性質。
③ 関連・支援産業：国の中に，国際競争力をもつ供給産業と関連産業が存在するかしないか。
④ 企業の戦略，構造およびライバル間競争：企業の設立，組織，管理方法を支配する国内条件および国内のライバル間競争の性質。

いかなる多国籍企業も，最初はすべて本国という国家の枠組みの中で誕生し成長する。すなわち，多国籍企業は，本国のプラットフォームのもとで競争力を強化する。その意味で，本国は多国籍企業の母国そのものであるといえる。

次に，多国籍企業に対する受入国の影響について考察する。受入国は，多国籍企業が自国にもたらす様々な影響（雇用創出や技術移転などのプラスの効果のみならず，政治的主権・文化的主権の侵害，各種摩擦などのマイナスの効果を含む）を評価し，外資政策という形で多国籍企業の活動や行動を，時には促進し，時には規制・介入することによって影響を及ぼす。

第6章 多国籍企業

　受入国は，自国の経済成長のために，多国籍企業を受け入れるべきかどうかを検討するので，自国にとって多国籍企業が役にたつことがすべての前提となる。受入国と多国籍企業は，互いに異なる目標を持ち，受入国というステージで対立することも多い。

❷ 多国籍企業と受入国の関係

　多国籍企業と受入国の関係をもう少し詳しくみてみよう。ダニング（Dunning, J.H.）［1993］は，多国籍企業と受入国の関係を「バーゲニング」という概念を用いて考察した[20]。バーゲニングとは，多国籍企業が所有特殊的優位を持ち，受入国が立地特殊的優位を持ち，それぞれが異なる目標を持つという条件のもとで，それぞれの目標を達成するプロセスのことである。

　また，バーゲニング能力とは，ある特定の多国籍企業ないし受入国が，それぞれ自己の持つ優位性を，多国籍企業の活動と，受入国の政策展開の相互作用を通じて，成功裡にその目標に結び付ける能力のことである[21]。

　ダニング［1993］は，図表6-5に示されるように[22]，多国籍企業と受入国の関

図表6-5　多国籍企業と国家（受入国）の関係

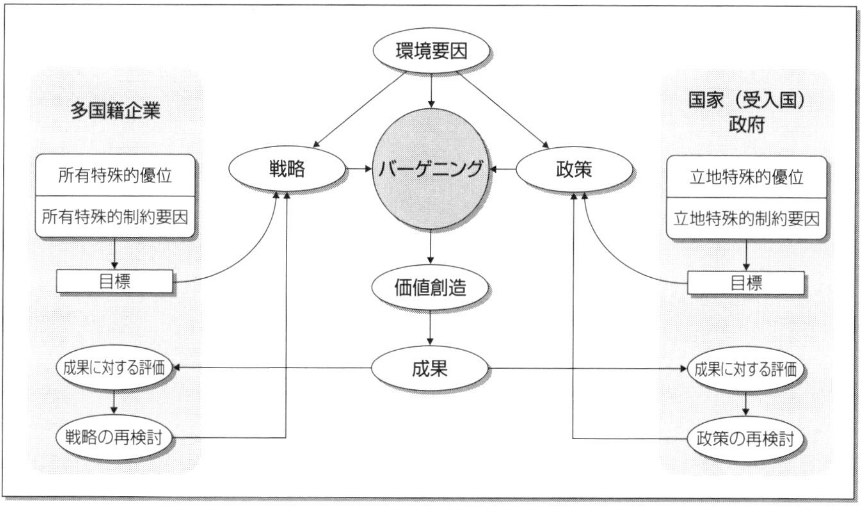

（出所）Dunning, J.H.［1993］p.550.

係性を「バーゲニング」を中心に説明している。図表6-5で明らかなように,多国籍企業と受入国は,それぞれ優位性と制約要因を持っている。お互いの優位性と制約要因をもとに,お互いに目標を策定し,多国籍企業は戦略を,受入国政府は政策を立案する。多国籍企業の戦略と受入国政府の政策は,環境要因に影響を受けつつ,互いにぶつかり合いバーゲニングが起こる。バーゲニングによって産み出された成果は,多国籍企業,受入国政府の双方で評価され,戦略・政策が再検討される。そして,新たな戦略・政策が策定される。

多国籍企業が受入国で利益を享受するためには,自社の所有特殊優位を高める必要がある。また,多国籍企業は,受入国の立地特殊優位を見極めなければならない。そのことがバーゲニングの基本になることはいうまでもない。

江夏健一=桑名義晴編［2001］は,第二次世界大戦後の,多国籍企業と受入国の関係史を,以下の3段階に分けて整理している[23]。

第1段階は,1950年代初頭から1960年代中頃までの,米国多国籍企業による支配の時代である。世界経済における米国の支配力はピークに達しており,米国の多国籍企業が世界における国際生産を支配していたといっても過言ではない。受入国の政府には,政策の選択肢は実質的にはほとんどなかった。

第2段階は,1960年代中頃から1970年代終わりまでの,対立関係の時代である。この時期,受入国は多国籍企業のコントロールの強化を図った。多くの開発途上国が独立を果たし,ナショナリズムが高揚した。チリ,ナイジェリア,ガーナなどでは,受入国による資産の接収や国有化の動きが多国籍企業を刺激した。社会主義政権の成立を防止するため,多国籍企業による資金提供や秘密工作が行われたのもこの時期である。

第3段階は,1970年代終わりから現在までの,協調関係の時代である。この時期,アジアNIEs・ASEAN・BRICsなど,多くの発展途上国を含む国々が,著しい経済成長を経験している。その主要な背景として,多国籍企業による受入国の経済成長に対する貢献が認識されるようになったことがあげられる。多国籍企業と受入国の関係が次第に「Win-Win関係」に変化しつつあり,協調関係が定着しつつある。しかしその一方で,労働における児童虐待などの人権問題が多発しており,すべての問題が解決されたわけではない。

❸ 今後の多国籍企業と国家の関係

　近年，反グローバリズム運動が活発化している。例えば，2001年7月に開催されたジェノバ・サミットにおいて，反グローバリズム派による大規模な抗議が行われ，参加者が銃殺される事件が発生した。

　グローバル化の中心的役割を担っている多国籍企業に対して非難が集中している。ディジョージ（DeGeorge, R.T.）［1989］は，多国籍企業が発展途上国から資源を搾取し，反道徳的な行為を行っていると非難した。また，多国籍企業は，貧困や，貧困から発生する社会不安の原因になっていると指摘した[24]。

　また，ハーツ（Hertz, N.）［2000］は，多国籍企業をあまりにも強大化した怪物とみなしている。多国籍企業は，小さな国家よりもはるかに強大な資産を持っている。その結果，国家は，多国籍企業を優遇し，自国民をないがしろにする政策をとっていると指摘した。ハーツ［2000］は，多国籍企業の既得権益を奪うべきだと主張している[25]。

　反グローバリズム派が台頭する中で，多国籍企業は，相手国に対する配慮を示す必要がある。中国の華南地域に進出している華南イオングループは，「人様の軒先を借りて，商売をさせて頂いているのだから，その国に対して何か貢献することが使命だ」という考えがある。そのため，コンプライアンス，取引先との「Win-Win関係」の構築など，正直な商取引を行うことを徹底している[26]。

　今後の多国籍企業と国家の関係について，多国籍企業の社会的責任は，理論と実践の両面で不可避の課題である。多国籍企業の社会的責任については，第10章で節を独立して考察する。今後，多国籍企業と国家が発展していくためには，相手との相互発展を目指す「Win-Win関係」の構築が必要不可欠である。

4 多国籍企業の競争戦略

❶ 競争戦略の意義

　岸川善光［2006］によれば，企業の競争戦略とは，「特定の事業分野，製品・市場分野において，競合企業（競争相手）に対して，持続的な競争優位を獲得するために，環境対応のパターンを将来志向的に示すものであり，組織構成員の意思決定の指針となるもの[27]」である。

　宮川正裕［2008］は，多国籍企業の競争優位を，経営資源やイノベーションにつながる知識や生産性の面での競争優位を高めるノウハウを含め，「規模の経済」と「範囲の経済」のメリットを享受できる点にあるとしている[28]。また，岸本寿生［2001］は，多国籍企業がネットワークを構築することによって「連結の経済」のメリットを享受できるとしている[29]。多国籍企業の競争戦略では，「規模の経済」「範囲の経済」「連結の経済」の3つの経済性を獲得するために，どのように活動するかが重要になる。

　ポーター［1985］は，多国籍企業の競争優位は，企業の行う製品設計，製造，マーケティング，流通，各種サービスなど，多くの別々の活動から生まれると指摘した。また，ポーター［1985］は，企業の全ての活動と，その相互関係を体系的に検討することが，競争優位の獲得に必要であると指摘している。その分析のために生み出された基礎概念が，第5章でも考察した価値連鎖である[30]。

　上述したように，多国籍企業の競争戦略において，「規模の経済」「範囲の経済」「連結の経済」の3つの経済性を獲得することは極めて重要である。そのために，多国籍企業の競争戦略の中心コンセプトとして，企業活動の配置（Configuration）と調整（Coordination）があげられる。ポーター［1986］は，多国籍企業において，世界レベルで見て，どこの国にどの活動を立地させるかという配置と，これらの活動をどう結び付けていくかという調整について多面的

第6章 多国籍企業

図表6-6　多国籍企業の経営管理の特徴

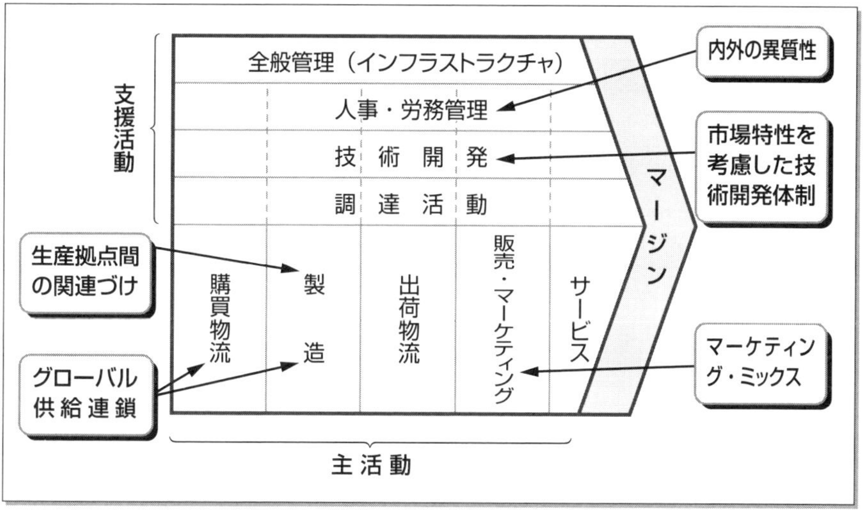

(出所) 岸川善光 [2002] 227頁 (Porter, M.E. [1985] 訳書49頁に基づいて作成)。

な議論を行っている[31]。

　岸川善光 [2002] は，ポーター [1985] の価値連鎖の概念を用いて，図表6-6に示されるように[32]，多国籍企業の経営管理の特徴について分析している。具体的には，多国籍企業の経営管理について，価値連鎖の主活動から，①製造（生産）管理，②ロジスティクス管理，③マーケティング管理の3つの機能，価値連鎖の支援活動から，④人事・労務管理，⑤技術開発管理の2つの機能，合計5つの機能を抽出して，多国籍企業の経営管理の特徴を考察している[33]。

①　製造（生産）管理：世界的（地球的）な視野に基づいた生産拠点の配置，内外の生産拠点の関連づけが製造（生産）管理の中心的なテーマとなる。特に，コスト面において，製造コストとロジスティクス・コストとのインターフェイスが重要なテーマになることが多い。

②　ロジスティクス管理：グローバル供給連鎖ないしグローバル・ロジスティクス・ネットワークの構築が，ロジスティクス管理の中心的テーマになる。特に，調達先の選定（提携，合弁など）および国際分業体制の構築が重要なテーマになることが多い。

③ マーケティング管理：世界的（地球的）な規模でのマーケティング・ミックス（製品，価格，販売促進，流通）がマーケティング管理の中心テーマになる。特に，海外子会社におけるマーケティング・ミックスの統一化と分散化の選択が重要なテーマになるケースが多い。

④ 人事・労務管理：機能面からみれば，雇用，労働条件，昇進，配置などが多国籍企業の人事・労務管理の中心テーマになる。ただし，言語・宗教・習慣・価値観の違いなど，内外の異質性に対していかに対応するかが重要なテーマになるケースが多い。

⑤ 技術開発管理：世界的（地球的）な視野に基づいた技術開発資源（人材，資金，設備，情報など）の蓄積・配分が技術開発管理の中心テーマになる。特に，多国籍企業では多様な市場を対象とするので，それぞれの市場特性を考慮した技術開発体制の構築が重要なテーマになるケースが多い。

多国籍企業は，世界的（地球的）な視野に基づいた経営管理（マネジメント）が重要である。また，そのような多国籍企業の経営管理の特徴を踏まえつつ，それぞれの活動を最適に組み合わせることが，競争優位の獲得につながるのである。

❷ 多国籍企業の持続的競争優位

多国籍企業が存続・発展するためには，競合企業（競争相手）に対して，何らかの競争優位を持ち続けることが必要不可欠である。一時は成功した多国籍企業の競争優位であっても，ややもすると一過性であることが多い。一過性の競争優位では，すぐに模倣する競合企業（競争相手）が現れて競争優位を維持できない。いかに「持続的競争優位」を獲得するかが重要なポイントになる[34]。

競争戦略には，①ポジション・スクール，②リソース・ベースト・ビュー，の2つの学派がある。ポジション・スクールの代表はポーターである。ポジション・スクールでは，業界内におけるどの戦略的集団（ストラテジック・グループ）に属するかによって，適切なポジショニング戦略が決まり，それによって企業業績が規定されるという立場にたつ。

一方，リソース・ベースト・ビューとは，経営資源の価値の観点から，経営

第6章 多国籍企業

戦略（特に，競争戦略）について考察することである。ルメルト［1974］，ハメル=プラハラード［1994］，コリス=モンゴメリー［1998］，バーニー［2002］などがリソース・ベースト・ビューの代表的な研究者としてあげられる。

グローバル経営において，多国籍企業が自社のコア・コンピタンス（中核能力）を競争戦略の源泉とするためには，経営資源にいくつかの要件が満たされなければならない。第3章で述べたように，コリス=モンゴメリー［1998］は，企業が所有する資源の価値は，①顧客ディマンド充足性（demand），②希少性（scarcity），③専有可能性（appropriability），の3つの側面が交わる部分において創造される，と述べた。

本書では，多国籍企業の競争優位の獲得において，ポジションが重要か，リソースが重要か，という二項対立的な立場は採らない。競争の局面によって，ポジションの重要性，リソースの重要性が異なるからである。

多国籍企業の持続的競争優位を考察する場合，①製品中心に競争優位を考えるか，②ビジネス・システムを中心に競争優位を考えるか，という選択肢もある。「現代の孫氏」といわれるポーター［1980］は，競争の基本戦略として，①コスト・リーダーシップ戦略，②差別化戦略，③集中戦略，の3つの競争戦略を提示した[35]。この3つの基本戦略は，製品中心に競争優位を考えている。

一方，ビジネス・システムを中心に競争優位を考える立場もある。近年，ICT（情報通信技術）の進展に伴って，ビジネス・システムの進展が著しい。「ビジネス・システムとは，顧客に価値を届けるための機能・経営資源を組織化し，それを調整・制御するシステムのことである[36]」。このビジネス・システムを競争優位の源泉とする戦略をビジネス・システム戦略という。

ビジネス・システムには，①ビジネス・モデル，②ビジネス・プロセス，③価値連鎖（バリュー・チェーン），④供給連鎖（サプライ・チェーン），⑤需要連鎖（ディマンド・チェーン），⑥ロジスティクス，など多くの類似概念が存在し，概念間に相互に重複がみられ混乱さえ生じているが，本書では上述した定義に基づいて議論を進めることにする。

❸ 多国籍企業のビジネス・システム戦略

　上で，競争優位について考察する「切り口」として，①ポジションかリソースか，②製品かビジネス・システムか，という分類を行った。ここでは，リソースを重視し，ビジネス・システムを競争優位の源泉とするビジネス・システム戦略について考察する。

　ビジネス・システムの優劣を評価する場合，どのような基準が考えられるであろうか。加護野忠男=井上達彦［2004］は，ビジネス・システムの客観的な評価基準として，次の5つを指摘している[37]。

① 　有効性：ビジネス・システムから商品やサービスを受ける顧客にとって，より大きな価値があると認められるかどうか。すなわち，顧客価値の大小がビジネス・システムの有効性（効果性）を評価する基準になる。これは具体的には，「どのような顧客に，どのような価値を提供するか」というビジネス・コンセプトに対して，設計されたビジネス・システムが合致しているかどうか，ということに他ならない。

② 　効率性：同じ価値あるいは類似の価値を提供する他のビジネス・システムと比べて効率性がよいか。すなわち，効率的であれば，同じ価値を低コストで提供できるので，競争優位の源泉になる。

③ 　模倣困難性：競争相手にとって，どの程度模倣が難しいか。すなわち，模倣しやすいビジネス・システムであれば，差別化戦略の源泉にはなり得ない。

④ 　持続可能性：ビジネス・システムの優位性が長期にわたって維持し得るかどうか。すなわち，変化に対応できる柔軟性がないと，ビジネス・システムとしての持続可能性は低い。

⑤ 　発展可能性：将来の発展可能性をどの程度もっているか。すなわち，新事業，新業態を創出する源泉になり得るビジネス・システムならば，ビジネス・システムとしての発展可能性は高いといえる。

　このように，ビジネス・システムの優劣は，上の5つの評価基準によって評価することができる。しかし，この5つの評価基準のすべてを満たすビジネス・システムは，現実的にはまだほとんど存在しない。

次に，供給連鎖を基軸として，ビジネス・システムの形態について考察する。ビジネス・システムの革新は，①垂直的統合（vertical integration），②水平的統合（horizontal integration），の2つの方法によってなされることが多い。

① 垂直的統合：垂直的統合とは，原材料の調達から製品の販売，顧客サービスに至る機能（業務，活動）を垂直的な流れとみて，2つ以上の機能（業務，活動）を1つの企業内にまとめることをいう。すなわち，ある機能（業務，活動）を市場取引から企業内取引へと取り込んで，今まで外部に任せていた機能（業務，活動）を企業自らが行うようになることである。

　垂直的統合には，2つの方向がある。原材料の調達から製品の販売に至る機能（業務，活動）の内，原材料調達に近いほうを川上，製品販売に近いほうを川下というが，この川下の方向に向かうものを前方統合（forward integration）といい，川上の方向に遡るものを後方統合（backward integration）という。

　素材メーカーが完成品の生産に進出したり，完成品メーカーが既存の流通チャネル（卸・小売）を回避して直販を行うなどは前者の例であり，逆に，完成品メーカーが原材料の生産に乗り出したり，小売店が自社ブランドの製品を生産するなどは後者の例である。

② 水平的統合：同種の事業分野，製品・市場分野に進出し，事業範囲を拡大することを水平的統合という。企業同士を結合することによって達成されることが多く，同種の事業分野における企業の合併を意味して使われる場合が多い。

　水平的統合の目的は，主として，規模の経済の実現と競争優位の獲得である。国際競争力を高めるために大銀行同士が合併したり，類似製品を生産しているメーカー同士が合併するケースがこれにあたる。

　水平的統合は，研究開発，生産，マーケティングなど機能（業務，活動）を結合することによって，規模の利益の実現が可能になる他に，生産拠点の再配置，設備投資の重複の排除，管理組織の削減などの利益が得られる。

ところで，供給連鎖は，ビジネス・システムの形態という視点で分類すると，垂直的統合の典型例であるといえる。ちなみに，ポーター［1980］の価値連鎖

図表6-7　垂直統合型バリュー・チェーンと水平統合型バリュー・チェーン

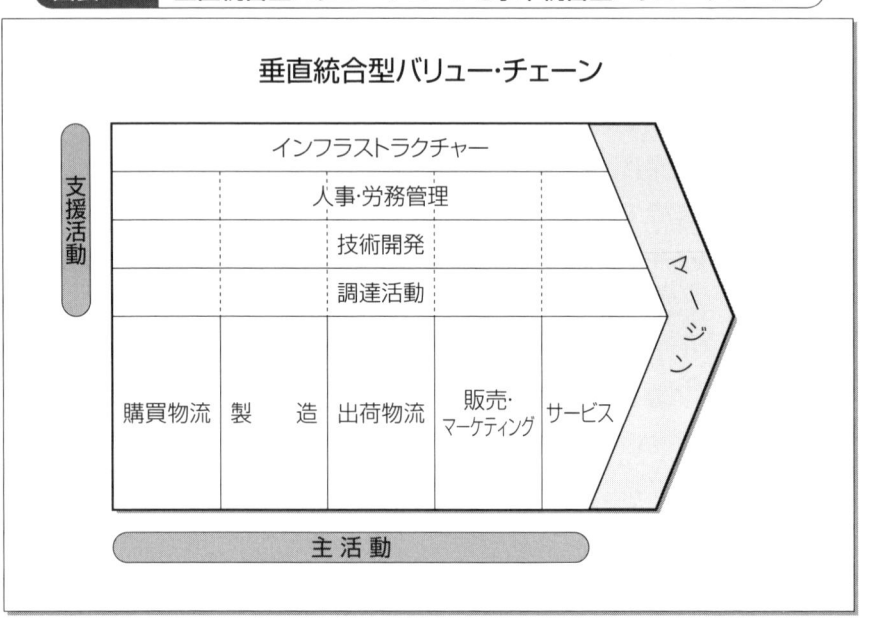

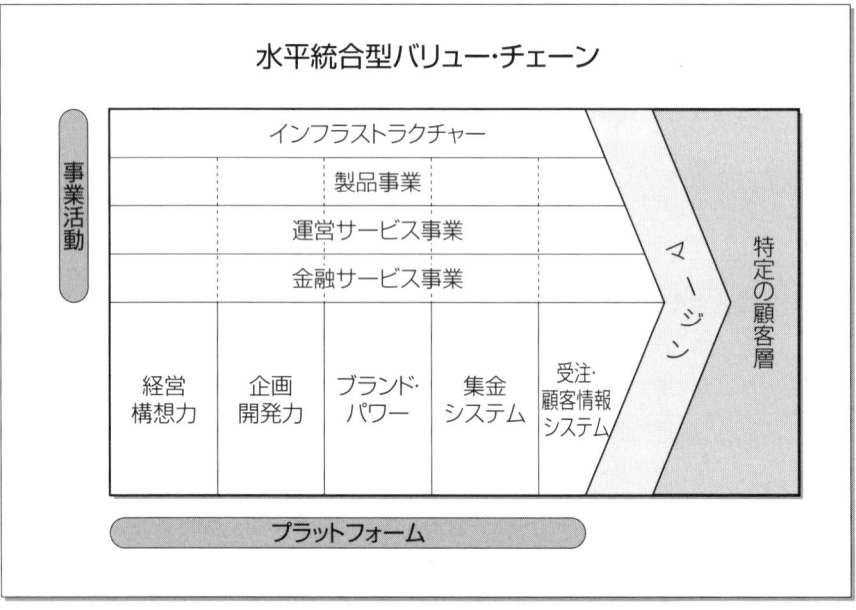

垂直統合型バリュー・チェーン

支援活動	インフラストラクチャー					マージン
	人事・労務管理					
	技術開発					
	調達活動					
	購買物流	製造	出荷物流	販売・マーケティング	サービス	

主活動

水平統合型バリュー・チェーン

事業活動	インフラストラクチャー					マージン	特定の顧客層
	製品事業						
	運営サービス事業						
	金融サービス事業						
	経営構想力	企画開発力	ブランド・パワー	集金システム	受注・顧客情報システム		

プラットフォーム

（出所）森本博行 [1998b] 8頁。（ダイヤモンド・ハーバードビジネス編集部編 [1998b]，所収）

も，ビジネス・システムの形態としては，機能を垂直的に連結したビジネス・システムである。すなわち，ポーターの価値連鎖は，垂直統合型の「機能連鎖」であるので，その意味では，供給連鎖と呼んだほうがむしろ適切かもしれない。

森本博行［1998b］は，図表6-7に示されるように[38]，垂直統合型バリュー・チェーンと水平統合型バリュー・チェーンの事例を分かり易く図示している。森本博行［1998b］のいう水平統合型バリュー・チェーンのことを，ポーター［1985］は，「相互支援戦略（cross-unit collaboration）」と呼び，垂直統合型バリュー・チェーンと区別している[39]。そして，この水平統合型バリュー・チェーンが，持続的競争優位の獲得において有効であることを述べている。

5 多国籍企業の組織

❶ 多国籍企業の組織モデル

多国籍企業の組織について考察するために，まず，バートレット＝ゴシャール［1989］の組織モデルについてレビューを行う。

第2章で考察したように，バートレット＝ゴシャール［1989］は，多国籍企業を主として戦略能力の視点に基づいて，①マルチナショナル企業，②グローバル企業，③インターナショナル企業，④トランスナショナル企業，の4つに分類し，この4つの組織構造について，様々な考察を加えている。

① マルチナショナル企業：強力な現地子会社に戦略的姿勢や組織能力を発達させて，各国の市場特性の違いに敏感に対応する企業。欧州の多国籍企業の大半がこれに該当する。海外市場の特性を踏まえた戦略アプローチに適した組織体制といえる。

② グローバル企業：経営戦略や経営管理上の決定を本国の本社に集中させ，グローバルな規模の経営によって，コスト優位性を追求する企業。日本の多国籍企業の大半がこれに該当する。世界共通の市場に通用する製品を生み出し，世界的規模の生産を目指す極めて効率性の高い組織体制といえる。

③　インターナショナル企業：知識や専門技術の世界的な利用をベースに考え，親会社が持つ知識や専門技術を，海外市場向けに移転したり適応させたりする企業。米国の多国籍企業の大半がこれに該当する。海外の生産拠点・販売拠点の役割は，本国の本社を助けることに主眼がおかれる。

④　トランスナショナル企業：従来，上述したグローバル企業（グローバルな効率性の追求），マルチナショナル企業（各国の市場特性への適応），インターナショナル企業（世界的なイノベーションの促進）は，それぞれトレードオフの関係にあるとみなされてきた。ところが，近年では，世界的な効率性を追求し，各国市場の特性にあわせ，世界的なイノベーションを促進することを，同時に求められるようになってきた。トランスナショナル企業は，これらの要求を同時に満たすことを目的として，分散型組織の特徴を持ち，本社を含めた各国の海外子会社間のネットワークにおいて，経営資源や能力の蓄積・配分を相互依存的かつ最適に行う。また，知識の開発と普及においても，他の組織とは異なり，世界的規模でイノベーションが行われる。

　バートレット=ゴシャール［1989］の組織モデルについて，もう少し詳しくみてみよう。図表6-8に示されるように[40]，マルチナショナル型組織モデルは，権力分散型の連合体である。強力で自立的な現地子会社によって，各国の市場特性の違いに敏感に対応することができる。学習とイノベーションは現地子会社内で推進される。

　グローバル型組織モデルは，中央集権型統合体である。意思決定，能力，権限を本社に集中し，世界共通の市場に通用する製品を生み出し，世界的規模の生産を目指す極めて効率性の高い組織モデルである。学習とイノベーションは本社主導で行われる。

　インターナショナル型組織モデルは，調整型連合体である。知識や専門技術の世界的な利用をベースに考える。意思決定や能力は分散しているが，本社の管理を受ける。学習とイノベーションは本社主導で行われ，その成果は現地子会社に移転される。

　トランスナショナル型組織モデルは，まだ理念型モデルの域を脱していないものの，第3章で考察したように，1）各部門に分散され，専門化された資源

第6章 多国籍企業

図表6-8 多国籍企業の組織モデル

(A) マルチナショナル型組織モデル

権力分散型連合体
多くの重要な資源，責任，意思決定が分散している

人的管理
単純な財務統制の上に成り立つ，非公式な本社と子会社の関係

マルチナショナル経営精神
経営者側は海外での事業を独立した事業体の集合とみなしている

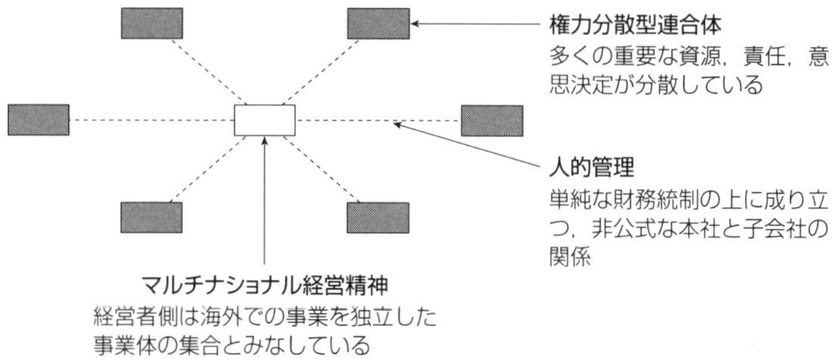

(B) グローバル型組織モデル

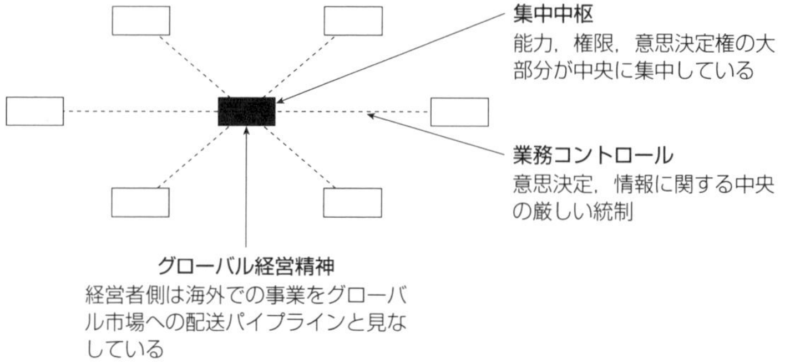

集中中枢
能力，権限，意思決定権の大部分が中央に集中している

業務コントロール
意思決定，情報に関する中央の厳しい統制

グローバル経営精神
経営者側は海外での事業をグローバル市場への配送パイプラインと見なしている

(C) インターナショナル型組織モデル

管理的統制
公式的な経営計画と管理体制によって本社と子会社は密接に結びついている

調整型連合体
多くの能力や権限，意思決定権は分散しているが本社の管理を受ける

インターナショナル経営精神
経営者側は海外での事業を本社の付属であるとみなしている

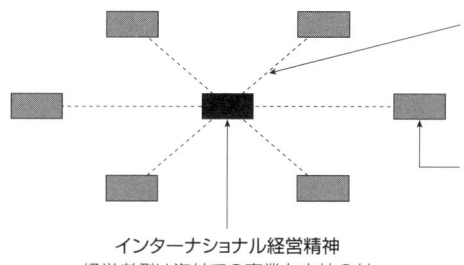

(出所) 図(A) Bartlett, C.A.=Ghoshal, S. [1989] 訳書68頁。
　　　 図(B) Bartlett, C.A.=Ghoshal, S. [1989] 訳書70頁。
　　　 図(C) Bartlett, C.A.=Ghoshal, S. [1989] 訳書69頁。

図表6-9　多国籍企業の組織モデル別の特徴

	マルチナショナル企業	グローバル企業	インターナショナル企業	トランスナショナル企業
能力と組織力の構成	分散型 海外子会社は自立している	中央集権型 グローバル規模の効率性を重視する	能力の中核部は中央に集中させ，他は分散させる	分散型 相互依存 専門化
海外事業が果たす役割	現地の好機を感じ取って利用する	親会社の戦略を実行する	親会社の能力を適応させ活用する	海外の組織単位ごとに役割を分けて世界的に経営を統合する
知識開発と普及	各組織単位内で知識を開発して保有する	中央で知識を開発して保有する	中央で知識を開発し海外の組織単位に移転する	共同で知識を開発し世界中で分かち合う

（出所）　Bartlett, C.A.=Goshal, S. [1989] 訳書88頁。

と能力，2）相互に関連づけられた部門間で，部品・製品・資源・人材・情報の広範な交換，3）意思決定を共有し合う環境で，調整と協力が進む複雑なプロセス，という特性を持つ「統合ネットワーク」として位置づけられる。

　図表6-9は，多国籍企業の組織モデル別の特徴を比較したものである[41]。①能力と組織力の構成，②海外事業が果たす役割，③知識開発と普及，の3つの項目で比較しただけでも，①マルチナショナル企業，②グローバル企業，③インターナショナル企業，④トランスナショナル企業，のそれぞれに明確な特徴があることがわかる。

❷ 統合ネットワークと分化ネットワーク

　統合ネットワークは，トランスナショナル型組織の基本的な枠組みであり，その要として位置づけることができる。バートレット＝ゴシャール［1989］は，統合ネットワークを，世界中に分散する資源と，非常に専門化した組織単位を結びつけて，世界規模の効率，柔軟な各国対応，世界規模の学習とイノベーション，という多次元の戦略課題を達成させる機構である，と繰り返し述べていることはすでに第3章でも述べた。

第6章 多国籍企業

　統合ネットワークは，①経営資源の分散，②事業の専門化，③相互依存の関係，という3つの特性を持ち，これがトランスナショナル組織の強みとなる[42]。

① 経営資源の分散：経営資源を分散させることによって，多様なニーズへの対応，要素費用の格差の利用，経済的・政治的リスクの回避が実現できる。
② 事業の専門化：現地組織の専門分野に自律性を与え，分散した構造のままでも，柔軟性のある新製造技術を利用すれば，規模の問題と効率の問題のジレンマを乗り越えることができる。
③ 相互依存の関係：本社と子会社，子会社相互間の協調的な情報の分担や問題解決，能力の共有，共同態勢による経営の実行によって，高い適応能力を維持することができる。

　上述した統合ネットワークは，多国籍企業の組織全体をどう捉えるか，ということに重点がおかれているが，これに子会社の分類を加え，本社と子会社の関係に言及したのがノーリア=ゴシャール（Nohria, N.=Ghoshal, S.）［1997］である。ノーリア=ゴシャール［1997］は，図表6-10に示されるように[43]，多国籍企業の構造を4つのパターンに分類した。

① 第一の構造（構造的均一性）：本社と子会社間のすべて関係の統治に，共通の「企業のやり方」が採られる。
② 第二の構造（分化された適合）：個々の子会社の国内状況に適合する統治形態が採られる。
③ 第三の構造（アドホック）：支配的な統合メカニズムも，国内状況に適合する分化のパターンもなく，一貫した組織理論がないその場しのぎのパターン。
④ 第四の構造（分化ネットワーク）：個々の子会社は，分化された適合の理論を用いるが，企業全体は，支配的な全面的統合メカニズムを通じて，はっきりとした構造関係がある。ノーリア=ゴシャール［1997］は，この分化ネットワークの重要性を強調している。

　多国籍企業が世界規模の効率，柔軟な各国対応，世界規模の学習とイノベーション，という3つの戦略課題を達成するためには，グローバル統合とローカル適応の両立が課題となる。統合ネットワークと分化ネットワークは，いずれもこの課題に対して提示されたモデルであるといえよう。

図表6-10　分化ネットワークとしての多国籍企業構造の再概念化

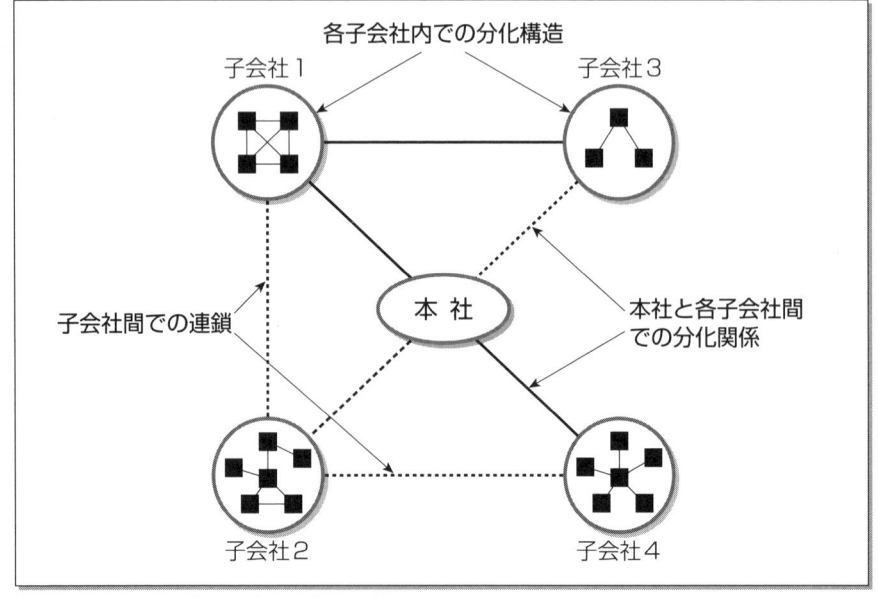

（図中ラベル）各子会社内での分化構造／子会社1／子会社3／子会社間での連鎖／本社／本社と各子会社間での分化関係／子会社2／子会社4

（出所）Nohria, N.=Ghoshal, S. [1997] p.14。

❸ グローバル組織の変革

　近年、グローバル企業を取り巻く環境は、①技術革新、②経済の国際規模の交流、③先進国市場の成熟化、④共産主義・社会主義の崩壊、など様々な環境要因の変化によって激変している。コッター（Kotter, J.P.）[1996] は、環境変化の主原因をグローバル化とみている[44]。

　グローバル組織は、環境変化に対応して、存続・発展を図るために、常に自ら変化しなければならない。むしろ、変化が常態であるとさえいえよう。組織が環境変化に対応するために、戦略、組織構造、組織プロセス、組織文化、従業員の意識などを、主体的・意図的に変革することを組織変革（organizational change）という。

　ナドラー=ショー=ウォルトン（Nadler, D.A.=Shaw, R.B.=Walton, A.E.）[1995] は、均衡状態を破る不連続的変革の直接の原因として、①産業構造または製品ライ

フサイクルの変化，②技術革新，③マクロ経済の傾向と危機，④規制および法律の変化，⑤市場と競争状況の圧力，⑥成長，の6つをあげている[45]。

コッター［1996］とナドラー=ショー=ウォルトン［1995］を比較すると明らかなように，組織変革の原因は，研究者によって重点の置き方は異なる。しかし，組織はこれらの環境変化に的確に対応するため，組織変革が欠かせない。

組織変革の対象は，ハード的な側面（戦略，技術，組織構造など）およびソフト的な側面（従業員の価値観，規範，組織文化など）に分類できる。従来，組織において，ハード的な側面の変革に重点が置かれ，ソフト的な側面についての変革は軽視されてきた。しかし，組織構成員の価値観，規範，組織文化などのソフト的な側面は，組織変革を成功に導く重要な鍵概念である[46]。

1990年代以降，組織文化，コミュニケーション，パワーなどについての変革が注目され始めた[47]。現実に，組織文化の変革によって見事に立ち直った日産自動車のような事例も枚挙にいとまがない。多国籍企業は，永続的に存続・発展していくために，ハード的な側面の変革と，それに呼応したソフト的な側面の変革を同時に追求していく必要がある[48]。

1）Vernon, R.［1971］訳書4-10頁に基づいて，筆者がエッセンスを要約。
2）外務省監修［1973］11頁。
3）内田吉英［1993］4頁。
4）折橋靖介［2003］13頁。
5）浅川和宏［2003］5頁。
6）Heenan, D.A.=Perlmutter, H.V.［1979］訳書17頁。
7）同上書18頁。
8）同上書19頁。
9）Vernon, R.［1971］訳書4-10頁。
10）桑原哲也［2002］25頁。（吉原英樹編［2002］，所収）
11）同上書25頁。
12）瀬藤嶺二［1995］7-8頁。
13）吉原英樹編［2002］280頁。
14）筆者作成。
15）折橋靖介［2003］1頁。
16）同上書5頁。
17）安室憲一編［2007］210頁。
18）Porter, M.E.［1990］訳書103-104頁。

19）同上書106-107頁。
20）Dunning, J.H.［1993］p.550.
21）同上書p.550.
22）同上書p.550.
23）江夏健一=桑名義晴編［2001］68-70頁。
24）DeGeorge, R.T.［1989］訳書614頁。
25）Hertz, N.［2000］訳書56-57頁。62頁，265-266頁。
26）江夏健一=高井透=土井一生=菅原秀行編［2008］186頁。
27）岸川善光［2006］164頁。
28）宮川正裕［2008］28頁。
29）岸本寿生［2001］126頁。(江夏健一=桑名義晴編［2001］，所収）
30）Porter, M.E.［1985］訳書45頁。
31）Porter, M.E.（ed.）［1986］訳書36-45頁。
32）岸川善光［2002］227頁。
33）同上書226-227頁。
34）岸川善光［2006］164頁。
35）Porter, M.E.［1980］訳書55-63頁。
36）岸川善光［2006］193頁。
37）加護野忠男=井上達彦［2004］43-44頁。
38）森本博行［1998b］8頁。(ダイヤモンド・ハーバードビジネス編集部編［1998b］，所収）
39）Porter, M.E.［1985］訳書526-532頁。
40）（A）はBartlett, C.A.=Ghoshal, S.［1989］訳書68頁，（B）はBartlett, C.A.=Ghoshal, S.［1989］訳書70頁，（C）はBartlett, C.A.=Ghoshal, S.［1989］訳書69頁。
41）Bartlett, C.A.=Ghoshal, S.［1989］訳書88頁。
42）同上書119-126頁。
43）Nohria, N.=Ghoshal, A,［1997］p.14.
44）Kotter, J.P.［1996］訳書36頁。
45）Nadler, D.A.=Shaw, R.B.=Walton, A.E.［1995］訳書3-6頁。
46）同上書190頁。
47）日本労働研究機構編［1991］5頁。
48）Nadler, D.A.=Shaw, R.B.=Walton, A.E.［1995］訳書25-34頁。

第7章 多国籍企業の機能別管理

本章では，多国籍企業の経営システムを構成する各種機能における機能別管理（管理機能，業務機能）について考察する。

第一に，経営システムの構造について考察する。経営システムの体系を理解し，経営管理システム・業務システムの機能に言及する。

第二に，人的資源管理について考察する。人的資源管理の意義を理解し，さらに，人的資源管理の課題について理解を深める。

第三に，財務管理について考察する。まず，財務管理の意義について理解する。次に，財務管理の課題について理解を深める。

第四に，情報管理について考察する。情報管理の意義について理解し，さらに，情報管理の課題について理解を深める。

第五に，法務管理について考察する。まず，法務管理の意義について理解する。次に，法務管理の課題について理解を深める。

第六に，研究開発管理について考察する。研究開発管理の意義について理解し，さらに，研究開発管理の課題について理解を深める。

第七に，調達管理について考察する。まず，調達管理の意義について理解し，さらに，調達管理の課題について理解を深める。

第八に，生産管理について考察する。まず，生産管理の意義について理解する。次いで，生産管理の課題について理解を深める。

第九に，マーケティング管理について考察する。マーケティング管理の意義を理解し，さらに，マーケティング管理の課題に言及する。

第十に，ロジスティクス管理について考察する。ロジスティクス管理の意義を理解し，ロジスティクス管理の課題について理解を深める。

1 経営システムの構造

❶ 経営システムの体系

　第3章で考察したように,「経営システムとは, 環境主体との対境関係, すなわち環境とのかかわり方を重視する経営体・組織であり, かつ経営体・組織の機能（行動）を含む概念である」[1]。

　広義の経営システムは, 図表7-1に示されるように[2], ①環境主体との対境関係, すなわち環境とのかかわり方を保持する狭義の経営システム, ②価値の創出・提供のために直接必要な業務システム, ③狭義の経営システムおよび業務システムのフィードバック・コントロールを行う経営管理システム, の3つ

図表7-1　経営システムの基本構造

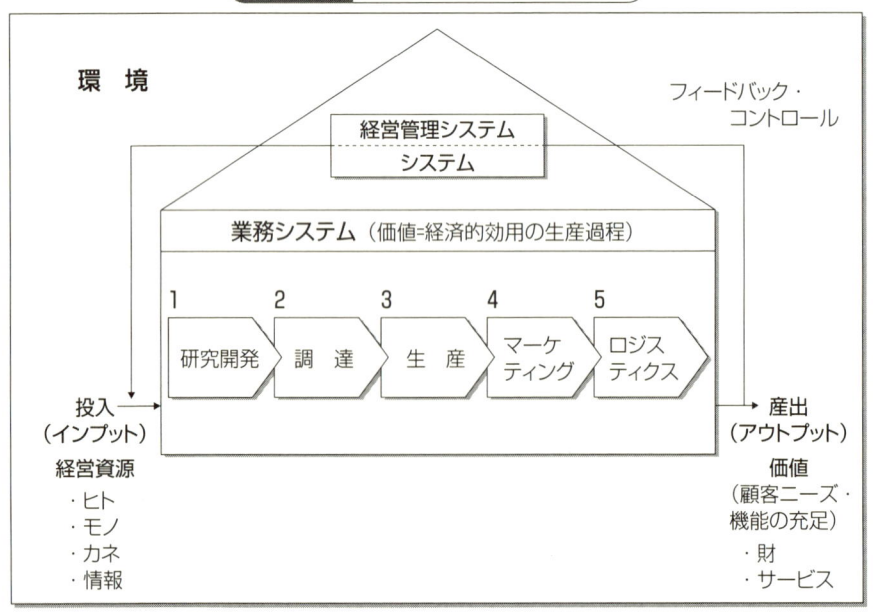

環境

経営管理システム
システム

業務システム（価値=経済的効用の生産過程）

1 研究開発　2 調達　3 生産　4 マーケティング　5 ロジスティクス

投入（インプット）
経営資源
・ヒト
・モノ
・カネ
・情報

産出（アウトプット）
価値（顧客ニーズ・機能の充足）
・財
・サービス

フィードバック・コントロール

（出所）　森本三男［1995］36頁を参考にして, 筆者が作成。

のサブシステムによって構成される。

　経営システムには，①価値の創出・提供と対価の獲得，②社会的責任の遂行，③経営システムの存続・発展，という3つの目的・使命があるが，このことはすでに第3章で述べたので，ここでは説明を省略する。

❷ 経営管理システム・業務システムの機能

　経営管理システムは，図表7-1で明らかなように，①環境主体との対境関係，すなわち環境とのかかわり方を保持する狭義の経営システム，②価値の創出・提供のために直接必要な業務システムに対して，フィードバック・コントロール（feedback control）を行うことをその基本機能とする。

　フィードバック・コントロールとは，出力・産出（アウトプット）に関する情報を入力・投入（インプット）側に再送する（再び戻す）ことによって，変換処理，変換プロセスを制御することである。フィードバック（feedback）は，出力・産出（アウトプット）の変化に対して，変化を減少させる方向に制御する「ネガティブ・コントロール」と，変化を増加する方向に制御する「ポジティブ・コントロール」に大別される。

　フィードバックとは対照的に，出力・産出（アウトプット）とは関係なく，ある条件下において，システムの制御のために，常に決められた入力・投入（インプット）を加えることをフィードフォワード（feedforward）という。

　フィードバック・コントロールは，①狭義の経営システム・業務システムの円滑な運営，②狭義の経営システム・業務システムのイノベーション，の2つを実現するために行われる。

　本章では，経営管理システムの機能として，①人的資源管理，②財務管理，③情報管理，④法務管理，の4つの機能を取り上げて考察する。
① 　人的資源管理：職務設計，人的資源フロー・マネジメント，報酬マネジメント，労働条件，労使関係など。
② 　財務管理：資金調達，資金運用，財務計画，経営分析，財務諸表など。
③ 　情報管理：情報戦略，情報資源管理，情報システム開発，情報システム運用など。

④ 法務管理：M＆A，内部統制システム，知的財産権，会社法，コーポレート・ガバナンスなど。

　業務システムは，企業が提供する価値（経済的効用）の生産システムのことである。図表7-1で明らかなように，最も機能（活動）の範囲が広い製造業では，①研究開発，②調達，③生産，④マーケティング，⑤ロジスティクス，の5つの機能によって構成されるので，本章では，この5つの機能を取り上げる。
① 研究開発：研究開発計画，研究開発管理，各機能間の連携・調整など。
② 調達：調達コスト管理，資材管理，在庫管理，購買管理，外注管理，倉庫管理など。
③ 生産：生産計画，生産方式，生産管理，自動化，生産情報システムなど。
④ マーケティング：マーケティング・システム，戦略的マーケティング，マーケティング・ミックス，ソシオ・エコロジカル・マーケティングなど。
⑤ ロジスティクス：ロジスティクス・システム，ロジスティクス・ネットワーク，物流センター，物流，ロジスティクス・コスト，在庫管理など。

2　人的資源管理

❶ 人的資源管理の意義

　人的資源管理（human resource management：HRM）とは，経営資源（ヒト，モノ，カネ，情報）の内，ヒトを対象とした経営管理（マネジメント）のことである。上林憲雄=厨子直之=森田雅也[2010]によれば，ヒトは他の経営資源を動かす主体であり，さらに他の経営資源とは異なり，思考・学習・成長することができる[3]。

　従来，ヒトという経営資源に関する経営管理は，人事・労務管理（personnel management：PM）と呼ばれてきた。1960年代までの従業員は，できる限りコストを引き下げるべき生産要素としての労働力とみなされてきた。1960年代～1980年代になり，人的資源は，企業に新たな経済的付加価値をもたらす経済的

資源としての人的資本（人財）とみなされるようになった。1980年代以降，グローバル化の進展に伴って人的資源管理は，国際人的資源管理（International Human Resource Management：IHRM），戦略的人的資源管理（Strategic Human Resource Management：SHRM）へと変化している[4]。

国際人的資源管理（IHRM）は，図表7-2に示されるように[5]，国内の人的資源管理の枠組みに加えて，多国籍企業が活動する「国」と「従業員の分類」の次元を組み込んだものである。つまり，ヒトという経営資源の活用におけるグローバル最適化を目指した概念といえる。

IHRMについて考察する場合，「グローバル統合」と「ローカル適応」との両者のバランスが問題となることが多い。企業のグローバル化における「ローカル適応」を考える場合，海外派遣者の役割が非常に重要になる。海外派遣者の役割は，次の3つに分類することができる[6]。

① 技術移転の担い手としての役割：本社が保有する経営手法，生産技術，マーケティングのノウハウなどの知識を伝達し，教育・訓練を通じて海外拠点に浸透，普及させること。
② 海外子会社の経営者としての役割：本国とは異なった環境のもとで，現地国の経営資源を活用して，計画を実行し，経営目標を達成させること。
③ 本社の海外戦略の重要な担い手としての役割：異なった環境に存在する異

図表7-2　Morganの国際人的資源管理モデル

《人的資源管理の諸機能》：人事計画／配置／業績評価／人材教育／採用処遇／企業内コミュニケーション

《従業員の分類》：現地従業員（Local Nationals）／本国従業員（Parent Country Nationals）／第三国籍従業員（Third Country Nationals）

《国》：現地国／本国／その他の国

（出所）Morgan, P.V. [1986] p.44に基づいて筆者が一部修正。

質な組織同士を連結し，統一的な組織体として機能するように海外拠点を導くこと。つまり，本社の海外拠点との橋渡しとしての役割である。

グローバル経営における人的資源開発の重要性はますます増加しており，長期的な視点に立って，必要な人材を早期に育成することができるかどうかが，国際人的資源管理（IHRM）の重要なポイントといえる。また，世界中の多様なヒトという経営資源を国内外グループ全体として統合し，それぞれの環境に適応できるように開発・育成することによって，「グローバル統合」と「ローカル適応」の実現が可能になる。

❷ 人的資源管理の課題

多国籍企業では，様々な国籍の人々によって組織が構成されるので，多様な価値観・行動規範が組織に現れてくる。これまでの組織における経営方針，規律，規制，習慣，価値観などに対する再検討が必要不可欠である。

江夏健一=桑名義晴編［2006］は，IHRMの課題として，以下の3点について指摘している[7]。

① 本国志向の多国籍企業では，本社から海外に従業員を派遣するとき，基本的に海外赴任にかかわるコストが大きいため，適切な海外赴任者の選抜・人材教育が非常に重要である。現地従業員のキャリアは，現地組織の一定レベルまでに制約される。このため，現地従業員のモティベーションの低下や離職率の上昇，生産性の低下が生じる。

② 現地志向の多国籍企業では，本社とのコミュニケーションや調整の困難，本社と子会社の言語的・文化的ギャップが拡大する。また，現地従業員のキャリアは拡大されるが，依然，現地組織内に限定されるといた課題がある。

③ 世界志向の多国籍企業では，戦略や資源のグローバルな最適配置を目指すため，国籍や出身国にかかわらず，ビジネス・ニーズと人材能力に応じたグローバルな人材配置を行う。しかし，世界志向的なIHRMのアプローチにおける課題は，IHRMシステムのグローバルな統合である。

グローバル化は，企業活動が国や地域の壁を越えて行われるため，企業は世界規模の効率・競争力を維持しつつ，一方で，国や地域における自律性をどの

ように保持するか，というバランスが最も大きな課題である。

アドラー=バーソロミュー（Adler, N.J.=Bartholomew, S.）[1992] によれば[8]，グローバル・マネジャーは，①単に母国・本社と現地・支社の関係のマネジメントだけでなく，複数の支社間の関係のマネジメント能力，②複数の文化や言葉を学習し，複数文化圏で能力を発揮すること，③多文化・多国籍のチームを統率し，かつ自分がチームの一員になること，④すでに身につけた文化的・言語的・経営的な訓練を，新しい文化・言語・経営環境に適用すること，が可能でなければならない。特に，多国籍企業では，国・地域ごとに企業としての独自性が高いために，他の海外拠点への異動や，企業内昇進によるグローバル要員のモティベーションの維持が難しい。

アドラー（Adler, N.J.）[1983] の研究によれば，米国・カナダの企業の686社の中で，海外への派遣者の3％のみが女性であった。すなわち，海外派遣に女性を活用しないのは，海外諸国が女性を仕事のパートナーとして受け入れないという前提から生ずる[9]。また，現地におけるジェンダーに対する差別性，本社中心主義の管理体制など，特異性と差別的慣行が非難の対象化になっている。

GHRM（Global Human Resource Management）において，企業価値と人的資源価値の極大化を実現するためには，マネジャー，外国人，男女従業員を問わず，「個の活用」や「個の尊重」が欠かせない。他方，経営戦略と連動した採用，配置転換，昇進・昇格，人事考課，賃金管理，能力開発などの諸施策が必要不可欠である。すなわち，企業価値の極大化と人的資源価値の極大化の両立を実現するためには，企業全体のグローバル経営戦略と密着した戦略的なGHRMが必要不可欠となる[10]。

3 財務管理

❶ 財務管理の意義

財務管理とは，経営資源（ヒト，モノ，カネ，情報）の内，カネを対象とし

た経営管理（マネジメント）のことである。財務管理は，西澤脩［1976］によれば，図表7-3に示されるように[11]，3つの観点から体系化を図ることができる。

① 資金の調達と運用という観点から，財務管理を資金調達管理と資金運用管理に大別することができる。
② 財務管理のプロセスという観点から，財務戦略⇒財務計画⇒財務統制というマネジメント・プロセスによって体系化することができる。
③ 利益と資金という観点から，財務管理を利益管理と資金管理に大別することができる。

多国籍企業の財務機能は，グローバル事業を成功に導く上で，最も重要な機能の1つになっている。企業が海外に進出するとき，海外事業の財務管理，すなわち，完全所有か，過半数所有か，合弁事業か，少数所有かといった問題が，国際マーケティングや国際生産と同様に重要になる。

多国籍企業にとって，財務管理の下位機能の概要は，国内事業とほとんど変わらない。しかしながら，国際財務管理の形や中身は大いに異なる。

国際財務管理に重要な海外事業の会計・報告，国際税務管理の他に，運転資金管理，資本支出予算の編成，国際事業の資金づくりが含まれる。その上，外国為替リスクに対する企業のエクスポージャー（exposure）管理という新たな

図表7-3 財務管理の体系

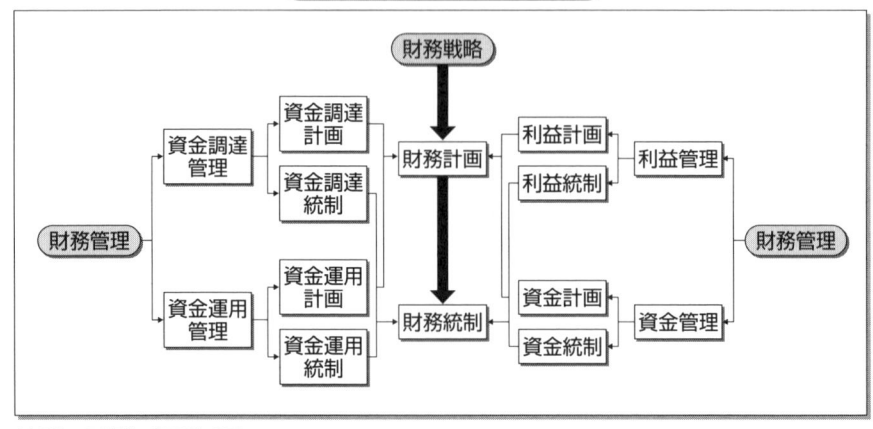

(出所) 西澤脩［1976］6頁。

第7章 多国籍企業の機能別管理

領域が付け加えられる[12]。

　企業活動のグローバル化や資金調達のボーダレス化が進展している今日，多国籍企業の財務管理はますます重要になっている。すなわち，国際資本の調達・運用をいかに効率的に行うか，為替リスクにいかに対応するかといった課題は，多国籍企業の競争力を決定づけるといっても過言ではない。

❷ 財務管理の課題

　多国籍企業の財務管理は，国境を越える事業の拡大によって，国内の財務管理と比較して変化が生じている。具体的には，外国為替リスク，国境を越える資金移転の規制や各国の税法，様々な国の金融市場における利子率の乖離，利益および資本コストに与える影響など，財務担当役員に要求される専門知識は多様性を増している[13]。

　世界中に生産・販売・物流などの拠点をもっている多国籍企業では，ヨーロッパや東南アジアなどの地域において，それぞれの拠点が異なる国に置かれていることが多く，地域内で国境を越えて多国籍企業グループ間の取引が活発に行われている。

　グローバル化が進み，複数の通貨でビジネスが行われるようになると，会計上，決算通貨に換算されなければならない。すなわち，為替レートの問題が発生する。外国為替には，契約から決済までの為替レートの変動によって現金受取額が変わってしまう取引リスクと，決算時における換算レートによって，実態に変化がなくても会計数値が変動する会計リスクが存在する。

　為替リスク管理の手法には，ゼロ・バランスやターゲット・バランスがある。これらは，企業グループ内の各現地企業の預金口座にある短期資金の残高（バランス）を，ゼロないし一定（ターゲット）額に維持するように，余剰資金を本国などの特定の貯金口座に送金することによって，為替リスクを回避する技法である。各国の現地法人や支店に必要以上の現金をもつことは，常に為替変動のリスクにさらされてしまう[14]。

　次に，二重課税についてみてみよう。企業が海外に子会社を作る場合，現地子会社で課税され，課税後の利益が本国に送金され，次に本国で課税されるこ

201

とになる。これが完全二重課税である。この二重課税は，本国の納税において「外国税額控除」を設けることで排除されることになる。ただし，各国の税率は同一でないので，この控除があっても完全な控除（本国での課税額と同じ）とはならないケースがあるので，租税に関する管理が必要不可欠である。

グローバル・キャッシュ・マネジメント（Global Cash Management：GCM）は，短期資金，為替リスク，税リスクを総合的に管理するもので，すべてコンピュータによりシステム化されている[15]。1998年に改正された外国為替法によって可能になった技法を駆使し，グローバル・キャッシュ・マネジメント（GCM）を実践していくことが重要である。

国際財務管理の基盤として，国際会計基準は極めて重要である。1973年以来，国際会計基準を設定してきた国際会計基準委員会は，2000年に機構改革が行われ，2001年5月から国際会計基準審議会（IASB）としてその活動を開始した。さらに，その会計基準の名称も国際会計基準に代わって，国際財務報告基準（International Financial Reporting Standards：IFRS）と呼ぶことになった。グローバル経営の必須の基盤であるので，IFRSに対する積極的な対応が必要不可欠である。

4 情報管理

❶ 情報管理の意義

情報管理とは，経営資源（ヒト，モノ，カネ，情報）の内，情報を対象とした経営管理（マネジメント）のことである。経営資源としての情報には，データ，知識，技術，スキル，ノウハウ，ブランド，企業イメージ，暖簾などが含まれる。近年，情報による「限界収穫逓増」の現象が，多くの産業・企業で観察されており，情報管理の重要性に関する認識が大きく変わりつつある[16]。

情報管理システムは，時代の進展に伴って，また情報通信技術（Information and Communication Technology：ICT）の進展に伴って変化している[17]。本書で

は，情報通信技術（ICT）を，「ネットワークによって情報を相互に伝達し活用するための技術」と定義して議論を進める。

ICTは，情報の伝達・活用において，①時間的制約の克服，②空間的制約の克服，③新たな場の形成，という3つの特性を持っている。例えば，ICTは，製造・流通分野において，①市場ニーズ直結型の生産・供給体制の確立，②新たなグループ化の進展，③新たな流通システムの創造，④新たな事業分野の創造，⑤流通経路の簡素化，など多大なインパクトを及ぼしている[18]。

近年，パソコンやインターネットを中核とするICTの驚異的な発展と普及によって，情報が一瞬にして世界中を駆け巡るグローバル情報ネットワークが現実化しつつある。インターネットを中核としたICTは，性能の向上，低価格化に伴って，取引容易化の進展において，技術的・経済的な合理性を備えている。

特に，インターネットを利用した電子商取引（Electronic Commerce：EC）は，近年では「eビジネス」と呼ばれ，インターネットを利用したeビジネスを行う企業，eビジネスのための技術を提供する関連企業の参入によって，インターネットを駆使した電子商取引が，世界市場における製品，部品，原材料，技術，その他のサービスまで浸透している[19]。

ターバン=リー=キング=チャン（Turban, E.=Lee, J.=King, D.=Chung, M.H.）[2000]は，「eビジネスとは，単に売り買いばかりでなく，顧客にサービスを提供し，ビジネス・パートナーと協働し，組織内における電子的なやり取りを実行すること」と述べている[20]。

インターネットを利用した電子商取引（eビジネス）は，図表7-4に示されるように[21]，需要者と供給者との間において，価格的にも時間的にも効率的な取引を可能にした。この取引形態をハブ・アンド・スポーク型モデルと呼ぶ。CtoC（Consumer to Consumer），BtoC（Business to Consumer）のビジネスは，双方の取引相手が特定できないため，売り手と買い手の間で取引上のトラブルが多発した。このようなトラブルを回避するため，第三者を仲介させたビジネスがハブ・アンド・スポーク型モデルである。このモデルを取り入れているのが楽天やヤフーオークなどである。

インターネット技術は，本来オープンなコミュニケーション技術である。こ

図表7-4　ハブ・アンド・スポーク型モデルと直接取引型モデル

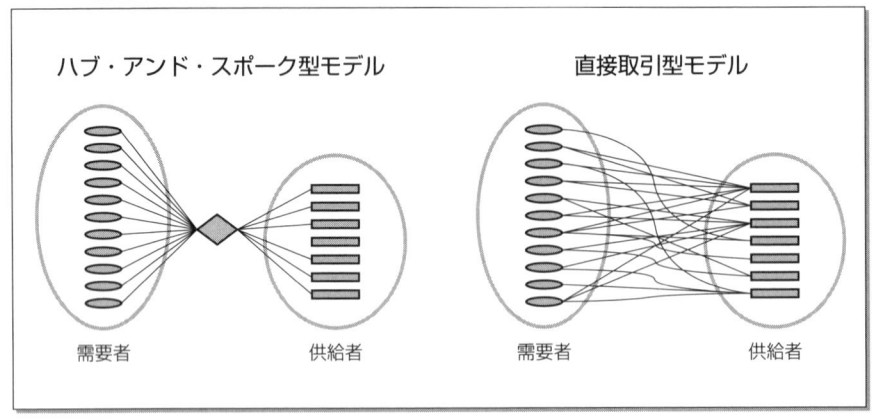

ハブ・アンド・スポーク型モデル　　　直接取引型モデル

需要者　　供給者　　　　　　需要者　　供給者

(出所）高橋正和=堀太郎編［2005］37頁。

の技術を用いて，特定のグループ内に限定して構築した情報ネットワークがイントラネット（インターネット標準の技術を用いて構築された企業内ネットワーク）である。イントラネットによって，低コストでかつ容易に企業内情報ネットワークの構築が可能になった。

　ICTによる遠隔地間でのタイムリーかつ信頼できる情報移転によって，地理的に分散した活動の調整・コントロールが可能になった。このことが，多国籍企業の進化を促進していることは間違いない。

❷ 情報管理の課題

　ICTを基盤とする社会を「ネットワーク社会」，「ユビキタス・ネットワーク社会」という。「ネットワーク社会」，「ユビキタス・ネットワーク社会」では，ICTが人と人，人と組織，企業と企業，企業と国，国と国など，複数の要素を情報によって結びつけている。すなわち，人・企業・国の複数の要素において，デジタル情報が連携・共有され，「いつでも，どこでも，誰でも」知識や情報を利用できるオープン・ネットワーク社会になりつつある。

　しかし，ICTによって成立する情報ネットワークが構築・活用されるようになるにつれて，情報セキュリティ（Information Security）に対する意識に変化

第7章 多国籍企業の機能別管理

が生じている。現在の情報セキュリティは，一般的に，情報セキュリティ・マネジメント・システム（Information Security Management System：ISMS）を中心として考えられている。ISMSは国際認証化（ISO）され，多くの組織で用いられている。情報ネットワークの中でも，オープン・ネットワークの利用者が増加し，また不特定多数になるに伴って，ネットワークにおける脅威が増大しているというのがこの背景にある[22]。

　2002年8月，OECDが改訂した「情報セキュリティ・ガイドライン」では，認識や責任，対応，倫理，民主主義など，9つの原則から成り立っており，情報システムおよびネットワークの利用に際して，参加者全員が情報セキュリティに対して関心と責任を持つことの重要性を指摘している。これまで情報セキュリティには関係がないと思っていた個人にとっても，避けて通ることができない問題であるとされている[23]。

　『情報セキュリティ白書』によれば，2006年度において最も脅威の高かった問題はインターネットにおける「Winnyのネットワークによる情報漏洩」であった。2006年において，Winnyなどのファイル交換ソフトを使用したことによって，情報流出被害のあった組織（企業・自治体）は全体の3.3%であった[24]。2006年度以降も，情報ウィルスなど情報セキュリティにおける脅威は，国家情報を含めてますます増大しつつある。このように，情報ネットワークで重要な情報が扱われるようになり，また個人情報などが情報ネットワーク上に流出した場合，大きな影響を及ぼしかねない脅威が増大している。

　オープン・ネットワークでは，企業内外のみならず，国際的にも様々な問題を含んでいる。すなわち，個人情報の不正持出や紛失，知的所有権の問題，コンピュータ・ウイルスなど，情報資産に関するリスク・マネジメントの重要性が高まっている。

　ICTの進化に伴って，企業の内外取引コストの削減や事業の効率性を向上させたのは確かであるが，eビジネスにおける信頼性やセキュリティの確保に取り組むことは，情報管理における喫緊の課題である。

5 法務管理

❶ 法務管理の意義

　経営管理システムにおいて，企業活動を「正当」に行うための経営管理（マネジメント）を法務管理という。経営資源（ヒト，モノ，カネ，情報）の管理，さらに業務システム（研究開発，調達，生産，マーケティング，ロジスティクス）の管理を「正当」に行うことが法務管理の主な目的である。

　今日，多国籍企業は，世界規模での活動が可能になったことによって，技術革新や商標・特許から利潤を獲得する機会が拡大した。一方，多国籍企業の受入国の政府は，多国籍企業にコントロールを課して利益を獲得しようとする行動に出た。例えば，関税率が法人所得税率よりも低い国では，関税率を低く抑え，輸入価格を低く保持することによって，その国で操業する多国籍企業に利益を上げさせ，より多くの法人所得税を払わせる方向へとコントロール政策を調整した[25]。

　ロビンソン（Robinson, R.D.）[1984]は，異なった国の法律制度のもとで事業活動を展開している場合，一方から他方に移転される知的財産権（Intellectual Property Rights：IPR）の保護が，必ずといっていいほど相伴っている，と述べている。知的財産権には，図表7-5に示されるように[26]，特許，実用新案，意匠，著作権，商標，営業秘密が含まれる。

　多国籍企業の知的財産権（特許，実用新案，意匠，著作権，商標，営業秘密）について簡潔にみてみよう。知的財産権の国際的な保護に関して，実効性のある国際法制定において唯一現存する国際条約は，特許，著作権，商標，および営業秘密に関連する条約である。特許保護は，約120カ国，商標保護は140カ国において有効である。国によって，法律がある程度異なっている。例えば，米国の特許保護は，17年間有効であり，他国では5年から20年が普通である。また，国によっては，かなりの登録料が年間登録料と併せて課せられる。例えば，

図表7-5 多国籍企業における知的財産権の種類

	特　許	実用新案	意　匠	著作権	商　標	営業秘密
保護対象	発明	考案（特許ほど高度でない発明）	意匠（商品のデザインなど）	著作物（プログラムなど）	商品の商標	ノウハウなど
主たる保護要件	・新規性 ・進歩性 ・登録	・新規性 ・進歩性 ・登録	・新規性 ・創作非容易性 ・登録	・創作	・誤認を生じさせないこと ・登録	・秘密保持のための管理 ・事業活動に有用
保護期間	出願日から5年〜20年	出願日から6年	登録日から15年	著作者の死後50年	登録日から10年だが更新可能	(ある程度)限られている
ディスクロージャー	出願・公開制度	出願・公開制度	3年内の秘密意匠制度あり	頒布	出願公告	業務なし
保護内容	発明の実施の専有	考案の実施の専有	意匠の実施の専有	複製権の専有など	商標の使用の専有	秘密の維持
他企業の権利	ライセンスがなければ同じ技術を使えない	同左	同左	アイデアの利用は可 公式使用（米国）		リバース・エンジニアリングは可

（注）特許保護期間は，国によって異なる。米国では17年間有効であり，他国（約120カ国）では5年から20年である。
（出所）Robinson, R.D.［1984］訳書311-324頁に基づいて，筆者が一部加筆・修正。

イタリアの薬品に関する特許は，他国では製法特許を認めても，製品自体の特許は認めないことがある。ちなみに，海外に知的財産権を登録する理由としては，1）海外投資の実質的資産として，2）実施権許諾の対象として，3）市場保護のため，などがあげられる。

ところで，実施許諾は，特許によって保護される機能上またはデザイン上の発明，著作権によって保護される。ちなみに，著作権保護期間は，国によって，また保護を受ける作品（著書，建築図面，コンピュータ・プログラムなど）の性格によって異なる。

商標に関するマドリッド条約（1891）によって，商標保護は自動的に調印国（ヨーロッパの大部分，ただし，米国と北欧は含まれない）にまで拡大されている。また，多くの国の法律は，特許同様に営業秘密に対しても保護を与えて

いる。その秘密が維持されている期間に限られている。そして，多くの制定法は，秘密の商業・財務情報の開始を保護するという重要な公共政策（public policy）の立法的な認識を反映している[27]。

多国籍企業における重要な法律要素は課税であろう。国家の租税制度は，重要な諸要因に応じて変化する。特に，資本利得に対する課税は，米国の28パーセントから多数のヨーロッパ諸国のゼロパーセントまで幅がある。その他の相違は，資本利得の定義と基礎（初期価格）の評価に関わるものである。租税の種類として，所得税，資産税，消費・売上高税，取引税，付加価値税，配当税，源泉徴収税，関税などがあげられる[28]。

❷ 法務管理の課題

多国籍企業は，海外における現地法人の事業活動に関する数多くの法律・法制度・法規制・慣行を十分に理解し，法務におけるリスク・マネジメントに対して，柔軟かつ積極的な取組み姿勢が必要不可欠である。

海外事業活動において回避できない重要な法務管理の領域である課税（taxation）についてみてみよう。企業がその課税負担を適宜に実施することによって，受入国の財政に貢献することは重要なことである。

日本経済団体連合会［2014］によれば[29]，海外事業において，透明かつ予見可能性の高い税制とその執行は，安定的かつ円滑な事業活動に不可欠な要素の1つである。しかしながら，経済成長が著しいアジア地域の各国では，近年，移転価格税制の導入や適用方針の見直し，外資優遇税制措置の突発的な変更など，外資に対する徴税強化の動きが見られ，税務リスクへの対応が現地で事業展開を行う多国籍企業の課題となっている。その背景としては，2015年のASEAN経済統合に伴う域内の関税撤廃によって（対象品目によっては2018年までに全面撤廃），関税収入の減少が予想され，これを補う代替財源の確保が必要となることがあげられる。

海外において法的トラブルに直面すると，その解決に時間がかかるし，現地国での信用問題に進展する。また，賠償金や和解金が膨大な額に達する場合が多いため，法務管理は，専門家に委託するだけでなく，国内外の経営管理シス

第7章 多国籍企業の機能別管理

テムの中に体系的に組み込むことが今後の課題であろう。

6 研究開発管理

❶ 研究開発管理の意義

　研究開発管理は，業務システムの起点に位置し，企業活動に必要な機能の1つである研究開発（Research & Development : R & D）を対象とした管理（計画，実施，統制）のことである。研究開発の機能は，①研究（基礎研究，応用研究），②開発（製品開発，技術開発），③製品化（設計，試作，生産技術支援），などの機能によって構成される[30]。

　研究開発管理は，多国籍企業におけるマーケティング，生産，財務などと同様に，研究開発の機能および研究開発に必要な経営資源（ヒト，モノ，カネ，情報）を対象とした経営管理（マネジメント）である。現在，多国籍企業の競争力の源泉の1つが技術力であることは周知の事実である。すなわち，独創的・革新的な技術力が企業の存続・発展に必要不可欠であるので，持続的かつ戦略的な研究開発が欠かせない。

　バートレット=ゴシャール（Bartlett, C.A.=Ghoshal, S.）［1992,1995］は，新製品が急速に世界中に広まる状況であるが，世界共通の製品デザインや世界共通製品を否定する多くの顧客が生まれている。つまり，顧客のニーズに応える製品やサービスの開発に応える企業こそ，利益の高い市場を生み出すことが可能になっている，と述べている[31]。

　中原秀登［2000］によれば，グローバルな規模で技術の標準化を目指した国際協調的な研究開発活動は，開発資源の分担や開発リスクの分散をはじめ，開発資源の潜在的な活用機会の拡大を通じて，「規模の経済」をグローバルに追求していくことを可能にする[32]。

　研究開発の国際化は，図表7-6に示されるように[33]，市場規模のグローバルな拡大や事業活動のグローバル化の進展，なかでも現地市場ニーズに対する迅

図表7-6 研究開発の国際化

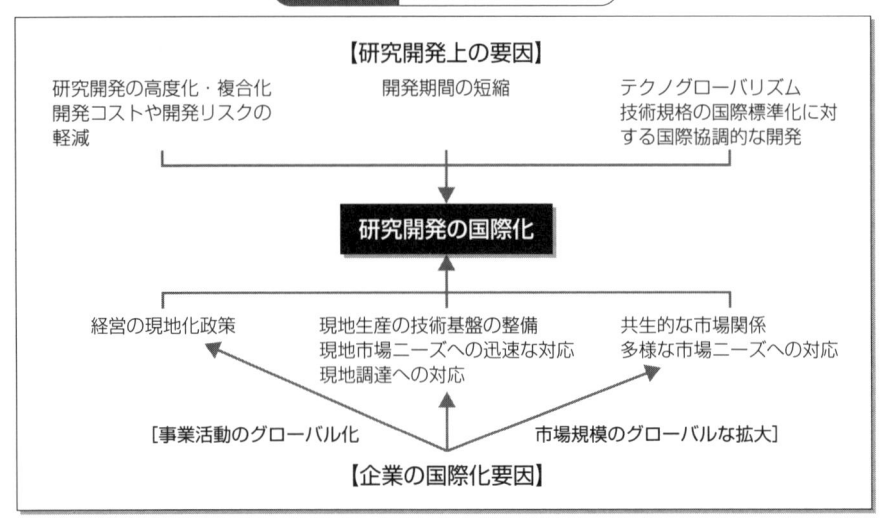

【研究開発上の要因】

- 研究開発の高度化・複合化
  開発コストや開発リスクの軽減
- 開発期間の短縮
- テクノグローバリズム
  技術規格の国際標準化に対する国際協調的な開発

↓

研究開発の国際化

↑

- 経営の現地化政策
- 現地生産の技術基盤の整備
  現地市場ニーズへの迅速な対応
  現地調達への対応
- 共生的な市場関係
  多様な市場ニーズへの対応

[事業活動のグローバル化] [市場規模のグローバルな拡大]

【企業の国際化要因】

(出所) 中原秀登 [2000] 20頁を筆者が一部修正。

速な対応や現地経営における技術基盤の整備などの「国際化の要因」、および研究開発の高度化や複合化と併行しつつ開発コストや開発リスクの軽減、開発期間の短縮や国際協調的な開発活動など「研究開発上の要因」の2つの側面から進展することが多い。

　研究開発の国際化において、同一製品の開発活動に対する資源の集中化や開発の大規模化だけでは、多様に変化するグローバルな市場ニーズに対して十分に対応することができない。貿易摩擦や技術摩擦などのグローバルな市場コンフリクトの発生が日常化している不確実な開発環境の下で、開発競争力をグローバルに追求していくためには、多様な市場ニーズ対して開発領域を拡大する必要がある。逆に、多様化ないし重複化した開発テーマを見直すなど、非効率な開発投資の調整を図ることも欠かせない。

　近年、独創的な開発成果を迅速に実現していくために「複数の主体間のネットワークの結びによって生み出される経済性」としての「連結の経済」が注目されている[34]。「連結の経済」による開発は、「規模の経済」や「範囲の経済」で追求される開発コスト上の効果以上に、異質な開発要素の組み合わせによる

第7章 多国籍企業の機能別管理

独創的な開発シナジーの追求に重点を置いたものである。開発優位性を追求し，「連結の経済」を目指した研究開発の国際化が進展しつつある[35]。

❷ 研究開発管理の課題

近年，グローバル市場における競争優位を獲得するために，国内外における研究開発をいかに効果的かつ効率的に推進するかという問題は，経営管理システム・業務システムにとって最重要課題の1つになりつつある。

上述した「連結の経済」による国際共同研究開発は，海外の研究開発主体の研究開発資源や研究開発成果を相互に活用し合うことであり，研究開発費用の分担や研究開発リスクの分散を図りつつ，迅速な研究開発を推進し，研究開発成果を市場でスムーズに活用していくための優れた研究開発提携戦略の1つであった。しかしながら，国際共同研究開発は，自社開発方式と違って複数の開発主体による活動であるためその課題も考えなければならない。

科学技術庁科学技術政策局編［1999］は，国際共同研究開発の課題として，①研究開発のテーマとパートナーの選定・評価，②研究開発マネジメント上の問題，③研究開発成果の帰属と利用，④コア・テクノロジーの保有，の4つをあげている[36]。

高橋浩夫［2000］は，「研究開発の国際化」を「研究開発のグローバリゼーション」の視点から捉え直すことを主張した。国内外にある複数の研究開発拠点を一体化した活動と認識し，各々のユニットを関係づけた研究開発ネットワーク（R＆D network）と捉える。具体的には，研究課題によって異なる研究開発拠点を，どこの国・地域に設置するかという視点で考えることである[37]。

多国籍企業において，グローバルR＆Dネットワークを形成するためには，例えば，IBMが本社，全世界にある8カ所の基礎研究所，20カ所にある開発研究所を，全世界に共通するフォーマットによって統一ネットワークを構築しているように，統合ネットワークが必要不可欠である。

国際共同研究開発は，上述したように，技術者，研究者をいかに効果的・効率的に活用するか，研究開発拠点の現地化問題など，解決すべき多数の課題がある。その問題への対応こそこれから企業が取り組むべき課題である。研究開

発における「フリーライダー」が許されなくなった今日，グローバルR＆Dネットワークを地道に構築する以外に研究開発の成功は望めないと思われる。

7 調達管理

❶ 調達管理の意義

　調達管理とは，業務システムの機能の1つである調達を対象とした管理（計画，実施，統制）のことである。調達管理は，製造業の場合，広義には生産機能に含まれ，その第一工程として位置づけられており，購買管理や資材管理などと呼ばれてきた。流通業の場合，調達は仕入れと呼ばれることが多く，販売の前工程として位置づけられてきた[38]。

　従来，調達は業務システム（価値の生産システム）において，極めて重視されている。第一の理由は，製造業においても，流通業においても，調達コストの売上高および原価に占める構成比率が極めて高いからである。

　調達を重視してきた第二の理由は，調達にトラブルが発生すると，業務システム（価値の生産システム）の円滑な運用に重大な支障をきたすからである。業務システムの円滑な運用ができないと，不良率の増加，納期遅延の発生，製造原価の増大，の原因となることは明白である。

　調達を重視してきた第三の理由は，原材料，部品，仕入商品などいわゆる棚卸資産には，運転資金需要および金利負担が発生する。

　このように，調達は従来から重視されてきたが，近年，①情報化（ネット調達など），②業際化（新たな競争関係や協力関係など），③グローバル化（地球規模での調達など），の進展に伴って，調達機能そのものが抜本的かつ急激に変化しつつある[39]。

　上述した調達機能の中で，①調達品目，②調達時期，③調達先，④調達方法，⑤調達コスト，に関する選択・決定は，最も基本的な事項であるといえよう。最も基本的な5つの事項に関する近年の変化について概観する[40]。

① 調達品目：従来，調達品目に関する議論は"make or buy"（内外作区分）が中心的な課題であった。ところが，近年では，オープン・アーキテクチャ，モジュール化などが進展し，モジュール化された品目などは外部調達が主流になりつつあるなど，調達品目の選択・決定に関する対応は変化しつつある。
② 調達時期：情報化の進展に伴って，必要な品目を必要な時期に調達するシステムが重層的に構築されつつある。
③ 調達先：従来，自動車産業の系列問題にみられるように，調達先の選定は，長期的な継続関係，下請け関係などが主流であったが，近年では，ネット調達など新たな調達方法が台頭してきた。調達先のグローバル化はほとんどの産業において観察される。
④ 調達方法：インターネットを活用したB-to-B，B-to-Cなどによって，企業間関係が大きく変化しつつある。企業間関係の変化に伴って，調達方法も大きく変化しつつある。
⑤ 調達コスト：調達先，調達方法など調達システムの革新によって，調達コストの低減に成功した企業が数多く出現している。調達コストの透明化が，ビジネス・システムの革新の原動力の1つになっているといっても過言ではない。

❷ 調達管理の課題

　近年，日本の製造業は，調達イノベーションに本気で取り組んでいる企業と，そうでない企業に二極化されつつある。本気で調達イノベーションに取り組んでいない企業では，調達先が固定化し，原材料の調達価格が硬直化し，オープン・システムに成りきれていない事例が数多く見受けられる。

　調達イノベーションに本気で取り組んでいるIBM，シーメンス，デル・コンピュータ，日産自動車などの多国籍企業では，①利益率，②品質，③イノベーションの実行，④優秀な人材，などに「一定の法則性」がみられる。

　山下洋史=諸上茂登=村田潔編［2003］は，将来の調達はすべてオープン調達あるいはEC（e-procurement）調達で行われ，合理的な調達によって，最適価格が瞬時にアクセスできるようになる。また，EC（e-procurement）調達のオープ

ン化によって，固定調達が開放され，世界中「何でも」「いつでも」「どこからでも」最適原材料を調達できるようになると述べている[41]。

先端的・次世代グローバル調達モデルは，図表7-7に示されるように[42]，調達業務はオペレーション領域とソーシングに大別され，ソーシング領域の最上流は，技術設計領域と重複する。製造業は，業種によって異なるものの，製造原価の過半が原材料費である。グローバル市場における競争力の源泉は，製品の性能，品質，製品開発および納期のスピード，そしてコストである。

図表7-7　先端的・次世代グローバル調達モデル

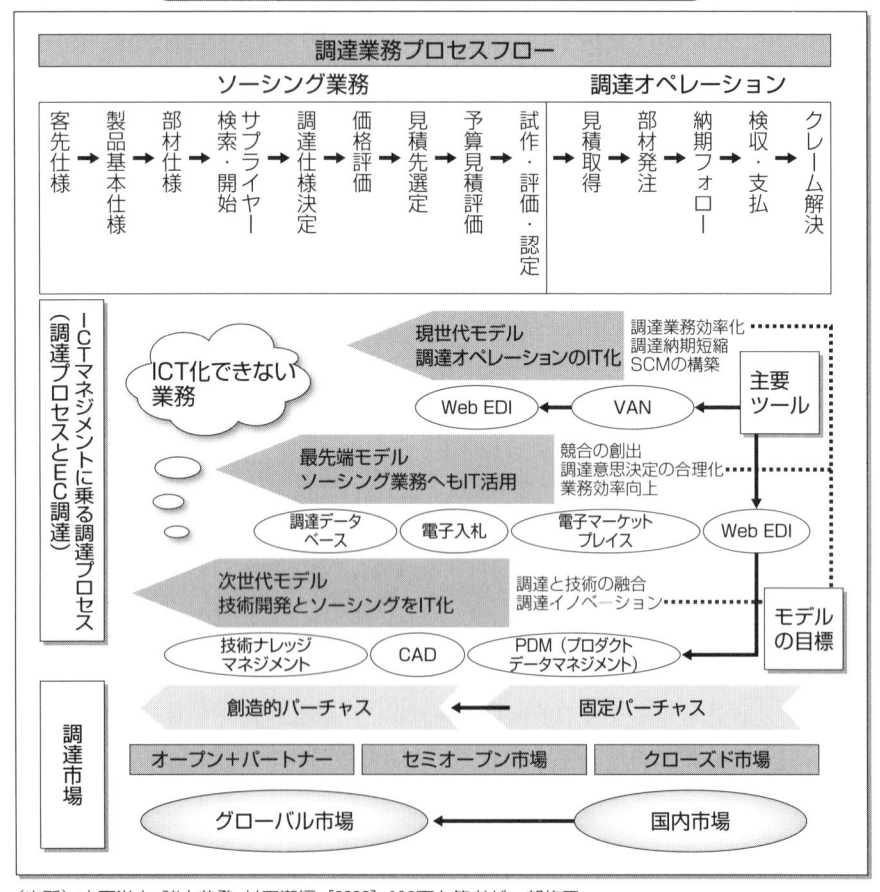

調達業務プロセスフロー

ソーシング業務：客先仕様 → 製品基本仕様 → 部材仕様 → サプライヤー検索・開始 → 調達仕様決定 → 価格評価 → 見積先選定 → 予算見積評価 → 試作・評価・認定

調達オペレーション：見積取得 → 部材発注 → 納期フォロー → 検収・支払 → クレーム解決

ICTマネジメントに乗る調達プロセス（調達プロセスとEC調達）

- ICT化できない業務
- 現世代モデル　調達オペレーションのIT化：Web EDI ← VAN（調達業務効率化，調達納期短縮，SCMの構築）
- 最先端モデル　ソーシング業務へもIT活用：調達データベース，電子入札，電子マーケットプレイス，Web EDI（競合の創出，調達意思決定の合理化，業務効率向上）
- 次世代モデル　技術開発とソーシングをIT化：技術ナレッジマネジメント，CAD，PDM（プロダクトデータマネジメント）（調達と技術の融合，調達イノベーション）

主要ツール／モデルの目標

創造的パーチャス ← 固定パーチャス

調達市場：オープン+パートナー，セミオープン市場，クローズド市場
グローバル市場 ← 国内市場

（出所）山下洋史=諸上茂登=村田潔編［2003］119頁を筆者が一部修正。

第7章 多国籍企業の機能別管理

　調達コストの80％が設計領域で決まるので，次世代のグローバル調達戦略は，技術と調達との融合を図るものでなければならない。言い換えれば，技術と設計領域にサプライヤーのソーシングの仕組みと，調達コスト責任を負わせる組織体制を作ることが必要不可欠である。

　また，継続的調達と製品ライフサイクル支援（Commerce at Light Support: CALS）が重要になりつつある。CALSは，企業の競争優位戦略を支援する情報システムであり，製品の仕様，共同開発などに必要な情報を世界規模で標準化することを目指している[43]。

　グローバル調達は，国ごとに異なるビジネス慣行，輸出入国の通関制度，カントリー・リスク，世界情勢の変動，ICTの標準化の動向など，時間的・空間的な隔たりが大きいだけに複雑な要素が絡み，国内調達よりはるかに難易度の高い調達管理が要求されている。

8 生産管理

❶ 生産管理の意義

　生産管理とは，業務システムの機能の1つである生産を対象とした管理（計画，実施，統制）のことである。ここで生産とは，顧客ニーズの充足＝価値の創出のために，経済財（製品・サービス）を産出することである。

　顧客ニーズの充足＝価値の創出のためには，産出する経済財（製品・サービス）について，品質（quality），コスト（cost），納期（delivery）の「生産の3要素」はいうまでもなく，安全，環境など多くの要素をクリヤーしなければならない。

　このQCDすなわち「生産の3要素」を実現するために，①品質管理，②コスト管理，③工程管理，が対応しており，生産管理における第1次管理という。その他，第2次管理と呼ばれる作業管理，外注管理，資材管理，設備管理，運搬管理などが，QCDを実現するための第1次管理を補完し支える役割を果たしている[44]。

市場のグローバル化，顧客ニーズの多様化などの変化に対応するため，生産システムに置いても，顧客志向でかつ柔軟性が求められる。生産技術の自動化，無人化，ロボット化，デジタル化，ネットワーク化によって生産管理のあり方が変化した。

　生産管理システムは，図表7-8に示されるように[45]，ICT（情報通信技術）の進展に伴って，コンピュータ統合生産システム＝CIM（Computer Integrated Manufacturing）が主流になりつつある。CIMは，受注から設計，製造，販売，納品に至る一連の活動を総合システムとして把握し，随所にICT（情報通信技術）の支援を受けながら生産機能の効率化を図るシステムである。

　GMでは，製品の設計，生産計画，製造工程の制御，マテハン，組立，検査

図表7-8　コンピュータ統合生産システム＝CIM

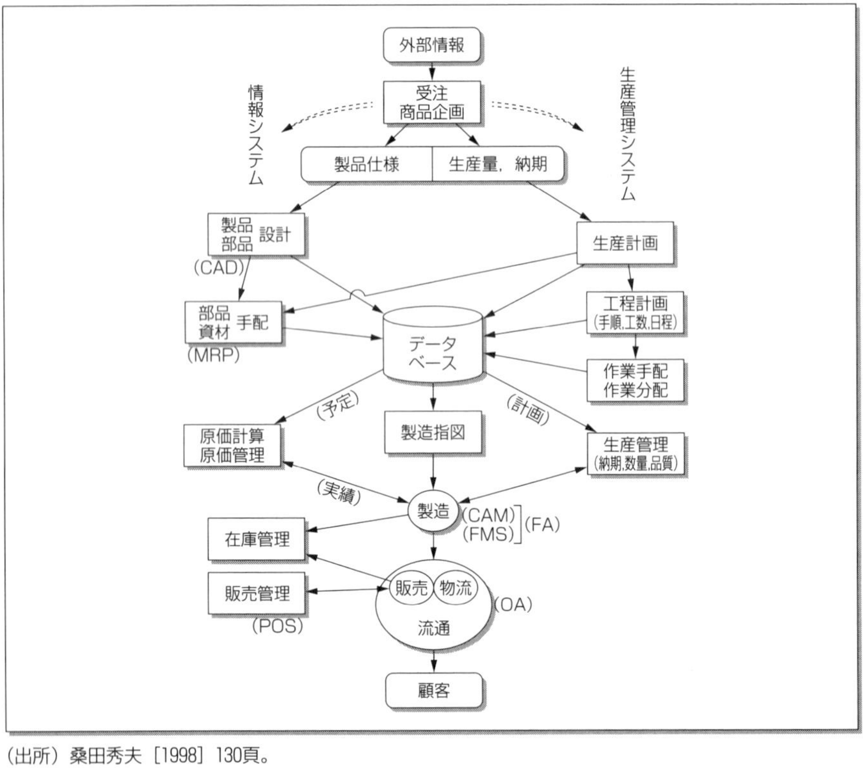

（出所）桑田秀夫［1998］130頁。

第7章 多国籍企業の機能別管理

を連結してコンピュータ化を図り，それらを統合してCIMを構築した。

CIMは，主として下記のサブシステムによって機能する[46]。

① 製造部門：POP (point of production) システム，FMS (flexible manufacturing system) システム，MRP (material requirements planning) システムなど。
② 設計・開発部門：CAD／CAM (computer-aided design/computer aided manufacturing) システムなど。
③ 販売部門：POS (point of sales) システム，EDI (electronic data interchange) システムなど。
④ 物流部門：ロジスティクス (logistics) システムなど。

特に，フレキシブル生産システム (FMS) は，複数のNC工作機械，ロボットなどの加工機械，自動搬送，自動倉庫などと連結され，多品種・少量生産にも柔軟な対応をとることができ，加工時間の短縮や省力効果の大きな自動化システムである。

CIMを構築する狙いは，①コスト低減，②品質向上，③柔軟性の向上，④多品種・少量生産の実現，⑤省力化，⑥リード・タイムの短縮などがあげられる。生産の目的は，単に経済財（製品・サービス）を生産するだけではない。顧客ニーズを満たす価値の創出こそが真の目的である。CIMは，顧客ニーズの把握（市場調査）・製品開発・企画・製造・販売・物流に至る各部門の情報ネットワークを連結することが可能になった[47]。

❷ 生産管理の課題

多くの多国籍企業では，大量生産から多品種・少量生産へと移行する情報システムを構築・整備し，統合による経営の効率化，競争力強化を図り，グローバル市場に対応するため，CIM構築に取り組んでいる。

コンピュータを中心とした情報化技術も高度化し，ネットワーク技術，データベースなど，経営管理（マネジメント）面における自動化技術も進展してきた。このように，経営管理システムが総合的に体系化されてくると，生産活動だけを単独で考慮するのではなく，調達・製造・在庫・販売，流通という包括的なシステムの中に生産活動を位置づけることが必要になってくる[48]。

多国籍企業は，グローバルな展開において，生産拠点の分散化を地球規模で進めてきた。当該企業の工場間さらに関連会社や取引先とのネットワーク，生産とロジスティクス，さらに販売やR＆Dを地球規模で連結する仕組みがますます重要になってきた。しかし，大規模なシステムの構築技法や設計方法論が，現在まだ完全には確立されていないため，製造業では，CIM化の基本的なレベルである生産分野の情報システムの一元化から段階的に拡張し，最終的に販売・技術との統合化を目指しているのが一般的である[49]。

　次に，ISO14000についてみてみよう。環境ISOは，企業が生産活動を行うとき，環境負荷の影響を考えたマネジメントやソフト面に関する規格である。環境ISOが目指すものは，個人以外のあらゆる組織体が，環境に調和するために必要な体制・組織・システムを構築することである。

　鈴木典比古編［2000］は，ISO14000導入の利点について，①グローバル・ビジネスの展開に有利，②企業イメージの向上，③企業の社会的責任体制の確立，などをあげている[50]。今後，ISO14000は，多国籍製造業に対して，様々な形で規制として迫ってくるであろう。

　生産管理システムには，多くの課題が存在するが，紙幅の都合上，CIMと環境ISOに議論を絞った。多国籍企業にとって，生産管理システムは，競争力の源泉の1つであることは間違いあるまい。今後，生産管理システム（統合生産管理システム）は，多国籍企業におけるイノベーションの中核となるであろう。

9　マーケティング管理

❶ マーケティング管理の意義

　マーケティング管理とは，業務システムの機能の1つであるマーケティングを対象とした管理（計画，実施，統制）のことである。マーケティング領域における世界的権威であるコトラー＝ケラー（Kotler, P.=Keller, K.L）［2006］は，「マーケティングとは，顧客に向けて価値を創造，伝達，提供し，組織および組織

第7章 多国籍企業の機能別管理

を取り巻く利害関係者を利するように顧客との関係性をマネジメントする組織の機能および一連のプロセスである」と述べている[51]。

マーケティング管理において，マーケティング・ミックス（marketing mix）は中心的な概念の1つである。マーケティング・ミックスの概念は，多くの研究者によって提唱されているものの，マッカーシー（McCarcy, E.J.）による4P（①product：製品，②price：価格，③place：流通チャネル，④promotion：販売促進）が，ネーミングのよさもあって圧倒的な支持を得ている。近年では，ローターボーン（Lauterborn, R.）[1990]による顧客志向のマーケティング・ミックスとして，4C（①customer solution：顧客ソリューション，②customer cost：顧客コスト，③convenience：利便性，④communication：コミュニケーション）なども重要視されている。ちなみに，4Pは供給サイドのマーケティング・ミックス概念であり，4Cは顧客サイドのマーケティング・ミックス概念であるので，両者は実は，表裏の関係にあるといえよう[52]。

マーケティングの対象となる顧客の範囲も変わりつつある。不特定多数の人数をターゲットにし，同一製品を大量生産するマス・マーケティングから，企業は徐々に細分化されたレベル（セグメント，ニッチ，地域，個人）に目を向けるようになった。

次に，STP（セグメンテーション，ターゲティング，ポジショニング）戦略についてみよう。STP戦略は，現地市場をより多様な基準（地理，人口統計，ライフスタイルや価値観など）を採用して，より細かなセグメンテーションを行い，ターゲット市場の拡大やグレードアップが図られる。すなわち，各国市場横断的に存在するいくつかの同質的なグローバル・セグメントの職別が行われ（S），激烈な競争が繰り広げられているグローバル市場では，自社が世界的競争力をもつ特定のグローバル・セグメントを選択し（T），その維持・発展に経営資源を集中することが多い。そこでは低コスト，品質の良さ，スピードの速さ，優れたカスタム化などが同時達成できないと競争に勝ち残ることができず，それらを達成できるグローバル統合システムが開発され，その優位性が訴求される（P）[53]。

このように細分化が究極まで進んだマーケティング手法の1つに，ペパーズ

=ロジャーズ (Peppers, D.=Rogers, M.) [1993, 1997] によって提唱されたワン・トゥ・ワンマーケティングがあげられる。ワン・トゥ・ワンマーケティンは,「思想面」「戦略面」「手法面」において,従来のマーケティングとは大きく異なっている。

ワン・トゥ・ワンマーケティンと同様に,近年,急速に台頭しつつあるマーケティング手法として,リレーションシップ（関係性）・マーケティングがあげられる。リレーションシップ（関係性）・マーケティングは,顧客との相互作用,価値共創,双方的対話を重視する。その根底には,顧客データベースがある。

リレーションシップ（関係性）・マーケティングによって,①空間のギャップ,②時間のギャップ,③所有のギャップ,④情報のギャップ,の克服が一歩進展すると思われる。

❷ マーケティング管理の課題

カトーラ=ヘス (Cateora, P.R.=Hess, J.M.) [1975] によれば[54],国際マーケティングは,1国以上の消費者あるいは使用者に向けての,ある会社の財およびサービスの流れを導くビジネス諸活動の遂行である。すなわち,国際マーケティング業務の遂行は,企業にとって統制可能な要因である製品,価格,販売促進,流通チャネル,いわゆるマーケティング4P（①product：製品,②price：価格,③place：流通チャネル,④promotion：販売促進）という諸手段の組合せを通じて行われるものであり,それを制約する統制不能要因として,国内環境と海外環境をあげている。

コトラー=ケラー (Kotler, P.=Keller, K.L.) [2007] は,多国籍企業のマーケティング戦略に影響を及ぼす要因として,図表7-9に示されるように[55],①デモグラフィック,②経済的環境,③物理的環境,④技術的環境,⑤政治-法的環境,⑥社会-文化的環境,の6つの要素をあげている。すなわち,多国籍企業は,自社のマーケティング戦略をどの程度状況に適合するか,異なる市場（海外環境）の不確実性にどのように企業が対応していくかが課題であると述べている。

現在,ICTの進展に伴って,オンライン企業は,多くの顧客に「チョイスボ

第7章 多国籍企業の機能別管理

図表7-9　多国籍企業のマーケティング戦略に影響を及ぼす諸要因

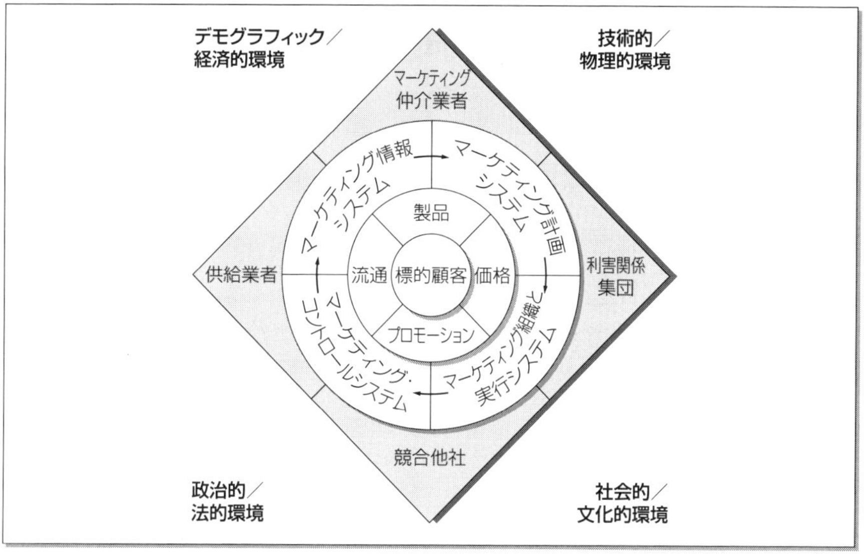

(出所) Kotler, P.=Keller, K.L [2007] 訳書21頁。

ード」を提示している。チョイスボードとは，個々の顧客が，属性・部品・価格，納品オプションのメニューから選択し，自分で製品やサービスをデザインできる双方向オンライン・システムである。すなわち，顧客にプラット・フォームとツールを提供し，顧客自身が製品をデザインできるように，手段を「貸す」のである。製品・サービス，アプローチ・メッセージをワン・トゥ・ワン・ベースでカスタマイズし，それによって顧客ロイヤリティの効果を上げることができるマーケティング手法である[56]。このように，ICTの進展と国際マーケティングの進展は，同期化しつつ相互依存の関係にあるので，双方の進展から目が離せない。

10 ロジスティクス管理

❶ ロジスティクス管理の意義

　ロジスティクス管理とは，業務システムの機能の1つであるロジスティクスを対象とした管理（計画，実施，統制）のことである。

　2005年に，長らくロジスティクス分野を理論的・実践的に牽引してきた米国ロジスティクス管理協議会（CLM：Council of Logistics Management）は，米国サプライチェーン・マネジメント協会（CSCMP：Council of Supply Chain Management Professional）に改名した。

　CSCMPによれば，「ロジスティクス・マネジメントは，顧客の要求に応えるために，産出地点から消費地点までの財・サービスおよび関連情報の効率的・効果的な川上または川下へのフローとストックを，計画・実施・コントロールするSCMの一部である」と定義している[57]。

　ロジスティクス管理システムの基盤は，物流ネットワークと情報ネットワークによって構成される。ロジスティクス管理システムは，近年の物流ネットワークおよび情報ネットワークの進展に伴って，EDI（電子データ交換）による企業間の情報交換の活用が容易になり，ロジスティクスからSCM（サプライチェーン・マネジメント）へ，さらに，DCM（ディマンドチェーン・マネジメント）へと進展しつつある。

　現在，グローバルな部品調達と生産の統合化が進んでいるパソコン産業では，3PL（サードパーティ・ロジスティクス）とのパートナーシップ構築が進展している。例えば，デル（Dell computer）では，自社のロジスティクスを全面的にフェデックス（FedEx）に委託している。デルのディマンド・ドリブン型のビジネスモデルである。すなわち，顧客からデルへの発注情報はオンラインでフェデックスに流され，フェデックスはその発注情報をもとに輸送の手配を行う[58]。

　3PLが増加した理由として，ロジスティクスサービスの統合化・情報化・

標準化・グローバル化への対応などがあげられる。

❷ ロジスティクス管理の課題

　グローバル・ロジスティクスの課題として，国や企業を超えて物流に関する情報を共有・可視化することが重要であり，それを実現するためには，民間事業者間に加えて，グローバル・ロジスティクスに関わる公的機関の情報システムとも連携するための社会インフラが必要である[59]。

　国際輸送は，為替，国際間決済，通関手続きなど，国内輸送とは大きく異なる。国際輸送の手段としては，陸路で他国と国境を接して，トラックや鉄道の陸上輸送もあるが，海洋を隔てている場合には，海上輸送と航空輸送の利用に限られる。

　多国籍企業の拠点は，グローバル・ロジスティクスに対応できるインフラを保有している地域に形成されるため，アジアNIEs諸国では，国の主導で積極的なインフラ構築を行ってきた。グローバルに一気通貫した輸送を行うためには，ハブ・アンド・スポークのように，中心となるハブ（hub）から放射状に航路を整備する必要がある。アジア諸国では，グローバル・ロジスティクスのインフラ構築に国をあげて投資を進めているが，その中で日本は大きく立ち遅れ，ジャパン・バッシングという状況が生まれている[60]。

　現在，輸出入関連業務のほとんどがNACCS（輸出入・港湾関連情報処理システム）を使って行われており，NACCSには，通関情報や本船への貨物積み込み情報など，海上輸送に関する物流情報が蓄積されている。そのため，海上輸送に関する工程について正確な物流情報を把握するための方法として，NACCSから情報を取得することが考えられる。

　グローバル・ロジスティクスにおける物流情報を管理するための手段として，様々な貨物識別子が用いられているが，各プレイヤーがそれぞれ自社内でのみ識別可能な独自規格の貨物識別子を用いている。そのため，プレイヤー間において物流情報が共有できず，情報が断片化しているのが現状である[61]。

　一方，図表7-10に示されるように[62]，国際標準識別子（UCR）のような国際標準規格の貨物識別子を用いることによって，製造業者，トラック業者，倉

庫業者，船会社，通関業者，荷役業者から輸入者まで，グローバル・ロジスティクスに関わる誰でもが，物流情報の可視化が可能になる。すなわち，関係者間で情報のやりとりする際には，標準的なインターフェイスを用いる，といった新たな社会インフラストラクチャーの構築・普及・啓発が不可欠である。

　また，日本のインフラについて，浦田秀次郎=財務省財務総合政策研究所編 [2009] によれば[63]，港湾・空港から内陸地へのアクセスとしての道路・鉄道の整備も重要な課題であり，グローバル・スタンダードという観点では，荷主・輸送事業者サイドから見ても，わが国は不十分である。例えば，コンテナの規格はISO（国際標準化）規格で定められており，従来は20・40フィートの2種類が全数であったが2005年にISO（国際標準化）規格で45フィートが追加された。しかし，わが国の道路規制では，45フィートコンテナは国内輸送では使えない。それだけではなく，フル積載状態の45フィートコンテナ（道路走行時の積載高さが4.1m）が通行できる道路すら十分とは言えない。

　鉄道においても，米国ではコンテナを2段積みで輸送するダブルスタック・トレイン（DST）が普及しており，最近では，中国，インドでもダブルスタック・トレイン（DST）の運行が始まっている。日本の鉄道の軌道（ゲージ

図表7-10　国際標準の貨物識別子（UCR）による物流情報の共有

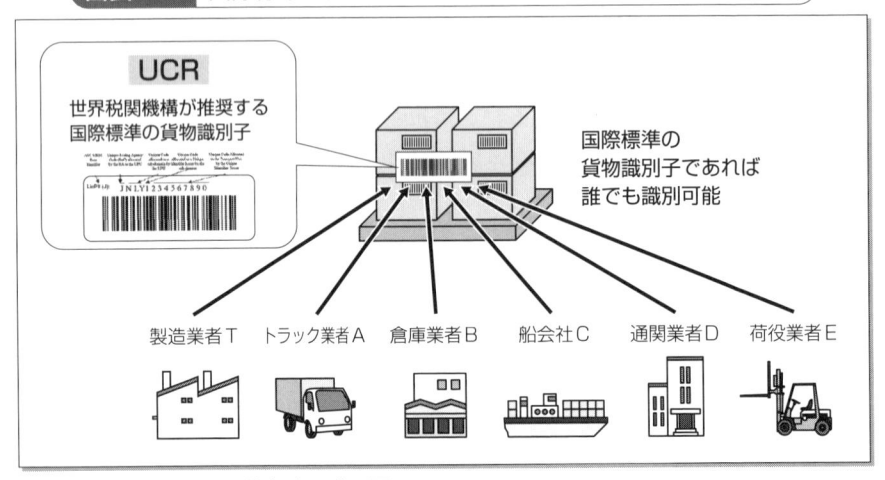

（出所）日本ロジスティクス協会 [2014] 36頁。

第7章 多国籍企業の機能別管理

1,067mm）は，国際標準軌道（ゲージ1,435mm）に比べて狭い。また，軸重や車両限界も小さく制限されていることから，現在の構造ではダブルスタック・トレイン（DST）の運行は不可能である。さらに，20・40フィートコンテナすら，全国のどこにでも輸送できる体制になっていない。

港湾の24時間運営や，アジア諸国の港と同程度のコスト引下げ，空港の着陸料（例えば，成田はシンガポール・チャンギの3倍といわれる）の引下げ，コンテナの陸上輸送を担うトレーラの通行規制緩和なども重要である。

近年では，国際的に環境保全に関する法制度の整備が進んでおり，環境へ配慮した企業経営が前提になりつつある。ロジスティクス管理においても，環境保全を前提としたグリーン・ロジスティクスが必要不可欠である。

1）岸川善光編［2015a］69頁。
2）森本三男〔1995〕36頁を参考にして，筆者が作成。
3）上林憲雄=厨子直之=森田雅也［2010］14-15頁を筆者が一部修正。
4）吉沢正広編［2006］69頁を筆者が一部加筆。
5）Morgan, P.V.［1986］p.44.
6）井沢良智=八杉哲［2004］145頁を筆者が一部修正。
7）江夏健一=桑名義晴編［2006］150-151頁を筆者が一部修正。
8）Adler, N.J.=Bartholomew, S.［1992］pp.52-65.
9）Adler, N.J.［1983］p.11.
10）岸川善光［2007b］141頁を一部加筆・修正。
11）西澤脩［1976］6頁。
12）Baker, J.C.=Ryans, J.K.=Howard, D.G.ed.［1988］訳書451頁。
13）同上書457頁。
14）諸上茂登=藤澤武史=嶋正［2007］202,206頁。
15）吉原英樹編［2002］178-179頁。
16）岸川善光編［2015a］165頁。
17）岸川善光［2007a］154-156頁。
18）岸川善光編［2015a］191，193頁に基づいて，筆者が一部加筆・修正。
19）林正樹=遠山暁編［2003］3頁。
20）Turban, E.=Lee, J.=King, D.=Chung, M.H.［2000］訳書8頁。
21）大橋正和=堀太郎編［2005］37頁。
22）総務省［2007］『平成19年度版情報通信白書』オンライン版，第1章第3節5(3)
　　（http://www.johotsusintokei.soumu.go.jp/whitepaper/ja/h19/index.html）
23）外務省［2002］「OECD情報システム及びネットワークのセキュリティのためのガイドライン－セキュリティ文化の普及に向けて」
　　（http://www.mofa.go.jp/mofaj/gaiko/oecd/security_gl_a.html）

24) 情報セキュリティ研究会［2007］6頁。
25) Baker, J.C.=Ryans, J.K.=Howard, D.G.ed.［1988］訳書41-42頁。
26) Robinson, R.D.［1984］訳書311-324頁に基づいて，筆者が一部加筆・修正。
27) 同上書314-315頁，320頁に基づいて，筆者が一部加筆・修正。
28) Robinson, R.D.［1984］訳書325-326頁。
29) 日本経済団体連合会［2014］「アジア諸国における税制および執行に関する要望―円滑な事業活動を経済成長につなげる―」〈https://www.keidanren.or.jp/policy/2014/060.html〉
30) 岸川善光［2007b］175頁。
31) Bartlett, C.A.= Ghoshal, S.［1992/1995］訳書39, 43頁。
32) 中原秀登［2000］20-21頁。
33) 同上書20頁。
34) Kanter, R.M.［1994］p.97に基づいて，筆者が一部加筆・修正。
35) Douglas, S.P.=Craig,C.S.［1989］pp47-59.
36) 科学技術庁科学技術政策局編［1999］41頁に基づいて，筆者が一部加筆・修正。
37) 高橋浩夫［2000］79頁。
38) 岸川善光［2007b］181-182頁。
39) 同上書182頁。
40) 岸川善光編［2015a］174頁。
41) 山下洋史=諸上茂登=村田潔編［2003］118-120頁に基づいて，筆者が一部加筆・修正。
42) 同上書119頁。
43) 奥村惷一［1997］216頁。
44) 岸川善光［2015a］175-176頁。
45) 桑田秀夫［1998］127-130頁。
46) 日本経営診断学会編［1994］310頁を筆者が一部修正。
47) 岸川善光編［2015a］176-177頁。
48) 野口佑編［1995］113頁を筆者が一部修正。
49) 佐藤勝尚［1997］39頁を筆者が一部修正。
50) 鈴木典比古編［2000］106-108頁。
51) Kotler, P.=Keller, K.L.［2006］訳書7頁。
52) 岸川善光編［2015a］178-179頁。
53) 吉原英樹［2002］97-98頁。
54) Cateora, P.R.=Hess, J.M.［1975］p.4.
55) Kotler, P.=Keller, K.L.［2007］訳書21頁。
56) Kotler, P.=Keller, K.L.［2007］訳書142-143頁。
57) CSCMPのホームページを参照した。〈https://cscmp.org/〉
58) 堀出一郎=山田晃久［2003］246頁を一部加筆。
59) 日本ロジスティクス協会［2014］1頁。
60) 堀出一郎=山田晃久［2003］248頁。
61) 日本ロジスティクス協会［2014］36, 50頁。
62) 同上書36頁。
63) 浦田秀次郎=財務省財務総合政策研究所編［2009］237,239頁。

第8章 多国籍企業間行動の新展開

　本章では，多国籍企業間行動の新展開について考察する。近年，多国籍企業間行動が大きく変化しつつある。5つのテーマに絞って考察するが，いずれも企業間（組織間）関係の構築・再構築という「一定の法則性」が見受けられる。

　第一に，多国籍企業とデファクト・スタンダードについて考察する。まず，デファクト・スタンダードの意義について理解する。次に，デファクト・スタンダードと競争優位について言及する。さらに，デファクト・スタンダードによる企業間関係の構築について理解を深める。

　第二に，多国籍企業と戦略的提携について考察する。まず，戦略的提携の意義について理解する。次いで，戦略的提携と競争優位について言及する。さらに，戦略的提携と企業間関係の構築について理解を深める。

　第三に，多国籍企業とM＆Aについて考察する。まず，M＆Aの意義について理解する。次に，M＆Aと競争優位について言及する。さらに，M＆Aによる企業間関係の構築について理解を深める。

　第四に，多国籍企業とSCM（サプライチェーン・マネジメント）の意義について理解する。次いで，SCM（サプライチェーン・マネジメント）と競争優位について言及する。さらに，SCM（サプライチェーン・マネジメント）による企業間関係の構築について理解を深める。

　第五に，多国籍企業の参入（進出）戦略と撤退戦略について考察する。まず，参入（進出）戦略と撤退戦略について理解する。次に，参入（進出）と撤退の要因と方策について言及する。さらに，参入（進出）戦略と撤退戦略による企業間関係の構築・再構築について理解を深める。

1990年代以降，多国籍企業の行動が大きく変化しつつある。特に，多国籍企業間行動の変化が著しい。具体的には，多国籍企業によるグローバル経営において，グローバル統合とローカル適応を実現するために，企業間（組織間）関係の構築・再構築に対する積極的な取組みがみられる。例えば，①デファクト・スタンダードの獲得による競争優位の獲得とファミリー形成，②戦略的提携による競争優位の獲得，③M＆Aによる競争優位の獲得，④SCM（サプライチェーン・マネジメント）によるWin-Winのパートナーシップ・企業連合の実現，⑤参入（進出）戦略と撤退戦略による企業間関係の再構築など，多国籍企業の行動には，企業間（組織間）関係の構築・再構築という「一定の法則性」が見受けられる。本来，企業間（組織間）関係自体，関係性資産（relational asset）という新たな資産であるので，多国籍企業が資産価値をさらに向上するために，多国籍企業間（組織間）関係の構築・再構築に取り組むことは極めて合理性がある。

1 多国籍企業とデファクト・スタンダード

❶ デファクト・スタンダードの意義

　ほぼ同一の機能を提供する複数の製品が存在し，その複数の製品の「基本的規格」が異なる場合に行われる企業間競争を「規格競争」と呼ぶことがある。この互換性のない複数の製品が市場で競争する「規格競争」の過程で，需要者や供給者によって，ある製品が業界標準と認められた場合，この製品をデファクト・スタンダード（事実上の業界標準）と呼ぶ。デファクト・スタンダード（de facto standard）は，特定の標準化機関によって定められた標準ではなく，市場における競争を通じて標準が決まるという特徴がある。

　これに対して，市場競争の結果や市場競争の過程（プロセス）を経ずに，公的な標準化機関が定める業界標準をデジュール・スタンダードという。デジュール・スタンダード（de jure standard）は，公的な標準化機関が定める業界標

第8章 多国籍企業間行動の新展開

図表8-1 デジュール・スタンダードとデファクト・スタンダード

	デジュール・スタンダード	デファクト・スタンダード
標準化の動機	標準化しないと製品の機能が発揮できない	標準化しないと不便
主な対象分野	相互やりとりを常態とする分野	相互やりとりを必要とする分野
標準化と事業化	標準化が先	事業化が先
標準化の鍵	参加企業数，有力企業の参画標準化機関の強制力	市場導入期のシェア，有力企業の参画
標準化の問題点	タイミングのむずかしさ	ファミリー企業数，ソフト数初期購買者の購買リスク

(出所) 山田英夫 [1993] 58頁を筆者が一部修正。

準であるので，公的機関の種類に対応して，①国際標準（international standard），②地域標準（area standard），③国家標準（national standard），④業界標準（industrial standard），⑤企業内標準（company standard）など，様々なデジュール・スタンダードが存在する。

デジュール・スタンダードとデファクト・スタンダードは，図表8-1に示されるように[1]，標準化の動機，主な対象分野，標準化と事業化，標準化の鍵，標準化の問題点，などの「切り口」で比較すると，それぞれに特徴がある。

従来，デファクト・スタンダードの代表的な事例として，家庭用VTRのVHS，ビデオ・ディスクの光学式，パソコンのIBM互換機，パソコンOSのMS-DOS，8ビット・テレビゲーム機のファミコンなどがあげられてきた。

ちなみに，デファクト・スタンダード（事実上の業界標準）における業界標準とは，具体的には，多くの企業によって供給され，多くのユーザーを獲得しているか，もしくは，これから獲得すると予想される製品のことである。

業界標準が経済的な意義を有するのは，製品市場に「ネットワーク外部性」が働く場合である。「ネットワーク外部性」とは，ある製品から得られる便益が，当該製品のユーザーが増えるに従って増大するという特性のことである。「ネ

ットワーク外部性」が働く場合，将来，多くのユーザーを獲得することが予測される製品を購入すれば，より大きな便益を得ることができるので，「バンドワゴン効果」もあり，予測が現実のものになる。したがって，製品の機能や価格面における優劣だけでなく，デファクト・スタンダードを獲得することは，企業間競争における優劣の決定的な要因となることが多い。現実に，家庭用VTR業界におけるVHSとベータマックスの規格競争では，敗者に致命的かつ壊滅的ともいえるダメージを及ぼした。

　デファクト・スタンダードは，すべての製品において形成されるとは限らない。例えば，エレクトロニクス関連製品の中でも，パソコンはデファクト・スタンダードが形成されるが，日本語ワープロは形成されたことはない。山田英夫［1993］は，デファクト・スタンダードの形成において，①製品利用の自己完結性（ユーザーが製品をクローズド・システムで利用できる度合い），②ソフトのストック価値（ユーザー側に蓄積されたソフト資産の価値の大きさ），の2点を基軸として，製品利用の自己完結性が低くて，ソフトのストック価値が高い製品分野において，デファクト・スタンダードが形成される，という仮説を設定している[2]。確かに，上述した家庭用VTRやパソコンは，この仮説にあてはまる。他方，家庭用VTRやパソコンと同様に，製品利用の自己完結性は低いが，家庭用VTRやパソコンと違って，ソフトのストック価値も低い携帯電話，カメラ，HDTV受像機などの製品分野では，デファクト・スタンダードが形成される動きはほとんどない。

❷ デファクト・スタンダードと競争優位

　上述した山田英夫［1993］の仮説があてはまる電機・情報・通信に関連する製品分野では，図表8-2（A）に示されるように[3]，カメラ一体型VTR，業務用カラオケ，パソコン，ネットワークOS，ワークステーションOS，ローカルエリア・ネットワーク，フロッピー・ディスク，自動車携帯電話，などの多くの製品分野で激しい「規格競争」が繰り広げられてきた。

　デファクト・スタンダードによる「規格競争」は，図表8-2（B）に示されるように[4]，左側が勝者，右側が敗者であるが，家庭用VTR，ビデオ・ディスク，

第8章 多国籍企業間行動の新展開

図表8-2　デファクト・スタンダードと競争優位

(A) デファクト・スタンダードをめぐる競争例

≪電機≫	
カメラ一体型VTR	8ミリ vs. VHS-C (ソニー vs. 日本ビクター)
デジタル録音・再生機器	MD vs. DCC (ソニー vs. フィリップス，松下電器)
業務用アナログVTR	ベータカム vs. MⅡ (ソニー vs. 松下電器)
放送局用デジタルVTR	D2 vs. D3 (ソニー，アンペックス vs. 松下電器，NHK)
業務用カラオケ	LD vs. DV (パイオニア vs. 日本ビクター)
≪情報・通信≫	
パソコン(世界)	IBM系 vs. マック系 (IBM他 vs. アップル)
パソコン(日本)	PC-9800系 vs. DOS/V (日本電気，セイコーエプソン vs. 日本IBM連合)
ネットワークOS	NetWare vs. LAN Manager (ノベル vs. マイクロソフト)
ワークステーション用OS	Windows-NT vs. UNIX vs. OS/2 (マイクロソフト vs. 元ATT vs. IBM)
ローカルエリア・ネットワーク	Ethernet vs. Token Ring (ゼロックス他 vs. IBM)
コンピュータ・ネットワーク	SNA vs. OSI (IBM vs. 日・欧連合)
読出し専用外部記憶媒体	CD-ROM vs. LD-ROM (ソニー vs. パイオニア)
電算機用DAT記憶装置	DDS vs. DATA/DAT (ソニー，ヒューレット・パッカード vs. 日立製作所他)
フロッピー・ディスク	2インチ vs. 2.5インチ (ソニー vs. 日立製作所，日立マクセル)
デジタル画像圧縮	CDI vs. DVI (フィリップス，ソニー，松下電器 vs. インテル)
自動車携帯電話	NTT方式 vs. モトローラ方式
ファミコン・トレード	野村證券 vs. 大和，日興，山一證券

(出所) 山田英夫 [1993] 14頁。

(B) デファクト・スタンダードが決した競争例 (左側が事実上の勝者)

製品または技術内容	競合した規格
家庭用VTR	VHS vs. ベータマックス
ビデオ・ディスク	LD vs. VHD
マイクロ・フロッピーディスク	3.5インチ vs. 3インチ
パソコンのOS	MS-DOS vs. CP/M
家庭用テープデッキの雑音低減システム	ドルビー vs. dBX vs. ANRS
ゲーム・パソコン	ファミコン vs. MSX

(出所) 山田英夫 [1993] 16頁。

マイクロ・フロッピー・ディスク，ゲーム・パソコンなどの製品分野では，企業間競争において，勝者には劇的な勝利を，敗者には致命的かつ壊滅的ともいえるダメージを及ぼす。デファクト・スタンダードが多国籍企業間のグローバル・デファクト・スタンダードになりつつあるので，勝者と敗者がグローバル規模で発生している。

❸ デファクト・スタンダードによる企業間関係の構築

　敗者に致命的かつ壊滅的なダメージを与えるグローバル・デファクト・スタンダードが，なぜ多くの製品分野で，繰り返し形成されるのであろうか。山田英夫［1993］をはじめとする様々な立場の研究者による調査研究によれば，①競合企業間の技術水準の均衡，②普及までのアジルな対応要請，③デファクト・スタンダードと業績との相関関係，④個別企業による開発に要する経営資源（ヒト，モノ，カネ，情報）の制約，などが主な要因としてあげられる[5]。

　今日，製品が多機能化することによって，各機能を実現するための技術はますます複雑化しつつある。エジソンが蓄音器を1人のヒラメキによって開発した時代とは異なり，多機能化する製品を1人で開発することはもちろんのこと，1社で開発することも次第に困難になってきた。また，データベース検索技術の進歩や，リバース・エンジニアリングの進歩によって，競合企業間の技術水準は次第に均衡しつつある。開発コストや開発期間を考えると，デファクト・スタンダードを形成するための「ファミリー形成」は極めて合理性を有する。

　近年，新製品の普及までの期間が，極端に短縮されつつある。例えば，オーディオ・ディスクは，SPレコード（1928年日本導入）からLPレコード（1950年導入）へ，さらにCD（1982年導入）へと目まぐるしく世代交代があった。世代交代の度に，普及までの期間が短縮され，世帯普及率も高まった。新製品の普及までの期間が短縮されることに伴うリスクに対応するために，「ファミリー形成」は意味をもつ。

　デファクト・スタンダードの形成について考察するとき，デファクト・スタンダードと業績との相関関係は極めて分かり易い。家庭用VTRにみられるように，勝者の業績と敗者の業績は，まさに天国と地獄の差が存在した。デファ

クト・スタンダードによって決着のついた他の事例も同様である。「ファミリー形成」を伴うデファクト・スタンダードによって，シェアは独占または寡占状態になり，その結果業績も急激に向上した。

かつては，業界の巨人（リーダー企業）が圧倒的なパワーを持っていた。例えば，コンピュータの世界では，IBMが圧倒的なリーダー企業であったので，IBMの規格が，結果としてデファクト・スタンダードになったのである。しかし，今日ではそのIBMといえども，1社でデファクト・スタンダードを形成することなど到底できない。IBMのような巨大企業でさえ，個別企業による開発に要する経営資源（ヒト，モノ，カネ，情報）の制約を克服することは簡単なことではない。デファクト・スタンダードによる「ファミリー形成」，すなわち，企業間関係の構築が欠かせない。

しかし，デファクト・スタンダードによる企業間関係の構築・再構築において，目的と手段を間違えてはならない。個別企業の各種制約を克服するために，デファクト・スタンダードによる企業間関係の構築・再構築を推進することは極めて合理性を有することは間違いないが，企業にとって重要な「必要条件」ではあるものの「十分条件」ではない。あくまで利益の増大に結び付けるためのデファクト・スタンダードであり，企業間関係の構築・再構築なのである。

2 多国籍企業と戦略的提携

❶ 戦略的提携の意義

1980年代の後半以降，石油，化学，繊維，鉄鋼などの業界において，企業間協働関係の一種である戦略的提携（strategic alliance）が急速に増大しつつある。戦略的提携には，広義・狭義の定義があり，しかも極めて定義が曖昧なまま，戦略的提携という用語が独り歩きをしている。

そこで，まず広義の定義からやや詳しくみてみよう。浅川和宏 [2003] は，戦略的提携を，「パートナー同士がお互いに競争優位を築くために，互いのリ

ソースや能力などを共有し，継続的に協調関係に入ることを意味する」と定義している[6]。また，戦略的提携の組織形態を，組織論（組織間関係論）に準拠して，階層（hierarchy）と市場（market）の中間に位置すると述べている。さらに，広義の戦略的提携には，階層と市場との間のあらゆる中間形態が含まれると述べている。その場合，階層により近いところに，M＆A，合弁（ジョイント・ベンチャー）など「所有比率」の高いものが該当する。そして，広義の戦略的提携に含まれるものとして，技術移転，製品ライセンス供与，ジョイント・ベンチャー，買収などをあげている。

　安田洋史［2006］は，広義の戦略的提携を，①資本関係（M＆A，合併，資本スワップなど），②契約関係（従来型契約，非従来型契約），に大別している[7]。ちなみに，②契約関係の中で，従来型契約には，フランチャイズ，ライセンス，クロス・ライセンスなどが含まれ，非従来型契約には，共同研究開発，共同製品開発，生産委託，研究コンソーシアムなどが含まれる。

　ディング（Ding, T.D.）［2007］は，多国籍企業間の競争と協調の重要性を強調した後で，戦略的提携を，①所有を伴う提携，②所有を伴わない提携，に大別している。そして，「戦略的提携とは，提携に参加する各個別企業がそれぞれの使命に基づいた企業目的の達成に向けて，国境を越えた資源移転や資源の連結，さらには複数国にまたがる自律的組織の統治機構の利用を行う比較的継続性をもった協調的な企業間関係のことである」と定義している[8]。所有を伴う戦略的提携には，合弁，少数所有などが含まれ，相互依存性および内部化の増大が伴う。他方，所有を伴わない戦略的提携には，共同研究開発，共同生産，クロス・ライセンシング，ライセンシングなどが含まれる。ディング［2007］の定義では，戦略的提携の基礎理論として，①取引コスト経済学，②資源ベース・パースペクティブ，③知識理論，の3つの研究分野が示されており，多角的な考察が伺える。

　上で，広義の戦略的提携について，浅川和宏［2003］，安田洋史［2006］，ディング［2007］，の3つの先行研究について概略レビューを行った。従来，曖昧な定義が多かったが，整理すると，浅川和宏［2003］のいう所有比率の高いもの，安田洋史［2006］のいう資本関係（M＆A，合併，資本スワップなど），

第8章 多国籍企業間行動の新展開

ディング［2007］のいう所有を伴う提携（合弁，少数所有など）を戦略的提携に含むか，含まないかが，曖昧な定義を避けるポイントであることが分かる。

次に，狭義の戦略的提携について，いくつかの先行研究を時系列的にみてみよう。ドーズ=ハメル（Dos, Y.L.=Hamel, G.）［1998］は，戦略的提携は企業買収とは異なると述べている[9]。また，戦略的提携はジョイント・ベンチャーとも異なると述べている。ドーズ=ハメル［1998］は，戦略的観点にたち，戦略的提携について狭義の定義を採用している[10]。

神戸大学大学院経営学研究室編［1999］は，「戦略的提携とは，企業間の協働関係の一種であり，企業合併や企業合同あるいは事業譲渡という形にとらわれずに行われるより緩やかな企業間協働の様式を指す。生産委託，販売委託，共同開発，共同生産，相互技術援助，部品供給，ノウハウ提供などの形態がある」と定義している[11]。個別企業の独立性と自律性を維持したまま，企業間関係を固定しない狭義の戦略的提携の定義を採用している。

大阪市立大学商学部編［2001］は，「２つ以上の企業が１つの企業になる合併や，一方の企業が他方の企業の全部または一部を取得する買収，合併や買収を意味するM&A（Merger & Acquisition）は，戦略的提携から除外する」と述べており[12]，意識的に狭義の定義を採用していることが分かる。

吉原英樹編［2002］は，国際戦略提携は，合弁事業よりもはるかに幅広い複雑な提携関係である，と述べている[13]。さらに，国際合弁事業に加えて，共同研究開発やOEM（相手先ブランドによる生産），ライセンス契約，クロス・ライセンス契約など，資本関係を伴わない国際戦略提携が縦横無尽に張り巡らされている[14]，と述べている。吉原英樹編［2002］の定義では，資本関係を伴う合弁事業が戦略的提携のコアで，資本関係を伴わない提携が付加されたということになり，他の定義とは明らかに主旨が異なる。「はるかに幅広い」といった定性的かつ主観的な分類が，ある種の混乱を招いているといえよう。しかし，別の項では，国際戦略提携を，「技術，市場の両面において，急速な構造変化を経験しつつある企業や，それに対する迅速なリストラクチャリングを必要とする企業が，国境を越えて他社（組織）と中核分野で協調することにより，スピーディに技術・市場変化に対応し，競争優位を獲得していくための戦略的な

235

選択肢」とも述べている[15]。

　浅川和宏［2003］は,「戦略的提携は，M＆Aやジョイント・ベンチャーよりも資本関係が身軽で，資本関係でなく高度に戦略的観点による契約関係に基づくものであるという狭義の見方も存在する」と述べている[16]。しかし,「本書の事例には，広義の提携としてのジョイント・ベンチャーおよびM＆Aも含まれることをあらかじめお断りしておく」とも述べており[17]，曖昧な定義に終始している。上述したように，浅川和宏［2003］は，戦略的提携を,「パートナー同士がお互いに競争優位を築くために，互いのリソースや能力などを共有し，継続的に協調関係に入ることを意味する」と定義しているので,「リソースや能力の共有」の分類に躊躇が見受けられる。「共有」の形態には，資本関係，契約関係があるので，躊躇はある意味で当然なのかも知れない。

　本書では，先行研究のレビューを踏まえて,「戦略的提携とは，個別企業の独立性と自律性を維持したまま，企業間関係を固定せずに緩やかな企業間協働を維持する企業間協働関係の様式を指す。生産委託，販売委託，共同開発，共同生産，相互技術援助，部品供給，ノウハウ提供などの形態がある」と狭義の定義を採用して議論を進める。なお，所有を伴う企業間協働の様式であるM＆Aについては，次節で考察する。

❷ 戦略的提携と競争優位

　上述したように，具体的にどの範囲までを戦略的提携と捉えるのかについて，明確な定義は少ない。しかし，戦略的提携の捉え方は曖昧なままでも，多くの研究者は，他企業と協調・協働することによって，競争優位を獲得することができるという点では共通している。

　この背景として，江夏健一=桑名義晴編［2006］は,「他企業との関係が重視されてきたことの裏には，企業は1社のみで事業を展開するのが難しくなってきたということがある」と述べている[18]。経営資源の獲得や研究開発など，企業1社のみの力では限界である。特に多国籍企業の場合，1社のみの力では，事業展開がより一層困難になることはいうまでもない。したがって，多国籍企業間競争において，戦略的提携の重要性の高まりを無視することはできないの

第8章 多国籍企業間行動の新展開

図表8-3 戦略的提携の主な目的とリスク

主な目的	典型的なリスク
補完的スキル・技術・商品の獲得	それに縛られ自由度が減る
市場アクセスや資金の獲得	相手に発言権がいく
規模やスピードの獲得	逆に調整に時間がかかる
主要顧客・サプライヤーとの共同R&D	ノウハウや顧客情報の流出の可能性 他社との関係や多事業に悪影響も
リスク分散	コミットメントの低下，責任の所在の曖昧化
市場や競争ルール（業界標準など）の明確化・確立	その標準が勝てればよいが，間違った相手と組んでしまうと…
競合や補完者の取り込みによる競争のコントロール	囲い込むほどのメリットが供給できなければ，「庇を貸して母屋を取られる」ことも

（出所）グロービス経営大学院編［2010］46頁。

である。

戦略的提携の主な目的とリスクについてみてみよう。戦略的提携の主な目的としては，図表8-3に示されるように[19]，①経営資源（補完的スキル，技術，商品など）の獲得，②市場アクセス（新市場開拓，新地域開拓など）の獲得，③規模やスピードの獲得（規模の経済，速度の経済など），④主要顧客やサプライヤーとの共同（共同研究開発，共同生産，相互技術援助など），⑤学習（情報，ノウハウの獲得など），⑥リスクの分散（コスト負担，イノベーションの遅れなど），⑦競争ルール（デファクト・スタンダードなど）への対応，⑧競争のコントロール（防衛的提携など），などがあげられる。

一方，戦略的提携のリスク・デメリットとしては，①独立性，自律性の喪失，②情報資源（自社技術など）の流失，③コミットメントの低下，責任の所在の不明確化，④マネジメントの難しさ（最悪の場合，乗っ取りなどの被害を被る），⑤社内組織の複雑化，などがあげられる。

❸ 戦略的提携による企業間関係の構築

伊丹敬之=加護野忠男［2003］は，戦略的提携は，「市場取引や組織的統合に

図表8-4　多角的アライアンス構築の戦略的要因

1．アライアンスの構造の選択

- 共同サプライヤー
- ユーザー
- 補完者

必要な能力と地位を整理し，独占的なパートナーを選別する。

2．アライアンスの規模の最適化（参加者の数）

- すべてのパートナーに十分な価値の創造と配分を行う。
- パートナー間で戦略的な共通性，一貫性を維持する。
- 多様な関係を管理する複雑さを抑制する。
- メンバー以外及び遅参者へのリターンを低減する。

3．成長への道のりの選択

- 新たなパートナーの参加について，信頼性，危険性，影響力などについて基準を設定する。
- 強力なプレイヤーを包囲するが，直接対峙しない。
- 成長のスピードを見定め，ファースト・ムーバー・アドバンテージを狙う。
- 後になって欠落を補完するような事態を回避する。
- マーケットをまずセグメント化し，後にそのセグメントを解消する。

4．メンバー間の競争の抑制

- 役割の差別化，重複，補完を考慮する。
- 中核企業のリーダーシップを維持する。

5．アライアンスのガバナンス

- オープンで中立的なガバナンス
- 中核企業によるマネジメント

6．中核企業の優位性の維持

- 十分な知識・技術を活用し，優位性を維持するために十分な資産を保持する。
- 常に学習の加速化を進める。

（出所）Dos, Y.L.=Hamel, G.［1998］訳書218頁。

よっては得ることのできないメリットがあるからこそ，戦略的提携という中間的な結びつきが選ばれる。あるいは，戦略的提携に意義があるとすれば，市場と組織の中間的な形態が意味をもつときである」と述べている[20]。

一般的に，市場取引よりも，戦略的提携のように他企業と協調関係を結ぶ方が優遇されることが多い。しかし，他企業との協調関係から組織的統合にまで発展すると，企業文化（組織文化）などの違いによるマネジメントの困難性が懸念される。特に，多国籍企業によるグローバルな組織的統合の場合，企業文化（組織文化）の融合は困難な場合が多いので，マネジメントに多大な影響を及ぼす。したがって，戦略的提携ならではのメリットとして，企業の独立性が維持されつつ，他企業との協調関係を保つことができるという点があげられる。

戦略的提携による企業間関係の構築には，ドーズ=ハメル［1998］によれば，図表8-4に示されるように[21]，①提携（アライアンス）の構造の選択，②提携（アライアンス）の規模の最適化，③成長への道のりの選択，④メンバー間の競争の抑制，⑤提携（アライアンス）のガバナンス，⑥中核企業の優位性の維持，などの戦略的要因があげられる。

戦略的提携がグローバル化するに伴って，従来の同業種内企業間協働だけではなく，例えば，電気自動車用ニッケル水素蓄電池にみられるように，自動車業界と電機業界を中心とした異業種間企業間協働の事例も増加しつつある。「企業は1社のみで事業を展開するのが難しくなってきた」といわれるが，近年では，「企業は1つの業種だけで事業を展開することが難しくなりつつある」。戦略的提携による企業間関係の構築の新たなステージが始まったといえよう。

3 多国籍企業とM&A

❶ M&Aの意義

近年，経営管理論・経営組織論・グローバル経営論などの経営学関連分野において，M&A（Merger and Acquisition）の重要性が急激に増大している。M

＆Aとは，文字通り合併・買収のことである。岸川善光［2006］によれば，合併とは，2つ以上の企業が，法的・経済的・組織的に結合して1つの企業になることである[22]。

従来，わが国におけるM＆Aは，企業の乗っ取りというイメージが広く社会に浸透し，経営管理論・経営組織論・グローバル経営論の主流にはなり得なかった。ところが，現在では，経営資源の外部調達の方法，市場アクセスの方法など，様々な目的実現の有効な手段として脚光を浴びている。

M＆Aの内，合併は，上述したように，2つ以上の企業が法的・経済的・組織的に結合して1つの企業になることである。合併には，一方の企業が存続し他方が消滅する吸収合併と，双方が消滅し新会社を設立する新設合併がある。

他方，買収は，他企業の全部またはその一部を取得することであり，営業譲渡によるものと，株式取得によるものがある。株式取得は他企業を支配する目的のために必要な株式を取得し，子会社とすることである。株式取得には，株式譲渡（相対取引，公開市場での株式買付），TOB（株式公開買付），新株引受け（株主割当増資，第三者割当増資，転換社債，ワラント債）がある。

図表8-5　経営統合におけるM&Aの位置づけ

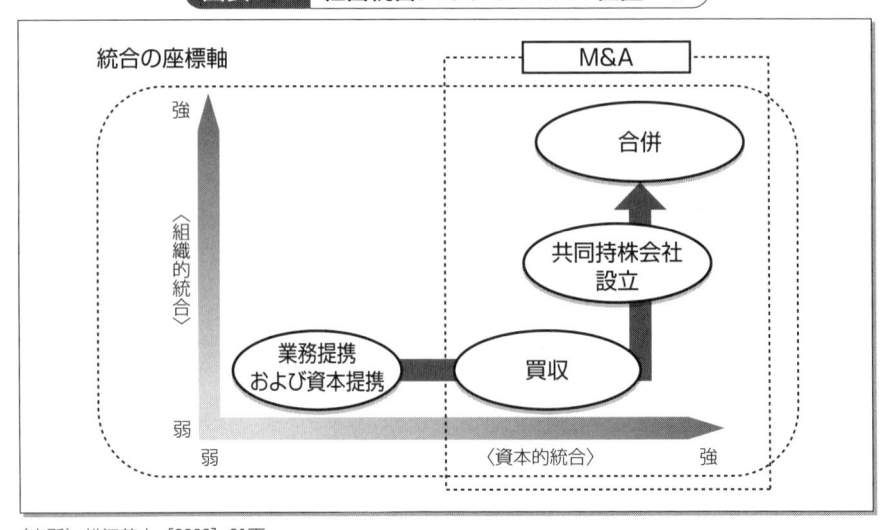

(出所) 松江英夫［2003］31頁。

M＆Aの背景として，岸川善光［2006］によれば，世界的な潮流として，規制緩和や税制改革，独禁法改革・緩和，事業プラットフォームの革新に対する迅速な対応，投資機会の枯渇による資金過剰対策，事業の再編・再構築などがあげられる[23]。

M＆Aは，先に考察した戦略的提携とは異なり，図表8-5に示されるように[24]，経営統合の一環として位置づけられる。すなわち，合併は，資本的統合も，組織的統合も共に強く，買収は，資本的統合は強いものの，組織的統合は弱い経営統合といえよう。

❷ M＆Aと競争優位

近年，M＆Aは，多国籍企業の国際競争の手段として用いられ，その動きは活発化している。わが国企業のM＆A件数は，2005年に2,700件を記録するまで，約10年間で約5倍と急激な伸びを示した。その後，2008年に米国に端を発したサブプライムローン問題や，さらにリーマンショックによって，一時的に落ち込んでいたが，依然としてM＆A件数は高水準にあるといえる。

このような，M＆A活発化の背景として，全日法規研究室編［2003］は，業界再編活動を指摘している[25]。今日の消費が停滞し，市場が成熟化している中では，企業は，業界のトップ集団に入らないと生き残ることができない。そこで，多くの企業が，5～6番手企業でもトップグループに入ることが可能となるM＆Aを行うのである。すなわち，市場での生き残りをかけてM＆Aが行われ，それが世界規模での業界再編やグループ再編の動きとなり，さらにM＆Aを活発化させている。このような動きは，特に自動車産業や，成長の期待が高かった医薬品業界，通信業界で目立った。

このように，M＆Aは，業界再編活動から大きな影響を受けて活発化し，現在では，グローバル規模で積極的に実施されている。さらに，M＆A戦略は，企業の目的と密接にかかわっており，自社の目的に適応したM＆A戦略の選択が重要であるといえる。

M＆Aの最大の利点は，グローバル規模で製品・市場，ノウハウなどの経営資源を迅速に調達することによって，競合企業に対する競争優位を獲得するこ

とができることである。競争優位を獲得することによって，①新事業分野への進出，②製品力の向上，③市場支配力の拡大，④海外市場の獲得，⑤研究開発力の強化，⑥多角化によるシナジーの実現，⑦生産コストの削減，⑧管理費の削減，などの効果が現実化するのである[26]。

しかし，M＆Aには，経営管理上・経営組織上の多くの課題が存在する[27]。第一に，被合併・買収企業の体質（企業文化・組織文化）が買収企業と異なることが多いため，買収企業に対する理解や，合併・買収後の一体化・統合化に時間がかかることがある。その間，被合併・買収企業の役員，管理職，従業員のモラルが低下し，人材（人的資源）の流出など，大きな問題がしばしば発生する。M＆A後の統合化戦略において，多国籍企業における企業文化（組織文化）の融合は極めて大きな課題である。

第二に，雇用の問題も多発している。一般に，M＆Aが行われる際に，従業員や労働組合にその情報が知らされるのは，M＆Aの方針と内容が実質的に固まった後である。その段階で従業員や労働組合の了解が得られず，計画が頓挫したケースもかなり存在する。

上述したように，M＆Aにおける課題は山積しているので，安易にM＆Aを捉えるのではなく，他の参入戦略や経営統合戦略と多面的な観点から比較検討することが望ましい。例えば，企業文化（組織文化）の融合は，口でいうほど容易ではない。M＆Aは，多国籍企業にとって，経営管理上においても，経営組織上においても，極めて重要な課題ではあるものの，決して万能薬ではない。

❸ M＆Aによる企業間関係の構築

M＆Aを成功裏に進めるためには，企業間関係のマネジメントが極めて重要である。例えば，2010年に話題となったグローバル展開を目指したキリンとサントリーの経営統合は，買収以前の交渉段階において，統合新会社のあるべき姿に対する認識の違いにより実現しなかった。

M＆Aのプロセスは，図表8-6に示されるように[28]，①ビジョン，企業戦略に基づいて，②M＆Aの相手を選定し，③M＆Aの相手の評価を行い，④M＆Aの交渉をする，というプロセスを踏む。上述したキリンとサントリーの経営

図表8-6　M&Aのプロセス

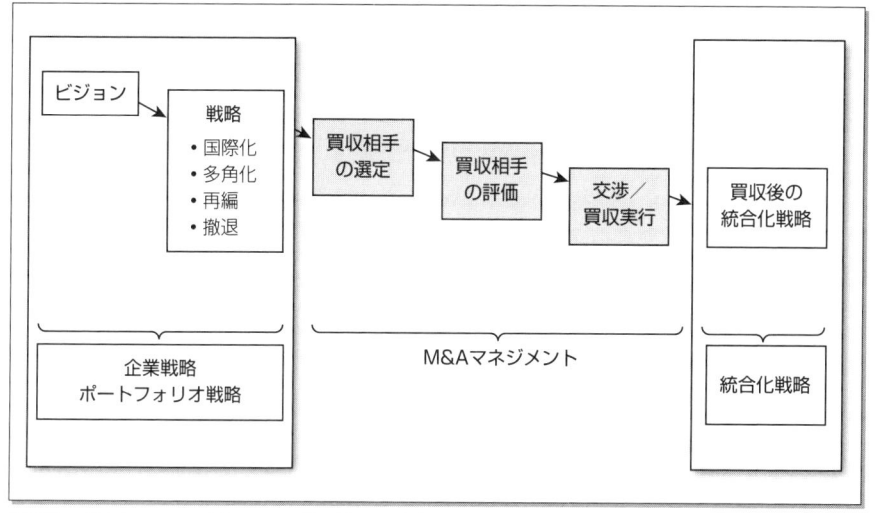

```
ビジョン → 戦略
         ・国際化
         ・多角化
         ・再編
         ・撤退
→ 買収相手の選定 → 買収相手の評価 → 交渉／買収実行 → 買収後の統合化戦略

企業戦略
ポートフォリオ戦略　　　　M&Aマネジメント　　　　統合化戦略
```

(出所)　ボストン・コンサルティング・グループ（BCG）[1990] 163頁。

統合は，ビジョンの段階で躓いたが，現実的には，M＆A後の統合化戦略に失敗している企業が数多く見受けられる。統合化戦略の失敗の要因として，企業文化（組織文化）の相違によるモラルの低下，人材の流出などがあげられる。

　M＆Aは，歴史も文化も異なる企業が一緒になるため，様々なコンフリクトが生じることは当然である。そのコンフリクトをいかに未然に防ぐかという事前の準備と事後のプロセスにおいて，企業間関係のマネジメントが，M＆Aによる成果を創出し，持続的競争優位を獲得するための決め手となる。

4　多国籍企業とSCM（サプライチェーン・マネジメント）

❶ SCM（サプライチェーン・マネジメント）の意義

　近年，競争環境は激変しており，企業レベルにおける競争だけでなく，提携，連合，統合，事業基盤共有，合併など，「企業間関係」の革新を伴う企業グル

ープ間の競争も次第に熾烈さを増している。この熾烈な競争の背景には，供給連鎖（supply chain）をめぐる主導権争いがある。

　供給連鎖（サプライ・チェーン）とは，「生産者起点による製品の流れ，機能連鎖，情報連鎖のこと」である。具体的には，製品の開発から消費に至る一連のプロセスのことである。製造業の場合，通常，①調達，②製造，③マーケティング，④物流，⑤顧客サービス，の5つの機能の連鎖によって構成されることが多い。これに研究開発を加えて，6つの機能の連鎖とすることもある。ビジネス・システムの典型例でもある。

① 　研究開発：研究（基礎研究，応用研究），開発（製品開発，技術開発），製品化（設計，試作，生産技術支援）など。
② 　調達：購買（原材料，部品），仕入，調達先の選定など。
③ 　製造：生産技術（固有技術，管理技術），製造（工程管理，作業管理，品質管理，原価管理），資材管理
④ 　マーケティング：市場調査（需要動向，競合動向），販売（受注，契約，代金回収），販売促進（広告，宣伝，代理店支援）など。
⑤ 　物流：輸送，配送，在庫管理，荷役，流通加工など。
⑥ 　顧客サービス：アフターサービス，カスタマイズ，クレーム処理など。

　供給連鎖は，その性格上複数の企業にまたがるので，供給連鎖の組み替えを図ると，必然的に，連合，提携，事業基盤の共有，統合，合併など「企業間関係」の革新を伴うことになる。「企業間関係」の革新のプロセスは，具体的には，どの企業ないしは企業グループが供給連鎖の主導権を握るかということであり，この競争の勝敗は各企業の経営に致命的な影響を及ぼす。

　供給連鎖の概念は，図表8-7に示されるように[29]，①物流の時代（1980年代中頃以前），②ロジスティクスの時代（1980年代中頃から），③SCM＝サプライチェーン・マネジメント（1990年代後半から）の時代，という3つの段階を経て普及しつつある。

　SCM（サプライチェーン・マネジメント）について，①時期，②対象，③管理の範囲，④目的，⑤改善の視点，⑥手段・ツール，⑦テーマ，の相関関係を理解することは，ビジネス・システムの発展過程を理解することでもある。

第8章 多国籍企業間行動の新展開

図表8-7 SCM（サプライチェーン・マネジメント）の発展過程

	物流	ロジスティクス	サプライチェーン・マネジメント
時期（日本）	1980年代中頃以前	1980年代中頃から	1990年代後半から
対　象	輸送，保管，包装，荷役	生産，物流，販売	サプライヤー，メーカー，卸売業者，小売業者，顧客
管理の範囲	物流機能・コスト	価値連鎖の管理	サプライチェーン全体の管理
目　的	物流部門内の効率化	社内の流通効率化	サプライチェーン全体の効率化
改善の視点	短期	短期・中期	中期・長期
手段・ツール	物流部門内システム機械化，自動化	企業内情報システム POS，VAN，EDIなど	パートナーシップ，ERP，SCMソフト，企業間情報システム
テーマ	効率化（専門化，分業化）	コスト＋サービス 多品種，少量，多頻度，定時物流	サプライチェーンの最適化 消費者の視点からの価値 情報技術の活用

（出所）SCM研究会［1999］15頁を筆者が一部修正。

　すなわち，①供給連鎖の全体最適，②顧客満足の視点，③企業間関係の構築，④ICTの活用，というSCM（サプライチェーン・マネジメント）の観点は，ビジネス・システムとして極めて妥当なものであることが分かる。

❷ SCM（サプライチェーン・マネジメント）と競争優位

　SCM（サプライチェーン・マネジメント）には，競争優位の源泉として，様々な効果が存在する。まず，本書の編著者（岸川善光）が理事をつとめていた日本総合研究所のSCM研究グループ［1999］によれば，SCM（サプライチェーン・マネジメント）のメリット（効果）として，①売れ筋商品の充実，死に筋商品の排除，②トータル在庫（サプライヤー，メーカー，流通）の削減，③トータル・リードタイムの削減，④ローコスト・オペレーション，⑤キャッシュフローの改善，⑦市場の需要リスクの最小化，の7点をあげている[30]。

245

SCM研究会［1999］は，SCM（サプライチェーン・マネジメント）の効果として，①トータル在庫の減少，②ローコスト・オペレーション，③製品ライフサイクルの短縮への対応，④売れ筋商品の品揃えによる商品回転率の向上，⑤古い商慣習（リベート制度，委託返品制度など）の近代化，⑥マーケティングの向上，⑦消費者主導の購買代理の実現，の7点をあげている[31]。

　上述した日本総合研究所とICTコンサルタント・グループによるよく似た2つの先行研究には，SCM（サプライチェーン・マネジメント）によって，製造業がどのように変化すべきか，その思想が盛り込まれている。

　第一に，従来の市場は作れば売れる大量消費の時代であったが，これからは何が売れるか分からない不確実な市場であるので，売れ筋商品，死に筋商品を正確に把握する仕組みが組み込まれなければならない。POS端末の活用などがその裏付けになる。

　第二に，従来の生産思想は，少品種大量生産であったが，これからは変種変量生産が不可欠になる。そのためには，供給連鎖のすべてのプロセスにおいて「単品管理」の仕組みが組み込まれなければならない。

　第三に，従来の設備思想は，生産能力重視であったが，これからは需要変化への対応が不可欠である。そのためには，市場の需要リスクの最小化の仕組みが組み込まれなければならない。ここでも「単品管理」の仕組みが欠かせない。

　第四に，今までの生産形態は，少品種大量生産に適したライン生産であったが，これからは製品ライフサイクルの短縮や変種変量生産に備えて，ライン生産からセル生産に移行せざるを得ない。

　第五に，従来の納期対応は，在庫をもつことによって対応してきたが，これからは，リードタイムの短縮によって，極力在庫をもたない仕組みが不可欠である。そのことが，ローコスト・オペレーション，キャッシュフローの改善につながる。

　第六に，従来の在庫に対する考え方は，在庫は資産という考えであったが，これからは，在庫はリスクと考える必要がある。上述したように，極力在庫をもたない仕組みが不可欠である。在庫は，ローコスト・オペレーション，キャッシュフローの改善にとって障害以外の何物でもない。

第8章 多国籍企業間行動の新展開

　SCM（サプライチェーン・マネジメント）には，上述したように，様々な競争優位の源泉が存在する。現実に，自動車業界におけるトヨタ，日産など，日用品業界におけるＰ＆Ｇ，花王など，コンピュータ業界におけるデルなど，SCM（サプライチェーン・マネジメント）の先進企業の業績は例外なく高い。

❸ SCM(サプライチェーン・マネジメント)による企業間関係の構築

　先述したように，供給連鎖（サプライチェーン）は，「生産者起点による製品の流れ，機能連鎖，情報連鎖のこと」である。製造業の場合，一般に，①調達，②製造，③マーケティング，④物流，⑤顧客サービス，の5つの機能の連鎖によって構成されることが多い。

　この5つの機能の連鎖に対応して，①サプライヤー，②メーカー，③卸売業者，④物流業者，⑤小売業者，などの企業間連鎖が存在する。そして，企業間連鎖は，情報通信ネットワークによる情報連鎖によって連結される。

　このように，供給連鎖（サプライチェーン）は，本質的に複数の企業にまたがり，企業間関係そのものを「関係性資産」として成り立っている。したがって，SCM（サプライチェーン・マネジメント）による企業間関係の構築というテーマは，いわば同義語に近く当たり前のことである。

　ところで，近年，供給連鎖（サプライチェーン）と併行して，需要連鎖（ディマンドチェーン）が注目されている。需要連鎖（ディマンドチェーン）とは，「顧客起点による製品の流れ，機能連鎖，情報連鎖のこと」である[32]。需要連鎖（ディマンドチェーン）は，機能としては供給連鎖と同一であるものの，情報連鎖の方向が供給連鎖とは全く異なる。需要連鎖は，顧客起点，ニーズ起点にその最大の特徴があり，ニーズ主導型のビジネス・システムとして，近年飛躍的に増大しつつある。

　需要連鎖は，顧客の需要を満たすための機能（業務，活動）の流れであるので，顧客との「接点」が極めて重要になる。具体的には，①接点の形成，②接点のデータベース化，の2点が必要不可欠である。

　需要連鎖は，従来のビジネス・システムとは異なり，生産−販売型のビジネス・システムの形態をとらない。需要，ニーズを起点とするので，受注−生産

図表8-8　eマーケットプレイスによる流通の変化

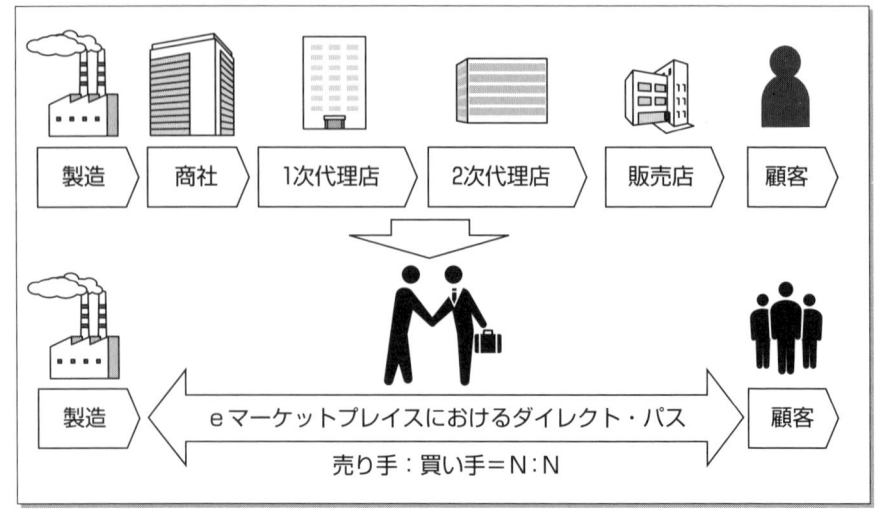

| 製造 | 商社 | 1次代理店 | 2次代理店 | 販売店 | 顧客 |

eマーケットプレイスにおけるダイレクト・パス
売り手：買い手＝N：N

製造 ←→ 顧客

（出所）佐々木紀行［2001］15頁に基づいて筆者が一部加筆。

型のビジネス・システムの形態になることが多い。具体的には，無在庫型のビジネス・システムを志向することになる。

　需要連鎖が構築されると，図表8-8に示されるように[33]，eマーケットプレイスにおけるダイレクト・パスが可能になる。売り手と買い手の関係は，N：Nになり，中間の企業間関係は消滅するかもしれない。

　需要連鎖が可能になった背景としては，ICTの進展，情報ネットワーク化の進展があげられる。顧客のニーズが発生したその時点の情報を取り込んで，ビジネスの起点とするため，従来のビジネス・システムと比較して，速度の経済など多くのメリットがある。今後のビジネス・システムの主流の1つになるであろう。そうなると，SCM（サプライチェーン・マネジメント）による企業間関係の構築は，やや時代遅れになるかもしれない。企業間関係の構築において，機能の連鎖，企業間連鎖よりも，情報連鎖のほうが重要になりつつある。

5 多国籍企業の参入(進出)戦略と撤退戦略

❶ 参入(進出)戦略と撤退戦略の意義

　企業活動の基本は，特定の製品（サービスを含む）を，特定の市場に提供して，その対価を得ることであるといえる。現在の製品・市場が企業に安定した利益をもたらしていても，環境の変化によって，いつ売上・利益が減少するとも限らない。そのような事態に備えて，将来どの事業分野において，どのような製品を，どのような市場に提供するか，を決定するのが製品・市場戦略 (product-market strategy) である。具体的には，製品分野と市場分野との組合せを決定し，製品・市場構造そのものを決定する戦略を製品・市場戦略という[34]。

　製品・市場戦略は，ドメイン，さらには全体戦略としての事業ポートフォリオ戦略の具現化のプロセスであるということができる。また，企業の将来のあるべき姿を目指して，製品・市場分野における自己革新のシナリオとしても，極めて重要な位置づけを占める。

　製品・市場戦略は，製品の定義と市場の定義がその出発点になる。製品の定義では，製品ラインの「広がり」「差別化」「ポジショニング」の視点が重視される。これらは，PPM（プロダクト・ポートフォリオ・マネジメント）と並行しつつ，体系的な研究がすでに蓄積されつつある。また，市場の定義では，市場の多様性および異質性を認識し，様々な需要区分に基づいて市場を分割した上で，市場の「広がり」「差別化」「ポジショニング」の視点が重視される。

　経営戦略論の生成期にあたる1960年代において，チャンドラーやアンゾフは，製品・市場戦略の1分野である多角化戦略を経営戦略の中核的な課題としたが，多角化戦略だけではなく，製品・市場戦略の重要性は現在もいささかも薄れていない。むしろ，その重要性は増大しているとさえいえよう。

　本節で考察する参入（進出）戦略と撤退戦略は，製品・市場戦略および多角化戦略と密接な関係性がある。すなわち，多国籍企業がグローバル製品・市場

249

戦略に基づいて，新市場に参入（進出）する場合，参入（進出）戦略が重要な課題になる。参入戦略については，すでに第２章において，アーカー（Aaker, D.A.）[2001] に準拠して，①内部開発，②社内ベンチャー，③買収，④合弁または提携，⑤他社からのライセンス，⑥教育的買収，⑦ベンチャー・キャピタルと育成，⑧他社へのライセンシング，の８つについて考察した。

　次に，撤退戦略について考察する。撤退とは，参入（進出）の反意語で，企業がある事業に対する関わりを断念することである。具体的には，事業を他の企業に売却したり，清算したりすることである。撤退の要因としては，業績不振，進出事業のフィジビリティ・スタディの不足，経営戦略の転換，などがあげられる[35]。

　参入（進出）と撤退は，１つのパッケージとして理解しておく必要がある。どのような事業にもライフサイクルがある。新たに事業が誕生し，次いで成長期に発展し事業として大規模化する。しかし，そのような事業も成長期を過ぎると，やがて成熟期さらには衰退期に入るケースが多い。

　撤退に関する意思決定は，企業にとって多くの問題が付随しているケースが多く，実は意外に困難性を伴う意思決定の１つである。例えば，多くの事業には固定的な顧客や従業員が存在しているため，これらを切り捨てることの困難性だけをみても，意思決定の難しさが分かる[36]。

　ポーター [1998a] が指摘するように，企業が市場に参入する際に，参入障壁を克服する必要があるのと同様に，市場から撤退する場合にも，乗り越えるべき障壁がある。たとえ投資に対して平均以下の利益しか得られていない場合でも，こうした障壁を乗り越えられず，撤退できない場合もある。撤退障壁が高いほど，業界の衰退期における企業の居心地は悪くなる[37]。事業環境と事業ポジションがともに不利な場合，最後の手段として，売却と清算がなされることになる。

　従来，グローバル経営論の分野において，撤退の戦略的重要性について注目されることは少なく，撤退はいわば軽視されてきた。しかし，撤退は参入（進出）と同様に重視されるべきである。多国籍企業において，なぜ撤退は軽視されてきたのであろうか。その理由として，浅川和宏 [2003] は，「多くの企業は，

第8章 多国籍企業間行動の新展開

海外進出には用心深いが，いったん出た後は海外事業を成功させることに成功の判断基準を置き，撤退は失敗の象徴のように考える傾向がある」と述べている[38]。すなわち，撤退を失敗の象徴のように考えることが軽視の原因といえる。しかし，すべての撤退が失敗に結びつくわけではない。

磯辺剛彦=牧野成史=クリスティーヌ・チャン［2010］は，合弁企業の撤退に着目し，撤退を，①意図した撤退，②意図しない撤退（不本意な撤退），の2つに大別している[39]。

① 意図した撤退：合弁企業の設立当初からの目的が達成されるときに行う撤退のこと。
② 意図しない撤退（不本意な撤退）：合弁企業の設立後の外部状況，内部状況，あるいは合弁パートナーとの関係の変化など，予想外の出来事による撤退のこと。

上述したように，撤退には，目的が達成された場合の撤退と，予想外の出来事による撤退が存在するので，撤退がすべて失敗を意味するわけではない。また，予想外の撤退であっても，早期に撤退したことがむしろよい結果を生むこともある。特に，多国籍企業では多くのリスクを伴うので，撤退が戦略的に有効となるケースも多い。

❷ 参入（進出）と撤退の要因と方策

ロバーツ=ベリー（Roberts, E.B.=Berry, C.A.）［1985］は，正しい参入（進出）戦略の選択は，これから参入（進出）しようとする市場について，企業がどれだけ事業に精通しているかに依存すると述べている[40]。

ロバーツ=ベリー［1985］は，図表8-9に示されるように，①市場，②製品に具体化される技術・サービス，の2つの要因によって，市場の対する精通度合いを分類した。

第一に，市場の要因は，次の3つのレベルが考えられる
① ベース：既存市場が当該市場で販売されている。
② 新規／精通：詳細な市場調査，経験あるスタッフ，顧客としての市場への参加などの理由で，当該市場に精通している。

図表8-9　最適な参入戦略

	製品に用いられる技術やサービス		
	ベース	新規／精通	新規／未知
市場に関することがら　新規／未知	合弁	ベンチャーキャピタルまたは教育的買収	ベンチャーキャピタルまたは教育的買収
新規／精通	社内での市場開拓または買収（あるいは合弁）	社内ベンチャーまたは買収あるいはライセンシング	ベンチャーキャピタルまたは教育的買収
ベース	内部でのベースの開発（あるいは買収）	内部での製品開発または買収あるいはライセンシング	合弁

（出所）Roberts,E.B.=Berry,C.A. [1985] pp.3-17.

③　新規／未知：市場に対する知識や経験が欠けている。

　第二に，製品に具体化される技術・サービスについても，次の3つのレベルが考えられる。

①　ベース：技術やサービスが既存製品に具現化されている。
②　新規／精通：関連技術に関する経験，当該技術に関する確立した研究開発，あるいは詳細かつ集中的な技術調査などになって，企業が技術について精通している。
③　新規／未知：当該技術に関する知識や経験が欠けている。

　ここでのロバーツ=ベリー [1985] の基本的な示唆は，これら2つの側面（市場および技術）における精通度合いが減少するにつれて，参入に対する関与の度合いを減らすべきである，ということである。

第8章 多国籍企業間行動の新展開

　次に，観点は異なるものの，ポーターの参入（進出）戦略についてみてみよう。ポーター［1980］は，新規参入の基本的なコンセプトとして，①製品コストの引き下げ，②低価格販売によるシェアの獲得，③製品差別化障壁を打破できるより優れた製品の発売，④市場における新しいセグメントの発見，⑤新しいマーケティング手法の導入，⑥他の事業の流通網の利用，などをあげている[41)]。

　さらに，撤退の要因と方策について考察する。上述したように，撤退には大きく分けて，「意図した撤退」と「意図しない撤退（不本意な撤退）」が存在するが，実際には，「意図しない撤退（不本意な撤退）」の方が多い。そこで，「意図しない撤退（不本意な撤退）」の要因について考察する。

　浅川和宏［2003］は，撤退の要因として，①自社の要因，②現地国の要因，の2つに大別している[42)]。

① 自社の要因：1）戦略の変更，2）マネジメント上の問題，3）業績の悪化
② 現地国の要因：1）進出国のカントリー・リスク，2）進出国における政策，3）進出国における需要要件，4）進出国における要素要件，5）進出国における競争環境の激化

　また，山崎清=竹田志郎編［1993］によれば，多国籍企業の海外市場からの主な撤退要因は，①企業内部の要因，②企業外部の要因，の2つに大別される[43)]。この2つの要因は，上述した浅川和宏［2003］の自社の要因，現地国の要因と共通する。しかし，山崎清=竹田志郎編［1993］は，浅川和宏［2003］が提示した要因の他に，1）フィジビリティ・スタディの不完全・失敗，2）合弁企業におけるパートナーとの見解の対立，を撤退要因として強調している。

　撤退において最も重視された理由を，統計的・定量的にみてみると，図表8-10に示されるように[44)]，北米，欧州，東南アジア，中国のどの地域においても，「本社の事業戦略（製品・市場，コアビジネスなど）の変更」，「製品に対する需要の不振」の2つの理由が大半（70%〜80%）を占めている。「本社の事業戦略（製品・市場，コアビジネスなど）の変更」を自社（企業内部）の要因，「製品に対する需要の不振」を現地国（企業外部）の要因と位置づけることもできよう。

図表8-10 撤退において最も重視された理由

	北米	欧州	東南アジア	中国
1 本社の業績悪化	4(12.1%)	3(13%)	2(7.7%)	
2 本社の事業戦略（製品，市場，コアビジネスなど）の変更	14(42.4%)	9(39.1%)	11(42.3%)	3(27.3%)
3 競争企業数の増加	1(3%)		2(7.7%)	
4 現地パートナーとの意見の相違	1(3%)			
5 現地の物価・賃金上昇	1(3%)	3(13%)	1(3.8%)	
6 製品に対する需要の不振	10(30.3%)	8(34.8%)	8(30.8%)	4(36.4%)
7 品質管理面での諸問題				2(18.2%)
8 労働管理上の諸問題				
9 原材料・部品調達上の諸問題				1(9.1%)
10 事前の市場調査の不足	2(6.1%)			
11 商習慣・文化の相違				1(9.1%)
12 政情不安，政策の変化，規制の強化などのリスクの増大			2(7.7%)	
合計	33(100%)	23(100%)	26(100%)	11(100%)

(出所) 今口忠政=李新建=申美花 [2003] 142頁。

❸ 参入（進出）戦略と撤退戦略による企業間関係の構築・再構築

　参入（進出）戦略による企業間関係の構築については，すでに第２章において，アーカー［2001］に準拠して，①内部開発，②社内ベンチャー，③買収，④合弁または提携，⑤他社からのライセンス，⑥教育的買収，⑦ベンチャー・キャピタルと育成，⑧他社へのライセンシング，の８つについて概観した。

　この８つの参入（進出）戦略を，企業間関係の構築というテーマで分類すると，③買収，④合弁または提携，⑤他社からのライセンス，⑥教育的買収，⑦ベンチャー・キャピタルと育成，⑧他社へのライセンシング，の６つが企業間関係の構築に該当する。「所有を伴う提携」と「所有を伴わない提携」が混在していることに留意する必要がある。

　次に，撤退戦略による企業間関係の再構築について考察する。撤退戦略によ

る企業間関係の再構築において，留意すべきこととして，撤退障壁があげられる。日沖健［2002］によれば，撤退障壁には，①耐久性のある専門特化した資産，②撤退コスト，③戦略的要因，④情報要因，⑤心理的要因，⑥政府や社会の制約，の6つがあげられる[45]。

① 耐久性のある専門特化した資産：特定の立地を前提とした資産や特定業種に特化した資産は流動性が低く，撤退のための移転コストが大きくなる。
② 撤退コスト：労働者への補償，設備撤去費用，契約解除のペナルティ，能力維持費など，撤退によって直接・間接に費用が発生する。
③ 戦略的要因：多角化した企業では，撤退する事業が，イメージ，マーケティング能力，資本市場へのアクセス，共用資産などの点で他の事業部門との関係が強い場合，撤退によって企業全体の競争力が低下することがある。
④ 情報要因：企業内の他部門との共用資産が多かったり，取引関係が深かったりすると，事業の実態についての情報がつかみにくくなり，撤退判断が難しくなる。
⑤ 心理的要因：経営者は特定事業への愛着，従業員への配慮，自身のキャリアが傷つくことへの恐れ，プライドなどから，撤退を避けようとする。（上記の①〜④の要因はそれなりに合理的であるが，この心理的要因は非合理的な要因である。）
⑥ 政府や社会の制約：政府や社会が，雇用や地域社会への影響を配慮する場合，政府が撤退に対して補償を要求すると，撤退が難しくなる。

このように，撤退には様々な撤退障壁が存在する。上述した6つの障壁の中でも，実際に最も問題となる障壁は，従業員の雇用問題であることが多い。撤退戦略による企業間（組織間）関係の再構築は，極めて困難かつ複雑な課題を内包しているといえよう。

---

1) 山田英夫［1993］58頁を筆者が一部修正。
2) 同上書69-70頁。
2) 同上書14頁。
4) 同上書16頁。
5) 同上書31-49頁を主として参照した。

6 ）浅川和宏［2003］217頁。
7 ）安田洋史［2006］29頁。
8 ）Ding, T.D.［2007］訳書177頁。（安室憲一編［2007］，所収）
9 ）Dos, Y.L.=Hamel, G.［1998］訳書 3 頁。
10）同上書 7 頁。
11）神戸大学大学院経営学研究室編［1999］573-574頁。
12）大阪市立大学商学部編［2001］158頁。
13）吉原英樹編［2002］197頁。
14）同上書198頁。
15）同上書202頁。
16）浅川和宏［2003］218頁。
17）同上書220頁。
18）江夏健一=桑名義晴編［2006］89頁。
19）グロービス経営大学院編［2010］46頁。
20）伊丹敬之=加護野忠男［2003］139頁。
21）Dos, Y.L.=Hamel, G.［1998］訳書218頁。
22）岸川善光［2006］160頁。
23）同上書161頁。
24）松江英夫［2003］31頁。
25）全日法規研究室編［2003］90-91頁を筆者が一部修正。
26）岸川善光［2015b］269頁。
27）同上書271頁。
28）ボストン・コンサルティング・グループ（BCG）［1990］163頁。
29）SCM研究会［1999］15頁を筆者が一部修正。
30）日本総合研究所SCM研究グループ［1999］34-45頁。
31）SCM研究会［1999］32-61頁。
32）岸川善光［2006］191頁。
33）佐々木紀行［2001］15頁に基づいて筆者が一部加筆。
34）岸川善光［2006］111頁。
35）同上書135頁。
36）同上書136頁。
37）Porter, M.E.［1998a］訳書185頁。
38）浅川和宏［2003］58頁。
39）磯辺剛彦=牧野成史=クリスティーヌ・チャン［2010］151頁。
40）Roberts, E.B.=Berry, C.A.［1985］pp.3-17.
41）Porter, M.E.［1980］訳書453頁。
42）浅川和宏［2003］58-60頁。
43）山崎清=竹田志郎編［1993］100-101頁。
44）今口忠政=李新建=申美花編［2003］142頁。
45）日沖健［2002］89-92頁。

第9章 異文化マネジメント

本章では，異文化マネジメントについて考察する。グローバル経営において，多民族，多国籍，多言語，多文化は常態であり，それらに対応する異文化マネジメントの水準（レベル）が，グローバル経営の成果を規定する，といっても過言ではない。

第一に，異文化マネジメントの意義について考察する。まず，文化人類学に基づいて，文化の概念についてレビューを行う。次に，国の文化と組織文化について理解を深める。さらに，異文化マネジメントの主な目的について言及する。

第二に，異文化シナジーについて考察する。まず，異文化シナジーの概念について理解する。次いで，異文化インターフェイスについて言及する。さらに，異文化シナジーと関連の深い文化的多様性について理解を深める。

第三に，異文化コミュニケーションについて考察する。まず，異文化コミュニケーションの意義について理解する。次に，言語コミュニケーションにおける英語の重要性に言及する。さらに，コンテクスト・マネジメントについて理解を深める。

第四に，異文化マネジメントの人材育成について考察する。まず，文化的多様性とヒトについて言及する。次いで，異文化トレーニングについて理解する。さらに，異文化マネジャーについて理解を深める。

第五に，組織文化の変革について考察する。まず，組織文化の機能と逆機能について理解する。次に，組織文化の変革メカニズムについて理解を深める。さらに，変革型リーダーの役割について言及する。

1 異文化マネジメントの意義

❶ 文化の概念

　世界規模の効率，柔軟な各国対応，世界規模の学習とイノベーション，を目的とするグローバル経営において，異文化マネジメントは，極めて重要な課題である。文化的リスクを最小化し，文化的多様性を活用することができないと，様々な問題が発生し，組織の効果性・効率性を向上することはできない。

　国の文化や組織文化（organizational culture）の概念は，組織論（経営組織論），経営管理論，経営戦略論，グローバル経営論などの分野において，比較的新しい概念である。当初は，社会学・文化人類学・文化論から組織現象を分析する視角の1つとして借用していたにすぎない。

　ところが，国の文化や組織文化が，組織目的の実現，組織目標の達成に強い影響力をもつことが検証され，国の文化のマネジメントは流石に不可能に近いものの，組織文化のあり方，組織文化の変革など，いわゆる「組織文化のマネジメント」が，1980年代以降，重要な経営課題として認識されるようになった。

　まず，文化の概念について考察する。高橋正泰＝山口善昭＝磯山優＝文智彦[1998]は，文化人類学における文化の定義を中心に，文化に関して次の定義を紹介している[1]。時系列的にみてみよう。

① 文化とは，それぞれの社会成員によって獲得される知識や信念，芸術，道徳，慣例，およびその他一切の能力や習慣を含む1つの混合体である。(Tylor, 1871, p.1.)

② 文化とは，行為や加工品に顕在化する，社会を特徴づける慣習的了解である。(Redfield, 1941, p.132.)

③ 文化とは，習得された行動と行動の諸結果との綜合体であり，その構成要素がある1つの社会メンバーによって分有され伝達されているものである。(Linton, 1945, p.32.)

第9章 異文化マネジメント

④ 文化は，産物であり，過程であり，人間の相互作用の形成であり，その結果である。また，文化は人々の進行中の相互作用から常に創造され，再創造される。(Jelinek, et al.,1983, p.331.)
⑤ 文化は，明確な生活様式として認識される無数の行動や実践を伴った意味のシステムである。(Gregory, 1983, p.364.)
⑥ 文化とは，一定の範囲で共有された神話やシンボルに隠れた中心的価値の集合として定義される。(Broms=Gahmberg, 1983, p.482.)

このように，文化人類学における文化の定義は，多様性・多義性を有しているが，これらの文化の概念が，組織論（経営組織論），経営管理論，経営戦略論，グローバル経営論などに，1980年代頃から積極的に導入された。

ハッチ（Hatch, M.J.）[1997]によれば，文化概念は，図表9-1に示されるように[2]，①国の文化（社会文化・民族の文化など），②組織文化（企業，行政体，病院，学校，宗教団体など組織レベルの文化），③組織文化のサブ・カルチャー，の三層構造によって構成される。

従来，国際経営，グローバル経営において，上述した三層構造の内，国の文化が重視されてきた。すなわち，国の文化の差異を浮き彫りにして，その理解を深めて文化的多様性に対応する，というアプローチがとられたのである。本書では，国の文化は重要ではあるものの，組織文化も併せて重視する。

図表9-1 文化概念に関する分析レベル

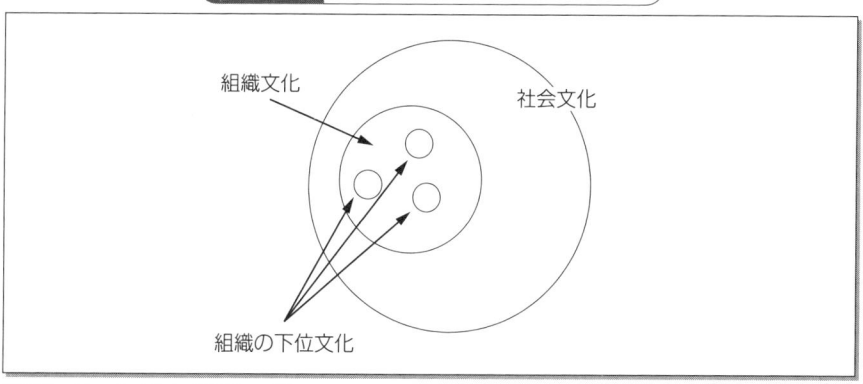

（組織文化／社会文化／組織の下位文化）

（出所） Hatch, M.J. [1997] p.227.

❷ 国の文化と組織文化

　国の文化とは，国民がそれぞれに持っている多様な価値観と信念，理念と習慣，そして知識と技術など全てを含む巨視的・総合的な概念である。国の文化は，製品開発やマーケティング戦略など様々な局面において，グローバル経営活動に多大な影響を及ぼしており，進出先の国の文化を理解することは必要不可欠である。

　国の文化について，今ではかなりの数の研究の蓄積があるが，ここでは，①ホフステッド（Hofstede, G.H.）［1980, 1991］と，②トランペナーズ=ハムデン・ターナー（Trompenaars, F.=Hampden-Turner, G.）［1993, 1997］，トランペナーズ=ウーリアムズ（Trompenaars, F.=Woolliams, P.）［2003］，の２つに絞って考察する。

　ホフステッド［1980］は，HERMES Corporation（IBMの仮名）の40カ国の現地法人の社員116,000人に対する調査に基づいて，下記の４つの次元による40カ国の比較研究を行った。さらに，ホフステッド［1991］は，１つの次元を追加して，合計５つの次元による比較研究を行った[3]。

① 権力格差（power distance）：組織や集団の中の権力的に弱い立場の組織構成員が，権力が不平等に配分されていることを受け入れる度合いのことである。メキシコ，韓国，インドなどでは，権力格差が高いので，上司の命令を無条件で受け入れる傾向が高い。

② 不確実性の回避（uncertainty avoidance）：人々が曖昧な状況を怖れ，それを回避するための信条や制度をつくる度合いのことである。不確実性回避の高い国々では，あまりチャレンジをしたがらず，リスクを回避しようと試みる。日本は，米国と比較すると，不確実性回避の傾向が高い。

③ 個人主義vs.集団主義（individualism vs. collectivism）：個人主義は，自分自身や家族のことだけを考える傾向であり，集団主義は，人々が集団や共同体に属し，忠誠心と引き換えにお互いに助け合う傾向のことである。日本は，意外にも集団主義的傾向は高くない。

④ 男性度vs.女性度（masculinity vs. femininity）：男性度は，社会における支配的な価値観が成功やお金である状況を指し，女性度は，社会における支配的

な価値観が他者への思いやりや生活の質である状況を指す。日本は，男性度がすべての国の中で第1位である。
⑤ 長期志向vs.短期志向（long term vs. short term）：儒教の精神を軸に，忍耐，秩序と肩書きの重視，倹約，恥などを重視する度合いのことである。中国，香港，台湾，日本，韓国など東アジアの国々では長期志向が高い。これらの国々では，近年，急速に経済成長が進展しており，ホフステッドは，儒教的な価値観と経済成長の間に相関関係を見出している。

上述したホフステッドの研究は，大きな反響を呼び，その後，多くの研究者によって多面的な関連研究が行われている。しかし，①国を文化の分析単位としているため，米国，ブラジルなど多数の文化を内包する場合，文化的均質性は必ずしも担保されない，②IBMという高学歴で都会派が多いコンピュータ企業1社のみのデータであるので，統計的な有意性が保証されない，などいくつかの問題点が指摘されている。

トランペナーズ=ハムデン・ターナー［1993, 1997］は，ロイヤル・ダッチ・シェルなど30社の協力を得て，下記の「人との関係」に関する5つの次元による世界50カ国の比較研究を行った。さらに，第2版において，時間との関係，環境との関係の2つの次元を追加して，合計7つの次元による比較研究を行った[4]。

① 普遍主義vs.個別主義（universalism vs. particularism）：普遍主義とは，考え方や実践が修正なして至るところで通用するという信条を意味し，個別主義とは，考え方や実践が状況によって規定されるという信条を意味する。米国，オーストラリア，ドイツでは普遍主義が高く，ベネズエラ，インドネシア，中国では個別主義が高い。
② 個人主義vs.集団主義/共同主義（individualism vs. collectivism/communitarianism）：個人主義とは，人々が自分自身を個人とみなしている文化を指し，集団主義/共同主義とは，人々が自分自身を集団の一部とみなしている文化のことである。米国，アルゼンチン，メキシコなどで個人主義が高く，シンガポール，タイ，日本などで集団主義/共同主義が高い。日本については，ホフステッドと異なる調査結果がでている。
③ 中立的vs.感情的（neutral vs. affective/emotional）：中立的とは，感情が抑え

られる文化を指し，感情的とは，感情が開放的かつ自然に表出される文化を意味する。日本，イギリス，シンガポールなどで中立的文化が高く，メキシコ，オランダ，スイスなどで感情的文化が高い。

④ 特定的 vs.拡散的（specific vs. diffuse）：特定的文化とは，親しい一部の人々とのみ共有できる狭い私的空間をもつ文化を指す。ビジネスの上下関係や肩書きは仕事の場に限られる。拡散的文化とは，公的空間と私的空間の広さが同じ程度の文化を指す。ビジネスの上下関係や肩書きは仕事以外の私生活にも浸透している。オーストラリア，イギリス，米国などで特定的文化が高く，

図表9-2　過去 ― 現在 ― 未来

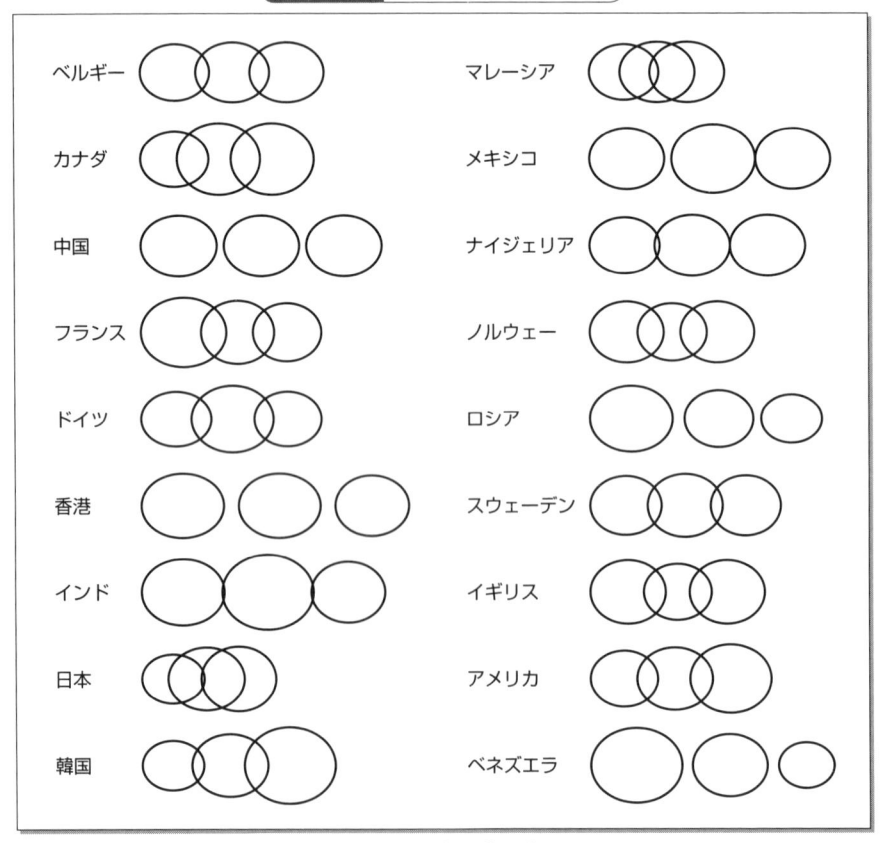

（出所）Trompenaars, F.=Hampden-Turner, G. [1997] 訳書220頁。

第9章 異文化マネジメント

ベネズエラ，中国，スペインなどで拡散的文化が高い。
⑤ 業績vs.属性（achievement vs. ascription）：業績文化とは，人々の地位や評価が業績によって与えられる文化である。属性文化とは，人々の地位や評価がその人が誰か，どんな人かによって与えられる文化である。オーストリア，米国，スイスなどで業績文化が高く，ベネズエラ，インドネシア，中国などで属性文化が高い。
⑥ 時間との関係（attitudes to time）：時間との関係は，1）逐次的アプローチか同時的アプローチか，2）過去－現在－未来の関係，の2つの分析がなされている。米国では，逐次的アプローチ（物事を1つずつ計画どおりに進めること）がとられ，メキシコでは，同時的アプローチ（複数の物事を同時に進めること）がとられる傾向にある。また，過去－現在－未来の関係は，図表9-2に示されるように[5]，ロシアやベネズエラでは，過去－現在－未来の間のつながりが切れている。フランス，カナダ，ノルウェーでは，過去－現在－未来がオーバーラップしている。特に，日本やマレーシアでは重なる部分が多い。韓国や米国は，未来志向が強い文化である。
⑦ 環境との関係（attitude to the environment）：環境との関係では，1）環境を自分でコントロールしようという傾向，2）自分は環境の一部であるという考え方，の2つに区分される。欧米諸国は，総じて環境を自分でコントロールしようという傾向が高い。ロシアや中国は，自分は環境の一部ととらえる傾向が高い。

上述したトランペナーズの研究は，実務上の適切なアドバイスを提示している点で，ホフステッドの研究の先を行っているという評価がある。ホフステッドは大学教授，トランペナーズは経営コンサルタントという立場の違いがでているともいえる。なお，トランペナーズの研究は，高い評価と並行して，データベースの信頼性，アンケート調査における回答者の属性の定義の不明確さ，などいくつかの問題点が指摘されている。

次に，組織文化について考察する。組織文化とは，それを構成する人々の間で共有された価値や信念，あるいは，習慣となった行動が絡みあって醸し出されたシステムである[6]。組織文化の中核的な要素である企業理念・価値観など

の無形の経営資源は，価値のある製品・サービスを生み出す人的資源に大きな影響を与えるため，非常に重要な概念であると考えられる。

　組織文化の概念について，さらに，いくつかの先行研究についてみてみよう。ピーターズ=ウォーターマン（Peters, T.J.=Waterman, R.H.）［1982］は，1980年代以降，組織文化論の隆盛をもたらした立役者である。彼らは，組織文化を「組織構成員が持つ共通の価値観（shared values）」と位置づけている[7]。また，シャイン（Schein, E.H.）［1985］は，組織文化を「ある特定のグループが外部への適応や内部統合の問題に対処する際に学習したグループ自身によって創られ，発見され，または発展させられた基本的仮定のパターン[8]」と定義しており，組織文化を当該組織にとって価値がある意味体系であると位置づけている。さらに，加護野忠男［1988a］は，組織文化について「組織構成員によって内面化され共有化された価値，規範，信念のセット（集合体）」と定義づけている[9]。

　本書では，第4章でも述べたが，ピーターズ=ウォーターマン［1982］，シャイン［1985］，加護野忠男［1988a］らによる先行研究レビューに基づいて，組織文化を「組織構成員によって共有化された基本的仮定，価値観，規範，信念のセット（集合体）である」と定義して議論を進める。

❸ 異文化マネジメントの目的

　上述した国の文化も組織文化も，グローバル経営に極めて大きな影響を及ぼす。また，その文化は，国内の経営における単一文化と異なり，多民族，多国籍，多言語などによる多文化にならざるをえない。まず，多文化を対象とする異文化マネジメントの定義について簡潔に考察する。

　吉原英樹編［2002］は，「異文化経営とは，1つの均質な属性（国籍，文化的背景，言語）ではなく，多民族，多国籍，多言語，多文化の人々が構成する企業を経営しビジネスを行うことであり，それを対象とした学問が異文化経営論である」と定義した[10]。

　また，アドラー（Adler, N.J.）［1991］は，異文化マネジメントに対して明確な定義はしていないが，具体的なアプローチとして，「世界中の組織における人々の行動を研究し，組織の中で複数の文化をもつ従業員や顧客と協働できるよう，

人々を教育，訓練する。それは様々な国と文化のなかでの組織行動を説明し，国と文化間での組織行動を比較し，さらに最も重要なことであるが，様々な国や文化からの協働者，顧客，材料供給者，同盟パートナーとの相互作用を理解し改善しようとするものである」と指摘している[11]。

次に，異文化マネジメントの目的について考察する。第一に，文化的リスクを最小化することがあげられる。多くの異文化問題は，価値観の相違から生じる。例えば，コンテクストの違いに起因するコミュニケーション・ギャップや人的資源管理のあり方などがこれに該当する。

第二に，文化的多様性を最大限に活用することがあげられる。文化的多様性を活用することは，イノベーションの推進につながり，企業に競争力をもたらす。林ゼミナール編（林倬史監修）[2006]は，「文化的多様性がコンセプト創出に大きな役割を担うだけでなく，現代また将来の競争優位を見据えたうえでも極めて重要なものである」と異文化に対しでプラスの見解を示している[12]。

文化的リスクの最小化，文化的多様性の活用は，多民族，多国籍，多言語，多文化を対象とするグローバル経営において必要不可欠である。世界規模の効率，柔軟な各国対応，世界規模の学習とイノベーション，を目的とするグローバル経営において，欠かすことのできない前提条件であり，必要条件でもある。

2 異文化シナジー

❶ 異文化シナジーの概念

多文化を対象とする異文化マネジメントにおいて，異文化シナジーは重要なテーマである。異文化シナジー（cross-cultural synergy）を組織論にはじめて導入したアドラー[1991]は，異文化シナジーについて，「文化的多様性の影響を管理するアプローチである異文化シナジーには，組織のメンバーや顧客の文化様式を基礎として，マネジャーが組織の方針，戦略，構造，そして慣習を形成するプロセスが含まれる」と述べている[13]。

アドラー［1991］は，異文化マネジメントにおいて，文化的多様性（cultural diversity）が避けられないのであれば，その特徴を理解した上で管理して，効果的に活用すべきであると述べた。そして，異文化が接触することによって，創出される「相乗効果」を異文化シナジーと呼んだ。

　さらに，アドラー［1991］は，図表9-3に示されるように[14]，異文化シナジーの創造のステップを，第1ステップ（状況記述），第2ステップ（文化的解釈），第3ステップ（文化的創造性），に区分して提示した。

図表9-3　異文化シナジーの創造

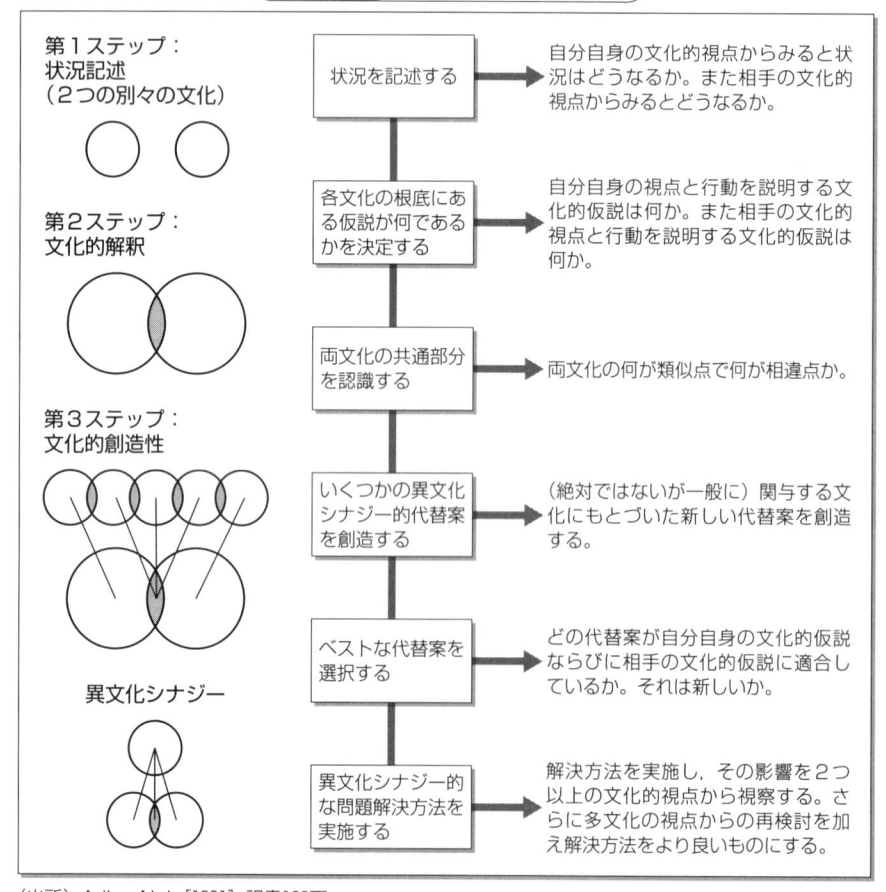

ステップ	プロセス	内容
第1ステップ：状況記述（2つの別々の文化）	状況を記述する	自分自身の文化的視点からみると状況はどうなるか。また相手の文化的視点からみるとどうなるか。
第2ステップ：文化的解釈	各文化の根底にある仮説が何であるかを決定する	自分自身の視点と行動を説明する文化的仮説は何か。また相手の文化的視点と行動を説明する文化的仮説は何か。
	両文化の共通部分を認識する	両文化の何が類似点で何が相違点か。
第3ステップ：文化的創造性	いくつかの異文化シナジー的代替案を創造する	（絶対ではないが一般に）関与する文化にもとづいた新しい代替案を創造する。
	ベストな代替案を選択する	どの代替案が自分自身の文化的仮説ならびに相手の文化的仮説に適合しているか。それは新しいか。
異文化シナジー	異文化シナジー的な問題解決方法を実施する	解決方法を実施し，その影響を2つ以上の文化的視点から視察する。さらに多文化の視点からの再検討を加え解決方法をより良いものにする。

（出所）Adler, N.J.［1991］訳書108頁。

第9章　異文化マネジメント

❷ 異文化インターフェイス

　異文化インターフェイスとは，異なる文化と文化が接する場である[15]。異文化を内包する多国籍企業は，組織外だけでなく，組織内においても異文化インターフェイスが存在する。

　岸川善光［2007b］は，林吉郎［1985］などを参考にしつつ，「日本企業の海外子会社や在日外資企業における異文化インターフェイスでは，日本人のアナログ指向（感性による全体的なバランスで判断するアプローチ）と欧米人のデジタル指向（定義を明確にし，分析・論理を重視したアプローチ）の間の知覚ギャップが，組織化原理や経営管理プロセスの中に反映し，各種問題点の発生原因となっている」と指摘している[16]。

　この知覚ギャップを埋めることは，コミュニケーション・ギャップや人的資源管理問題の解決につながり，極めて重要である。このギャップを埋める具体的な方法として，言語・非言語コミュニケーションの習得，コンテクスト・マネジメント・スキルの獲得などが必要となる。その内容については，次節以降において言及する。

　異文化インターフェイスの概念を提示した林吉郎［1985］は，「インターフェイス管理とは，組織内の異文化グループ間の接点に位置して，上位からの機能情報を下位に伝達し，下位のフィードバック情報を上位に伝達することを通じて，経営プロセスの効率化を図ることである。効率化は，下位グループの指揮と動機づけを伴い，そのための意思決定をする。そのプロセスにおいて，第1文化と第2文化が接触し，あらゆるコミュニケーションを彩色する。そのとき，2つの文化間の橋渡しを行う者がインターフェイス管理者である。インターフェイス管理者は，一種の境界要素（boundary spanner）であるといえる」と述べて，インターフェイス管理者の役割を強調している[17]。異文化インターフェイス管理は，多国籍企業経営と異文化コミュニケーションの中間に位置して，両者を結びつける概念である。

❸ 文化的多様性

　グローバル経営において，文化的多様性は避けられない。文化的多様性をどのように認識し，マネジメントを行っていくかが，異文化マネジメントの成功の鍵を握っている。なお，本書における文化的多様性は，国の文化の多様性だけでなく，宗教の違いなどといった「文化的多義性」も包括した概念として議論を進める。

　図表9-4に示されるように[18]，文化的多様性には，メリットとデメリットが存在する。主要なメリットとして，多様な視点を活かした経営ができること，

図表9-4　文化的多様性のメリットとデメリット

メリット	デメリット
異文化シナジーのメリット： マルチカルチャー主義から組織が得る利益	文化的多様性のデメリット： マルチカルチャー主義が引き起こす組織的コスト
意味の拡大 　多様な視点 　新しいアイディアに対してよりオープン 　多様な解釈 選択肢の拡大 　創造性の増大 　柔軟性の増大 　問題解決スキルの増大	多様性は 　曖昧さ 　複雑さ 　混乱　を増大する 意味の統一が困難になる 　コミュニケーション・ミス 　1つの合意に達する困難性 行動の統一が困難になる 　具体的行動への合意が困難
特定の文化に関するメリット： 特定の国や文化と仕事をする場合の利益	特定の文化に関するデメリット： 特定の国や文化と仕事をする場合のコスト
外国人従業員に関するより良い理解 特定国の顧客とより効果的に仕事をする能力 特定国の顧客により効果的に販売する能力 外国の政治，社会，法律，経済，文化の環 　境に関する理解の増大	極端な一般化 　組織の政策 　組織の戦略 　組織の慣行 　組織の手続き 本国志向主義

（出所）Adler, N.J. [1991] 訳書97頁。

デメリットとして，意思・意味の統一が困難であること，などがあげられる。

また，文化的多様性から生まれる多様な視点は，イノベーションの源泉でもある。イノベーションを実現するには，知識を創造することが極めて重要である。様々な価値観からのアプローチを意味する多様な視点は，新たな知識創造に結び付き，イノベーションを推進する。このように，文化的多様性のメリットを活かすことは，多国籍企業において大きな競争力をもたらす。

3 異文化コミュニケーション

❶ 異文化コミュニケーションの概念

人間は，組織の中で様々なコミュニケーションを行っている。個人行動の7割前後は，コミュニケーションに費やされているという調査結果さえある。コミュニケーションとは，一般的に，「情報を創造し，交換し，共有するプロセス」のことである。意思疎通，情報共有など，多くの類似概念が存在する。

グロホラ（Glochla, E.）［1977］は，コミュニケーションとは，行動主体の情報の交換を意味する。すなわち，企業における情報交換の必要性は，相互関係にある決定と実施活動が調整される必要があるところから生まれる，と述べた[19]。

サイモン（Simon, H.A.）［1997］によれば，コミュニケーションとは，正式には組織のあるメンバーから別のメンバーに，決定の諸前提を伝達するあらゆる過程であると定義される。組織におけるコミュニケーションは，二方向の過程である[20]。

すなわち，垂直的（上方的，下方的）コミュニケーションか，水平的コミュニケーションか，によってその性格が大きく異なる。垂直的コミュニケーションは，命令・報告がその典型である。水平的コミュニケーションは，同じ階層にある自他部門のメンバーとの調整がその典型である。

コミュニケーション・プロセスは，図表9-5に示されるように[21]，①コミュニケーションの供給源（送り手），②記号化，③メッセージ，④伝達経路，⑤

図表9-5　コミュニケーションのプロセス

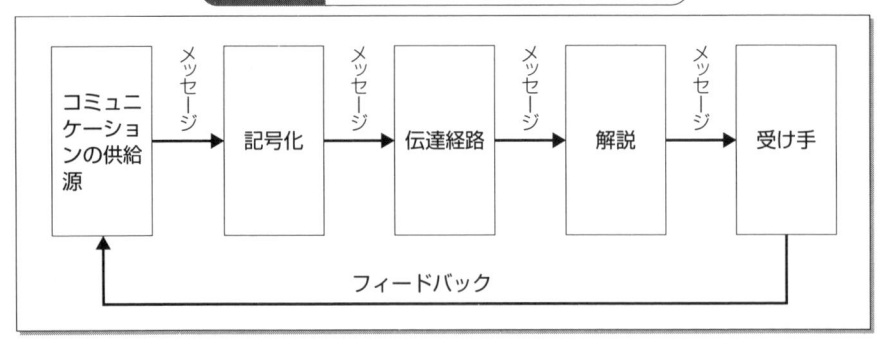

```
┌──────────┐ メッセージ ┌──────┐ メッセージ ┌────────┐ メッセージ ┌──────┐ メッセージ ┌──────┐
│コミュニ  │─────→│記号化│─────→│伝達経路│─────→│ 解説 │─────→│受け手│
│ケーショ  │          │      │          │        │          │      │          │      │
│ンの供給  │          │      │          │        │          │      │          │      │
│源        │          │      │          │        │          │      │          │      │
└──────────┘          └──────┘          └────────┘          └──────┘          └──────┘
      ↑                                                                               │
      └──────────────────────── フィードバック ──────────────────────────────────────┘
```

(出所)　Robbins, S.P. [2005] 訳書193頁。

解読（解説），⑥受け手，⑦フィードバック，の7つの要素によって構成される。

　コミュニケーションが行われるためには，（伝達されるメッセージとして表現される）目的が必要である。すなわち，メッセージは，供給源（送り手）から受け手へと渡される。メッセージは記号化（記号形式への変換）され，何らかの媒体（伝達経路）を通じて受け手に引き渡され，受け手は送り手の発したメッセージを元の形に解読する。

　コミュニケーション・プロセスの最終段階は，フィードバック回路である。フィードバックとは，メッセージがどの程度うまく最初の意図どおり伝達されているかを確認し，情報共有が達成されたかどうかを判断することである。

　異文化コミュニケーションは，これらのコミュニケーション・プロセスが，多言語，多文化に依拠するため，記号化，メッセージ，解読（解説），フィードバックなど，コミュニケーション・プロセスの諸局面において予期しないノイズが入り易い。つまり，コミュニケーション・ギャップが発生する。

❷ 英語の重要性

　文化とコミュニケーションは，密接な関係にある。コミュニケーションは，文化に規定される価値観に大きく左右され，文化もコミュニケーションによって形成されていくからである。また，異文化とのコミュニケーションの際に生じるコミュニケーション・ギャップは，様々な問題の根源である。したがって，

異文化マネジメントを行っていく際には，異文化に適応したコミュニケーション行動を選択することが不可欠である。

　異文化コミュニケーションの手段として，言語コミュニケーションがあげられる。わが国における世界共通語（英語）の修得の遅れは，周知の事実であり，グローバル経営を行う際に，大きな障害となっている。世界共通語としての英語の運用能力は，いまやコミュニケーション問題に留まらず，経営，経済問題に大きな影響を及ぼしている[22]。現在，わが国の多くの企業は，日本語による経営を行っているのが実情であり，効率性の向上や海外の優秀な人材の確保などの観点から，英語による経営に切り替えていくことが急務であるといえる。

　しかし，言語コミュニケーションだけでは，適切なコミュニケーションを行うことはできない。人間は，言語だけでなく，顔の表情やジェスチャーなど非言語によってコミュニケーションを行っているからである。非言語とは，言語によらないメッセージ伝達手段と理解されているが，その機能・性質は，言語で補ったり，言語の代理の役割を果たしたり，言語で表現できない独自のメッセージを表現したり，意識とは裏腹の無意識の表れであったりと様々である[23]。

　また，コミュニケーションにおける大部分は，非言語コミュニケーションによって伝達されているといわれている[24]。非言語コミュニケーションは，価値観に大きく影響を受けており，同じ行動でも文化によって示す意味が大きく異なり，異文化コミュニケーションを行う際に極めて重要である。

　このため企業は，言語コミュニケーションと非言語コミュニケーションのマネジメント・スキルの獲得に向けて，積極的に異文化トレーニングを行っていくことが不可欠である。特に，グローバル・ビジネスにおける世界共通語である英語の修得は，極めて大きな喫緊の課題である。

❸ コンテクスト・マネジメント

　コンテクストとは，「コミュニケーションが起こる物理的，社会的，心理的，時間的な環境すべてを指し，コミュニケーションの形式と内容に大きなインパクトを与えるもの」である[25]。コンテクストは，「高コンテクスト」と「低コンテクスト」の2つに大別され，図表9-6に示されるように[26]，伝達される情

図表9-6　コンテクストの違い

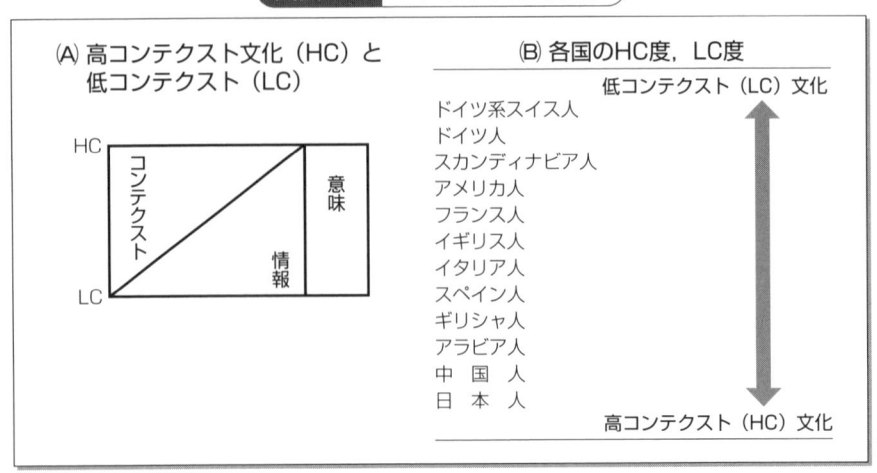

(A) 高コンテクスト文化（HC）と低コンテクスト（LC）

HC
コンテクスト
意味
情報
LC

(B) 各国のHC度，LC度

低コンテクスト (LC) 文化

ドイツ系スイス人
ドイツ人
スカンディナビア人
アメリカ人
フランス人
イギリス人
イタリア人
スペイン人
ギリシャ人
アラビア人
中国人
日本人

高コンテクスト (HC) 文化

(出所) 図(A) Hall, E.T. [1976] 訳書119頁。図(B) Ferraro, G.P. [1990] 訳書102頁。

報量が少ないほど，コンテクストへの依存が大きくなり（高コンテクスト），伝達される情報の量が多いほど，コンテクストへの依存が小さくなる（低コンテクスト）。また，高コンテクスト同士のコミュニケーションでは，少ない情報量で意思伝達が可能となるため，効率的なコミュニケーションが実現する。

　わが国は，高コンテクスト文化に属する。高コンテクストは，上述したように，大きなメリットがある。しかし，高コンテクストから低コンテクストへのコミュニケーションの際に，コンテクストに依存するあまりに，情報不足に陥り問題が生じているのも事実であり，注意が必要となる。

4 異文化マネジメントの人材育成

❶ 文化的多様性とヒト

　わが国の大半の多国籍企業では，「日本人が，日本語で，日本的なやり方で」マネジメントを行っている。日本の親会社の経営のあり方を国際化することを

「内なる国際化」という[27]。グローバル経営において，文化的多様性のメリットを享受するためには，「内なる国際化」は喫緊の課題である。

「内なる国際化」を推進しなければならない理由は，①業務面における要因，②人事面における要因，の2つに整理することができる。

① 業務面における要因：本社が国際化することによって，海外子会社との連絡が容易になるなど，業務の効率性の向上が実現する。また，本社の経営においても，外国人の参加が実現し，文化的多様性のメリットを享受することにつながる。

② 人事面における要因：本社の経営を英語で行う「内なる国際化」は，海外の優秀な人材の獲得に大きく貢献する。また，企業行動に戦略性が求められる多国籍企業において，必要な部門に，必要な時期に，必要な人材を配置するためにも，本社における「内なる国際化」が不可欠である。

「内なる国際化」を推進することは，国内に文化的多様性を持ち込むことであり，文化的多様性のメリットを最大化するために欠かせない。多国籍企業では，組織内・組織外の双方において，異文化インターフェイスが生じる。その際に生じる文化的多様性の管理の重要性に関しては，これまで述べてきたとおりである。文化的多様性の管理には，組織構成員一人ひとりの対応が不可欠であることはいうまでもない。そこで本節では，「内なる国際化」を推進し，また，文化的多様性に対応するヒト（人材，人的資源）に焦点をあて，個人レベルの異文化マネジメントについて考察する。

シャイン（Schein, E.H.）[1978]によれば，組織は個人の職務遂行に依存し，個人は，仕事およびキャリアの機会を提供する組織に依存する。また，組織は，人間資源を募集し管理し開発したいという欲求を持つ，と述べている[28]。

キャリアという概念は，図表9-7に示されるように[29]，職業を追求する個人の「内的キャリア」にとっても，また組織におけるワーキング・ライフの全体にわたって，従業員がたどる適切な発達プロセスを設けようとする組織の「外的キャリア」にとっても，双方に大きな意味がある。

キャリアの発達とは，生涯を通して，自己のキャリア目標に関係した経験や技能を継続的に獲得していくプロセスであり，組織内キャリア発達とは，組織

図表9-7　個人の視点（内的キャリア）と組織の視点（外的キャリア）

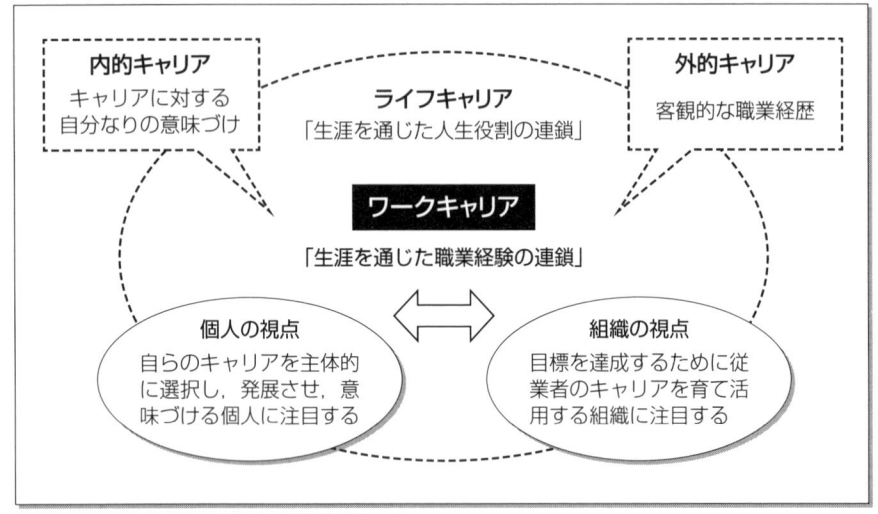

内的キャリア
キャリアに対する自分なりの意味づけ

ライフキャリア
「生涯を通じた人生役割の連鎖」

外的キャリア
客観的な職業経歴

ワークキャリア
「生涯を通じた職業経験の連鎖」

個人の視点
自らのキャリアを主体的に選択し，発展させ，意味づける個人に注目する

組織の視点
目標を達成するために従業者のキャリアを育て活用する組織に注目する

(出所)　松原敏浩=渡辺直登=城戸康彰編[2008] 192頁。

において，組織との調和を図りながら，自己のキャリア目標に関係した経験や技能を継続的に獲得するプロセスである[30]。

ホール=カーン（Hall, D.T.=Kahn, W.A.）[2002]によれば，キャリアとは，ある人の生涯における仕事関連の諸経験や諸活動と結びついた態度や行動の個人的に知覚された連続である。新しい時代における発達は，①持続的な学習，②自己管理，③関係，④仕事上の課題を通してもたらされる[31]。キャリア開発の視点は，個人も組織もともに複雑な環境にあり，両者の相互作用は外的諸力によって一部決定されることがある。さらに，その相互作用は，動態的であり個人および組織の双方における要素変化を反映する[32]。

図表9-7に示されるように，組織におけるキャリアについて考える場合，「個人の視点（内的キャリア）」と「組織の視点（外的キャリア）」があることは多くの研究者によって指摘されている。個人の視点は，職業，組織，職務，自己の発達などの個人活動であり，組織の視点は，新規採用，選別，人的資源の配置，評価，訓練と開発などの組織活動である。したがって，組織におけるキャリア発達は「個人のキャリア・プランニング」の過程と，組織のキャリア・マ

ネジメントの過程との相互作用から生じる結果と考えられる[33]。

図表9-7は,上述した「個人の視点(内的キャリア)」と「組織の視点(外的キャリア)」の2面性を表現したものである。内的キャリアは,人が自分の仕事の経験や役割に対して,どのような意味づけや価値を見出すかを意味しており,「主観的キャリア(subjective career)」とも表現される。一方,外的キャリアは,実際の職務経歴をさし,「客観的キャリア(objective career)」と言われる[34]。多くの企業(組織)主導で行われてきた従業員のキャリア開発は,いまや個人主体のキャリア開発,すなわち個人主導,自己責任型に転換しつつある。

一般的にはそうであるが,グローバル経営において「内なる国際化」を推進し,また,文化的多様性に対応するヒト(人材,人的資源)を育成するためには,個人主導,自己責任型のキャリア開発だけでは無理があり,「個人の視点」と「組織の視点」の融合が必要不可欠である。

❷ 異文化トレーニング

茂垣広志編[2006]によれば,異文化トレーニングとは,「異文化教育の内,効果的なコミュニケーションができる能力の育成に重きを置いたもの[35]」である。実際にグローバル経営を行っていく際に生じる異文化問題の中で,言語やコンテクストに起因する異文化コミュニケーション問題が多いので,ここでは,異文化教育の内,異文化トレーニングに焦点を絞って考察する。

海野素央[2002]は,異文化トレーニングで学ぶべきものとして,①異文化における契約の概念の相違を理解する,②フィードバックのスキルを獲得する,③文化的思い込み(cultural assumption)がないかをチェックする習慣をつける,④昇進,昇格で国籍を問わず,現地従業員をステレオタイプで判断しないように徹底させる,の4点をあげている[36]。

また,訓練方法の分類については,数多くの研究がなされている。図表9-8に示されるように[37],異文化トレーニングは,大別すると,①知識に関するもの,②感情に関するもの,③行動に関するもの,の3つがある。本名信行他編[2005]は,異文化トレーニングを行う際の注意点として,頭(知識),心(感情),手足(行動)を満遍なく動員したトレーニングを行なうことが重要であ

図表9-8　異文化トレーニングの類型

要　素	内容・目的	具体的なトレーニング
知識に関するもの	文化一般または特定文化に関する正確で，的確な情報を与えるものであり，客観レベルでの気づきが重要となる。また，知識に関するトレーニングは，感情，行動に関するトレーニングの前提となるものである。	主に講義形式が用いられ，テキスト，ビデオ，OHPなどによって学習。
感情に関するもの	異文化における，自分の感情の変化について学習し，行動に関するトレーニングへとつなげる。また，感情に関するトレーニングは，異文化トレーナーの下で行われるのが好ましい。	いくつかの誤解や行き違いの事例（クリティカル・インシデント）からなる異文化疑似体験集（カルチャー・アシミレター）などにより学習。
行動に関するもの	異文化環境において，自分が，どのように行動をとるかを，実演することで知覚するトレーニング。また，行動にかんするトレーニングは，異文化トレーナーの下で行われるのが好ましい。	主に，異文化シミュレーションやロールプレイ，交流やフィールドワークといった，体験学習モデルによって学習。

（出所）本名信行他編［2005］100-101頁，西田司［1994］185-208頁，西田ひろ子編［2000］318-329頁に基づいて筆者作成。

ると指摘している[38]。また，異文化トレーニングのプログラムを作成する際には，受講者のレベル，ニーズを総合的に把握した上で，最も適したプログラムを作成することが重要である[39]。

　わが国の企業における異文化トレーニングは，海外に比べて遅れている[40]。そこで，今後の企業の具体的な対応として，一部の先進的な企業にみられるように，e-Learningの活用や，外部の専門教育機関を利用することによって，企業内教育訓練の体制づくりを積極的に行っていくことが求められる[41]。

第9章 異文化マネジメント

❸ 異文化マネジャー

　異文化マネジャーは，組織構成員に対する動機づけから意思決定に至るまで，幅広い職能を担っており，重要な役割を果たしている。また現在，次の3つの理由によって異文化マネジャーの重要性が増している。

① 複雑性の増加：グローバル経営は，第5章で考察したように，様々な外部環境と密接な関係にあり，多くのリスクや不確実性が存在する。リスクや不確実性の中で意思決定を行わねばならない異文化マネジャーに対して，高度なスキルが要求される。

② 文化的影響：企業内・外に異文化をもつ多国籍企業において，異文化マネジャーの役割はより困難になる。例えば，社員に対する動機づけの方法においても，文化によって異なる。また，異文化コミュニケーション・スキルや多様な意見を収斂化するスキルなど，幅広い能力が必要となる。

③ 本社 - 子会社の調整：グローバル経営における本社 - 子会社の調整も異文化マネジャーの役割である。例えば，組織文化や経営理念の浸透といったことが必須課題となる。

　このように，異文化マネジャーの役割は重要性を増しており，より高度なスキルが必要とされている。江夏健一=桑名義晴編［2006］は，異文化マネジャーの要件として，①異なる価値観を受け入れることができる，②異文化環境において的確な状況判断ができる，③異文化環境においても理解可能な指示が出せる，④本社と海外子会社をつなぐキーパーソンになれる，⑤業務を遂行するための管理能力がある，の5つをあげている[42]。

　ところで，異文化マネジャーについて考察する上で重要な概念として，リーダーシップのあり方があげられる。好ましいリーダーシップのあり方は文化によって異なる。例えば，米国では，トップダウン型のリーダーシップが求められるが，日本では，ミドル・アップダウン型のリーダーシップが良いとされる。

　林ゼミナール編（林倬史監修）［2006］は，異文化において有効なリーダーシップとして，ファシリテーター型リーダーシップについて言及している。ファシリテーター型リーダーとは，トップダウンで抜本的な意思決定を行う伝統

的なリーダーではなく，コンフリクトを仲介しつつ，多様なメンバーから偏見なく様々な意見を受け入れ，文化的多様性，すなわちコンテクストや価値観の差異を把握した上で意思決定を行うリーダーを指す[43]。

林ゼミナール編（林偉史監修）[2006] によれば，ファシリテーター型リーダーシップは，文化的多様性の管理においても有効である。ファシリテーター型リーダーの必要スキルとして，①異文化経験値，②メタ（高次な）認知力，の2つをあげている[44]。

このように，グローバル経営において，異文化マネジャーは重大な役割を担っている。今後の課題として，企業は，積極的に異文化マネジャーを育成することによって，更なる競争力を獲得することが不可欠である。

5 組織文化の変革

❶ 組織文化の機能と逆機能

異文化マネジメントについて考察する上で，組織文化についての考察も欠かせない。グローバル経営において，国の文化と組織文化にいかに対応するか，国の文化に合わせて組織文化をいかに構築するか，また，組織文化をいかに変革するか，など組織文化に関する課題は多い。

シャイン [1985] によれば，図表9-9に示されるように[45]，組織文化の機能は，①外部適応と存在，②内部統合，の2つに大別される。

① 外部適応と存在の課題：使命と戦略に関する理解，目的・目標に関するコンセンサス，手段（組織構造，作業の分担，報奨制度など）に関するコンセンサス，目標達成基準についてのコンセンサス，修正についてのコンセンサスなど。

② 内部統合の課題：共通言語づくり，グループの境界線とメンバーの入会・退会基準の合意づくり，権力と地位に関する合意づくり，親密さ・友情・愛に関するルールづくり，報奨と制裁のルールづくり，イデオロギーと「宗教」

第9章 異文化マネジメント

図表9-9　組織文化の機能

①外部適応と存在

1　**使命と戦略**　中核をなす使命，第一義的責務，顕在および潜在化している機能の共有された理解を得ること
2　**目的**　中核をなす使命から導き出される目標についてのコンセンサスの構築
3　**手段**　組織構造，作業の分担，報奨制度，権限の仕組みなどの，目標を達成するために使われる手段についてのコンセンサスの構築
4　**測定**　情報や管理システムのような，グループがどのくらいその目標を達成しているかを測定するために使われる基準についてのコンセンサスの構築
5　**修正**　目標が達成されないとき，戦略の適切な補正あるいは修復についてのコンセンサスの構築

（出所）　Schein, E.H. ［1985］訳書69頁。

②内部統合

1　**共通言語と概念分類**　もし，メンバーがお互いに意思疎通をしたり，理解したりできなければ，グループは定義により，成立しえない。
2　**グループの境界線およびメンバーの入会，退会の基準**　文化の領域で最も重要なものの1つは，誰がグループの中にいて，誰が外にいるのか，メンバーの資格を決定する基準は何か，ということに関する共有された合意である。
3　**権力と地位**　どの組織も，つぃばみ序列やどのように権力を獲得し，維持し，失うかの基準や規則を創り出さなくてはならない。この分野での合意は，メンバーの攻撃的感情の管理を容易にするために必要不可欠である。
4　**親密さ，友情，愛**　どの組織も，同僚関係，男女関係，組織の仕事を管理する過程の率直さや親密さを扱うべき方法，などに関するゲームのルールを作り上げなければならない。
5　**報奨と制裁**　どのグループも何がヒーロー的行為で，何が罪深い行為か，何が財産や地位あるいは権力という形で報償を得るのか，何が報酬の撤回や究極的には追放という形で制裁を受けるかを知る必要がある。
6　**イデオロギーと「宗教」**　どの社会とも同じに，どの組織も，説明や解説のできない出来事に直面するが，メンバーがそれに対応し，説明や管理が不可能なものに取り組む不安を回避することができるための意味づけを与えなければならない。

（出所）　Schein, E.H. ［1985］訳書85頁。

に関するルールづくりなど。

上述した外部適応と内部統合によって，①判断基準の設定による意思決定と行動の迅速化，②組織の一体感と組織行動の整合性，③コミュニケーションの

円滑化，④やる気や挑戦意欲の向上，⑤企業イメージの醸成，などの効果が得られる[46]。

このように，組織文化の基本機能は，組織メンバー自らを「意味づける」ことにあり，経営環境や様々な組織規範との相互作用を通じた組織における歴史的積み重ねの結果であると考えられる[47]。

組織文化は，創業期から成長期の一定期間は経営にプラスに働くが，成長期から成熟期に入るとマイナスに働くケースも多い。ドラッカー（Drucker, P.F.）[1967] は，「組織は成長すればするほど，特に成功すればするほど，組織に関する関心，努力，能力は組織の中のことで占領され，外の世界における本来の任務と成長を忘れていく」と組織文化の逆機能に対して警鐘をならしている[48]。成功をおさめた企業が成熟すると，組織構成員は徐々に，それまで受け入れてきた優先順位や意思決定の方法が正しい仕事のやり方だと考えるようになってくるからである[49]。

コッター=ヘスケット（Kotter, J.P.=Heskett, J.L.）[1992] は，ディール=ケネディ [1982] による「強い文化」が組織効率を向上するという仮説に疑問を抱き，米国における22の産業に属する大手企業207社の10年間の業績と企業文化の関係性を調査・分析した。この実証研究の結果，強い企業文化と業績の相関性は低いことが立証され，「強い文化」が形成されていれば，それが常に企業経営に対してプラスに働くのではなく，マイナスに働く場合もあると主張した[50]。

咲川孝 [1998] もまた，企業組織が長期的な成功を収めることによって「強い文化」が醸成され，さらに成功が持続することによって，組織文化が傲慢さを増し，従業員の内部志向や官僚主義が蔓延することになると主張している[51]。

つまり，組織文化の内部統合の機能によって，組織メンバーによる新たな発想が限定され，経営環境の変化に適応するための変革の妨げになり，新たな経営戦略や組織構造に対する機能不全の原因となるのである。

ダンカン（Duncan, R.）[1979] は，組織文化の逆機能として，①組織の硬直化（価値観の均一化），②創造性の欠如，③自社の組織文化への過度の固執，④イノベーションの機能不全，という4点をあげている[52]。

伊丹敬之=加護野忠男 [1989] も，「共通の価値観やパラダイムが組織メンバ

ーに共有されるという組織文化の生成と定着プロセスは，思考様式の均質化をもたらし，企業のビジョンや経営戦略を強く信奉してしまう」と組織文化の逆機能に関する危険性を指摘している[53]。

　上で考察したように，大きな成功をおさめた企業ほど，組織文化の逆機能が懸念される。成功体験の共有度が高ければ高いほど，自社が直面する経営環境への関心は低下することが多い。特に，強固な組織文化を有する場合，既存の価値観や思考様式以外の視点をもつことができず，組織メンバーの価値観，信念，行動規範がワンパターン化されてしまい，経営環境とのギャップを創出する原因となり得る。すなわち，「成功の罠」に陥ってしまう。

❷ 組織文化の変革メカニズム

　組織メンバーの価値観，信念，行動規範などのソフトな側面，すなわち組織文化の変革によって，真の意味で組織変革が達成されるという見方をする研究者は数多い。同様の見方をする経営者も数多い。組織にとって普遍的で理想的な文化が存在するという主張は，「組織文化のマネジメント」に対する強い動機を生み出し，組織文化を重視すべき戦略的要因として捉えることになる。

　先述したように，組織文化には，機能と逆機能の両面がある。「強い組織文化」を獲得することによって，エクセレント・カンパニーに成長することもある半面，「強い文化」によって，「成功の罠」に陥るケースも多い。

　組織文化の機能（①判断基準の設定による意思決定と行動の迅速化，②組織の一体感と組織行動の整合性，③コミュニケーションの円滑化，④やる気や挑戦意欲の向上，⑤企業イメージの醸成，など）を実現し，逆機能（①組織の硬直化（価値観の均一化），②創造性の欠如，③自社の組織文化への過度の固執，④イノベーションの機能不全，など）を防止するためには，言い尽くされていることではあるものの，環境の変化に対して柔軟に適応することが必要不可欠である。

　すなわち，真に適応力のある組織は，絶え間なく破壊と創造を繰り返す。破壊と創造のためには，組織内の人々の末端にいたるまで，いかにして組織変革の意義を浸透させるかが重要なキーコンセプトとなる。ダーウィンの進化論で

図表9-10 成長段階別の文化の機能および変革メカニズム

成長段階	文化の機能／論点
Ⅰ 誕生および初期成長 　創業者の支配（同族による支配もありうる）	1　文化は特有の能力でありアイデンティティの源泉である 2　文化は組織を結束させる「糊」である 3　組織は一層の統一化，明確化を目指して進む 4　コミットメントを立証させるため，組織への同化を大いに重視する
後継局面	1　文化は保守派とリベラル派の闘争の場となる 2　後継者となるべき候補者は，文化要素を維持するか，変革するかにより判定を受ける
	変革メカニズム
	1　自然な進化 2　組織療法を通じての自律的進化 3　混成種による管理された進化 4　アウトサイダーによる管理された「革命」
Ⅱ 組織の中年期 　1　製品／市場の拡大 　2　垂直的統合 　3　地理的拡大 　4　買収，合併	1　新たな下位文化の大量出現により文化的統一性が弱まる 2　中核的目標，価値観，仮定が失われ，アイデンティティの危機が生じる 3　文化変革の方向を管理する機会が提供される
	変革メカニズム
	5　計画された変革および組織開発 6　技術的誘導 7　スキャンダルによる変革，神話の爆発 8　漸進主義
Ⅲ 組織の成熟時期 　1　市場の成熟または衰退 　2　社内的安定性の増加または（および）停滞 　3　変革への動機づけの不足	1　文化が革新への障害となる 2　文化は過去の栄光を保持し，その結果，自尊心や自己防衛の源泉として尊重される
変容的路線	1　文化の変革は必要かつ不可避である。しかし，すべての文化要素を変えることは不可能であるか，または行なうべきでない 2　文化の本質的要素は確認し，維持すべきである 3　文化の変革は管理可能であるか，または放置して進化するに委せることが可能
破壊的路線 　1　破産と再編 　2　乗取りと再編 　3　合併と同化	1　基本的パラダイム面での文化の変革 2　中枢的要因の大幅な更迭による文化の変革
	変革メカニズム
	9　強制的説得 10　方向転換 11　再編，破壊，新生

(出所)　Schein, E.H. [1999] 訳書347頁。

主張されているように,「生き残ることができるのは,最も強いものや賢いものではなく,変化に適応できるものである」という命題は,組織文化の変革においてもそのままいえるであろう。

シャイン［1999a］は,図表9-10に示されるように[54],組織の成長段階（①誕生および初期成長,②組織の中年期,③組織の成熟期）ごとに,組織文化の機能と変革メカニズムを一覧化している。図表9-10には,約40年間の長きにわたって組織コンサルティング（プロセス・コンサルティング）に従事した熟練コンサルタントの目配りを感じることができる。

第一に,誕生および初期成長段階（創業者の支配）では,組織文化は,組織のアイデンティティの源泉であり,組織を結束させる「糊(のり)」である。また,保守派とリベラル派の闘争の場にもなる。この時期の変革プロセスは,自然な進化や,アウトサイダーによる管理された「革命」,などがあげられる。

第二に,組織の中年期の段階（製品・市場の拡大,垂直的統合,地理的拡大,買収・合併）では,新たな下位文化の大量出現により,文化的統一性が弱まり,中核的目標,価値観,仮定が失われ,アイデンティティの危機が生じる。この時期の変革プロセスは,計画された組織変革や組織開発などがあげられる。

第三に,組織の成熟期の段階（市場の成熟・衰退,社内的安定性の増加,変革への動機づけの不足）では,文化が革新への障害となる。文化は過去の栄光を保持し,その結果,自尊心や自己防衛の源泉として尊重されるなど,組織文化の逆機能が目立つ。この時期の変革プロセスは,強制的説得,方向転換,再編,破壊,新生などがあげられる。

❸ 変革型リーダーの役割

今日における経営環境の中で,企業組織が存続・発展するためには,変化を重視する価値観と柔軟な行動規範を中核とする「適応的な文化」を創造する必要がある。このような「適応的な文化」を創造し,経営環境に応じて変化させていくことこそが「組織文化のマネジメント」の本質であるといえよう。

論点を「組織文化のマネジメント」による組織変革に絞ってみよう。組織変革には,変革を推進する能力をもった変革型リーダーが必要となる。変革型リ

ーダーとは，経営環境の変革期において，組織全体にかかわる大規模な組織変革 (organizational transformation) あるいはチェンジ・マネジメント (change management) を実行する役割を担う，経営者や変革チームを統率する責任者のことである[55]。

変革型リーダーの代表的な事例として，GEのジャック・ウェルチ (Welch, J.), IBMのルイス・ガースナー (Gersner, L.V.), 日産自動車のカルロス・ゴーン (Ghosn, C.), などがあげられる。

コッター=ヘスケット［1992］によれば，こうした変革型リーダーは，①組織構成員の危機意識の醸成，②変革推進チームの形成，③企業ビジョンの創造，④企業ビジョンの組織構成員への伝達・共有化，⑤エンパワーメント（権限委譲）による自発的な行動の促進，⑥短期的な成果の達成，⑦変革意欲の維持，⑧変革意識の企業文化への浸透，という8段階のプロセスによって企業変革を成し遂げているという[56]。

これらはビジョン，戦略，組織，制度，システムなど全社的な企業変革プロセスのモデルであるが，同時に組織文化の変革を含むプロセスでもある。変革型リーダーの重要な機能は，的確な環境変化の予測のもとで組織の将来の姿をビジョンとして描き，そこに至る道筋としての事業戦略を構想することである。そして，新しいビジョンと戦略を組織メンバーの価値観と行動パターンのレベルに浸透させることである。

異文化マネジメントにおいては，組織文化の機能も逆機能も，組織文化の変革メカニズムも，変革型リーダーの役割も，多民族，多国籍，多言語，多文化に起因して，より複雑で，よりダイナミックな様相を帯びることはいうまでもない。

---

1) 高橋正泰=山口善昭=磯山優=文智彦［1998］186-187頁を筆者が抜粋し一部修正．
2) Hatch, M.J.［1997］p.227.
3) Hofsted, G.H.［1980］訳書191頁，197-198頁，231-233頁，285-295頁（ただし，訳書における人名および専門用語について，馬越恵美子［2000］など多くの専門書によって一般化されている表記に筆者が修正した）．
4) Trompenaars, F.=Hampden-Turner, G.［1993, 1997］訳書85-93頁，121-122頁，141-176頁（ただし専門用語の表記について，筆者が一部修正した）．

第9章 異文化マネジメント

5) Trompenaars, F.=Hampden-Turner, G. [1997] 訳書220頁。
6) 桑田耕太郎=田尾雅夫 [1998] 188頁。
7) Peters, T.J.=Waterman, R.H. [1982] 訳書51頁。
8) Schein, E.H. [1985] 訳書12頁。
9) 加護野忠男 [1988a] 26頁。
10) 吉原英樹編 [2002] 216頁。なお，異文化経営を異文化マネジメントに修正せずに引用している。
11) Adler, N.J. [1991] 訳書10頁を筆者が一部修正。
12) 林ゼミナール編（林倬史監修）[2006] 70頁。
13) Adler, N.J. [1992] 訳書105頁。
14) 同上書108頁。
15) 岸川善光 [2007b] 323頁。
16) 同上書323頁。
17) 林吉郎 [1985] 33-34頁。
18) Adler, N.J. [1991] 訳書91頁。
19) Grochla, E. [1977] 訳書77頁。
20) Simon, H.A. [1997] 訳書326頁。
21) Robbins, S.P. [2005] 訳書193頁。
22) 江夏健一=太田正孝=藤井健 [2008] 183頁を筆者が一部修正。
23) 池田理知子編 [2010] 66頁。
24) 非言語コミュニケーションの主な領域として，青木順子 [1999] は，①外見，②姿勢，③ジェスチャー，④顔の表情，視線，⑤接触，⑥周辺言語（パラ言語），⑦沈黙，⑧空間距離，⑨色彩，⑩シンボル記号，⑪匂い，⑫味，の12分野をあげている。
25) 石井敏=久米昭元=遠山淳=平井一弘=松本茂=御堂岡潔編 [1997] 54頁。
26) (A) Hall, E.T. [1976] 訳書119頁，(B) Ferraro, G.P. [1990] 訳書102頁。
27) 吉原英樹 [1997] 290-293頁を筆者が要約。
28) Schein, E.H. [1978] 訳書1頁。
29) 松原敏浩=渡辺直登=城戸康彰編 [2008] 192頁。
30) 山本寛 [2005] 21頁。
31) Hall, D.T.=Kahn, W.A. [2002] p.24.
32) 田尾雅夫 [1999] 11-12頁。
33) 松原敏浩=渡辺直登=城戸康彰編 [2008] 191頁を筆者が一部修正。
34) 同上書192頁。
35) 茂垣広志編 [2006] 157頁。
36) 海野素央 [2002] 261-263頁。
37) 本名信行他編 [2005] 100-101頁，西田司 [1994] 185-208頁，西田ひろ子編 [2000] 318-329頁に基づいて筆者作成。
38) 本名信行他編 [2005] 105頁。
39) 西田ひろ子編 [2000] 331頁を筆者が一部修正。
40) 海野素央 [2002] 258頁。
41) 茂垣広志編 [2006] 159頁を筆者が一部修正。
42) 江夏健一=桑名義晴編 [2006] 212頁。

43）林ゼミナール編（林倬史監修）［2006］125頁。
44）同上書125-127頁を筆者が一部修正。
45）Schein, E.H.［1985］訳書69,85頁。
46）松崎和久編［2006］147頁。
47）梅澤正［1990］48-49頁。
48）Drucker, P.F.［1967］訳書34頁。
49）Christensen, C.M.［1997］訳書229頁。
50）Kotter, J.P.=Heskett, J.L.［1992］は，訳書のタイトルが『企業文化が業績を生む－競争を勝ち抜く「先見のリーダーシップ」207社の実証研究－』となっているが，実証研究の結果は，必ずしも書名と一致していない。
51）咲川孝［1998］51-52頁。
52）Duncan, R.［1979］p.429を筆者が一部修正。
53）伊丹敬之=加護野忠男［1989］366頁。
54）Schein, E.H.［1999a］訳書347頁。
55）松崎和久編［2006］54頁。
56）Kotter, J.P.=Heskett, J.L.［1992］訳書19頁を筆者が一部修正。

第10章 グローバル経営論の今日的課題

　本章では，グローバル経営論の今日的課題について考察する。紙幅の都合もあり，独立した章として扱うことはできなかったものの，近い将来，テキストの独立した章として記述されるかもしれない重要なテーマを5つ選択した。

　第一に，グローバル企業間（組織間）関係について考察する。まず，従来の企業系列をはじめとする企業間（組織間）関係や，現在，多国籍企業における様々な企業間（組織間）関係について理解する。次に，企業間（組織間）関係の理論的枠組み，さらに，企業間（組織間）関係に関する主要な研究課題について理解を深める。

　第二に，グローバル・ビジネス・システムについて考察する。まず，ビジネス・システムの概念について理解する。次いで，企業間（組織間）関係そのものを基盤として成立したプラットフォーム・ビジネスについて理解を深める。

　第三に，多国籍企業の社会的責任について考察する。まず，ISO26000の社会的責任など，社会的責任の概念について理解する。次に，「企業と社会」の関係について理解を深め，「戦略的社会性」に言及する。

　第四に，リスク・マネジメントについて考察する。まず，リスクおよびリスク・マネジメントの概念について理解する。次いで，機会と脅威というリスクの二面性を踏まえて，リスク・マネジメント・プロセスについて理解を深める。

　第五に，グローバル経営と金融について考察する。まず，IMFや世界銀行による世界秩序について理解する。次に，「プラザ合意」後の円高による為替リスクのインパクトについて言及する。さらに，グローバル経営における金融などマクロ問題の取込みの重要性を理解する。

1 グローバル企業間（組織間）関係

❶ 現　状

　第3章において，多国籍企業は，トランスナショナル組織として，①経営資源の分散，②事業の専門化，③相互依存の関係，の特性をもつ「統合ネットワーク」であることが不可欠であることを述べた。

　第6章では，「統合ネットワーク」に子会社の分類を加え，本社と現地子会社の関係について，個々の子会社は，分化された（ローカル）適合の理論を用いるものの，企業全体としては，支配的な全面的統合メカニズムを通じて，はっきりとした構造関係がある「分化ネットワーク」が重要であることを述べた。

　世界規模の効率，柔軟な各国対応，世界規模の学習とイノベーション，の3つの目的を達成するためには，グローバル統合とローカル適応の両立が必要不可欠である。「統合ネットワーク」も「分化ネットワーク」も，いずれもこの目的達成に対して提示されたモデルである。

　また，第8章では，①デファクト・スタンダードによる競争優位の獲得とファミリー形成，②戦略的提携による競争優位の獲得，③M＆Aによる競争優位の獲得，④SCM（サプライチェーン・マネジメント）によるWin-Winのパートナーシップ・企業連合の実現，⑤参入（進出）戦略と撤退戦略による企業間（組織間）関係の構築・再構築など，多国籍企業の行動には，企業間（組織間）関係の構築・再構築という「一定の法則性」が見受けられることを考察した。

　そもそも企業間（組織間）関係自体，関係性資産（relational asset）という新たな資産であるので，多国籍企業が資産価値をさらに向上するために，多国籍企業間（組織間）関係の構築・再構築に取り組むことは，極めて合理性があることもすでに述べた。

　従来，一般的に，わが国の企業間（組織間）関係は，企業系列や下請け制にみられるように，大手企業を中心とした閉鎖的かつ固定的な取引関係がその典

第10章　グローバル経営論の今日的課題

型とみられてきた。企業系列は，有力な企業を頂点として形成され，それに従属する諸企業の結合関係のことを指す。企業系列は，わが国特有の現象であり，クローズド型でかつ階層的なピラミッド構造を特徴とした親会社・子会社の緊密な企業間（組織間）関係に基づいて，長期持続的に形成されている。

　企業系列は，系列企業間の協調関係や，系列企業の競争力向上に貢献するサプライヤーや顧客などが組み込まれたネットワークとして捉えることができる。企業系列では，親会社は，多数の子会社・孫会社を階層的に従え，これらの会社に対して資金提供・人的交流・技術支援など，様々な面で支援・育成する役割をもっている。

　特に，生産系列（完成品組立メーカーと部品メーカー），流通系列（製造企業と流通企業）は，双方とも日本独自に発達してきた取引慣行といえる。このような企業系列や企業グループなどの継続的な企業間関係は，取引コスト経済学の観点からみると，極めて効率的な仕組みであり，賃金コストの節約や景気

図表10-1　トヨタのネットワーク構造

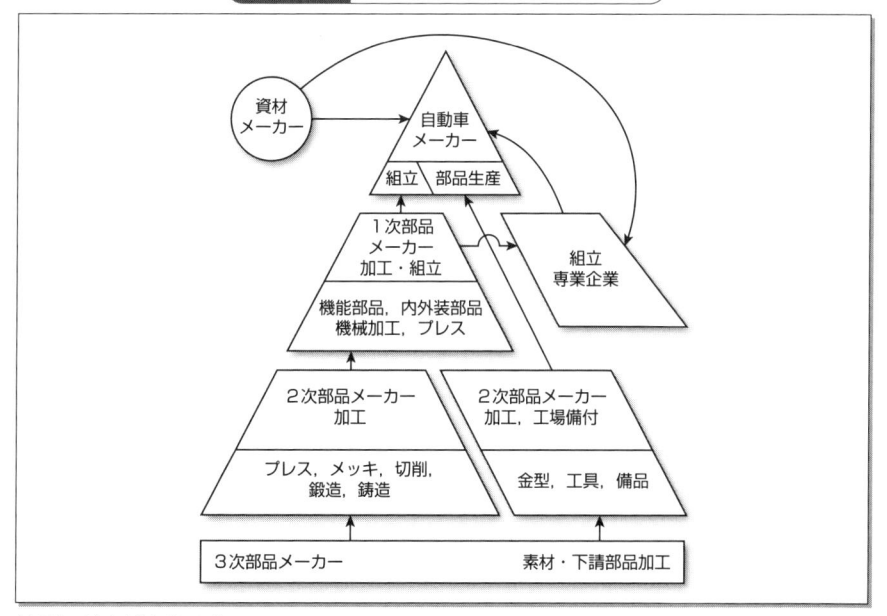

（出所）　清家彰敏［1995］180頁。

変動にに対する緩衝機能を持つ一種の搾取メカニズムでもある。

トヨタの企業系列は，図表10-1に示されるように[1]，中核企業であるトヨタと，1次部品メーカー，2次部品メーカー，3次部品メーカーの下請け企業群との間の企業間（組織間）関係を中心として形成されている。一般的に，企業系列は多面的（ヒト，モノ，カネ，情報）な企業間の信頼関係を基盤として構築されており，コミュニケーション・コストなどの「取引コスト」を削減するとともに，効率的かつ継続的な取引を行うことができる。

トヨタの企業系列に入ることによって，安定した受注および技術供与などが得られるという実利的な側面だけではなく，社会的認知や正当性の獲得などの目に見えないメリットも得ることが可能になる。

一方，トヨタの企業系列における企業間（組織間）関係は，株式持合いや出向などの人的派遣関係などを基盤としており，非常に固定的であり，その取引は排他的かつ閉鎖的な特性を持っている。さらに，日本的取引慣行の1つとして継続的取引があげられる。これは原材料・部品などの企業間取引に見られる現象であり，購入（調達）企業は特定の少数企業から購入（調達）し，その相手企業が固定的になっている取引形態のことを指す。継続的取引は，取引企業間における相互信頼に基づいた協力関係であり，自動車，機械など，広範な産業において顕著に見られる。その効果としては，迅速な新製品開発や品質向上などがあげられるが，関係の固定化による閉鎖性，競争メカニズムの抑止などデメリットも数多く指摘されている。

今日では，日産自動車のグローバル・ネット調達にみられるように，企業系列による固定的な取引関係よりも，オープンで透明性のある取引にシフトして，成果をあげている事例も増えてきた。また，戦略的提携，アウトソーシングなど，企業間（組織間）で新たな協調関係を構築するという動きもある。このように，企業系列を中心とする企業間（組織間）関係のあり方が徐々に変わりつつある。日本的経営からグローバル経営に転換しつつある事例の1つといえよう。

❷ 今後の課題

グローバルな企業間（組織間）関係を構築・再構築するために，まず，企業

第10章 グローバル経営論の今日的課題

間(組織間)関係の理論的枠組みについてみてみよう。

山倉健嗣 [1993] によれば,企業間 (組織間) 関係は,①資源依存パースペクティブ (resource dependence perspective),②組織セット・パースペクティブ (organization set perspective),③協同戦略パースペクティブ (collective strategy perspective),④制度化パースペクティブ (institutional perspective),⑤取引コスト・パースペクティブ (transaction cost perspective),の主として5つの視座 (パースペクティブ) に基づいて分析が行われる[2]。

① 資源依存パースペクティブ:資源依存パースペクティブは,トンプソン (Thompson, J.D.) [1967] によって端緒が与えられ,1970年代後半に,フェファー=サランシック (Pfeffer, J.=Salancik, G.R.) [1978] によって確立された。

資源依存パースペクティブの基本的な分析単位は,個別組織であり,個別組織の観点から企業間 (組織間) 関係を捉えている。このパースペクティブでは,1) 組織は,資源の希少性のために,その存続・発展に必要な資源を外部の組織から獲得する必要があり,他企業 (組織) との企業間 (組織間) 関係を必ず持たねばならない,2) 組織は自らの自律性を保持しようとして,他組織への依存をできるだけ回避しようとする,という2つの前提から出発する。

すなわち,資源依存パースペクティブでは,依存という概念が企業間 (組織間) 関係を説明する重要な概念になっている。組織は決して自己充足的な存在ではなく,オープン・システムの中で,資源や情報を他組織に依存している。依存とは,他組織が当該組織に対してパワーをもっていることに他ならない。したがって,依存は,他組織からみれば,自らにとって望ましいことを当該組織にさせる能力をもつことになる。

このように資源依存パースペクティブでは,組織の存続・発展のために,資源交換の必要性から企業間 (組織間) 関係が形成されるが,組織のパワーを制御する上でその経営管理 (マネジメント) が重要であることを示している。

資源依存関係から提起される企業間 (組織間) 関係戦略は,1) 他組織への依存を回避し吸収する自律化戦略 (統合,合併,内製化など),2) 外部依存を承認し,他組織との安定的関係を維持する協調戦略 (業務提携,契約,

合弁など），3）依存関係を当事者間で調整するのではなく，第三者機関の介入によって行う政治戦略（政府規制，立法に対するロビイングなど），4）外部依存を意図的に促進し，外部資源を積極的かつ計画的に利用するアウトソーシング戦略，などがあげられる。

② 組織セット・パースペクティブ：1980年代に入って，企業間（組織間）関係の分析単位が，次第に個別組織から組織の合体や組織間システムに移行し始めた。エヴァン（Evan, W.M.）[1972]が提唱した組織セット・パースペクティブは，マートン（Merton, R.K.）[1949]が提示した役割セットの概念を援用したものである。分析単位である焦点組織，それに関連するインプット組織（供給業者，労働組合，監督官庁，金融機関など），さらに当該組織のアウトプット組織（顧客，流通業者，地域社会など）を組織セットと呼んでいる。

組織セット・パースペクティブでは，組織内および組織外の境界に位置する対境管理者（企業グループ，系列，戦略的提携，バーチャル・コーポレーションなどの対境管理者）に着目し，資源や情報の流れを分析することを重視する。組織セット・パースペクティブでは，多数の利害関係者（ステークホルダー）との間で様々な企業間（組織間）関係が形成されているため，良好な企業間（組織間）関係を構築する条件として，対境担当者が利害関係者（ステークホルダー）と積極的なコミュニケーションを行う必要性がある。組織セット・パースペクティブは，資源依存パースペクティブと相互補完の関係にあるといえよう。

③ 協同戦略パースペクティブ：1980年代に入ると，企業間（組織間）関係論の分析単位が，個別組織から組織の集合体や組織間システムに着目されることになった。アストレイ=フォムブラン（Astley, W.G.=Fombrun, C.J.）[1983]による協同戦略パースペクティブは，組織の集合体を分析単位とし，組織協同体レベルにおける協同，共生，協力に焦点を当てている。このパースペクティブでは，相互依存，交渉，共生が強調され，異なる価値や利害を持つ組織がいかにして政治的かつ社会的に合意を形成するかが重視されている。

外部環境からの圧力に対して，組織集団は積極的に環境を操作するために共有された目標・戦略を持つ傾向にある。そして，組織間で相互依存しなが

第10章 グローバル経営論の今日的課題

ら，交渉や妥協を通じて，共生し，合意形成を行う。

協同組織パースペクティブは，1）組織間システムレベル（組織共同体そのもの）を研究対象としたこと，2）マクロ・ボランタリズムの立場に立ったこと，3）主たる分析単位の違い，によって資源依存パースペクティブと相互補完の関係にあり，企業間（組織間）関係論の進展に寄与している。ただし，協同組織パースペクティブは，基本的には，資源依存パースペクティブとオールタナティブな関係にあるとみなされている。

④ 制度化パースペクティブ：制度化パースペクティブは，1980年代に入って定着した新たなパースペクティブの1つであり，スコット（Scott, W.R.）［1987］，パウエル=ディマジオ（Powell, W.W.=Dimaggio, P.J.eds.）［1991］などの論者によって提示された。

このパースペクティブは，新制度学派組織論の範疇に入り，組織が社会文化的な存在であるとの観点に立ち，組織が文化環境との間における相互作用を通じて影響を受け，組織構造，行動様式，規則，目標などが類似したものになると考えられている。

制度化パースペクティブにおける組織は，制度化された環境に内在する存在である。組織間ネットワークや組織間フィールドは，業界基準の設定などの制度化を通じて，組織に制約を課すとともに，正当性を付与する。この正当性は，組織が今後存続・発展するために，環境の制約を受け入れる妥当性のことを指す。すなわち，環境は，組織に制約（規範や価値）を課す存在であると同時に，持続的な組織行動に対して，環境は，他組織との協調関係と正当性を与える存在でもある。制度化パースペクティブでは，他組織や組織間システムなどの環境に対して，組織は，受動的に同調することによって，正当性を獲得することが強調されている。

⑤ 取引コスト・パースペクティブ：取引コスト・パースペクティブは，コース（Coase, R.H.）［1937］とウィリアムソン（Williamson, O.E.）［1975］という年度は異なるものの，2人のノーベル経済学賞受賞者によって提唱された企業間（組織間）関係パースペクティブである。取引コスト・パースペクティブは，企業を取り巻く利害関係者（ステークホルダー）とのあらゆる関係を「取

引」という概念で捉えようとした。取引コスト・パースペクティブは，経営組織論のみならず，産業組織論など他の研究領域にも多大なインパクトを及ぼしている。

　取引コスト・パースペクティブは，取引を分析単位とし，取引の不確実性・頻度・投資などによって，市場取引か内部組織のいずれかを選択するという考え方を基本としている。取引コスト・パースペクティブの創始者であるコース［1937］は，市場に対峙して，なぜ企業組織が発生するのか，そして，なぜ規模の拡大が実現されるのかを理論的に説明した。

　その後，ウィリアムソン［1975］は，市場と階層組織の分析，特に，取引コストの概念を垂直統合と組織デザインに適用した。すなわち，上述したように，企業を取り巻く利害関係者（ステークホルダー）とのあらゆる関係を「取引」という概念で捉えようとしたのである。ウィリアムソン［1975］は，不確実性，合理性への制約，情報の偏在性などの条件下では，市場よりも組織の方が，取引コストが安価になると主張している。

　取引コスト・パースペクティブの前提条件として，経済主体は「制約された合理性」や「機会主義」などの行動特性があるため，各経済主体は取引コストを払わざるを得なくなる。そのため，各経済主体は取引コストを最小化することを目的として，企業間（組織間）関係を構築する。具体的には，企業間の共同開発や異業種間の情報交換など，企業間（組織間）関係における共同活動の場合，経済的な交換関係のみならず，有利なポジショニングの獲得をめぐる活動が併行して行われることが多い。

図表10-2は，上述した5つのパースペクティブごとに，①主な研究者，②前提，③主な論点，④特色を一覧化したものである[3]。

　次に，山倉健嗣［1993］は，企業間（組織間）関係に関する主要な研究課題として，①企業間（組織間）の資源・情報交換，②企業間（組織間）のパワー関係，③企業間（組織間）の調整メカニズム，④企業間（組織間）構造，⑤企業間（組織間）文化，の5つをあげている[4]。

① 企業間（組織間）の資源・情報交換（資源依存とコミュニケーション）：
　組織は，他組織（環境）との相互関係の中で存続・発展をしなければならな

第10章 グローバル経営論の今日的課題

図表10-2 企業間（組織間）関係論のパースペクティブ

	研究者	前提	論点	特色
資源依存パースペクティブ	トンプソン (Thompson, J.D.) フェファー＝サランシック (Pfeffer, J.＝Salancik, G.R.)	組織を基本的分析単位 組織存続のために経営諸資源を獲得・処分 他組織からの依存回避と自律性	なぜ組織間関係が形成されるのか 組織間の非対象関係（パワー不均衡） 組織間調整メカニズム オープン・システム	依存の操作 資源の集合 情報の集合
組織セット・パースペクティブ	エヴァン (Evan, W.H.)	他組織と投入・産出の交換を行うオープン・システム インプット・アウトプットのアプローチと組織セットの発想の組み合わせ	組織セットを規定する変数（規模、多様性、ネットワークの構造、資源の集中度、メンバーシップの重複性、目標・価値の重複性、対境担当者）	対境関係者に対する注目 包括的な対象領域
協同戦略パースペクティブ	アストレイ＝フォムブラン (Astley, W.G.＝Fombrun, G.J.)	組織の集合体あるいはグループを基本的分析単位 資源依存パースペクティブに対するオールタナティブ	共有された目標・戦略 相互依存、交渉、妥協、共生 協力、共生を重視 共同戦略の分類（同盟型・集積型・有機型）	組織間システム・レベルを研究対象 資源依存パースペクティブと相互補完関係
制度化パースペクティブ	スコット (Scott, W.R.) パウエル＝ディマジオ (Powell, W.W.＝Dimaggio, P.J.)	組織は制度化された環境に内在する存在 他組織との同調や協調に努める	環境からの制約を受け入れる（規範、神話、価値など） 正当性	現象学、社会学の影響 環境決定論に立脚した組織間関係論
取引コスト・パースペクティブ	コース (Coase, R.H.) ウィリアムソン (Williamson, O.E.)	取引を分析単位 取引コスト 組織と市場	市場・中間形態・組織の取引様式の選択 境界問題（市場、中間組織、組織）に焦点	取引コストの最小化に焦点を当てて組織間関係を分析

（出所）山倉健嗣［1993］33-62頁に基づいて筆者作成。

い。そこで,「なぜ,いかに,企業間(組織間)関係が形成・展開されるのか」という問いに答えることは,理論面でも実践面でも,極めて重要な課題である。

　企業間(組織間)関係の形成理由として,1)互いに共同利益を追求するため(互酬性),2)他組織に対するパワーを形成・展開するため(パワー),3)他組織との取引コストを低減するため(取引コスト),4)自らの正当性を獲得するため(正当性),5)上位機関からの委任あるいは強制されたため(強制),などがあげられる。しかし,より本質的には,資源の稀少性に起因する資源依存の問題がある。もしも資源が無限に存在するのならば,企業間(組織間)関係など無用の長物であろう。資源の稀少性こそが企業間(組織間)関係のすべての基盤といえる。

　企業間(組織間)関係の形成および維持において,企業間(組織間)コミュニケーションは不可欠である。企業間(組織間)コミュニケーションの目的は,1)企業間(組織間)の情報交換および意味形成,2)企業間(組織間)における新たな意味の形成・共有,3)企業間(組織間)の価値共有,などがあげられる。バーナード,サイモンに代表される近代的組織論において,意思決定とコミュニケーションがその中核概念であったように,企業間(組織間)関係においても,組織間コミュニケーションは必須の課題である。

② 　企業間(組織間)のパワー関係(非対称関係):パワーとは,他の抵抗を排しても,自らの意思を貫き通す能力であり,また,自らの欲しないことを他からは課せられない能力のことである。パワーは,上述した資源依存と表裏の関係にある。企業間(組織間)関係において,パワーを獲得・拡大するための方策を理論的に解明する必要がある。

③ 　企業間(組織間)の調整メカニズム(2つ以上の組織間の協力の仕組み):企業間(組織間)調整メカニズムとして,1)合弁,2)業務提携,3)役員の派遣・受入れ,4)企業間情報ネットワーク,5)ロビイング,6)合併,など様々な方策があげられる。

　企業間(組織間)の調整メカニズムは,企業間(組織間)関係の協力の仕組みであるとともに,組織と組織の協力関係をつくりあげていくメカニズムである。先述した自律化戦略,協調戦略,政治戦略など,企業間(組織間)

第10章　グローバル経営論の今日的課題

の調整メカニズムを解明することは，企業間（組織間）の意図的行動，戦略的要因を解明することにもつながるので，今後の体系的な取組みが望まれる。
④　企業間（組織間）構造（組織間の分化と統合の枠組み）：企業間（組織間）構造とは，企業間（組織間）の協働の枠組みのことである。企業間（組織間）構造は，「企業（組織）と企業（組織）との関係において，パターン化した安定した側面であり緩慢に変化する側面」であり，企業間（組織間）の分化と統合の仕組みである。

企業間（組織間）構造は，「組織の組織」である組織の集合体そのものを研究対象とする。すなわち，複数企業（組織）からなる組織間システム，具体的には，企業間（組織間）ネットワークの構造や行動を研究対象とする。例えば，企業間（組織間）関係は，ヒト，モノ，カネ，情報といった資源ネットワークとしても捉えることができるので，ネットワークの形態（垂直型か対等型か），ネットワークの連結（ルーズかタイトか）など，組織論において組織構造が重要な課題であるように，企業間（組織間）関係論においても企業間（組織間）構造は極めて重要な課題といえる。

さらに，企業間（組織間）構造の形態（企業間（組織間）調整の原理，企業間（組織間）調整の主体，企業間（組織間）調整の公式化，企業間（組織間）調整の範囲など）も，企業間（組織間）構造の重要な研究課題といえよう。
⑤　企業間（組織間）文化：企業間（組織間）文化とは「企業間（組織間）システムにおいて，メンバーである組織によって共有化されている基本的仮定，価値観，行動規範のこと」である。ちなみに，組織論における組織文化は「組織構成員に共有化された基本的仮定，価値観，規範，信念のセット（集合体）である」ので，企業間（組織間）文化の定義と密接な関連がある。

企業間（組織間）文化は，企業（組織）と企業（組織）との相互作用を通じて，企業間（組織間）システムにおいて共通の価値や行動様式が形成されるので，企業間（組織間）文化の形成・維持・変革の解明が重要な課題となる。現実に，M＆Aなどの局面において，企業間（組織間）文化のコンフリクトによって，M＆Aの失敗につながった事例も多いので，企業間（組織間）文化の形成・維持・変革の解明は不可欠の課題である。

上で，グローバル企業間（組織間）関係を構築・再構築するために，①企業間（組織間）関係の理論的枠組み，②企業間（組織間）関係に関する主要な研究課題について，やや詳しく考察した。その理由は，今後，グローバル経営論において，企業間（組織間）関係論は，グローバル経営戦略，グローバル経営組織，グローバル経営管理など多くの局面において，極めて重要な位置を占めることが予測されるからである。

2 グローバル・ビジネス・システム

❶ 現　状

　従来，「どのような顧客に，どのような製品（サービスを含む）を提供するか」という製品・市場戦略が経営戦略の中核とされてきた。ところが近年では，顧客に価値を届けるための仕組み（ビジネス・システム）が，経営戦略において急激に重要性を増大しつつある。

　実は，先述したグローバル企業間（組織間）関係の構築・再構築において，グローバル・ビジネス・システムの裏付けがなければ「絵に描いた餅」に終わってしまう。すなわち，グローバル企業間（組織間）関係とグローバル・ビジネス・システムは，表裏の関係にあるといえよう。

　ビジネス・システム（business system）とは，どのようなものであろうか。ビジネス・システムという概念は，比較的新しいので，まだ統一的な見解は存在しない。例えば，①ビジネス・システム，②ビジネス・モデル，③ビジネス・プロセス，④価値連鎖（バリュー・チェーン），⑤供給連鎖（サプライ・チェーン），⑥需要連鎖（ディマンド・チェーン），⑦ロジスティクスなど，多くの類似概念が存在し，概念間に相互に重複が見られ，混乱さえ生じている。そこで，まず類似概念を含めて，先行研究における主な定義について概観する。

　第一に，ビジネス・システムの定義についてみてみよう。加護野忠男［1999］は，「顧客に価値を届けるために行われる諸活動を組織化し，それを制御する

第10章 グローバル経営論の今日的課題

システムをビジネス・システムという[5]」と定義している。伊丹敬之［2003］は，「ビジネス・システムとは，顧客を終着点として，そこに実際に製品を届けるまでに企業が行う仕事の仕組みのことである[6]」と定義している。

　第二に，ビジネス・モデルの定義についてみてみよう。ビジネス・モデルについて，國領二郎［1999］は，「ビジネス・モデルとは，①誰にどんな価値を提供するか，②そのために経営資源をどのように組み合わせ，その経営資源をどのように調達し，③パートナーや顧客とのコミュニケーションをどのように行い，④いかなる流通経路と価格体系のもとで届けるか，というビジネスのデザインについての設計思想である[7]」と定義している。江上豊彦［2000］は，ビジネス・モデルを事業活動の形態と捉えた上で，事業活動を推進するために，①顧客（顧客は誰なのか），②顧客価値（顧客にどのような価値を提供するのか），③提供手段（その方法はどうするのか），④対価の回収手段（顧客に提供した価値の対価を誰からどのように受け取るのか），という要素を述べて，「ビジネス・モデルとは，ビジネスの仕組み，ビジネスの構造である[8]」と定義した。

　第三に，ビジネス・プロセスについてみてみよう。ダベンポート（Davenport,T. H.）［1993］は，「ビジネス・プロセスとは，特定の顧客に対して，特定のアウトプットを作り出すために，デザインされ構造化された評価可能な一連の活動のことである[9]」と定義している。

　第四に，価値連鎖（バリュー・チェーン）についてみてみよう。価値連鎖は，すでに考察したように，ポーター［1980］が提示した「価値活動の内部的な連結関係から競争優位の源泉を創出するためのフレームワーク（分析枠組み）のこと」である。具体的には，①主活動（購買物流，製造，出荷物流，販売・マーケティング，サービス），②支援活動（全般管理，人事・労務管理，技術開発，調達活動），の2つによって構成される。価値連鎖は，企業間価値連鎖である「価値システム」の1つの構成要素でもある。

　第五に，供給連鎖（サプライ・チェーン）についてみてみよう。供給連鎖は，「生産者起点による製品の流れ，機能連鎖，情報連鎖のこと」である。製造業の場合，①調達，②製造，③マーケティング，④物流，⑤顧客サービス，の5つの機能，または研究開発を含めて6つの機能によって構成されることが多い。

第六に，需要連鎖（ディマンド・チェーン）についてみてみよう。需要連鎖は，「消費者起点による製品の流れ，機能連鎖，情報連鎖のこと」である。機能としては，供給連鎖と同一であるものの，顧客ニーズ主導型のビジネスの構造である。
　第七に，ロジスティクスについてみてみよう。米国ロジスティクス管理協議会［1986］によれば，「ロジスティクスとは，顧客のニーズを満たすために，原材料，半製品，完成品およびそれらの関連情報の産出地点から消費地点に至るまでのフローとストックを効率的ならしめるように計画，実施，統制することである」。
　このように，ビジネス・システムおよびその類似概念に関する定義を概観すると，いくつかの共通点が見えてくる。まず，顧客に価値を届ける仕組みであることは，ビジネス・システムおよびその類似概念の定義において共通している。また，価値を届けるために，機能の連鎖，経営資源の連鎖が不可欠であることも共通している。ビジネス・システムとビジネス・モデルの場合，内容的にみれば，ほぼ重なる概念といえる。
　本書では，第6章で定義したように，「ビジネス・システムとは，顧客に価値を届けるための機能，経営資源を組織化し，それを調整・制御するシステムのことである」と定義して議論を進める。ちなみに，ビジネス・システム戦略は，このビジネス・システムを競争優位の源泉とする戦略のことである。
　次に，具体的なビジネス・システムとして，生産・販売・物流統合CIMについてみてみよう。市場の成熟化，顧客ニーズの多様化などの変化に対応するため，顧客志向でかつ柔軟性の高いビジネス・システムが求められる。
　近年，わが国では，図表10-3に示されるように[10]，ICT（情報通信技術）の進展に伴って，生産・販売・物流統合CIM（computer integrated manufacturing）システムが主流になりつつある。生産・販売・物流統合CIMは，生産と関連のある各部門（機能）の情報システムを，ネットワークによって統合・連結したものである。図表10-3に示されている生産・販売・物流統合CIMの概念は，発表当時は，理念型モデルにすぎなかったが，今日では，ほぼ正確に現実化しつつある。現実が理論に追随した好例といえよう。

第10章 グローバル経営論の今日的課題

図表10-3　生産・販売・物流統合CIMの概念図

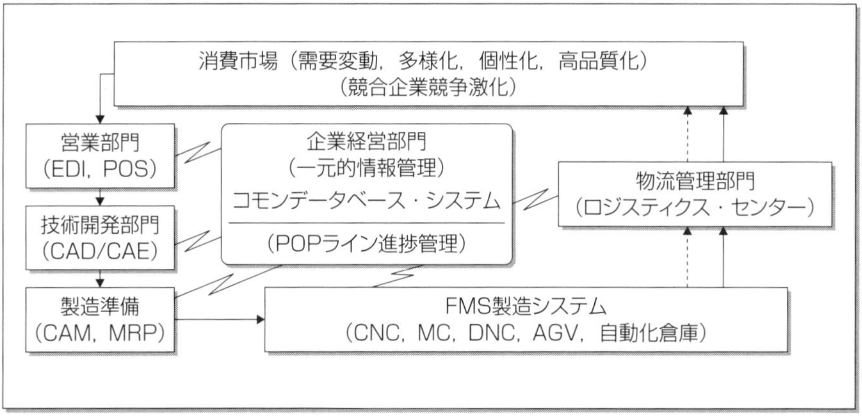

```
                消費市場（需要変動，多様化，個性化，高品質化）
                        （競合企業競争激化）

   営業部門          企業経営部門
  (EDI, POS)         （一元的情報管理）          物流管理部門
                   コモンデータベース・システム   （ロジスティクス・センター）
  技術開発部門      ─────────────────
  (CAD/CAE)         （POPライン進捗管理）

   製造準備              FMS製造システム
  (CAM, MRP)      (CNC, MC, DNC, AGV, 自動化倉庫)
```

（出所）日本経営診断学会編［1994］310頁を筆者が一部修正。

① 製造部門：POP (point of production) 情報システム，FMS (flexible manufacturing system) 情報システム，MRP (materials requirements planning) 情報システムなど。
② 設計・開発部門：CAD／CAM (computer-aided design/computer-aided manufacturing) システムなど。
③ 販売部門：POS (point of sales) 情報システム，EDI (electronic data interchange) 情報システムなど。
④ 物流部門：ロジスティクス (logistics) 情報システムなど。

上述した生産・販売・物流統合CIMを構築する狙いは，①コスト低減，②品質向上，③柔軟性の向上，④多品種少量生産の実現，⑤省力化，などがあげられる。業務システムの目的は，単に経済財（製品・サービス）を生産するだけではない。顧客ニーズを満たす価値の創出こそが真の目的である。

生産・販売・物流統合CIMの進展によって，顧客ニーズの把握（市場調査）・製品開発・企画・製造・販売・物流に至る各部門の情報ネットワークを連結することが可能になった。今後も，狭義のビジネス・システムの中核となるであろう。しかし，現状ではまだ，グローバル・ビジネス・システムといえる段階までには洗練されてはいない。

❷ 今後の課題

　次に，今後のグローバル・ビジネス・システムを考察する上で，企業間（組織間）関係そのものを基盤として成立したプラットフォーム・ビジネスについて考察する。企業間（組織間）関係の新たな側面が垣間見える事例である。

　「オープン型経営」が発展する中，注目されるビジネス形態としてプラットフォーム・ビジネスがあげられる。プラットフォームという概念は，コンピュータの世界で使われてきた概念であるが，近年では，プラットフォーム・ビジネスが新たな事業形態として多くの市場において生まれ，それがその市場を活性化させ，ビジネスを広げ，新しい経営形態を生むなど，革新的な役割を持っていると考えられる[11]。

　今井賢一=國領二郎［1994］によれば，プラットフォーム・ビジネスとは，誰もが明確な条件で提供を受けられる商品やサービスの提供を通じて，第三者間の取引を活性化させ，新しいビジネスを起こす基盤を提供する役割を，私的なビジネスとして行っている存在のことを指している[12]。

　もともと，プラットフォーム（platform）とは"土台"を意味する。つまり，プラットフォーム・ビジネスとは，自らを礎として，様々な知の結合，新たな価値の創造，というビジネスを行うための基盤となる，いわば「場のビジネス」のことである。

　図表10-4に示されるように[13]，道路・空港などの伝統的なインフラストラクチャー，新たな情報通信のインフラストラクチャーの上に，コンピュータ・プラットフォームが位置し，諸産業のプラットフォームの基盤となる役割を果たしている。そして，諸産業プラットフォーム層は，同時に，製造業，金融，サービス，医療，教育，メディアなどの産業のプラットフォームとして機能している。このように，プラットフォームは様々な機能の基盤となっている。

　実際に活用されるプラットフォーム・ビジネスには，どのような機能があるのであろうか。國領二郎［1999］は，プラットフォーム・ビジネスの機能として，①取引相手の探索，②信用（情報）の提供，③経済価値評価，④標準取引手順，⑤物流など諸機能の統合，の5つをあげている[14]。

第10章 グローバル経営論の今日的課題

図表10-4 新しい産業組織の概念図

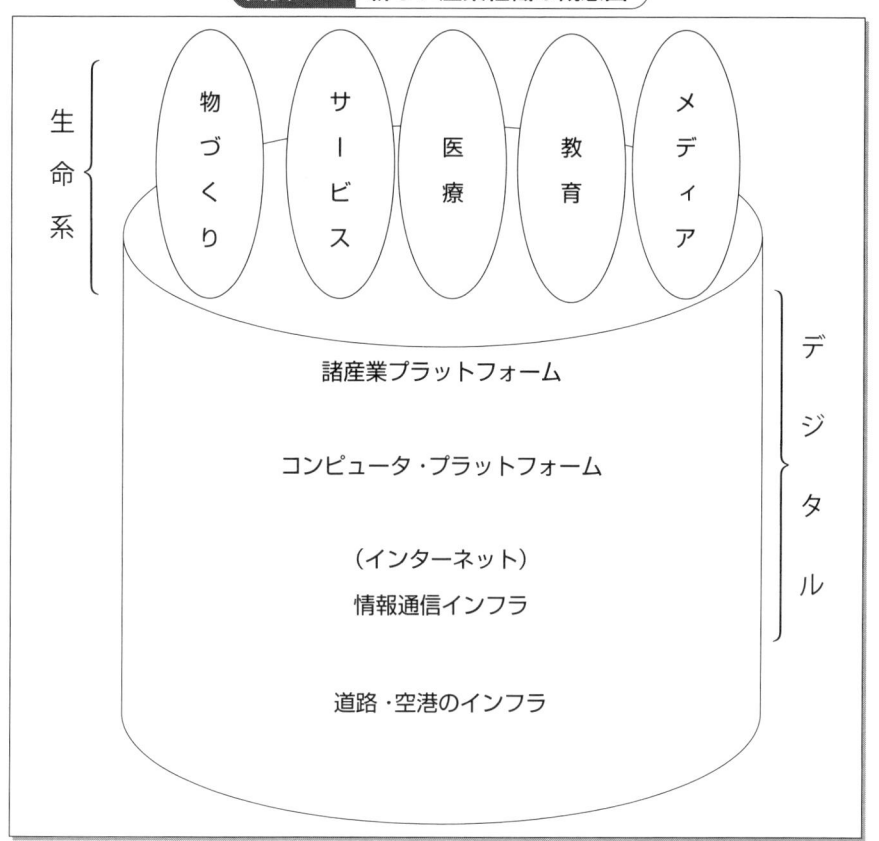

生命系 { 物づくり / サービス / 医療 / 教育 / メディア }

諸産業プラットフォーム

コンピュータ・プラットフォーム

（インターネット）
情報通信インフラ

道路・空港のインフラ

デジタル

（出所）今井賢一＝國領二郎［1994］7頁に基づいて筆者作成。

① 取引相手の探索：財の種類別やマーケット別など，様々な切り口で探索できるような情報の体系化を行うサービスが必要となる。
② 信用（情報）の提供：ネットワーク上で見つかった相手が納期，品質，支払いなどの面で信用できるか，取引にあたって決済をどうするかなど，取引に関する信用が提供されなければ取引は成立しない。
③ 経済価値評価：ネットワークを特殊な財やサービスの提供に活用するためには，価格形成メカニズムが必須である。
④ 標準取引手順：ネットワーク上で様々な相手と取引を行うとき，相手によ

って取引の段取りや様式，契約の条件などが異なっていては，取引に伴う手間がかかり，実際には取引が成立しない。そこで，標準の取引手順を提供する組織が必要となる。

⑤ 物流など諸機能の統合：財やサービスの取引が成立するためには，単に情報がやりとりされるだけでなく，配送の手配，支払の手続きなど，様々な機能が統合されなければならない。

　これらの機能に共通して最も重要となる条件が，「信頼の獲得」である。なぜなら，プラットフォーム・ビジネスにおける取引はface to faceではないため，販売者と消費者の信頼が形成されなければ成立しないからである。

　「囲い込み経営」を前提としてきた日本では，社会的に中立な経済評価や信用評価に基づいて，流動的な経営資源の移行が行われてきたとは言い難い。そのような機能を市場に提供するプラットフォーム・ビジネスの発展は，日本の市場のオープン化，事業のオープン化に直結していると言える。

　さらに，このプラットフォーム・ビジネスは，グローバル・ビジネス・システム構築の重要な基盤となるであろう。例えば，第8章で考察したSCM（サプライチェーン・マネジメント）と，このプラットフォーム・ビジネスを組み合わせると，グローバル・ビジネス・システムに相応しいシステムができあがる。理論的にも，実践的にも，グローバル・ビジネス・システムは，喫緊の研究課題であるといえよう。

3　多国籍企業の社会的責任

❶ 現　状

　ISO（国際標準化機構）は，2010年11月に，企業の社会的責任に関する国際規格を，社会的責任（social responsibility：SR）の呼称で，ISO26000として策定した。日本語にも翻訳され，2012年3月に，JIS Z 26000「社会的責任に関する手引き」として制定された。従来，企業の社会的責任は，CSR（corporate social responsibility）と呼称されてきたが，ISOでは，持続可能な社会を目指すには，対象は企業（corporate）に限らないという見地から，「企業の社会的責任」を「社会的責任」に変更したのである。

ISO26000は，"Guidance on social responsibility"（「社会的責任に関する手引き」）の名称で明らかなように，他の管理規格であるISO9001やISO14001のように，要求するのではなく，今のところあくまでガイドラインである。

社会的責任の中核的な課題として，①コーポレート・ガバナンス（注：原語は組織ガバナンス），②人権，③労働慣行（labor practices），④環境，⑤公正な事業慣行，⑤消費者課題，⑦コミュニティ参画と開発，の7つがあげられている。ちなみに，CSRでは必ず議論される社会貢献活動（文化支援活動＝メセナ，慈善事業＝フィランソロピー，寄付など）は含まれていない。

ISO26000は，今のところ国によって考え方に差異があることを前提としたあくまでガイドラインであるが，多国籍企業をはじめとする企業の経営者に対して，社会的責任を遵守しない限り，企業の存続と発展は難しいことをつきつけ，一種の衝撃を与えた。ISO26000については，今後の課題でも触れることにして，企業の社会的責任の概念，企業の社会的責任の範囲の拡大など，基本的なことから考察する。

企業には，様々な利害関係者（stake-holder：ステークホルダー）が存在する。株式会社を例にとると，①株主，②従業員，③消費者，④取引業者，⑤金融機関，⑥政府，⑦地域住民などが，企業の主な利害関係者である。図表10-5（A）は，企業と利害関係者との関係を示したものである。企業と利害関係者との間には，貢献（太線）と誘因（細線）が相互に期待されている[15]。

企業と利害関係者の間には，法律，契約，規則，商慣習などに基づく相互関係が成立しており，これらの相互関係がすなわち利害の源泉となる。各利害関係者の主な利害の源泉は，次のとおりである。

① 株主：出資の対価としての配当など。
② 従業員：労働の対価としての給料など。
③ 消費者：製品（効用）の対価としての代金など。
④ 取引業者：原材料供給の対価としての代金など。

⑤ 金融機関：信用供与の対価としての利息など。
⑥ 政府：事業基盤提供の対価としての税金など。
⑦ 地域住民：事業環境提供の対価としての雇用機会など。

ところで，簡潔にいえば，上であげた「様々な利害関係者（マルチ・ステー

図表10-5　利害関係者と社会的責任の階層構造

（A）企業と利害関係者との関係

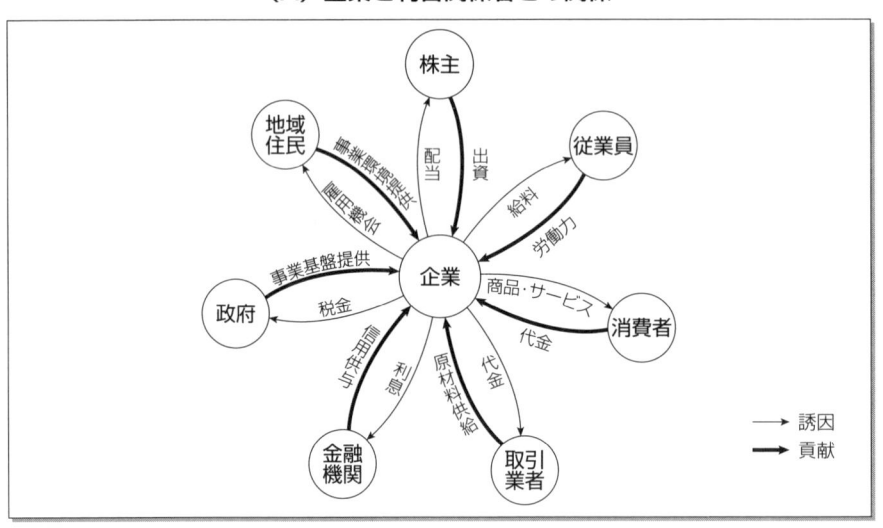

株主／地域住民／従業員／政府／消費者／金融機関／取引業者／企業

配当・出資／給料・労働力／商品・サービス・代金／原材料供給・代金／利息・与信用信／税金・事業基盤提供／雇用機会／慈善寄付等提供

→ 誘因
⟹ 貢献

（出所）　岸川善光［1999］16頁。

（B）社会的責任の階層構造

社会貢献
制度的責任　｜
経済的責任　｝狭義の社会的責任
法的責任　　｜

高次責任 ↑
↓ 低次責任

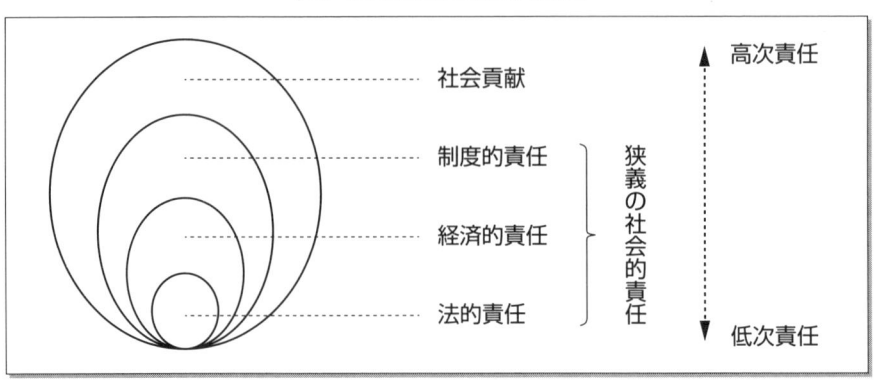

（出所）　森本三男［1994］318頁。

クホルダー）に対する義務」のことを「企業の社会的責任」という。企業と利害関係者との間で成立している法律，契約，規則，商慣習などに基づく義務を遵守することは当然のこととして，企業にはそれぞれの利害関係者（マルチ・ステークホルダー）に対して，次のような義務，すなわち社会的責任があるとされる。

① 　株主：適正な配当，株価の維持，企業価値の向上など。
② 　従業員：適正な給与，雇用の安定，安全で快適な職務環境の維持など。
③ 　消費者：適正な価格・品質の製品・サービスの提供など。
④ 　取引業者：対等な立場にたった互恵的取引など。
⑤ 　金融機関：対等な立場にたった互恵的取引など。
⑥ 　政府：適正な納税など。
⑦ 　地域住民：生活環境の維持など。

　今日では，図表10-5（B）に示されるように[16]，狭義の社会的責任（法的責任，経済的責任，制度的責任）だけでなく，地球環境の保護への協力，社会的弱者に対する配慮，製造物責任の遂行など，広く一般社会からの要請に応えることも，社会的責任に含まれるようになった。さらに，上述したISO26000とは異なるものの，文化支援活動（メセナ）や慈善事業（フィランソロピー）など，社会貢献活動も社会的責任の一部とみなされるようになりつつある。

❷ 今後の課題

　まず，わが国における企業の社会的責任の経緯についてみてみよう。1950年代の第1段階は，企業の社会的責任に関する認識期にあたる。60年代の第2段階に入ると，公害問題の深刻化などに対応するために，個別的ではあるものの企業行動の改善や施設の設置などが行われた。当時の社会的責任の範囲としては，法的責任に焦点があてられた。

　70年代の第3段階では，石油危機などにみられるように，企業の内的要因ではなく外的要因が企業行動に大きなインパクトを与えるようになり，それに対応するために担当役員の任命，担当組織の新設などが行われた。80年代の第4段階では，国際化がさらに進展し，コンプライアンス（法令遵守）の重視など，

企業の社会的責任は全面化期を迎えた。

　さらに，90年代以降の第5段階に入ると，社会戦略の策定が始まり，「戦略的社会性」が追求され始めた。この背景には，雪印乳業子会社による牛肉偽装事件，三菱自動車の米国子会社によるセクハラ訴訟，三菱自動車の数度にわたるリコール隠しなど，一流大企業を含む多くの企業不祥事があげられる。利益はもちろん必要ではあるものの，社会性の欠如は企業の存続に直接的な影響があることをすべての経営者が身をもって認識した。一方，トヨタのプリウスによる省エネの追求は，「社会性」の追求を武器にした経営戦略そのものでもあり，「戦略的社会性」が強く意識されるようになったのである。

　このように，わが国における企業の社会的責任の範囲は，幾多の試行錯誤を重ねながらも，図表10-5（B）の社会的責任の階層構造に示されるように，法的責任，経済的責任，制度的責任，社会貢献と次第に拡大しつつある。

　欧米の多国籍企業においても，事業はわが国と類似している。ヨーロッパでは，元々社会主義や社会民主主義の影響もあり，CSRは社会的存在としての企業が，「企業の存続と発展」に不可欠な「社会の持続的発展」に対して，必要なコストを払い，未来に対して投資をすることとされている。米国の市場中心主義に対するアンチテーゼとされた時期もあった。

　米国では，米国最大のエネルギー商社エンロンの大規模な粉飾決算（2001年）とそれに伴う企業破綻，エンロンの会計事務所であったアーサー・アンダーセンの廃業，ワールドコム事件（2002年）など，多くの企業不祥事を契機として，コーポレート・ガバナンス，コンプライアンス（法令遵守），リスク・マネジメントなどが強く求められた。また，環境問題への対応，ナイキ，アディダス，ウォルマートなどによって引き起こされた児童労働・労働搾取に対する防止策も強く意識された。

　このように，経営学の分野において，「企業と社会」との関係を重要な論点としてきたのは，企業の社会的責任論においてである。また，上述したISO 26000の基盤でもある。いうまでもなく，「企業と社会」は，システム論的にいえば，サブシステムと全体システムの関係にある。サブシステムである企業（ミクロ）の存続・発展が，全体システムである社会（マクロ）の存続・発展の原

動力になるという側面を否定はしないものの，全体システムである社会（マクロ）が破壊されると，サブシステムである企業（ミクロ）の存続が危うくなるのは当然の帰結である。

従来，全体システムである社会（マクロ）と，サブシステムである企業（ミクロ）の両立は，かなり困難な問題とされてきた。しかし，「マクロとミクロのジレンマ」を克服し，「マクロとミクロの両立」を図らない限り，マクロもミクロもその存在自体が危うくなる。すなわち，従来は主として，「企業⇒社会」という観点からマネジメントをみてきたが，今後はこれに加えて「社会⇒企業」という観点が不可欠になりつつある。

「社会⇒企業」という観点として，人間性の追求，社会性の追求についてみてみよう。図表10-6に示されるように[17]，多国籍企業が人間性の追求，社会性

図表10-6　経営における人間性・社会性に関する主要項目

	人間性	社会性
反	・過労死，準過労死 ・超長時間労働 ・サービス残業 ・差別待遇 　人種差別 　年齢差別 　性差別 　身障者差別 ・不当労働行為	・独禁法違反（談合，取引制限） ・利益誘導型献金 ・外国人不法就労 ・総会屋（暴力）との癒着 ・武器輸出等不正取引 ・廃棄物投棄，PL責任回避 ・公害垂れ流しの被害者救済拒否 ・地球環境破壊
促	・労働時間短縮の推進 ・自己申告制 ・フレックスタイム制 ・介護休暇（有給） ・ボランティア休暇（有給） ・ゆとりと豊かさライフ ・職住接近 ・単身赴任の廃止	・監査役機能の強化 ・企業行動倫理委員会の設置と充実 ・企業行動憲章の制定と社員研修 ・公害防止・環境保護の積極化 ・社会貢献活動（メセナ，フィランソロピー） ・社外ボランティア活動への物心の支援 ・情報公開の推進 ・社会，地球との共生歓迎

（出所）　水谷雅一［1995］116頁。

の追求を実現すれば，社会（マクロ）も企業（ミクロ）も，大きく改善されることは確実であるといえよう。

「マクロとミクロの両立」は，社会性と営利性の両立でもある。「社会⇒企業」という観点を戦略的に付加することの重要性は，先述したように，自動車業界における燃料電池車やハイブリッド・エンジンの開発の事例をみれば一目瞭然である。地球環境保護という一見社会（マクロ）の問題を解決することが，実はすでに自動車業界における企業（ミクロ）の経営戦略の生命線の1つになっている。多国籍企業の社会的責任は，もはや単なるコストや未来への投資ではない。

4 リスク・マネジメント

❶ 現　状

第1章で考察したように，リスク（risk）とは本来，企業活動の正常な遂行を妨げ，そのために企業に損害をもたらす現象の内，次のような3つの特性を有しているものをいう[18]。

① 不確実性：発生原因が不明確で，そのため発生頻度・発生時期・発生場所などが確定できない。
② 主観性：発生原因が不明確なため，主観的な基準に基づく対策しかたてられない。
③ 危険：発生する現象によって損害を被る。

従来，リスクと不確実性を同一視する向きもあるが，厳密にいえば，「不確実性」はリスクの構成要素の1つにすぎない。「生き物」としての企業にとって，リスクは企業発展の「機会」であるという側面と，リスクは企業存続にとって「脅威」という二面性をもっている。グローバル経営について考察する場合，リスクがもっているこの「機会」と「脅威」という二面性が，極めて重要な鍵概念（キーコンセプト）になる。

近年，企業活動を取り巻く環境は激変している。企業システムの環境変化は

第10章 グローバル経営論の今日的課題

いうまでもなく，企業システムの上位システムである産業システム，さらに産業システムの上位システムである経済システム，また，各国の経済システムの上位システムであるグローバルシステムの環境変化が加速しており，従来にも増して企業活動のリスクは増大し，かつ多様化している。

企業は，経営のグローバル化により，新たなビジネスチャンスの拡大とともに，様々なリスクの拡大にも直面する。グローバル経営では，国内における企業活動では経験することの少ない次のようなリスクが存在する[19]。

① 経済的リスク：金利，為替レート，経済圏，外資政策，インフラストラクチャー，資本市場，消費性向，購買力，経済成長率，投資など，経済環境に関わるリスク。
② 政治的リスク：暴動，テロ，革命，戦争，人権，人種差別，地域主義，ブロック化，官僚支配，民族，領土など，政治環境に関わるリスク。
③ 社会的リスク：人口動態，少子・高齢化，文化（国の文化，組織文化），宗教，習慣，消費者の価値観，消費者の行動様式・ライフスタイルなど，社会環境に関わるリスク。
④ 自然的リスク：天然資源，気温・湿気・日射量・日照時間・緯度・経度などの気候地理的要因，公害問題，地球環境問題など，自然環境に関わるリスク。
⑤ 市場的リスク：顧客ニーズ，市場規模，市場成長率，市場特性，市場購買力など，市場環境に関わるリスク。
⑦ 競争的リスク：競合製品，競合企業（顕在的，潜在的），競争メカニズム，業界の収益力，参入（進出）・撤退障壁，信用，レピュテーションなど，競争環境に関わるリスク。
③ 技術的リスク：製品固有技術，基礎技術，製造技術，管理技術，情報技術，情報セキュリティ，科学技術水準，技術者など，技術環境に関わるリスク。

リスク・マネジメント（risk management）は，JIS Q 31000によれば，上述した各種リスクに対して，「リスクを組織的に管理（マネジメント）し，損失などの回避または低減をはかるプロセスのことである」と定義している。リスク・マネジメントは，主にリスク・アセスメントとリスク対応によって構成さ

れる。リスク・アセスメントは，リスク特定，リスク分析，リスク評価を網羅するプロセスのことである。

　リスク・マネジメントは，よく危機管理（crisis management）と混同されることがあるが，経済産業省編［2005］によれば，リスクはまだ発生していない危険，危機はすでに発生した事態であり，リスク・マネジメントが危機管理を包含するとしている[20]。

　ちなみに，リスクの語源は，「絶壁の間を船で行く」という意味といわれるように，リスクは自ら覚悟して冒す危険のことである。リスク・マネジメントが日本語として定着したのは，2001年3月に経済産業省が発表したJIS規格「リスクマネジメントシステム構築のための指針」あたりからであろう。

❷ 今後の課題

　先述したように，リスクには「機会」と「脅威」という二面性があり，これが極めて重要な鍵概念（キーコンセプト）となる。従来の伝統的リスク・マネジメントは，リスクを単なるコスト要因として捉えていた。そのため，リスク・マネジメントの目的は，損失のみを生じさせる純粋リスクを最小化させることが目的であった。つまり，「最小のリスク・マネジメント・コストで，企業経営にマイナスの影響を与えるリスクによるロスの最小化[21]」を目的としていたのである。したがって，企業は，問題が発生するたびにリスクに対応するという事後的な対応を採っていた。

　しかし，グローバル化や企業間競争の激化など，企業環境の劇的な変化によって，リスクの概念やリスク・マネジメントの目的が徐々に変化してきた。新たなリスク・マネジメントでは，リスクを損失とチャンスの双方の可能性を秘めたものとして捉えるため，リスク・マネジメントの目的も「企業価値に関する不確実性がリスクであり，企業の利害関係者の価値最大化のため，リスクによって生じるロスの最小化と同時に，リスクに潜むチャンス，利益の最大化を図ること[22]」と，リスクをより広い視野で，かつ能動的に捉えるようになった。伝統的リスク・マネジメントから現代的リスク・マネジメントへの変遷は，図表10-7に示されるように[23]，リスク概念の変化が根底に存在する。

第10章 グローバル経営論の今日的課題

　今日では，リスク・マネジメントに対して，経営者は多面的な関心をもたざるをえなくなった。その大きな契機として，1995年に発覚した大和銀行ニューヨーク支店損失事件に係わる株主代表訴訟判決があげられる。2000年9月に，大阪地方裁判所は，現・元取締役11人に対して，総額7億7,500万ドル（約830億円）の賠償命令を下した。本判決は，企業のリスク・マネジメントに対する最高経営者の責任を明確に示した判決である。

　グローバル経営において，カントリー・リスクも避けられない。カントリー・リスクとは，「企業が海外で事業を行なう場合や，海外の企業に貸付けを行なう場合に，相手国の戦争・テロなどの政情の変化，あるいは，国有化，海外送金や輸出許可の停止などの経済政策の変化などによって，企業が大きな損害を被るリスク」のことである。また，誘拐や身代金の要求といった現地社員の治

図表10-7 リスク・マネジメントの変遷

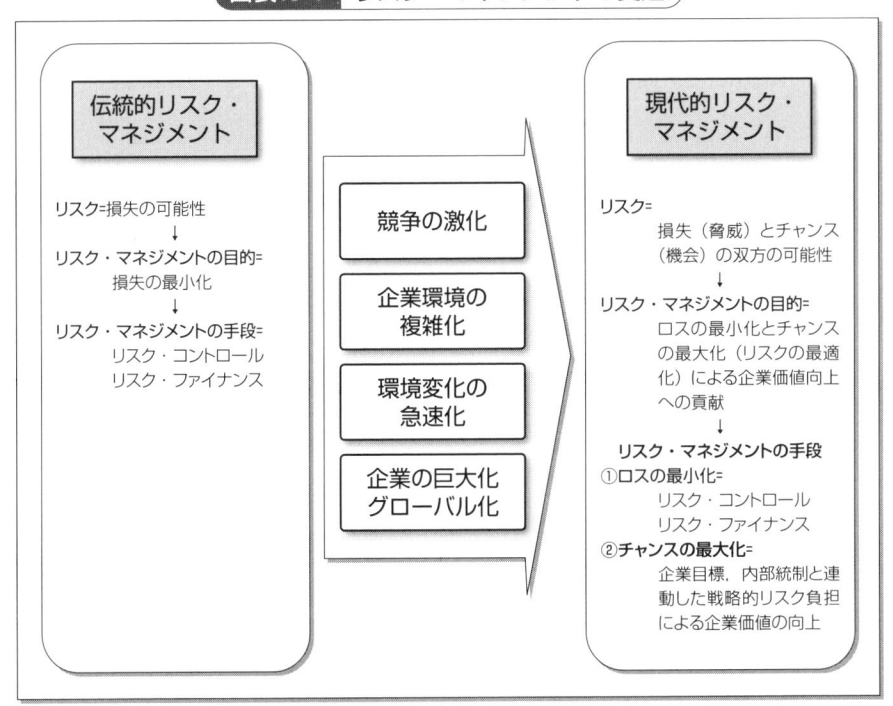

伝統的リスク・マネジメント
- リスク＝損失の可能性
  ↓
- リスク・マネジメントの目的＝損失の最小化
- リスク・マネジメントの手段＝
  - リスク・コントロール
  - リスク・ファイナンス

↓（競争の激化／企業環境の複雑化／環境変化の急速化／企業の巨大化・グローバル化）

現代的リスク・マネジメント
- リスク＝損失（脅威）とチャンス（機会）の双方の可能性
  ↓
- リスク・マネジメントの目的＝ロスの最小化とチャンスの最大化（リスクの最適化）による企業価値向上への貢献
- リスク・マネジメントの手段
  ① ロスの最小化＝
     - リスク・コントロール
     - リスク・ファイナンス
  ② チャンスの最大化＝
     - 企業目標，内部統制と連動した戦略的リスク負担による企業価値の向上

（出所）上田和勇［2007］35頁，アンダーセン＝朝日監査法人［2001］51頁を参照にして筆者作成。

安問題も，海外進出企業にとって重大なカントリー・リスクといえる[24]。

具体的に，戦争によるカントリー・リスクについてみてみよう。1980年に開始されたイラン・イラク戦争は，わが国の海外進出企業にとって，もっとも深刻な影響を与えたカントリー・リスクの事例の1つである。特に，プラント輸出を手がけた多くの企業（三井グループが中心となって計画されたイラン日本石油プロジェクト）は，取り返しのつかない大損害を被ったといわれている[25]。

上述したグローバル経営の根幹を揺るがすリスクの増大を踏まえて，2003年4月1日以降，有価証券報告書において，「リスクに関する情報」，「コーポレート・ガバナンスに関する情報」の開示が原則適用されることになった。経営者は，リスクに対してシビアに対峙せざるをえなくなった。

今後，リスク・マネジメントに体系的に取り組むために，リスク・マネジメント・プロセスの設計は，どの企業においても喫緊の課題である。リスク・マネジメント・プロセスとして，すでに様々なプロセスが存在するが，本書では，図表10-8に示されるように[26]，①リスクの確認，②リスクの評価，③リスク処理手段の選択，④計画の実行，⑤結果の監視，の5つのプロセスに基づいて考察する。

① リスクの確認：今まで対応したことのないリスクを含め，組織に損害を及ぼす可能性のあるリスクを調査し，その所在，損害規模，発生頻度，影響の範囲を可能な限り正確に把握する[27]。主な方法として，1）現地における直接的情報収集，2）本国における間接的情報収集，があげられる。

② リスクの評価：確認されたリスクに基づいて，具体的に分析・評価を行なう。主な手法としては，1）フィジタビリティ・スタディ，2）カントリー・レポート，3）チェックリスト・システム，4）アーリー・ウォーニング・システム，5）統計学的アプローチ，の5つがあげられる[28]。

③ リスクの処理手段の選択：調査され，類別されたリスクを，それぞれ有効適切な方法で処理を行う。リスク処理手段は，1）リスク・コントロール（回避と除去：海外進出の中止や撤退など），2）リスク・ファイナンス（転嫁と保有：海外投資保険制度の利用や海外投資損失準備金など），の2つに大別される。1）リスク・コントロールは，損害発生前の損害の防止または軽

第10章 グローバル経営論の今日的課題

図表10-8　リスク・マネジメント・プロセス

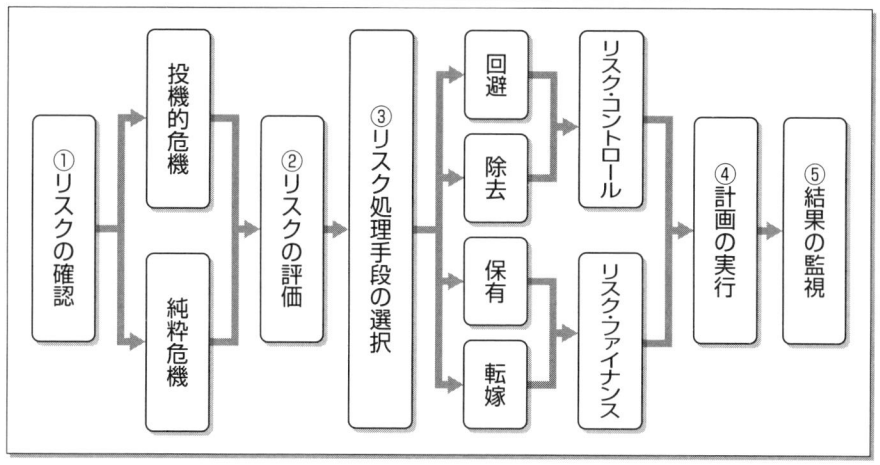

①リスクの確認 → 投機的危機／純粋危機 → ②リスクの評価 → ③リスク処理手段の選択 → 回避・除去／保有・転嫁 → リスク・コントロール／リスク・ファイナンス → ④計画の実行 → ⑤結果の監視

（出所）亀井利明＝亀井克之［2009］93頁を筆者が一部修正。

減のための技術的操作のことであり，2）リスク・ファイナンスは，損害発生を予想した損害発生後の資金操作のことある[29]。

④　計画の実行：上記③リスクの処理手段の選択において，客観的に選択されたリスク処理手段とそれに関連して対応すべき活動を着実に実行する[30]。

⑤　結果の監視：リスク・マネジメントの成否のチェックを行なう。具体的には，国別評価の定期的見直しや投資環境の監視などがあげられる[31]。

このように，企業は，リスク・マネジメント・プロセスを適切に展開することによって，リスクを極小化し，企業の持つ価値を極大化することができる。したがって，グローバル化によって拡大するリスクとの対応は，リスクに対する新たな捉え方や適切なリスク・マネジメントの実施が必要不可欠である。

5　グローバル経営と金融

❶　現　状

グローバル経営を推進する上で，国際金融システムは重要なインフラストラクチャーである。多国籍企業にとって，為替リスクと金利リスクは，経営の根幹を左右する課題といっても過言ではない。

　大恐慌とその後の経済のブロック化が，第二次世界大戦の原因であるとの反省に基づいて，1944年7月，ブレトン・ウッズ会議において，IMF（International Monetary Fund：国際通貨基金）と，国際復興開発銀行の設立が決定された。国際復興開発銀行は，後に，国際開発協会，国際金融公社，多国間投資保証機関，国際投資紛争解決センターと併せて，世界銀行（World Bank）グループを形成している。

　IMFは，設立当初は国際収支の危機に際して短期資金を供給し，世界銀行は，第二次世界大戦後の先進国の復興と発展途上国の開発を目的として，主に社会インフラ建設のための長期資金の供給を行う機関として設計された。両者は相互に補完関係にあった。IMFは，国際連合（国連）と協定を結び，国連の専門機関となった。IMFは世界銀行と共に，国際金融秩序の根幹とされた。

　IMFの目的は，加盟国の経常収支が著しく悪化したとき，融資などを実施することによって，国際貿易の促進，加盟国の国民所得の増大，為替の安定などに寄与することである。各国の中央銀行の取りまとめ役のような役割を担っている。毎年，世界銀行と合同の総務会（Board of governors）を開催している。総務会は，各国の財務大臣や中央銀行総裁などによって構成される最高意思決定機関である。

　世界銀行は，例えば，日本の新幹線建設など社会インフラの整備に必要な長期資金を供給したが，先進国の復興が完了するに伴って，開発資金援助に特化するようになった。

　IMFと世界銀行を中心とするブレトン・ウッズ体制（国際通貨体制）では，固定相場制，すなわち「金・ドル本位制」が提唱され，ドルが国際通貨の基軸になった。しかし，1971年の金とドルの交換が停止されたニクソン・ショックによって，変動相場制に移行する傾向がみられるようになった。ドルが暴落し，市場が混乱したため，IMFの役割は，危機の収拾・防止に変化した[32]。また，IMFの慢性的な資金不足や，機動性の欠如・硬直性が問題となり，機構そのもの

第10章 グローバル経営論の今日的課題

図表10-9 1985年9月からの円高がもたらしたもの

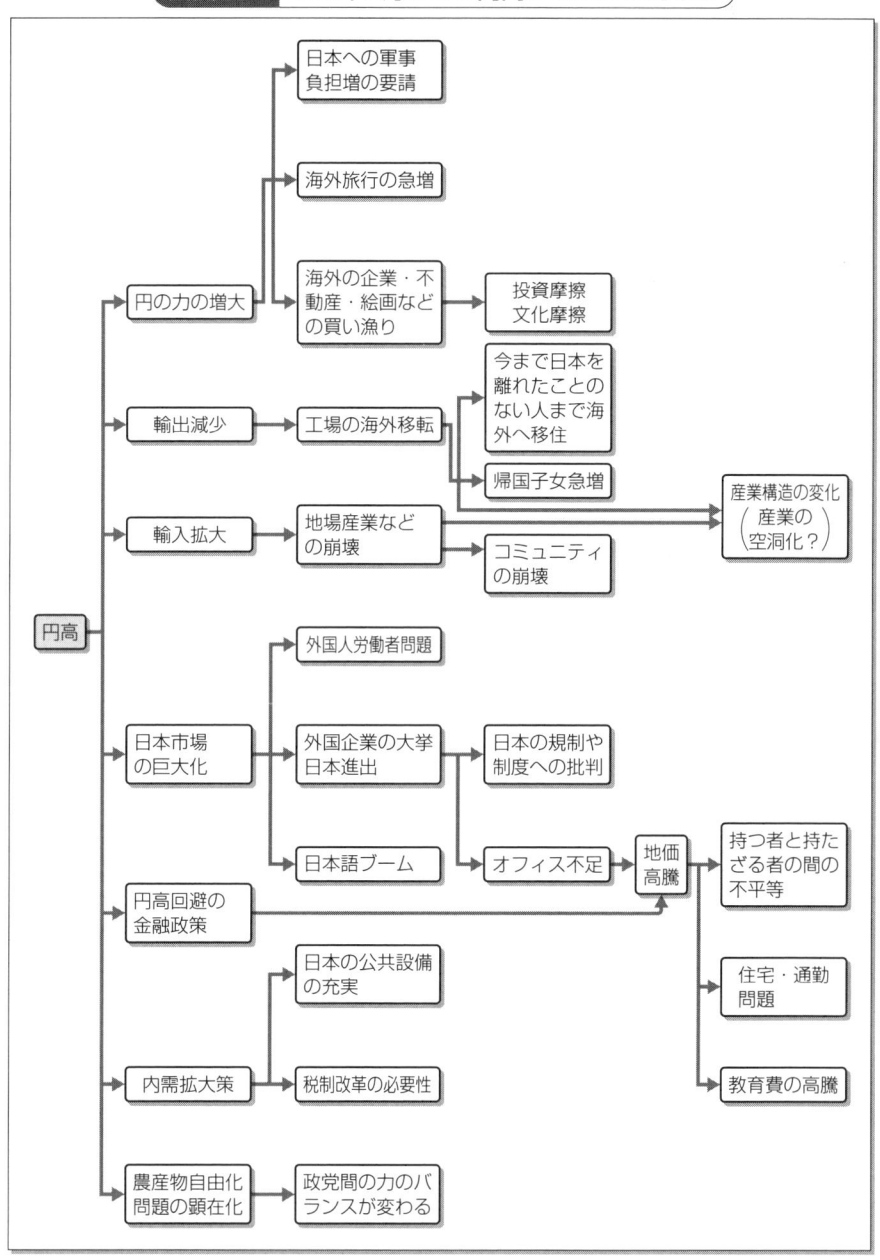

円高
- 円の力の増大
  - 日本への軍事負担増の要請
  - 海外旅行の急増
  - 海外の企業・不動産・絵画などの買い漁り
    - 投資摩擦
    - 文化摩擦
- 輸出減少
  - 工場の海外移転
    - 今まで日本を離れたことのない人まで海外へ移住
    - 帰国子女急増
- 輸入拡大
  - 地場産業などの崩壊
    - コミュニティの崩壊
  - → 産業構造の変化（産業の空洞化？）
- 日本市場の巨大化
  - 外国人労働者問題
  - 外国企業の大挙日本進出
    - 日本の規制や制度への批判
  - 日本語ブーム
    - オフィス不足
- 円高回避の金融政策
  → 地価高騰
    - 持つ者と持たざる者の間の不平等
    - 住宅・通勤問題
    - 教育費の高騰
- 内需拡大策
  - 日本の公共設備の充実
  - 税制改革の必要性
- 農産物自由化問題の顕在化
  - 政党間の力のバランスが変わる

（出所）伊藤元重 [1989] 55頁。

の改革を要した[33]。戦後，国際金融システムの中枢を担ったブレトン・ウッズ体制＝固定相場制は実質的に崩壊したのである。

変動相場制に移行した後，2度にわたる石油ショックやレーガノミックスなどを経て，米国が引き起こした高金利とドル高は，多額の債務を抱える発展途上国にも深刻な影響を及ぼした。ドル高を修正するために，1985年9月，ニューヨークのプラザホテルで開催されたG5（米国，イギリス，西ドイツ，フランス，日本）の蔵相・中央銀行総裁会議において，為替レートの安定，実質的には円高ドル安に誘導するための合意がなされた。会場となったホテルの名称にちなんで「プラザ合意」といわれる。

「プラザ合意」以降，世界経済は一挙に円高・ドル安（1ドル240円から2年半後には120円台）が進行し，図表10-9に示されるように[34]，①円の力の増大（軍事費負担増の要請，海外旅行の増加など），②輸出入の構造変化（船舶・鉄鋼・白物家電などの輸出半減，産業構造の変化，産業の空洞化など），③日本市場の巨大化（規制緩和の要請など），④地価高騰（オフィス不足，格差拡大など），⑤内需拡大の要請（公共投資の増大など），⑥農産物自由化問題の顕在化，など日本経済に多大なインパクトを及ぼした。特に，船舶・鉄鋼・白物家電（洗濯機，冷蔵庫）などの日本の多国籍企業は，壊滅的なダメージを受け，その後も回復の足取りが重い。

このように，為替リスク，金利リスクなど金融に関する課題は，グローバル経営において，極めて重要な位置づけを占めている。

❷ 今後の課題

従来，国際金融システムなど金融に関する領域は，経済学の応用分野として位置づけられている。例えば，東京大学大学院経済学研究科金融システム専攻のカリキュラムでは，基礎科目群（ミクロ経済学，マクロ経済学，統計学，計量経済学），金融戦略（資金運用と金融工学，企業金融，企業会計），金融政策（金融システム分析，マクロ金融政策）という編成になっており，多国籍企業やグローバル経営との接点が見出しづらい。すなわち，金融論というマクロを対象とする学問領域と，産業（セミマクロ）や企業（ミクロ）を対象とするグ

第10章 グローバル経営論の今日的課題

図表10-10　初期条件としての低水準均衡

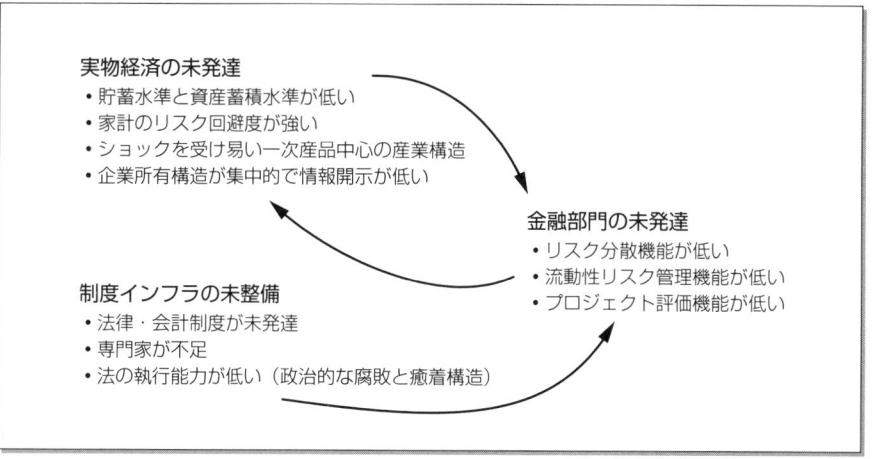

```
実物経済の未発達
・貯蓄水準と資産蓄積水準が低い
・家計のリスク回避度が強い
・ショックを受け易い一次産品中心の産業構造
・企業所有構造が集中的で情報開示が低い

金融部門の未発達
・リスク分散機能が低い
・流動性リスク管理機能が低い
・プロジェクト評価機能が低い

制度インフラの未整備
・法律・会計制度が未発達
・専門家が不足
・法の執行能力が低い（政治的な腐敗と癒着構造）
```

（出所）奥田英信=三重野文晴=生島靖久［2006］22頁を筆者が一部修正。

ローバル経営論との接点がうまくつながっていない。

具体的に，開発途上国を対象とする開発金融論を簡潔にみてみよう。開発金融論は，金融理論のアプローチを途上国経済開発に適用したものであり，金融論と開発経済学の複合領域である。

第二次世界大戦後に，開発途上国が最初に直面したのは，金融部門が未発達であるだけでなく，実物経済も未発達であり，経済制度・法制度も未発達であるという状況であった。これらが図表10-10に示されるように[35]，途上国が植民地時代から引き継いだ初期条件であった。

これらの初期条件から，経済発展の過程において，複数の均衡が存在するとされている。典型的な金融システムとして，銀行型システムと市場型システムがあげられる。途上国では，銀行型システムが主流であるが，経済発展に伴って，市場型システムに変化することが多くの実証研究で明らかになっている。

このような開発金融論と発展途上国における多国籍企業のファイナンスを体系的に結びつけることができれば，マクロ－セミマクロ－ミクロの三位一体化がより緊密になるであろう。

グローバル経営論は，従来のマネジメント論に国・地域軸を追加するので，

マクロ-セミマクロ-ミクロの関係性を意識して強化すべきである。

1）清家彰敏［1995］180頁。
2）山倉健嗣［1993］33-62頁を筆者が要約。
3）同上書33-62頁に基づいて筆者作成。
4）同上書63-158頁に基づいて筆者が要約。
5）加護野忠男［1999］787頁。(神戸大学大学院経営学研究室編［1999］，所収)
6）伊丹敬之［2003］164頁。
7）國領二郎［1999］24頁。
8）江上豊彦［2000］42頁。(BPM研究室編［2000］，所収)
9）Davenport, T.H.［1993］訳書14-15頁。
10）日本経営診断学会編［1994］310頁を筆者が一部修正。
11）今井賢一=國領二郎［1994］7頁。
12）同上書4頁。
13）同上書7頁に基づいて筆者作成。
14）國領二郎［1999］147-149頁。
15）岸川善光［1999］16頁。
16）森本三男［1994］318頁。
17）水谷雅一［1995］116頁。
18）リスクの定義については，武井勲［1987］，石名坂邦明［1994］，武井勲［1998］の定義を参考にした。
19）岸川善光［1999］231頁に筆者が一部加筆修正。
20）経済産業省編［2005］26-27頁。
21）上田和勇［2007］34頁。
22）同上書34頁。
23）上田和勇［2007］35頁，アンダーセン=朝日監査法人［2001］51頁を参考にして筆者作成。
24）田辺和俊［2005］24頁。
25）徳谷昌勇［1992］169頁。
26）亀井利明=亀井克之［2009］93頁を筆者が一部修正。
27）田辺和俊［2005］88頁を筆者が一部修正。
28）高倉信昭［1996］169頁。
29）亀井利明=亀井克之［2009］44頁を筆者が一部修正。
30）同上書94頁。
31）高倉信昭［1996］252-153頁。
32）益田安良［2000］137頁。
33）同上書139-141頁。
34）伊藤元重［1989］55頁。
35）奥田英信=三重野文晴=生島靖久［2006］22頁。

参考文献

〈英文文献〉

Aaker, D.A. [1984], *Strategic Market Management*, John-Wiley & Sons.（野中郁次郎＝北洞忠宏＝嶋口充輝＝石井淳蔵訳[1986]『戦略市場経営』ダイヤモンド社）

Aaker, D.A. [1991], *Managing Brand Equity*, The Free Press.（陶山計介＝中田善啓＝尾崎久仁博＝小林哲訳[1994]『ブランド・エクイティ戦略』ダイヤモンド社）

Aaker, D.A. [1996], *Building Strong Brands*, The Free Press.（陶山計介＝小林哲＝梅本春夫＝石垣智徳訳[1997]『ブランド優位の戦略』ダイヤモンド社）

Aaker, D.A. [2001], *Developing Business Strategies*, 6th ed., John-Wiley&Sons.（今枝昌宏訳[2002]『戦略立案ハンドブック』東洋経済新報社）

Abegglen, J.C. [1958], *The Japanese Factory : Aspect of Its Social Organization*, Free Press.（占部都美監訳[1958]『日本の経営』ダイヤモンド社）

Abegglen, J.C. [2004], *21st Century Japanese Management : New Systems, Lasting Values*, Palgrave Macmillan.（山岡洋一訳[2004]『新・日本の経営』日本経済新聞社）

Abell, D.F.=Hammond, J.S. [1979], *Strategic Market Planning*, Prentice-Hall.（片岡一郎＝古川公成＝滝沢茂＝嶋口充揮＝和田充夫訳[1982]『戦略市場計画』ダイヤモンド社）

Abell, D.F. [1980], *Defining the Business : The Starting Point of Strategic Planning*, Prentice-Hall.（石井淳蔵訳[1984]『事業の定義』千倉書房）

Abell, D.F. [1993], *Managing with Dual Strategies*, The Free Press.（小林一＝二瓶喜博訳[1995]『デュアル・ストラテジー』白桃書房）

Abernathy, W.J. [1978], *The Productivity Dilemma*, The John Hopkins University Press.

ACME（Association of Consulting Management Engineers）[1976], *Common Body of Knowledge for Management Consultants*, ACME.（日本能率協会コンサルティング事業本部訳[1979]『マネジメントの基礎知識』日本能率協会）

Adler, N.J. [1983] "Women in International Management : Where Are They?", *Working Paper series, Faculty of Management*, McGill University.

Adler, N.J. [1991], *International Dimensions of Oeganizational Behavior*, 2nd ed., PWS－KENT.（江夏健一＝桑名義晴監訳[1992]『異文化組織のマネジメント』マグロウヒル）

Adler, N.J.=Bartholomew, S. [1992] "Managing Globally Competent People", *Adacemy of Management Executive*, Vol.6.

Anderson, J.W.Jr. [1989], *Corporate Social Responsibility*, Greenwood Publishing Group.（百瀬恵夫監訳[1994]『企業の社会的責任』白桃書房）

Ansoff, H.I. [1965], *Corporate Strategy : An Analytic Approach to Business Policy for Growth and Expansion*, McGraw-Hill.（広田寿亮[1969]『企業戦略論』産能大出版部）

Ansoff, H.I. [1979], *Strategic Management*, The Macmillan Press.（中村元一訳[1980]

『戦略経営論』産能大学出版部）
Ansoff, H.I. [1988], *The New Corporate Strategy*, John Wiley & Son.（中村元一=黒田哲彦訳[1990]『最新・経営戦略』産能大出版部）
Aoki, M.=Dore, R.P.（ed.）[1994], *The Japanese Firm : Source of Competitive Strength*, Oxford University Press.（ＮＴＴデータ通信システム科学研究所訳[1995]『国際・学際研究　システムとしての日本企業』ＮＴＴ出版）
Astley, W.G.=Fombrun, C.J. [1983], "Collective Strategy : Social Ecology of Organizational Environments", *Academy of Management Review*, 8.
Backley, P.J.=Casson, M. [1976, 1991], *The Future of The Multinational Enterprise*, McMillan.（清水隆雄訳[1993]『多国籍企業の将来（第２版）』文眞堂）
Baker, J.C.=Ryans, J.K.=Howard, D.G.ed. [1988] *International Business Classics*, Lexington Books.（中島潤=首藤信彦=安室健一=鈴木典比古=江夏健一[1990]『国際ビジネス・クラシックス』文眞堂）
Barnard, C.I. [1938], *The Functions of the Executive*, Harvard University Press.（山本安二郎=田杉競=飯野春樹訳[1968]『新訳　経営者の役割』ダイヤモンド社）
Barney, J.B. [2002], *Gaining and Sustaining Competitive Advantage*, 2nd ed., Pearson Edcation.（岡田正太訳[2003]『企業戦略論　上・中・下』ダイヤモンド社）
Bartlett, C.A.=Ghoshal, S. [1989], *Managing Across Borders : The Transnational Solution*, Harvard Business School Press.（吉原英樹監訳[1990]『地球市場時代の企業戦略』日本経済新聞社）
Bartlett, C.A.=Ghoshal, S. [1992, 1995], *Transnational Management*, 2nd ed., Times Mirror Higher Education Group.（梅津祐良訳[1998]『ＭＢＡのグローバル経営』日本能率協会マネジメントセンター）
Bartlett, C.A.=Ghoshal, S. [1998], *Managing Across Borders*, 2nd ed., Harvard Business School Press.
Beamish, P.W.=Killing, J.P. ed. [1997], *Corporative Strategies : Asian Pacific Perspectives*, The New Lexington Press.
Berle, A.A.=Means, G.C. [1932], *The Modern Corporation and Private Property*, Macmillan.（北島忠男訳[1958]『近代株式会社と私的財産』文雅堂書店）
Bernstein, P.L. [1996], *Against The Gods*, John Wiley & Sons.（青山護訳[1998]『リスク－神々への反逆－』日本経済新聞社）
Blake, R.R.=Mouton, J.S. [1964], *The New Management Grid*, Gulf Publishing Campany.（田中敏夫=小宮山澄子訳[1969]『期待される管理者像』産業能率大学出版部）
Block, Z.=MacMillan, I.C. [1993], *Corporate Venturing*, Harvard Business School Press.（松田修一監訳[1994]『コーポレート・ベンチャリング』ダイヤモンド社）
Botkin, J. [1999], *Smart Business*, The Free Press.（米倉誠一郎監訳[2001]『ナレッジ・イノベーション』ダイヤモンド社）

参考文献

Bowersox, D.J. [1990], *Logistics Management*, 3rd ed., Macmillan.
Bowersox, D.J. [1996], *Logistics Management : The Integrated Supply Chain Process*, McGraw-Hill.
Bratton, J.=Gold, J. [2003], *Human Resource Management : Theory and Practice*, 3rd ed., Palgrave Macmillan.（上林憲雄=原口恭彦=三崎秀央=森田雅也訳 [2009]『人的資源管理 理論と実践』文眞堂）
Bressand, A. [1990], *Networld*, Promethee.（会津泉訳 [1991]『ネットワールド』東洋経済新報社）
Buckley, P.J.=Casson, M. [1976, 1991], *The Future of Multinational Enterprise*, Macmillan.（清水隆雄訳 [1993]『多国籍企業の将来（第2版）』文眞堂）
Burnham, J. [1941], *The Managerial Revolution*, The John Day Company.（武山泰雄訳 [1965]『経営者革命論』東洋経済新報社）
Burns, T.=Stalker, G.M. [1968], *The Management of Innovation*, 2nd ed. Tavistock.
Burrell, G.=Morgan, G. [1979], *Sociological Paradigms and Organizational Analysis : Elements of the Sociology of Corporate Life*, Heinemann.（鎌田伸一=金井一頼=野中郁次郎訳 [1986]『組織理論のパラダイム-機能主義の分析枠組』千倉書房）
Cannon, J.T. [1968], *Business Strategy and Policy*, Brace and World Inc..
Cateora, P.R.=Hess, J.M. [1975], *Industrial Marketing*, Richard D.Irwin.
Caves, R.E. [1982], *Multinational Enterprise and Economic Analysis*, Cambridge University Press.（岡本康雄=周佐喜和=長瀬勝彦=姉川知史=白石弘幸訳 [1992]『多国籍企業と経済分析』千倉書房）
Chandler, A.D.Jr. [1962], *Strategy and Structure*, The MIT Press.（有賀裕子訳 [2004]『組織は戦略に従う』ダイヤモンド社）
Chandler, A.D.Jr. [1964], *Giant Enterprise*, Brace & World Inc.（内田忠夫=風間禎三郎訳 [1970]『競争の戦略』ダイヤモンド社）
Chandler, A.D.Jr. [1977], *The Visible Hand : The Managerial Revolution*, The Belknap Press of Harvard University Press.（鳥羽欽一郎=小林袈裟治訳 [1979]『経営者の時代』東洋経済新報社）
Chatterjee, B. [1990], *Japanese Management : Maruti and the Indian Expence*, Sterling Publishers.（野田英二郎訳 [1993]『インドでの日本式経営』サイマル出版界）
Christensen, C.M. [1997], *The Innovator's Dilemma*, Harvard Business School Press.（伊豆原弓訳 [2000]『イノベーションのジレンマ 増補改訂版』翔泳社）
Coase, R.H. [1937], "The Nature of the Firm", *Econometria*, n.s.Vol.4 (November), pp.386-405.
Coase, R.H. [1988], *The Firm, The Market, The Law*, The University of Chicago Press.（宮沢健一=後藤晃=藤垣芳彦訳 [1992]『企業・市場・法』東洋経済新報社）
Collins, J.=Porras, J. [1994], *Built to Last*, Curtis Brown Ltd.（山岡洋一訳 [1995]『ビ

ジョナリーカンパニー』日経ＢＰ出版センター）
Collis, D.J.=Montgomery, C.A. [1998], *Corporate Strategy : A Resource-Based Approach*, McGraw-Hill.（根来龍之=蛭田啓=久保恭一訳［2004］『資源ベースの経営戦略論』東洋経済新報社）
Craig, C.S=Douglas, S.P. [2000], "Configural Advantage in Global Markets," *Journal of International Marketing*, Vol.8, No.1, pp.6-25.
Crainer, S. [2000], *The Management Century*, Booz-Allen & Hamilton Inc.（嶋口充輝監訳［2000］『マネジメントの世紀1991〜2000』東洋経済新報社）
Cyert, R.M.=March, J.G. [1963], *A Behavioral Theory of the Firm*, Prentice-Hall.（松田武彦監訳［1967］『企業の行動理論』ダイヤモンド社）
Daft, R.L. [2001], *Essentials of Organization Theory and Design*, 2nd ed., South Western College Publishing.（高木晴夫訳［2002］『組織の経営学』ダイヤモンド社）
Davenport, T.H. [1993], *Process Innovation : Reengineering Work through Information Technology*, Harvard Business School Press.（卜部正夫=杉野周=松島桂樹訳［1994］『プロセス・イノベーション』日経ＢＰ出版センター）
Davidow, W.H.=Malone, M.S. [1992], *The Virtual Corporation*, Harper Collins Publishers.（牧野昇監訳［1993］『バーチャル・コーポレーション』徳間書房）
Davis, S.M. [1984], *Managing Corporate Culture*, Harper&Row.（河野豊弘=浜田幸雄訳［1985］『企業文化の変革』ダイヤモンド社）
Davis, S.M.=Lawrence, P.R. [1977], *Matrix*, Addison-Wesley.（津田達男=梅津裕良訳［1980］『マトリックス組織－柔構造組織の設計と運用－』ダイヤモンド社）
Day, G.S.=Reibstein, D.J. [1997], *Wharton on Dynamic Competitive Strategy*, John Wiley & Sons, Inc.（小林陽一郎監訳［1999］『ウォートン・スクールのダイナミック競争戦略』東洋経済新報社）
Deal, T.E.=Kennedy, A.A. [1982], *Corporate Cultures*, Addison-Wesley.（城山三郎訳［1983］『シンボリック・マネジャー』新潮社）
DeGeorge, R.T. [1989], *Business Ethics*, 3rd.ed., Macmillan Publishing.（永安幸正=山田經三監訳［1995］『ビジネス・エスックス－グローバル経済と論理的要請－』明石書店）
Donovan, J.=Tully, R.=Wortman, R. [1998], *The Value Enterprise*, McGraw-Hill.（デロイト・トーマツ・コンサルティング戦略事業本部訳［1999］『価値創造企業』日本経済新聞社）
Dos, Y.L.=Hamel, G. [1998], *Alliance Advantage*, Harvard Business School Press.（志太勤一=柳孝一監訳，和田正春訳［2001］『競争優位のアライアンス戦略』ダイヤモンド社）
Douglas, S.P.=Craig, C.S. [1989] "Evolution of Global Marketing Strategy : Scale, Scope and Synergy", *Columbia Journal of World Business*, Fall.pp47-59.

Drucker, P.F. [1954], *The Practice of Management*, Harper & Brothers. (野田一夫監修 [1965]『現代の経営　上・下』ダイヤモンド社)
Drucker, P.F. [1967], *The Effective Executive*, Harper & Row. (上田惇生訳 [2006]『経営者の条件』ダイヤモンド社)
Drucker, P.F. [1974], *Management*, Harper & Row. (野田一夫=村上恒夫監訳 [1974]『マネジメント　上・下』ダイヤモンド社)
Duncan, R. [1979], "What is Right Organization Structure? Decision Tree Analysis the Answer", *Organizational Dynamics*.
Dunning, J.H. [1979], "Explaining Changing Patterns of International Production : In Defense of the Eclectic Theory", *Oxford Bulletin of Economics and Statistics*, November.
Dunniig, J.H. [1988], *Explaining International Production*, Unwin Hyman.
Dunning, J.H. [1993], *Multinational Enterprises and the Glabal Economy*, Addson-Wesley.
Epstain, M.E. [1989], "Business Ethics, Corporate Good Citizenship and the Corporate Social Policy Process", *Journal of Business Ethics*, August. (中村瑞穂=風間信隆=角野信夫=出見世信之=梅津光弘訳 [1996]『企業倫理と経営社会政策過程』文眞堂)
Esty, D.C.=Winston, A.S. [2006], *Green to Gold*, Yale University Press. (村井章子訳 [2008]『グリーントゥゴールド』アスペクト)
Evan, W, M. [1972], "An Organization-Set model of Interorganization Relayions", in Tuide, M. ed., *Interorganizational Decision Making Aldin*.
Evans, P.=Wurster, T.S. [1999], *BLOWN to BITS*, Harvard Business School Press. (ボストン・コンサルティング・グループ訳 [1999]『ネット資本主義の企業戦略』ダイヤモンド社)
Fayerweather, J. [1968], *International Business Managemeny*, Dickson Publishing. (ファーマー編、江夏健一=中村元一他訳 [1970]『国際経営管理論』好学社)
Fayerweather, J. [1969], *International Business Management*, McGraw-Hill. (戸田忠一訳 [1975]『国際経営論』ダイヤモンド社)
Ferraro, G.P. [1990], *The Cultural Demension of International Business*, Prentice Hall. (江夏健一=太田正孝監訳 [1992]『異文化マネジメント』同文舘出版)
Freeman, R.E.=Gilbert, D.R. [1988], *Corporate Strategy and the Search of Ehtics*, Prentice-Hall. (笠原清志訳 [1998]『企業戦略と倫理の探求』文眞堂)
Funakawa, A. [1997], *Transcultural Management*, Jossey-Bass. (船川淳志訳 [1998]『多文化時代のグローバル経営－トランスカルチュラル・マネジメント』トッパン)
Galbraith, J.R. [1973], *Designing Complex Organizations*, Addison-Wesley. (梅津裕良訳 [1980]『横断組織の設計』ダイヤモンド社)
Galgraith, J.R. [1977], *The Age of Uncertainty*, British Broadcasting Corporation. (津

留重人　監訳［1978］『不確実性の時代』ＴＢＳブリタニカ）

Galgraith, J.R. [1995], *Designing Organizations : An Executive Briefing on Strategy, Structure, and Process*, Jossey-Bass.（梅津裕良訳［2002］『組織設計のマネジメント－競争優位の組織づくり－』生産性出版）

Galgraith, J.R. [2000], *Designing the Global Corporation*, Jossey-Bass.（斉藤彰吾＝平野和子訳［2002］『グローバル企業の組織設計』春秋社）

Galbraith, J.R.=Nathanson, D.A. [1978], *Strategy Implementation : The Role of Structure and Process*, West Publishing.（岸田民樹訳［1989］『経営戦略と組織デザイン』白桃書房）

Galbraith, J.R.=Lawler, E.E.Ⅲ. [1993], *Organizing for the Future : The New Logic for Managing Comlex Organizations*, Jossey-Bass.（柴田高＝竹田昌弘＝柴田道子＝中條尚子訳［1996］『21世紀企業の組織デザイン－マルチメディア時代に対応する』産業能率大学出版部）

Ghoshal, S.=Westney, E. ed. [1993], *Organization Theory and The Multinational Corporation*, Macmillan Publishers Ltd.（江夏健一監訳［1998］『組織理論と多国籍企業』文眞堂）

Glochla, E. [1977], *Unternehmungs-organisation*, Rowohlt Taschenbuch VerlagGmbH.（清水敏允訳［1977］『総合的組織論』建帛社）

Hall, E.T. [1976], *Beyond Culture*, Doubleday.（岩田慶治＝谷泰訳［1979］『文化を超えて』ＴＢＳブリタニカ）

Hall, D.T.=Kahn, W.A. [2002],"Developmental Relationship at Work : A Learning Perspective", in Cooper, C.L.=Burke, R.J. eds., *The New World of Work : Challenges and Opportunities*, Blackwell.

Hatch, M.J. [1997], *Organization Theory : Modern, Symbolic, and Postmodern Perspective*, Oxford University Press.

Hamel, P.=Prahalad, C.K. [1994], *Competing for the Future*, Harvard Business School Press.（一條和生訳［1995］『コア・コンピタンス経営』日本経済新聞社）

Hammer, M.=Champy, J. [1993], *Reengineering the Corporation : A Manifest for Business Revolution*, Harper Business.（野中郁次郎監訳［1993］『リエンジニアリング革命』日本経済新聞社）

Harsey, P.=Blanchard, K. H.=Johnson, D. E. [1996], *Management of Organizational Behavior*, Prentice Hall, Inc.（山本成二＝山本あづさ訳［2000］『行動科学の展開（新版）』生産性出版）

Heenan, D.A.=Perlmutter, H.V. [1979], *Multinational Organization Development*, Addison-Wesley.（江夏健一＝奥村皓一［1990］『グローバル組織開発－企業・都市・地域社会・大学の国際化を考える－』文眞堂）

Held, D. [2004], *Global Covenant*, Polity Press.（中谷義和＝柳原克行訳［2005］『グロ

ーバル社会民主政の展望：経済・政治・法のフロンティア』日本経済評論社）
Hennart, J.F. [1991], "The Transaction Costs Theory of Joint Ventutes : an Empirical Study of Japanese Subsidiaries in the United States", *Management Science*, 37. pp.483-497.
Hertz, N. [2000], *The Silent Takeover*, Arrow. （鈴木淑美訳 [2003] 『巨大企業が民主主義を滅ぼす』早川書房）
Herzberg, F. [1966], *Work and the Nature of Man*, The World Publishing Co. （北野利信訳 [1968] 『仕事と人間性』東洋経済新報社）
Herzberg, F. [1976], *The Managerial Choice, To Be Efficient and To Be Human*, Dow Jones-Irwin. （北野利信訳 [1978] 『能率と人間性－絶望の時代における経営』東洋経済新報社）
Hofer, C.W.=Shendel, D.E. [1978], *Strategy Formulation : Analytical Concept*, West Publishing. （奥村昭博=榊原清則=野中郁次郎訳 [1981] 『戦略策定』千倉書房）
Hofsted, G.H. [1980], *Culture's Consequences ; International Differences in Work-Related Values*. SAGE Publishing. （萬成博=安藤文四郎監訳 [1984] 『経営文化の国際比較』産業能率大学出版部）
Hofsted, G.H. [1991], *Cultures and Organizations : Software of the Mind*, McGraw-Hill. （岩井紀子=岩井八郎訳 [1995] 『多文化世界：違いを学び共存への道を探る』有斐閣）
Holweg, M.=Pritz, F.K. [2007], *THE SECOND CENTURY : Reconnecting Customer and Value Chain through Build-to-Order : Moving Beyond Mass and Lean Production in the Auto Industry*. （富野貴弘訳=塩地洋監訳 [2007] 『21世紀の自動車産業 受注生産による究極の車づくり』文眞堂）
Hymer, S.H. [1960, 1976], *The International Operations of National Firms and Other Essays*. The MIT Press. （宮崎義一編訳 [1979] 『多国籍企業論』岩波書店）
ＩＭＦ [2010], *World Economic Outlook Database*, April. （経済産業省『日本の産業をめぐる現状と課題』経済産業省）
Jones, G. [1995], *The Evolution of International Business : An Introduction*, International Thompson Publishing. （桑原哲也=安室憲一=川辺信雄=榎本悟=梅野巨利訳 [1998] 『国際ビジネスの進化』有斐閣）
Jones, G. [2005], *Multinationals and Global Capitalism*, Oxford University Press. （安室憲一=梅野巨利訳 [2007] 『国際経営講義：多国籍企業とグローバル資本主義』有斐閣）
Kanter, R.M. [1994] "Collaborative Advantage : The Art of Alliances", *Harvard Business Review*, July-August.
Keegan, J.W. [2000], *Global Marketing*, 2nd ed., Prentice Hall.
Kim, W.C.=Mauborgne, R. [1997], *How to Create Uncontested Market Space and Make the Competition Irrelevant*, Harvard Business School Press. （有賀裕子訳 [2005] 『ブ

ルー・オーシャン戦略』ランダムハウス講談社)
Kindleberger, C.P. [1969], *American Business Abroad : Six Lectures on Direct Investment*, Yale University Press. (小沼敏監訳 [1970]『国際化経済の論理』ぺりかん社)
Knickerbocker, F.T. [1973], *Oligopolistic Reaction and Multinational Enterprise*, Harvard Business School Press. (藤田忠訳 [1978]『多国籍企業の経済理論』東洋経済新報社)
Kolde, E.J. [1968], International Business Enterprise, Prentice-Hall. (山本栄作=野村忠訳 [1973]『多国籍企業の経営学』鹿島研究所出版会。)
Kolde, E.J. [1973], *International business enterprise.* (2nd ed.), Englewood Cliffs, Prentice-Hall.
Koonts, H. [1964], *Toward a Unified Theory of Management*, McGraw-Hill. (鈴木英寿訳 [1968]『管理の統一理論』ダイヤモンド社)
Kotabe, M.=Helsen, K. [1988], *Global Marketing Management*, Wiley.
Kotler, P. [1989a], *Social Marketing*, Free Press. (井関利明 [1995]『ソーシャル・マーケティング』ダイヤモンド社)
Kotler, P. [1989b], *Principles of Marketing*, 4th ed., Prentice-Hall. (和田充夫=青井倫一訳 [1995]『新版マーケティング原理』ダイヤモンド社)
Kotler, P.=Armstrong, G. [2001], *Principles of Marketing*, 9th ed., Prentice-Hall. (和田充夫監訳 [2003]『マーケティング原理 第9版』ダイヤモンド社)
Kotler, P.=Hayes, T.=Bloom, P.N. [2002], *Marketing Professional Services*, 2nd ed., Pearson Education. (平林祥訳 [2002]『コトラーのプロフェッショナル・サービス・マーケティング』ピアソン・エデュケーション)
Kotler, P.=Keller, K.L. [2006], *Marketing Management*, 12th ed., Prentice-Hall. (恩藏直人監修 [2008]『コトラー&ケラーのマーケティング・マネジメント (第12版)』ピアソン・エデュケーション)
Kotler, P.=Keller, K.L. [2007], *Marketing Management*, 3rd., Prentice-Hall. (恩藏直人監修, 月谷真紀訳 [2008]『コトラー&ケラーのマーケティング・マネジメント (基本編)』ピアソン・エデュケーション)
Kotter, J.P. [1996], *Leading Change*, Harvard Business School Press. (梅津祐良訳 [2002]『企業変革力』日経BP出版センター)
Kotter, J.P.=Heskett, J.L. [1992], *Corporate Culture and Performance*, Free Press. (梅津裕良訳 [1994]『企業文化が好業績を生む－競争を勝ち抜く「先見のリーダーシップ」207社の実証研究－』ダイヤモンド社)
Krogh, G.=Ichijo, K.=Nonaka, I. [2000], *Enabling Knowledge Creation : How to Unlock The Mystery of Knowledge and Release The Power of Innovation*, Oxford University Press, Inc. (ゲオルク・フォン・クロー=一條和生=野中郁次郎 [2001]『ナレッジ・イネーブリング』東洋経済新報社)

Kubr, M. ed. [2002], *Management Comsulting : A Guide to the Profession*, 4th ed., International Labor Organization.（水谷榮二監訳［2004］『経営コンサルティング（第4版）』生産性出版）

Kuhn, T.S. [1962], *The Structure of Scientific Revolution*, The University of Chicago Press.（中山茂訳［1971］『科学革命の構造』みすず書房）

Larsen, T.S.=Schary, P.B.=Mikkola, J.H.=Kotzab, H. [2002], *Management the Global Supply Chain*, 3rd ed., Copenhagen Business School Press.

Lawrence, P.R.=Lorsch, J.W. [1967], *Organization and Environment : Managing Differentiation and Integration*, Harvard University Press.（吉田博訳［1977］『組織の条件適応理論』産能大出版部）

Levitt, T. [1960], "Marketing Myopia", *Harvard Business Review*, July-Aug., 1960.

Levitt, T. [1983], "The Globalization of Market", *Harvard Business Review*.（土岐坤訳［1983］「地球市場は同質化に向かう」『ダイヤモンド・ハーバード・ビジネス・レビュー』所収）

Lewin, K. [1951], *Field Theory in Social Science*, Harper & Row.（猪俣佐登留訳［1979］『社会科学における場の理論』誠信書房）

Looy, B.V.=Gemmel, P.=Dierdonck, R.V. [1998], *Service Management : An Integrated Approach*, 2nd ed., Finantial Times Management.（平林祥訳［2004］『サービス・マネジメント－統合的アプローチ 上・中・下』ピアソン・エデュケーション）

Lovelock, C.H.=Weinberg, C.B. [1989], *Public & Nonprofit Marketing*, 2nd ed., Scientific Press.（渡辺好章=梅沢昌太郎監訳［1991］『公共・非営利組織のマーケティング』白桃書房）

Lovelock, C.H.=Wright, L.K. [1999], *Principles of Service and Management*, Prentice-Hall.（小宮路雅博監訳［2002］『サービス・マーケティング原理』白桃書房）

Lovelock, C.H.=Wirtz, [2007], *Service Marketing : People, Technology, Strategy*, 6th ed., Prentice Hall.（武田玲子訳［2008］『ラブロック&ウィルツのサービス・マーケティング』ピアソン・エデュケーション）

March, J.G.=Simon, H.A. [1958], *Organizations*, John Wiley & Sons.（土屋守章訳［1977］『オーガニゼーションズ』ダイヤモンド社）

March, J.G.=Olsen, J.P. [1976, 1979], *Ambiguity and Choice in Organization*, Universitesforla-get.（遠田雄志=アリソン・ユング訳［1986］『組織におけるあいまいさと決定』有斐閣）

Meier, G.H. [2004], *Biography of Subject : An Evolution of Development Economics*, Oxford University Press.（渡辺利夫=徳原覚訳［2006］『開発経済学概論』岩波書店）

Merton, R.K. [1949], *Social Theory and Social Structure : Toward the Codification of Theory and Research*, Free Press.（森東吾=森好夫=金沢実=中島竜太郎訳［1961］『社会理論と社会構造』みすず書房）

Miles, R.E.=Snow, C.C.［1978］, *Organizational Strategy, Structure, and Process*, McGraw-Hill.（土屋守章=内野宗=中野工訳［1983］『戦略型経営』ダイヤモンド社）

Milgram, P.=Roberts, J.［1992］, *Economics, Organization & Management*, Prentice-Haii.（奥野正寛=伊籐秀史=今井晴雄=西村理=八木甫訳［1997］『組織の経済学』ＮＴＴ出版）

Mintzberg, H.［1973］, *The Nature of Managerial Work*, Prentice Hall.（奥村哲史=須貝栄訳［1993］『マネジャーの仕事』白桃書房）

Mintzberg, H.［1989］, *Mintzberg on Management*, The Free Press.（北野利信訳［1991］『人間感覚のマネジメント－行き過ぎた合理性への抗議－』ダイヤモンド社）

Mintzberg, H.=Ahlstrand, B.=Lampel, J.［1998］, *Strategy Safari : A Guided Tour Through the Wilds of Strategic Management*, The Free Press.（斎藤嘉則監訳［1999］『戦略サファリ－戦略マネジメント・ガイドブック－』東洋経済新報社）

Morgan, P.V.［1986］, "International ＨＲＭ : fact or fiction ?", *Personnel Administrator*, Vol.31, No.9, pp.43-47.

Nadler, D.A.=Shaw, R.B.=Walton, A.E.［1995］, *Discontinuous Change*, Jossey-Bass.（斎藤彰吾監訳［1997］『不連続の組織変革－ゼロベースから競争優位を創造するノウハウ』ダイヤモンド社）

Nohria, N.=Ghoshal, S.［1997］, *The Differrentiated Network : Organizing Multinational Corporation for Value Creation*, Jossey Bass.

ＯＥＣＤ［1972］, *Manpower Policy in Japan.*（労働省訳・編［1972］『ＯＥＣＤ対日労働報告書』日本労働協会）

Ouchi, W.G.［1981］, *Theory Z*, Addison-Wesley.（徳山二郎監訳［1981］『セオリーＺ』ＣＢＳソニー出版）

Outsourcing Working Group［1995］, *Outsorcing*, ＫＰＭＧ.

Pascal, R.T.=Athos, A.G.［1981］, *The Art of Japanese Management*, Simon & Shuster.（深田祐介訳［1981］『ジャパニーズ・マネジメント』講談社）

Penrose, E.T.［1959, 1980］, *The Theory of the Growth of the Firm*, Basil Glackwell.（末松玄六訳［1980］『企業成長の理論　第２版』ダイヤモンド社）

Peppers, D.=Rogers, M.［1993］, *The One to One Future*, Doubleyday.（井関利明監訳［1995］『One to One マーケティング－顧客リレーションシップ戦略－』ダイヤモンド社）

Peppers, D.=Rogers, M.［1997］, *Enterprise One to One*, Doubleyday.（井関利明監訳［1997］『One to One 企業戦略』ダイヤモンド社）

Peters, T.J.=Waterman, R.H.［1982］, *In Search of Excellence*, Harper & Row.（大前研一訳［1983］『エクセレント・カンパニー』講談社）

Pfeffer, J.=Salancik, G.R.［1978］, *The External Control of Organizations*, Harper & Row.

Polanyi, M. [1966], *The Tacit Dimension*, Routledge & Kogan Paul.(佐藤敬三訳 [1980]『暗黙知の次元』紀伊国屋書店)
Porter, M.E. [1980], *Competitive Strategy*, The Free Press.(土岐坤=中辻萬治=服部照夫訳 [1982]『競争の戦略』ダイヤモンド社)
Porter, M.E. [1985], *Competitive Advantage*, The Free Press.(土岐坤=中辻萬治=小野寺武夫訳 [1985]『競争優位の戦略』ダイヤモンド社)
Porter, M.E. ed. [1986], *Competition in Global Industries*, Harvard Business School Press.(土岐坤=中辻萬治=小野寺武夫訳 [1989]『グローバル企業の競争戦略』ダイヤモンド社)
Porter, M.E. [1990], *The Competitive Advantage of Nations*, The Free Press.(土岐坤=中辻萬治=小野寺武夫=戸成富美子訳 [1992]『国の競争優位』ダイヤモンド社)
Porter, M.E. [1998a], *On Competition*, Harvard Business School Press.(竹内弘高訳 [1999]『競争戦略論 I』ダイヤモンド社)
Porter, M.E. [1998b], *On Competition*, Harvard Business School Press.(竹内弘高訳 [1999]『競争戦略論 II』ダイヤモンド社)
Post, J.E.=Lawrence, A.T.=Weber, J. [2002], *Business and Society : Corporate Strategy, Public Policy, Ethics*, 10th, The McGraw-Hill , Inc.(松野弘=小坂隆秀=谷本寛治監訳 [2012]『企業と社会(上)』ミネルヴァ書房)
Post, J.E.=Lawrence, A.T=Weber, J. [2002], *Business and Society : Corporate Strategy, Public Policy, Ethics*, 10th, The McGraw-Hill , Inc.(松野弘=小坂隆秀=谷本寛治監訳 [2012]『企業と社会(下)』ミネルヴァ書房)
Powell, W.W.=Dimaggio, P.J. (eds.) [1991], *The New Institutionalism in Organizational Analysis*, University of Chicago Press.
Prahalad, C.K. [2004], *The Fortune at the Bottom of the Pyramid : Eradicating Poverty Through Profit*, Warton School Publishing.(スカイライトコンサルティング訳 [2005]『ネクスト・マーケット-「貧困層」を「顧客」に変える次世代ビジネス戦略』英治出版)
Robbins, S.P. [2005], *Essentials of Organizational Behavior*, Pearson Education.(高木晴夫訳 [2009]『新版 組織行動のマネジメント』ダイヤモンド社)
Roberts, E.B.=Berry, C.A. [1985], "Entireing New Business : Selecting Strategies for Success", *Sloan Management Review*, Spring, pp.3-17.
Robinson, R.D. [1984], *Internationalization of Business : An Introduction*, Holt, Renehart and Winston.(入江猪太郎監訳 [1985]『基本国際経営論』文眞堂)
Rogers, E.M. [1982], *Diffusion of Innovations*, 3rd ed., The Free Press.(青池慎一=宇野善康監訳 [1990]『イノベーション普及学』産能大出版部)
Roman, D.P.=Puett, J.F. [1983], *International Business and Technology Innovation*, North Holland.

Ronstadt, R. [1984], "R&D Abroad by U.S. Multinationals" in eds., Stobaugh, R.=Wells, L.T.Jr., *Technology Crossing Boarders : The choice, Transfer, and Management of International Technology Flows*, Harvard Business School.pp241-264.

Rugman, A.M. [1981], *Inside The Multinationals : The Economics of Internal Market*, Columbia University Press.（江夏健一=中島潤=有澤孝義=藤沢武史訳［1983］『多国籍企業と内部化理論』ミネルヴァ書房）

Rugman, A.M.=Lecraw, D.J.=Booth, L.D. [1986], *International Business*, McGraw-Hill.（中島潤=安室憲一=江夏健一監訳［1987］『インターナショナルビジネス』マグロウヒル）

Rumelt, R.P. [1974], *Strategy, Structure, and Economic Performance*, Harvard University Press.（鳥羽欽一郎=山田正喜子=川辺信雄=熊沢孝訳［1977］『多角化戦略と経済成果』東洋経済新報社）

Sa Kong, I.（司空壹）[1994], *Korea in The World Economy*, The Institute for International Economics.（渡辺利夫監訳［1994］『韓国経済　新時代の構図』東洋経済新報社）

Salamon, L.M.=Anheier, H.K. [1996], *The Emerging Sector*, The Johns Hopkins University.（今田忠監訳［1996］『台頭する非営利セクター』ダイヤモンド社）

Saloner, G.=Shepard, A.=Podolny, J. [2001], *Strategic Management*, John Wiley & Sons.（石倉洋子訳［2002］『戦略経営論』東洋経済新報社）

Savitz, A.W.=Weber, K. [2006], *THE TRIPLE BOTTOM LINE : How Today's Best-Run Companies are Achieving Economic, Social and Environmental Success and How You Can Too*, Jossey-Bass.（中島早苗訳［2008］『サステナビリティ』アスペクト）

Schein, E.H. [1978], *Career Dynamics Matching Individual and Organizational Needs* Addison-Wesley Publishing.（二村敏子=三善勝代訳［1991］『キャリア・ダイナミクス』白桃書房）

Schein, E.H. [1985], *Organizational Culture and Leadership*, Jossey-Bass.（清水紀彦=浜田幸男訳［1989］『組織文化とリーダーシップ－リーダーは文化をどう変革するか－』ダイヤモンド社）

Schein, E.H. [1999a], *The Corporate Culture Survival Guide*, Jossey-Bass.（金井壽宏監訳［2004］『企業文化－生き残りの指針』白桃書房）

Schein, E.H. [1999b], *Process Consultation Revisited : Building the Helping Relationship*, Addison-Wesley Publishing Company, Inc.（稲葉元吉=尾川丈一訳［2002］『プロセス・コンサルテーション－援助関係を築くこと－』白桃書房）

Schein, D.H. [2010], *Organizational Culture and Leadership*, 4th.ed., John Willey&Sons,（梅津裕良=横浜哲夫［2012］『組織文化とリーダーシップ』白桃書房）

Schumpeter, J.A. [1926], *Theories Der Wirtschaftlichen Entwicklung*,（塩野谷祐一=中山伊知郎=東畑精一郎訳［1977］『経済成長の理論　上・下』岩波書店）

Scott, W.R. [1987], "The Adolescense of Imternational Theory", *Administrative Science Quarterly*, pp.493-511.
Simon, H.A. [1947], *Administrative Behavior*, The Free Press.（松田武彦=高柳暁=二村敏子訳 [1989]『経営行動』ダイヤモンド社）
Simon, H.A. [1969], *The Sciences of the Artificial*, MIT Press.（倉井武夫=稲葉元吉他訳 [1969]『システムの科学』ダイヤモンド社）
Simon, H.A. [1976], *Administrative Behavior : A Study of Decision-Making Processes in Administrative Organization*, 3rd ed., Macmillan.（松田武彦=高柳暁=二村敏子訳 [1989]『経営行動』ダイヤモンド社）
Simon, H.A. [1977], *The New Science of Management Decision*, Revised ed., Prentice-Hall.（稲葉元吉=倉井武夫訳 [1979]『意思決定の科学』産能大出版部）
Simon, H.A. [1981], *The Science of the Artificial*, 2nd ed., MIT Press.（稲葉元吉=吉原英樹訳 [1887]『システムの科学』パーソナルメディア）
Simon, H.A. [1997], *Administrative Behavior : A Study of Decision-Making Processes in Admi-nistrative Organizations*, 4th ed., Macmillan.（二村敏子=桑田耕太郎=高尾義明=西脇暢子=高柳美香訳 [2009]『経営行動』ダイヤモンド社）
Stiglitz, J.E. [1993], *Economics w.w.Norton & Company*,（藪下史郎=秋山太郎=金子能弘=木立力=清野一治 [1995]『スティグリッツマクロ経済学』東洋経済新報社）
Smith, A. [1776, 1950], *An Inquiry into the Nature and Causes of the Wealth of Nations*, (ed.) Edwin Cannan.（大内兵衛=松川七郎訳 [1969]『諸国民の富Ⅰ・Ⅱ』岩波書店）
Stopford, J.M.=Wells, L.T.Jr. [1972], *Managing and Multinational Enterprise*, Basic Books.（山崎清訳 [1976]『多国籍企業の組織と所有政策－グローバル構造を超えて－』ダイヤモンド社）
Strange, S. [1994], *States and Markets : An Introduction to Political Economy*, 2nd ed., Pinter Publishers.（西川潤=佐藤元彦訳 [1994]『国際政治経済学入門－国家と市場－』東洋経済新報社）
Tayler, S.=Beechler, S.=Napier, N. [1996] "Toward an integrayive model of strategic international human resource management,"*Academy of Management Review*, Vol.21, No.4.
Teece, D.J. (ed.) [1987], *The Competitive Challenge : Strategies for Industrial Innovation and Renewal*, Ballinger Publishing Company.（石井淳蔵他訳 [1988]『競争への挑戦』白桃書房）
Thompson, J.D. [1967], *Organization in Action*, McGraw-Hill.（大月博司=廣田俊郎訳 [2012]『行為する組織』同文舘出版）
Timmons, J.A. [1994], *New Venture Creation*, 4th ed., Richard D. Irwin.（千本倖生=金井信次訳 [1997]『ベンチャー創造の理論と戦略』ダイヤモンド社）

Trompenaars, F.=Hampden-Turner, C. [1993, 1997], *Riding The Waves of Cultere*, 2nd ed., Nicholas Brealey.（須貝栄訳［2001］『異文化の波』白桃書房）

Trompenaars, F.=Woolliams, P. [2003], *Business Across Cultures*, Capstone Publishing.（古屋紀人監訳［2005］『異文化のビジネス戦略－多様性のビジネス・マネジメント－』白桃書房）

Turban, E.=Lee, J.=King, D.=Chung, M.H. [2000], *Electronic Commerce : A Managerial Perspective*, Prentice-Hall.（阿保栄司=木下敏=浪平博人=麻田孝治=牧田行雄=島津誠=秋川卓也訳［2000］『e-コマース－電子商取引のすべて』ピアソン・エデュケーション）

U.N. [1974], *The Impact of Multinational Corporations on Development and International Relations*, U.N.

U.N. [1978], *Transnational Corporations in World Development : A Re-Examination*, U.N.

Utterback, J.M. [1994], *Mastering the Dynamics of Innovation*, Harvard Business School Press.（大津正和=小川進監訳［1998］『イノベーション・ダイナミクス』有斐閣）

Vernon, R. [1966], "International Investment and International Trade", *Quarterly Journal of Economics*, Vol.80.

Vernon, R. [1971], *Sovereignty at Bay*, Basic Books.（霍見芳浩訳［1973］『多国籍企業の新展開』ダイヤモンド社）

Vincent, D.R. [1990], *The Information-Based Corporation*, Richard D. Irwin.（真鍋龍太郎訳［1993］『インフォメーション・ベスト・コーポレーション』ダイヤモンド社）

Vogel, E.F. [1979], *Japan as Number One*, Harvard University Press.（広中和歌子=木本彰子訳［1979］『ジャパン　アズ　ナンバーワン』ＴＢＳブリタニカ）

Vogel, E.F. [1984], *Comegack*, Simon & Shuster.（上田惇夫訳［1984］『ジャパン・アズ・ナンバーワン再考－日本の成功とアメリカのカムバック』ＴＢＳブリタニカ）

Wayland, R.E.=Cole, P.M. [1997], *Customer Connections : New Strategies for Growth*, Harvard Business School Press.（入江仁之監訳［1999］『ディマンドチェーン・マネジメント』ダイヤモンド社）

Wedford, R. [1996], *Corporate Environmental Management*, Earthscan Publications Ltd.

Weick, K.E. [1979], *The Social Psychology of Organizing*, 2nd ed., Addison-Wesley.（遠田雄志訳［1997］『組織化の社会心理学』文眞堂）

Weick, K.E. [1991], *Sensemaking in Organizations*, Sage Publications.（遠田雄志訳［2001］『センスメイキング・イン・オーガニゼーションズ』文眞堂）

Williamson, O.E. [1975], *Market and Hierarchies*, The Free Press.（浅沼萬里=岩崎晃訳［1980］『市場と企業組織』日本評論社）

Wiseman, C. [1988], *Strategic Information Systems*, Richard D. Irwin. Inc.（土屋守章=

辻新六訳［1989］『戦略的情報システム』ダイヤモンド社）
World Bank［1993］, *The East Asian Miracle : Economic Growth and Public Policy*, Oxford University Press.（白鳥正喜監訳［1994］『東アジアの奇跡　経済成長と政府の役割』東洋経済新報社）
Yoshino, M.Y.=Rangan, U.S.［1995］, *Strategic Alliance : A Entrepreneurial Approach to Globalization*, Harvard Business School Press.

〈和文文献〉

ＩＢＭコンサルティング・グループ［2000］『最適融合のＩＴマネジメント』ダイヤモンド社。
青木昌彦［1989］『日本企業の組織と情報』東洋経済新報社。
青木昌彦［1995］『経済システムの進化と多元性』東洋経済新報社。
青木昌彦［1996］『経済システムの比較制度分析』東京大学出版会。
青木昌彦=ロナルド・ドーア編［1995］『国際・学際研究システムとしての日本企業』ＮＴＴ出版。
青木昌彦=安藤晴彦編［2002］『モジュール化』東洋経済新報社。
青木淳［1999］『価格と顧客価値のマーケティング戦略－プライス・マネジメントの本質－』ダイヤモンド社。
アクセンチュア調達戦略グループ［2007］『強い調達』東洋経済新報社。
浅川和宏［2003］『グローバル経営入門』日本経済新聞社。
アーサー・Ｄ・リトル社環境ビジネス・プラクティス［1997］『環境ビジネスの成長戦略』ダイヤモンド社。
安保哲夫［1994］『日本的経営・生産システムとアメリカ』ミネルヴァ書房。
安保哲夫=板垣博=上山邦雄=河村哲二=公文溥［1997］『アメリカに生きる日本的生産システム』東洋経済新報社。
安熙錫［1996］『多角化戦略の日韓比較』税務経理協会。
アンダーセン=朝日監査法人［2001］『図解リスクマネジメント』東洋経済新報社。
飯田春樹編［1979］『バーナード：経営者の役割』有斐閣。
井熊均編［2003］『図解　企業のための環境問題（第2版)』東洋経済新報社。
池田理知子編［2010］『よくわかる異文化コミュニケーション』ミネルヴァ書房。
伊佐田文彦［2007］『組織間関係のダイナミズムと競争優位－バーチャル・プロジェクト・カンパニーのビジネスモデル』中央経済社。
井沢良智=八杉哲［2004］『経営グローバル化課題と展望（第2版)』創成社。
石井敏=久米昭元=遠山淳=平井一弘=松本茂=御堂岡潔編［1997］『異文化コミュニケーション・ハンドブック』有斐閣。
石井淳蔵=奥村昭博=加護野忠男=野中郁次郎［1996］『経営戦略論』有斐閣。
石井真一［2003］『企業間提携の戦略と組織』中央経済社。

石倉洋子=藤田昌久=前田昇=金井一頼=山崎朗［2003］『日本の産業クラスター戦略－地域における競争優位の確立－』有斐閣。
石田英夫［1985］『日本企業の国際人事管理』日本労働協会。
石名坂邦昭［1994］『リスク・マネジメントの理論』白桃書房。
磯辺剛彦=牧野成史=クリスティーヌ・チャン［2010］『国境と企業－制度とグローバル戦略の実証分析』東洋経済新報社。
板垣博［1997］『日本的経営・生産システムと東アジア』ミネルヴァ書房。
今口忠政=李新建=申美花［2003］『事業再構築のための撤退戦略とマネジメント調査』三田商学研究。
澤田康幸［2003］『基礎コース　国際経済学』新世社。
伊丹敬之［1984］『新・経営戦略の論理』日本経済新聞社。
伊丹敬之［1991］『グローカル・マネジメント－地球時代の日本企業』日本放送出版協会。
伊丹敬之［1999］『場のマネジメント』ＮＴＴ出版。
伊丹敬之［2003］『経営戦略の論理　第3版』日本経済新聞社。
伊丹敬之［2004］『経営と国境』白桃書房。
伊丹敬之=加護野忠男［1989］『ゼミナール経営学入門』日本経済新聞社。
伊丹敬之=加護野忠男=伊藤元重編［1993a］『日本の企業システム2　組織と戦略』有斐閣。
伊丹敬之=加護野忠男=伊藤元重編［1993b］『日本の企業システム4　企業と市場』有斐閣。
伊丹敬之=西口敏弘=野中郁次郎編［2000］『場のダイナミズムと企業』東洋経済新報社。
伊丹敬之=加護野忠男［2003］『ゼミナール経営学入門　第3版』日本経済新聞社。
伊丹敬之=西野和美［2004］『ケースブック　経営戦略の論理』日本経済新聞社。
伊丹敬之=森健一［2006］『技術者のためのマネジメント入門』日本経営新聞社。
伊藤賢次［2000］『東アジアにおける日本企業の経営』千倉書房。
伊籐文雄［1980］『テキストブック現代商業学』有斐閣。
伊藤雅之［2003］『現代社会とスピリチュアリティ』渓水社。
伊籐元重［1989］『ゼミナール国際経済入門』日本経済新聞社。
伊藤元重［2005］『ゼミナール国際経済入門』日本経済新聞社。
稲村毅=百田義治編［2005］『経営組織の論理と変革』ミネルヴァ書房。
稲葉元吉=貫隆夫=奥村康治編［2004］『情報技術革新と経営学』中央経済社。
稲葉元吉=山倉健嗣編［2007］『現代経営行動論』白桃書房。
井上昭一［2004］『現代アメリカ企業経営史』ミネルヴァ書房。
井上昭一=藤井光男編［1999］『現代経営史－日本・欧米－』ミネルヴァ書房。
井原宏［2003］『グローバル企業法－グローバル企業の法的責任－』青林書院。
今井賢一編［1986］『イノベーションと組織』東洋経済新報社。
今井賢一［1992］『資本主義のシステム間競争』筑摩書房。

参考文献

今井賢一［2008］『創造的破壊とは何か－日本産業の再挑戦』東洋経済新報社。
今井賢一=伊丹敬之=小池和夫［1983］『内部組織の経済学』東洋経済新報社。
今井賢一=金子郁容［1988］『ネットワーク組織論』岩波書店。
今井賢一=小宮隆太郎編［1989］『日本の企業』東京大学出版会。
今井賢一=國領二郎［1994］『プラットフォーム・ビジネス－オープン・アーキテクチャ時代のストラテジック・ビジョン』情報通信総合研究所。
岩田龍子［1977］『日本的経営の編成原理』文眞堂。
岩田龍子［1978］『現代日本の経営風土』日本経済新聞社。
岩田龍子［1984］『「日本的経営」論争』日本経済新聞社。
岩谷昌樹［2005］『ケースで学ぶ国際経営』中央経済社。
上田和勇［2007］『企業価値創造型リスクマネジメント－その概念と事例－』白桃書房。
植草益［2000］『産業融合－産業組織の新たな方向』岩波書店。
植之原道行［2004］『戦略的技術経営のすすめ』日刊工業新聞社。
内田吉英［1993］『多国籍企業論』御茶の水書房。
海野素央［2002］『異文化ビジネスハンドブック』学文社。
梅津裕良［2003］『ＭＢＡ　人材・組織マネジメント』生産性出版。
梅澤正［1990］『企業文化の革新と創造』有斐閣。
梅澤正［2003］『組織文化　経営文化　企業文化』同文舘出版。
梅野巨利［1992］『国際資源企業の国有化』白桃書房。
浦田秀次郎=財務省財務総合政策研究所編［2009］『グローバル化と日本経済』株式会社勁草書房。
占部都美［1973］『経営学総論』白桃書房。
占部都美［1991］『改訂経営学総論』白桃書房。
エコビジネスネットワーク編［2007］『新・地球環境ビジネス2007-2008』産学社。
ＳＣＭ研究会［1999］『サプライチェーン・マネジメント』日本実業出版社。
江夏健一=首藤信彦編［1993］『多国籍企業』八千代出版。
江夏健一=桑名義晴編［2001］『理論とケースで学ぶ国際ビジネス』同文舘出版。
江夏健一=桑名義晴編［2006］『新版　理論とケースで学ぶ国際ビジネス』同文舘出版。
江夏健一=太田正孝=藤井健［2008］『国際ビジネス入門』中央経済社。
江夏健一=桑名義晴=岸本寿生編［2008］『国際ビジネス研究の新潮流』中央経済社。
江夏健一=長谷川信次=長谷川礼［2008］『国際ビジネス理論』中央経済社。
江夏健一=高井透=土井一生=菅原秀行編［2008］『グローバル企業の市場創造』中央経済社。
海老澤栄一［1992］『組織進化論』白桃書房。
王効平=尹大栄=米山茂美［2005］『日中韓企業の経営比較』税務経理協会。
王曙光［2002］『海爾（ハイアール）』東洋経済新報社。
大阪市立大学商学部編［2001］『国際ビジネス』有斐閣。

大滝精一=金井一頼=山田英夫=岩田智［1997］『経営戦略－創造性と社会性の追求』有斐閣。
大滝精一=金井一頼=山田英夫=岩田智［2006］『経営戦略－創造性と社会性の追求（新版）』有斐閣。
大月博司［1999］『組織変革とパラドックス』同文舘出版。
大月博司=高橋正泰編［2003］『経営組織』学文社。
大月博司=山口善昭=高橋正泰［2008］『経営学－理論と体系－』同文舘出版。
大橋昭一編［1995］『日本的経営の解明』千創考。
大橋正和=堀太郎［2005］『ネットワーク社会経済論－ICT革命がもたらしたパラダイムシフト－』紀伊国屋書店。
大野健一［2000］『途上国のグローバリゼーション』東洋経済新報社。
大野健一=桜井宏二郎［1997］『東アジアの開発経済学』有斐閣。
大野耐一［1978］『トヨタ生産方式－脱規模の経営をめざして』ダイヤモンド社
奥田英信=三重野文晴=生島靖介［2006］『開発金融論』日本評論社。
奥村恵一［1997］『経営管理論』有斐閣。
奥村昭博［1989］『経営戦略』日本経済新聞社。
奥村皓一=夏目啓二=上田慧［2006］『テキスト多国籍企業』ミネルヴァ書房。
小椋康宏編［2001］『経営環境論』学文社。
折橋靖介［2003］『多国籍企業の意思決定と行動原理』白桃書房。
外務省監修［1973］『多国籍企業と国際開発』国際開発ジャーナル。
科学技術庁科学技術政策局編［1999］『平成10年度民間企業の研究活動に関する調査報告』大蔵省印刷局。
加護野忠男［1980］『経営組織の環境適応』白桃書房。
加護野忠男［1988a］『組織認識論』千倉書房。
加護野忠男［1988b］『企業のパラダイム革命』講談社。
加護野忠男［1999］『〈競争優位〉のシステム』ＰＨＰ研究所。
加護野忠男=野中郁次郎=榊原清則=奥村昭博［1983］『日米企業の経営比較－戦略的環境適応の理論－』日本経済新聞社。
加護野忠男=井上達彦［2004］『事業システム戦略』有斐閣。
加藤秀樹編［1996］『アジア各国の経済・社会システム　インド・インドネシア・韓国・タイ・中国』東洋経済新報社。
加藤善治郎［2003］『セコム創る・育てる・また創る』東洋経済新報社。
金森久雄=土志田征一編［1991］『景気の読み方』有斐閣。
亀井利明=亀井克之［2009］『リスクマネジメント総論』同文舘出版。
加茂利男=大西仁=石田徹=伊藤恭彦［2007］『現代政治学』有斐閣。
環境省編［2010］『環境白書　平成22年版』日経印刷。
上林憲雄=厨子直之=森田雅也［2010］『経験から学ぶ人的資源管理』有斐閣。

企業倫理研究グループ［2007］『日本の企業倫理－企業倫理の研究と実践－』白桃書房。
岸川善光［1990］『ロジスティクス戦略と情報システム』産能大学。
岸川善光［1999］『経営管理入門』同文舘出版。
岸川善光［2000］「ビジネス・ロジスティクスの現状およびその企業業績に及ぼす効果に関する研究－ＳＣＭ（Supply Chain Management）の進展を踏まえて－」東京大学。
岸川善光［2002］『図説　経営学演習』同文舘出版。
岸川善光他［2003］『環境問題と経営診断』同友館。
岸川善光編［2004a］『イノベーション要論』同文舘出版。
岸川善光［2004b］「バリュー・チェーンの再構築」『ビジネス研究のニューフロンティア』五絃舎。
岸川善光［2006］『経営戦略要論』同文舘出版。
岸川善光編［2007a］『ケースブック経営診断要論』同文舘出版。
岸川善光［2007b］『経営診断要論』同文舘出版。
岸川善光編［2008］『ベンチャー・ビジネス要論・改訂版』同文舘出版。
岸川善光編［2009a］『ケースブック経営管理要論』同文舘出版。
岸川善光［2009b］『図説　経営学演習（改訂版）』同文舘出版。
岸川善光編［2010a］『エコビジネス特論』学文社。
岸川善光編［2010b］『アグリビジネス特論』学文社。
岸川善光編［2010c］『コンテンツビジネス特論』学文社。
岸川善光編［2011］『サービス・ビジネス特論』学文社。
岸川善光編［2012a］『スポーツビジネス特論』学文社。
岸川善光編［2012b］『経営環境要論』同文舘出版。
岸川善光編［2015a］『経営管理要論』同文舘出版。
岸川善光編［2015b］『経営組織要論』同文舘出版。
岸田民樹［1985］『経営組織と環境適応』三嶺書房。
岸田民樹編［2005］『現代経営組織論』有斐閣。
岸田民樹［2006］『経営組織と環境適応』白桃書房。
岸田民樹=田中正光［2009］『経営学説史』有斐閣。
岸田雅雄［2006］『ゼミナール会社法入門（第6版）』日本経済新聞社。
北野利信編［1977］『経営学説史入門』有斐閣。
黒須誠治［1997］『次世代生産システム』白桃書房。
木村眞人編［1997］『土壌圏と地球環境問題』名古屋大学出版会。
工藤達男=小椋康宏編［1992］『現代経営学（第6版）』白桃書房。
株式会社グロービス［1995］『ＭＢＡマネジメント・ブック』ダイヤモンド社。
株式会社グロービス［1996］『ＭＢＡアカウンティング』ダイヤモンド社。
株式会社グロービス［1997］『ＭＢＡマーケティング』ダイヤモンド社。
株式会社グロービス［1998］『ＭＢＡビジネスプラン』ダイヤモンド社。

グロービス・マネジメント・インスティテュート編［1999b］『ＭＢＡファイナンス』ダイヤモンド社。
グロービス・マネジメント・インスティテュート編［1999c］『ＭＢＡゲーム理論』ダイヤモンド社。
グロービス・マネジメント・インスティテュート編［2002］『ＭＢＡ人材マネジメント』ダイヤモンド社。
グロービス経営大学院編［2010］『グロービスＭＢＡ事業開発マネジメント』ダイヤモンド社。
栗林世＝谷口洋志［2007］『現代経済政策』文眞堂。
桑田耕太郎＝田尾雅夫［1998］『組織論』有斐閣。
桑田耕太郎＝田尾雅夫［2010］『組織論（補訂版）』有斐閣。
桑田秀夫［1998］『生産管理概論（第2版）』日刊工業新聞社。
桑原哲也［1990］『企業国際化の史的分析』森山書店。
桑原裕＝安部忠彦編［2006］『技術経営の本質と潮流』丸善。
慶應義塾大学ビジネススクール編［2004］［人的資源マネジメント戦略］有斐閣。
慶應義塾大学ビジネススクール編［2005］［組織マネジメント戦略］有斐閣。
経営労働政策委員会編［2002］『経営労働政策委員会報告書（2003年版）－多様な価値観が生むダイナミズムと創造をめざして』日本経団連出版。
景気循環学会＝金森久雄編［2002］『景気循環入門』東洋経済新報社。
経済企画庁調査局編［1990］『平成2年度版　日本経済の現状』大蔵省印刷局。
経済産業省［2002］『産業競争力と知的財産を考える研究会　報告書』経済産業省。
経済産業省［2002］『2001年海外事業活動基本調査概要』経済産業省経済産業政策局。
経済産業省編［2005］『先進企業から学ぶ事業リスクマネジメント実践テキスト』経済産業省。
経済産業省企業行動課編［2007］『コーポレート・ガバナンスと内部統制－信頼される経営のために』経済産業調査会。
経済産業省貿易協力局通商金融・経済協力課［2010］『グローバル金融メカニズム分科会最終報告書』経済産業調査会。
経済産業省＝厚生労働省・文部科学省編［2009］『ものづくり白書（2009年版）』佐伯印刷。
㈳経済同友会［1985］『1990年代の企業経営のあり方に関する提言』㈳経済同友会。
小池和男［1977］『職場の労働組合と参加』東洋経済新報社。
小池和男［1994］『日本の雇用システム』東洋経済新報社。
小池和男＝青木昌彦＝中谷巌［1989］『日本企業のグローバル化の研究』ＰＨＰ研究所。
神戸大学大学院経営学研究室編［1999］『経営学大辞典（第2版）』中央経済社。
小久保厚郎［2001］『研究開発のマネジメント』東洋経済新報社。
木暮至［2004］『現代経営の管理と組織』同文舘出版。
小島清［1981］『多国籍企業の直接投資』ダイヤモンド社。

国部克彦=角田季美枝編［1999］『環境情報ディスクロージャーと企業戦略』東洋経済新報社。
国領二郎［1995］『オープン・ネットワーク経営』日本経済新聞社。
国領二郎［1999］『オープン・アーキテクチャ戦略－ネットワーク時代の協働モデル－』ダイヤモンド社。
国領二郎=野中郁次郎=片岡雅憲［2003］『ネットワーク社会の知識経営』ＮＴＴ出版。
児玉文雄［2007］『技術経営戦略』オーム社。
後藤晃［1993］『日本の技術革新と産業組織』東京大学出版会。
小林慎和=高田広太郎=山下達郎=伊部和晃［2011］『超巨大市場をどう攻略するか』野村総合研究所／日本経済新聞出版社。
小林規威［1980］『日本の多国籍企業』中央経済社。
小林末男編［1987］『経営行動科学辞典』創成社。
小林末男=欧陽菲［1995］『日本的経営生成の軌跡』創成社。
小林俊治［1990］『経営環境論の研究』成文堂。
小林則威［2007］『日本の国際化企業』中央経済社。
小林正彬編［1976］『日本経営史を学ぶ』有斐閣。
小松章編［2002］『ライフスタイル・マネジメント』文眞堂。
小峰隆夫［2007］『人口減・少子化社会の未来』株式会社明石書店。
小宮隆太郎［1989］『現代中国経済：日中の比較考察』東京大学出版会。
近藤文雄=陶山計介=青木俊明編［2001］『21世紀のマーケティング戦略』ミネルヴァ書房。
斎藤毅憲編［2011］『新経営学の構図』学文社。
財務省［2002］『対外直接投資届出・報告実績』財務省。
榊原清則［1992］『企業ドメインの戦略論』中央公論社。
榊原清則=大滝精一=沼上幹［1989］『事業創造のダイナミクス』白桃書房。
坂下昭宣［1985］『組織行動研究』白桃書房。
坂下昭宣［2002］『組織シンボリズム論－論点と方法－』白桃書房。
咲川孝［1998］『組織文化とイノベーション』千倉書房。
佐久間信夫編［2002］『現代の多国籍企業論』学文社。
佐久間信夫［2003］『企業支配と企業統治』白桃書房。
佐々木紀行［2001］『eMPから見る最新ＥＣ動向』アスキー。
澤田康幸［2003］『基礎コース　国際経済学』新世社。
産業能率大学総合研究所バリューイノベーション研究プロジェクト編［2008］『バリューイノベーション－顧客価値・事業価値創造の考え方と方法』産業能率大学出版部。
塩次喜代明［1998］『地域企業のグローバル経営戦略』九州大学出版会。
塩次喜代明=高橋信夫=小林敏男［1999］『経営管理』有斐閣。
柴川林也編［1997］『企業行動の国際比較』中央経済社。
嶋口充輝他編［1998］『マーケティング革新の時代(1) 顧客創造』有斐閣。

嶋口充輝他編［1999a］『マーケティング革新の時代(2)製品開発革新』有斐閣。
嶋口充輝他編［1999ｂ］『マーケティング革新の時代(3)ブランド構築』有斐閣。
島田達巳［1991］『情報技術と経営組織』日科技連出版社。
島田達巳=海老澤栄一編［1989］『戦略的情報システム』日科技連出版社。
島田達巳=高原康彦［1993］『経営情報システム』日科技連出版社。
下谷政弘［1993］『企業グループと系列－日本の系列と企業グループ』有斐閣。
庄司真理子=宮脇昇［2011］『新グローバル公共政策』晃洋書房。
ジョージ・フィールズ［1996］『超日本型経営』東洋経済新報社。
新宅純二郎［1994］『日本企業の競争戦略』有斐閣。
新宅純二郎=浅羽茂編［2001］『競争戦略のダイナミズム』日本経済新聞社。
鈴木辰治=角野信夫編［2000］『企業倫理の経営学』ミネルヴァ書房。
鈴木典比古編［2000］『グローバリゼーションの中の企業』八千代出版。
清家彰敏［1995］『日本型組織間関係のマネジメント』白桃書房。
関口尚志=朱紹文=植草益編［1992］『中国の経済体制改革－その成果と課題』東京大学出版会。
瀬藤嶺二［1995］『日本企業の多国籍化過程』文眞堂。
干川剛史［2008］『現代社会と社会学』同友館。
全日法規研究室編［2003］『最新　現代経営戦略事例全集第5巻』エム・シーコーポレーション。
曹斗燮=尹鐘彦［2005］『三星の技術能力構築戦略』有斐閣。
大東和武司［1999］『国際マネジメント』泉文堂。
ダイヤモンド・ハーバード・ビジネス編集部編［1997］『複雑系の経済学』ダイヤモンド社。
ダイヤモンド・ハーバード・ビジネス編集部編［1998a］『顧客サービスの競争優位戦略－個客価値創造のマーケティング－』ダイヤモンド社。
ダイヤモンド・ハーバード・ビジネス編集部編［1998b］『バリューチェーン解体と再構築』ダイヤモンド社。
ダイヤモンド・ハーバード・ビジネス編集部編［2000］『ナレッジ・マネジメント』ダイヤモンド社。
ダイヤモンド・ハーバード・ビジネス編集部編［2006］『サプライチェーンの経営学』ダイヤモンド社。
田尾雅夫［1999］『組織の心理学』有斐閣。
高巌=Donaldson, T.［2003］『新版・ビジネス・エシックス』文眞堂。
高田馨［1974］『経営者の社会的責任』千倉書房。
高田馨［1989］『経営の倫理と責任』千倉書房。
高橋伸夫［1997］『組織文化の経営学』中央経済社。
高橋伸夫編［2000］『超企業・組織論－企業を超える組織のダイナミズム』有斐閣。

参考文献

高橋伸夫［2004］『虚妄の成果主義－日本型年功制復活のススメ－』日経ＢＰ社。
高橋伸夫［2006］『経営の再生－戦略の時代・組織の時代－』有斐閣。
高橋輝男=ネオ・ロジスティクス共同研究会［1997］『ロジスティクス－理論と実践－』白糖書房。
高橋俊夫編［1995］『コーポレート・ガバナンス－日本とドイツの企業システム－』中央経済社。
高橋俊夫監修［2002］『比較経営論－アジア・ヨーロッパ・アメリカの企業と経営－』税務経理協会。
高橋正泰=山口善昭=磯山優=文智彦［1998］『経営組織論の基礎』中央経済社。
高橋秀雄［1998］『サービス業の戦略的マーケティング』中央経済社。
高橋浩夫［1996］『研究開発国際化の実際』中央経済社。
高橋浩夫［1998］『国際経営の組織と実際』同文舘出版。
高橋浩夫［2000］『研究開発のグローバル・ネットワーク』文眞堂。
高柳暁=飯野春樹編［1991］『新版　経営学(2)』有斐閣。
高柳暁=飯野春樹編［1992］『新版　経営学(1)』有斐閣。
武井勲［1987］『リスク・マネジメント総論』中央経済社。
武井勲［1998］『リスク・マネジメントと危機管理』中央経済社。
竹田志郎［1998］『多国籍企業と戦略提携』文眞堂。
竹田志郎［2005］『日本企業のグローバル市場開発』中央経済社。
竹村健一監修［2006］『サムスンはいかにして「最強の社員」をつくたか－日本企業が追い抜かれる理由－』祥伝社。
田代洋一=萩原伸次郎=金澤史男［2006］『現代の経済政策』有斐閣。
田代洋一=萩原伸次郎=金澤史男編［2011］『現代の経済政策　第4版』有斐閣。
伊達浩憲=佐武弘章=松岡憲司［2006］『自動車産業と生産システム』晃洋書房。
田村俊夫［2005］『ＭＢＡのためのＭ＆Ａ』有斐閣。
丹下博文［2003］『新版・国際経営とマーケティング　グローバル化への新たなパラダイム』同文舘出版。
丹野勲［2005］『アジア太平洋の国際戦略』同文舘出版。
中国国務院発展研究センター・中国社会科学院編［1993］『社会主義市場経済』中国国務院発展研究センター・中国社会科学院（小島麗逸=高橋満=叢小榕訳［1994a］『中国経済（上）』，小島麗逸=高橋満=叢小榕訳［1994b］『中国経済（下）』総合法令）
津田眞澂［1977］『日本的経営の論理』中央経済社。
土田義憲［2006］『会社法の内部統制システム』中央経済社。
土屋茂久［1996］『柔らかい組織の経営』同文舘出版。
土屋守章［1974］『ハーバード・ビジネス・スクールにて』中央公論社。
土屋守章［1978］『日本的経営の神話』日本経済新聞社。
土屋守章=岡本久吉［2003］『コーポレート・ガバナンス論－基礎理論と実際』有斐閣。

筒井義郎=平山健二郎［2009］『日本の株価－投資家行動と国際関連－』東洋経済新報社。
角野信夫［2001］『基礎コース経営組織』サイエンス社。
出川通［2004］『技術経営の考え方：ＭＯＴと開発ベンチャーの現場から』光文社。
出川通［2009］『最新　ＭＯＴ（技術経営）の基本と実践がよ～く分かる本：技術者と企業のための即戦力マニュアル』秀和システム。
寺本義也［1990］『ネットワークパワー』ＮＴＴ出版。
寺本義也［1993］『学習する組織－近未来型組織戦略－』同文舘出版。
寺本義也編［1997］『日本企業のコーポレート・ガバナンス』生産性出版。
寺本義也［1999］「知創経営とイノベーション」（日本経営協会編『OMUNI-MANAGEMENT　平成11年7月号』所収）
寺本義也=原田保編［2000］『環境経営』同友館。
寺本義也=岩崎尚人［2000］『ビジネスモデル革命－競争優位のドメイン転換』生産性出版。
寺本義也=山本尚利［2004］『ＭＯＴアドバンスト新事業戦略』日本能率協会マネジメントセンター。
遠山暁［1998］『現代経営情報システムの研究』日科技連出版社。
遠山暁=村田清=岸眞理子［2003］『経営情報論』有斐閣。
德重昌志=日高克平編［2003］『グローバリゼーションと多国籍企業』中央大学出版部。
トーマツ編［1994］『ビジネス・プロセス・リエンジニアリング』中央経済社。
薫光哲［2007］『経営資源の国際移転』文眞堂。
東京銀行調査部編［1994］『市場予測ガイド』東洋経済新報社。
戸堂康之［2011］『日本経済の底力』中央公論新社。
内閣府経済社会研究所編［2011］『高齢社会白書（平成23年版）』印刷通販株式会社。
長谷川信次［1998］『多国籍企業の内部化理論と戦略提携』同文舘出版。
中田信哉［2001］『ロジスティクス・ネットワークシステム』白桃書房。
中原秀登［2000］『研究開発のグローバル戦略』千倉書房。
中村久人［2006］『グローバル経営の理論と実態（改訂版）』同文舘出版。
中村久人［2010］『グローバル経営の理論と実態（新訂版）』同文舘出版。
中村瑞穂編［2003］『企業倫理と企業統治－国際比較－』文眞堂。
中山眞［2006］『ロボットが日本を救う』東洋経済新報社。
日本に根付くグローバル企業研究会＆日経ビズテック［2005］『サムスンの研究』日経ＢＰ社。
日本経済新聞社編［2000］『株価の見方』日本経済新聞社。
西澤脩［1976］『財務管理』産業能率短期大学通信教育部。
日通総合研究所［1991］『最新物流ハンドブック』白桃書房。
日本経営診断学会編［1994］『現代経営診断事典』同友館。
日本生産管理学会編［1999］『生産管理ハンドブック』日刊工業新聞社。

日本総合研究所編［1993］『生命論パラダイムの時代』ダイヤモンド社。
日本総合研究所ＳＣＭ研究グループ［1999］『図解サプライチェーン・マネジメント早わかり』中経出版。
丹羽清=山田肇編［1999］『技術経営戦略』生産性出版。
根本孝［1990］『グローバル技術戦略論』同文舘出版。
根本孝=諸上茂登［1996］『グローバル経営の調整メカニズム』文眞堂。
野口佑編［1995］『CIM経営管理の国際的展開』同文舘出版。
野田信夫［1988］『日本近代経営史　その史的分析』産業能率大学出版部。
野中郁次郎［2002］『企業進化論』日本経済新聞社。
野中郁次郎=寺本義也編［1987］『経営管理』中央経済社。
野中郁次郎=永田晃［1995］『日本型イノベーション・システム－成長の軌跡と変革への朝鮮』白桃書房。
野中郁次郎=竹内弘高［1996］『知識創造企業』東洋経済新報社。
野中郁次郎=紺野登［1999］『知識経営のすすめ』筑摩書房。
野中郁次郎=紺野登［2003］『知識創造の方法論』東洋経済新報社。
野村清［1983］『サービス産業の発想と戦略』電通。
野村総合研究所［1981］『日本企業の世界戦略』野村総合研究所。
朴慶心［2012］「米国・日本・韓国における半導体企業の競争戦略に関する研究－経済システム・産業システム・経営システムの関係性分析を踏まえて－」横浜市立大学大学院国際マネジメント研究科。
朴昌明［2004］『韓国の企業社会と労使関係－労使関係におけるデュアリズムの進化－』ミネルヴァ書房。
橋爪大三郎他［1994］『社会システムと自己組織性』岩波書店。
間宏［1963］『日本的経営の系譜』日本能率協会。
間宏［1964］『日本労務管理史研究』ダイヤモンド社。
間宏［1971］『日本的経営』日本経済新聞社。
間宏［1989］『経営社会学　現代企業の理解のために〔新版〕』有斐閣。
濱口恵俊編［1993］『日本型モデルと何か』新曜社。
濱口恵俊=公文俊平編［1982］『日本的集団主義』有斐閣。
原田實=安井恒則=黒田兼一編［2000］『新・日本的経営と労務管理』ミネルヴァ書房。
林昇一=徳永善昭［1995］『グローバル企業論』中央経済社。
林正樹=遠山曉編［2003］『グローバルな時代の経営革新』中央大学出版部。
林吉郎［1985］『異文化インターフェース管理』有斐閣。
林吉郎［1994］『異文化インターフェース経営』日本経済新聞社。
林紘一郎［1989］『ネットワーキングの経済学』ＮＴＴ出版。
林信二［2000］『組織心理学』白桃書房。
林正樹=井上照幸=小阪隆秀編［2001］『情報ネットワーク経営』ミネルヴァ書房。

日沖健［2002］『戦略的事業撤退』ＮＴＴ出版。
一橋大学イノベーション研究センター編［2001a］『知識とイノベーション』東洋経済新報社。
一橋大学イノベーション研究センター編［2001b］『イノベーショ・マネジメント入門』日本経済新聞社。
福田恵介［2002］『サムスン電子』東洋経済新報社。
福田慎一=照山博司［2011］『マクロ経済学入門（第4版）』有斐閣。
藤末健三［2005］『技術経営論』生産性出版。
藤野哲也［1998］『グローバリゼーションの進展と連結経営』文眞堂。
藤本隆弘［1997］『生産システムの進化論』有斐閣。
藤本隆弘=武石彰=青島矢一編［2001］『ビジネス・アーキテクチャ』有斐閣。
藤本隆弘=新宅純二郎編［2005］『中国製造業のアーキテクチャ分析』東洋経済新報社。
藤本光夫=大西勝明編［1999］『グローバル企業の経営戦略』ミネルヴァ書房。
二神恭一編［2006］『新版 ビジネス・経営学辞典』中央経済社。
古川栄一=桜井信行編［1970］『経営用語辞典』東洋経済新報社。
ボストン・コンサルティング・グループ（ＢＣＧ）［1990］『タイムベース競争−90年代の必勝戦略』プレジデント社。
洞口治夫［1992］『日本企業の海外直接投資』東京大学出版会。
堀出一郎=山田晃久［2003］『グローバルマーケティング戦略』中央経済社。
本名信行他編［2005］『人間と組織』三修社。
牧野二郎=亀松太郎［2006］『内部統制システムのしくみと実務対策』日本実業出版社。
馬越恵美子［2000］『異文化経営論の展開』学文社。
益田安良［2000］『金融開国−グローバルマネーを手なずけろ』平凡社。
松江英夫［2003］『経営統合戦略マネジメント』日本能率協会マネジメントセンター。
松崎和久編［2006］『経営組織−組織デザインと組織変革』学文社。
松原敏浩=渡辺直登=城戸康彰編［2008］『経営組織心理学』ナカニシヤ出版。
松村洋平編［2006］『企業文化（コーポレートカルチャー）』学文社。
宮川正裕［2008］『グローバル経営と戦略的クオリティ・マネジメント』同友館。
水谷雅一［1995］『経営倫理学の実践と課題』白桃書房。
水谷雅一［2003］『経営倫理』同文舘出版。
三隅二不二［1966］『新しいリーダーシップ：集団指導の行動科学』ダイヤモンド社。
三隅二不二［1984］『リーダーシップ行動の科学（改訂版）』有斐閣。
三隅二不二［1994］『リーダーシップの行動科学−「働く日本人」の変貌』朝倉書店。
宮澤健一［1986］『高度情報社会の流通機構』東洋経済新報社。
宮澤健一［1987］『産業の経済学』東洋経済新報社。
宮澤健一［1988］『業際化と情報化』有斐閣。
宮澤健一=高丘季昭編［1991］『流通の再構築』有斐閣。

宮島英昭編［2007］『日本のM&A－企業統治・組織効率・企業価値へのインパクト』東洋経済新報社。
宮島喬編［2005］『現代社会学（改訂版）』有斐閣。
宮下国生［2002］『日本物流業のグローバル競争』千倉書房。
宮田矢八郎［2001］『経営学100sx年の思想－マネジメントの本質を読む』ダイヤモンド社。
茂垣広志編［2001］『グローバル戦略経営』学文社。
茂垣広志［2006］『国際経営－国際ビジネス戦略とマネジメント』学文社。
百瀬恵夫=梶原豊［2002］『ネットワーク社会の経営学』白桃書房。
諸上茂登=藤澤武史=嶋正編［2007］『グローバル・ビジネス戦略の革新』同文舘。
守屋友一=妹尾芳彦［1993］『景気の読み方』日本経済新聞社。
森川英正［1980］『日本型経営の展開』東洋経済新報社。
森本三男［1994］『企業社会責任の経営学的研究』白桃書房。
森本三男［1995］『経営学入門（三訂版）』同文舘出版。
森本三男［2003］『現代経営組織論』学文社。
森本三男［2006］『現代経営組織論（第三版）』学文社。
門田安弘［1985］『トヨタシステム』講談社。
文部科学省［2002］『平成14年版科学技術白書』ぎょうせい。
文部科学省［2010］『平成22年版科学技術白書』ぎょうせい。
文部科学省科学技術・学術政策局調査調整課［2010］『科学技術要覧（平成22年版）』佐伯印刷。
文部科学省編［2011］『平成23年度科学技術白書』文部科学省国立印刷局。
安田洋史［2010］『アライアンス戦略論』ＮＴＴ出版。
安田洋史［2006］『競争環境における戦略的提携－その理由と実践－』ＮＴＴ出版。
安室憲一［1982］『国際経営行動論』森山書店。
安室憲一［1993］『国際経営』日本経済新聞社。
安室憲一編［2007］『新グローバル経営論』白桃書房。
山内昭=松岡俊三=宮澤信一郎［1998］『要説　経営情報管理』白桃書房。
山口隆英［2006］『多国籍企業の組織能力－日本のマザー工場システム－』白桃書房。
山倉健嗣［1993］『組織間関係－企業間ネットワークの変革に向けて』有斐閣。
山倉健嗣［2007］『新しい戦略マネジメント－戦略・組織・組織間関係－』同文舘出版。
山倉健嗣=岸田民樹=田中政光［2001］『現代経営キーワード』有斐閣。
山崎清［1982］『テキストブック国際経営』有斐閣。
山崎清=竹田志郎編［1993］『テキストブック国際経営』有斐閣。
山下洋史=諸上茂人=村上潔［2003］『グローバルＳＣＭ－サプライチェーン・マネジメントの新しい潮流』有斐閣。
山田英夫［1993］『競争優位の規格戦略』ダイヤモンド社。

山之内昭夫［1992］『新・技術経営論』日本経済新聞社。
山本孝=井上秀次郎［2007］『生産マネジメント－その機能と発展－』世界思想社。
山脇直司=押村高［2010］『アクセス公共学』日本経済評論社。
吉沢正広編［2006］『入門グローバル・ビジネス』学文社。
吉田和男［1993］『日本型経営システムの功罪』東洋経済新報社。
吉原英樹［1989］『現地人社長と内なる国際化』東洋経済新報社。
吉原英樹［1992］『日本企業の国際経営』同文舘出版。
吉原英樹［1996］『未熟な国際経営』白桃書房。
吉原英樹［1997］『国際経営（新版）』有斐閣。
吉原英樹［2001］『国際経営（新版）』有斐閣。
吉原英樹編［2002］『国際経営論への招待』有斐閣。
吉原英樹［2005］『国際経営論』放送大学教育振興会。
吉原英樹［2011］『国際経営（第3版）』有斐閣。
吉原英樹=佐久間昭光=伊丹敬之=加護野忠男［1981］『日本企業の多角化戦略』日本経済新聞社。
吉原英樹=林吉郎=安室憲一［1988］『日本企業のグローバル経営』東洋経済新報社。
吉原英樹=欧陽桃花［2006］『中国企業の市場主義管理　ハイアール』白桃書房。
李潔［2005］『産業連関構造の日中・日韓比較と購買力平価』大学教育出版。
若林直樹［2009］『ネットワーク組織－社会ネットワーク論からの新たな組織像』有斐閣。
和田武=木村啓二［2011］『拡大する世界の再生可能エネルギー』世界思想社。
若杉隆平=伊藤萬里［2011］『グローバル・イノベーション』慶応義塾大学出版会。
早稲田大学ビジネススクール松田修一研究室［2004］『ＭＯＴアドバンスト技術ベンチャー』日本能率協会マネジメントセンター。
渡辺利夫編［2004］『東アジア市場統合への道－ＦＴＡへの課題と挑戦』勁草書房。

〈雑誌・論文〉

楠田喜宏［2005］「サービスロボット技術発展の系統化調査」（国立科学博物館=産業技術史資料情報センター［2005］『技術の系統化調査報告第5集』国立科学博物館）。
日本ロジスティクス協会［2014］「2013年度物流情報システムの連携，物流情報の可視化による物流の効率化調査報告書」公益社団法人日本ロジスティクス協会。
高橋敏朗［1994］「情報化と情報管理」オフィス・オートメーション，Vol 15, No3, 4。
高桑宗右エ門［1991］「経営戦略情報システムにおけるFA/CIMと生産管理のアプローチ－90年代の経営戦略－」経営論集61.日本経営学会編。
林倬史［1996］「ＩＢＭの技術開発分類とグローバル研究体制」立教経済学研究　第50巻第2号，23-49頁。
集陳麗梅［2009］「国際調達におけるリードタイム短縮に関する一考察」日通総合研究所論集。

佐藤勝尚［1997］「ＣＩＭの課題と展望」Bulletin of Toyohashi Sozo College No. 1, 33-44。

〈ＵＲＬ〉
外務省［2002］「ＯＥＣＤ情報システム及びネットワークのセキュリティのためのガイドライン－セキュリティ文化の普及に向けて」
  <http://www.mofa.go.jp/mofaj/gaiko/oecd/security_gl_a.html>。
高度情報通信ネットワーク社会推進戦略本部［2010］「新たな情報通信技術戦略」
  <http://www.kantei.go.jp/jp/singi/it2/100511honbun.pdf>。
ＣＳＣＭＰホームページ<https://cscmp.org/>。
情報セキュリティ研究会［2007］「10大脅威の見えない化が加速する」独立行政法人情報処理推進機構<https://www.ipa.go.jp/files/000016997.pdf>。
日本経済団体連合会［2014］「アジア諸国における税制および執行に関する要望－円滑な事業活動を経済成長につなげる－」
  <https://www.keidanren.or.jp/policy/2014/060.html>。
総務省［2007］『平成19年度版情報通信白書』オンライン版，第1章第3節5(3)
  <http://www.johotsusintokei.soumu.go.jp/whitepaper/ja/h19/index.html>。
内閣府経済社会総合研究所［2011a］「景気動向指数の改定及び景気基準日付について」
  <http://www.esri.cao.go.jp/jp/stat/di/111019siryou4.pdf>。
内閣府経済社会総合研究所［2011b］「二度の石油危機と日本経済の動向」
  <http://www.esri.go.jp/jp/archive/sbubble/history_01/analysis_01_01_02.pdf>。
内閣府政策統括官ＨＰ<http://www8.cao.go.jp/kourei/whitepaper/w-2011/zenbun/html/s1-1-5-02.html>。
SankeiBizのＨＰ
  <http://www.sankeibiz.jp/macro/news/120602/eca1206020501001-n3.htm>。
  キヤノンは2012年12月期決算で，想定レートと営業利益減少額は4～12月期予想。
世界人口白書［2011］
  <http://www.unfpa.or.jp/cmsdesigner/data/entry/publications/publications.>。
政府広報オンライン［2015］
  <http://www.gov-online.go.jp/useful/article/201303/5.html>。
水ビジネス国際展開研究会［2010］「水ビジネスの国際展開に向けた課題と具体的方策」
  <http://www.meti.go.jp/committee/summary/0004625/pdf/g100426b01j.pdf#search>。
三菱総合研究所［2012］「諸外国におけるＩＣＴ分野の標準化戦略の現状」
  <http://www.soumu.go.jp/main_content/000154650.>。

▼ 索　引 ▲

━━━━ あ行 ━━━━

IBM ·· 76
ICT ······································· 203
ICT分野 ································· 155
IMF ······································· 316
ISO14000 ······························· 218
ISO14001 ······························· 144
ISO26000 ······························· 304
アウトソーシング ················ 82, 84
アジアNIEs ···························· 170
アジア通貨危機 ························· 4
アジア的経営 ·························· 116
アジアの時代 ·························· 116
ASEAN ·································· 170
アングロサクソンモデル ········· 110
E-P-R-Gプロファイル ········ 52, 164
eビジネス ······························· 203
eマーケットプレイス ·············· 248
イタリアの課題 ······················· 23
イデオロギーとしての個人主義 ········· 113
イノベーション ······················· 84
　　──の遅れ ······················· 124
異文化インターフェイス ········· 267
異文化コミュニケーション ······ 269
　　──の概念 ······················· 269
異文化シナジー ······················· 265
　　──の概念 ······················· 265
異文化トレーニング ················ 275
異文化マネジメント ········ 257, 272
　　──の意義 ······················· 258
　　──の目的 ······················· 264

異文化マネジャー ··················· 277
インターナショナル型組織モデル ········· 187
インターナショナル企業 ····· 58, 186
ウィリアムソン ················· 50, 293
Win-Win関係 ·························· 176
受入国 ···································· 173
内なる国際化 ······················ 9, 273
ウルグアイ・ラウンド ············ 138
英国の課題 ······························ 25
英語の社内公用語化 ··················· 9
英語の重要性 ·························· 270
ABB ·· 76
SECIプロセス ·························· 87
SECIモデル ······························ 17
M&A ······························· 236, 239
　　──の意義 ······················· 239
　　──のプロセス ················ 243
オイルショック ························· 3
欧州的経営 ···························· 110
オープン・アーキテクチャ ······ 213
オープン・システム ················ 130
オープン型経営 ······················· 302
OECD ······································ 99
OLIパラダイム ························· 54

━━━━ か行 ━━━━

海外直接投資 ········· 4, 42, 163, 165
外的キャリア ···················· 273, 274
開発 ······································ 209
「開発主義」経済 ····················· 123
外部効果の内部化 ···················· 14
学習 ································· 11, 16

351

――する組織 ……………………… 17	協同戦略パースペクティブ ……………… 292
囲い込み経営 ……………………………… 304	業務システム …………………………… 95, 195
価値観 …………………………………… 139	金・ドル本位制 ………………………………… 316
価値連鎖（バリュー・チェーン）… 151, 299	キンドルバーガー理論 ……………………… 43
――の基本形 ………………………… 152	金融 ……………………………………… 315
GATT …………………………………… 138	金利 ……………………………………… 131
為替レート ………………………… 131, 201	国の競争優位 …………………………… 20
環境マネジメントシステム ………………… 144	国の文化 ……………… 105, 258, 259, 260
関係性資産 ……………………… 228, 247, 288	グリーン・ロジスティクス ……………… 225
韓国的経営 ………………………………… 119	グリーンフィールド …………………………… 43
韓国の課題 …………………………………… 23	グローバル・イノベーション ……………… 84
間人 …………………………………………… 108	グローバル・ガバナンス ……………… 136, 137
――主義 ……………………… 107, 108	グローバル・キャッシュ・マネジメント
間接投資 ………………………………… 42, 165	…………………………………………… 202
カントリーリスク ……………………………… 27	グローバル・ビジネス・システム ……… 298
機会 ………………………………… 26, 310	グローバル・フォー・グローバル ………… 87
規格競争 ………………………………… 230	グローバル・マトリックス構造 ………… 74
危機管理 ………………………………… 312	グローバル・ロジスティクス ……………… 223
企業価値の極大化 ………………………… 199	グローバル型組織モデル ……………… 187
企業間（組織間）関係論 ………………… 298	グローバル化の進展 ……………………… 2
企業系列 ………………………………… 288	グローバル化の発展段階 ………………… 34
企業の社会的責任 ……………………… 305	グローバル企業 …………………… 57, 58, 185
技術環境 ………………………………… 154	グローバル企業間(組織間)関係 ……… 288
技術的リスク ……………………………… 311	グローバル経営 ……………………………… 7
規模の経済 ……………………… 12, 170	――の意義 ……………………………… 1
基本的仮定 ……………………………… 106	――の体系 ……………………………… 65
キャッシュフロー ……………………… 246	――の定義 ………………………… 7, 10
脅威 ………………………………… 26, 310	――の特質 …………………………… 20
供給連鎖（サプライ・チェーン）… 299	――の目的 …………………………… 11
競争環境 ………………………………… 150	グローバル経営環境 ……………………… 129
競争戦略 ………………………… 68, 71, 178	グローバル経営資源 ………………………… 78
競争的リスク ……………………………… 311	グローバル経営システム ………………… 91
競争の排除 ………………………………… 44	グローバル経営戦略 ……………………… 66
協働 ………………………………………… 72	グローバル経営組織 ……………………… 71
協働システム ……………………………… 72	グローバル経営論 ………………………… 63

──の今日的課題 287	研究開発の国際化 210
──の生成と発展 33	現地企業（現地子会社） 52
グローバル構造 74	──の役割差別化モデル 56
グローバル製品別事業部 74	現地志向 52, 164, 165
グローバル統合 27, 29	現地生産拠点 45
──とローカル適応 6, 27, 29	現地販売拠点 40
──とローカル適応の関係性 30	コア・コンピタンス 80, 82, 84
経営環境要因 130	貢献者 56
経営管理（マネジメント） 180	高コンテクスト 271
経営管理システム 93, 195	行動する取締役会 114
経営資源 78	効率性 11, 182
──の集合体 79	コース 50, 293
──の蓄積・配分 68, 71	コーポレート・ガバナンス 114, 308
──のパッケージ移転 42, 165	ゴールデン・イヤーズ 2
経営システム 91, 194	顧客の創造 19, 85
──の基本構造 92, 194	国際会計基準 202
──の構造 194	国際経営 8
──の体系 194	──とグローバル経営の比較 10
経営戦略 66	国際事業部 74
──の構成要素 68, 69	国際人的資源管理 197
──の定義 66	国際分業 39
経営組織の発展段階モデル 73	国際輸送 223
景気循環 131, 132	個人主義 108
経済環境 131	コスト 215
経済性 12	コミュニケーション・プロセス 269
──の概念の変遷 12, 13	コンテクスト 271
経済的リスク 311	──・マネジメント 271
ゲルマンモデル 110	コンプライアンス（法令遵守） 307, 308
限界収穫 79	
限界収穫逓減 79, 80	**さ行**
限界収穫逓増 79, 80, 202	財閥 119
研究 209	財務管理 199
研究開発管理 209	──の意義 199
──の意義 209	──の課題 201
──の課題 211	サスティナビリティ 145

サプライチェーン・マネジメント
　（SCM）……………………………243, 245
　──の意義 …………………………… 243
差別化 …………………………………67, 68
　──の創造 …………………………… 68
産業組織 ……………………………… 303
三種の神器 …………………………… 99
参入(進出)戦略 ……………………41, 249
C to C ………………………………… 203
CIM …………………………………… 216
CALS ………………………………… 215
資金運用管理 ………………………… 200
資金調達管理 ………………………… 200
資源依存パースペクティブ ………… 291
自己組織化 …………………………19, 85
市場環境 ……………………………… 147
市場細分化 …………………………… 149
市場対応 ……………………………… 11
市場的リスク ………………………… 311
市場の同質化 ………………………15, 28
自然環境 ……………………………… 143
慈善事業（フィランソロピー）…… 307
自然的リスク ………………………… 311
持続可能性 …………………………… 182
持続的競争優位 ……………………… 180
下請け制 ……………………………… 288
実行者 ………………………………… 57
シティバンク ………………………… 76
死の谷 ………………………………… 90
社会環境 ……………………………… 139
社会主義市場経済 …………………4, 116
社会的責任 ……………………… 304, 305
　──の階層構造 …………………… 307
社会的リスク ………………………… 311
ジャスト・イン・タイム …………… 115

自由競争 ……………………………… 113
集権と分権 …………………………… 6
集団主義 ……………………………… 107
集団の拘束 …………………………… 124
自由と平等 …………………………… 113
柔軟な各国対応 …………………… 11, 14
需要連鎖（ディマンド・チェーン）
　…………………………………247, 300
シュンペーター ……………………18, 85
ジョイント・ベンチャー …………… 236
止揚（アウフヘーベン）…………… 30
証券投資（ポートフォリオ投資）… 42
少品種大量生産 ……………………… 246
情報管理 ……………………………… 202
　──の意義 ………………………… 202
　──の課題 ………………………… 204
情報セキュリティ …………………… 204
情報創造 ……………………………19, 85
情報通信技術 ………………………… 202
所有特殊的優位 ……………………… 55
所有比率 ……………………………… 234
自律的海外子会社 …………………… 168
シングル・ループ学習 ……………17, 84
人口動態 ………………………139, 140, 141
人事・労務管理 ……………………… 196
人的資源価値の極大化 ……………… 199
人的資源管理 ………………………… 196
　──の意義 ………………………… 196
　──の課題 ………………………… 198
スイスの課題 ………………………… 24
垂直型貿易 …………………………… 40
垂直的統合 …………………………… 183
垂直統合型バリュー・チェーン …… 184
水平型貿易 …………………………… 40
水平的統合 …………………………… 183

索引

水平統合型バリュー・チェーン ……… 184
スウェーデンの課題 ……………………… 23
スミス ………………………………………… 36
成功の罠 …………………………………… 281
生産・販売・物流統合CIM ……………… 300
生産管理 …………………………………… 215
　——の課題 ……………………………… 217
生産諸要素の新結合 ………………… 18, 85
生産の3要素 ……………………………… 215
政治環境 …………………………………… 135
政治的リスク ……………………………… 311
制度化パースペクティブ ……………… 293
製品・市場戦略 ………………………… 68, 70
製品化 ……………………………………… 209
政府の役割 ………………………………… 22
制約 ………………………………………… 72
世界規模の学習とイノベーション …… 11, 16
世界規模の効率 ………………………… 11, 12
世界共通語 ……………………………… 271
世界銀行 ………………………………… 316
世界志向 ……………………… 53, 164, 165
世界は1つ ………………………………… 166
絶対生産費説 ……………………………… 36
折衷理論 …………………………………… 54
設備投資率 ……………………………… 134
センター・フォー・グローバル ………… 86
選択と集中 ………………………………… 82
戦略的思考 ………………………………… 66
戦略的社会性 …………………………… 308
戦略的提携 ……………………………… 233
　——の意義 …………………………… 233
戦略リーダー ……………………………… 56
創造的破壊 ………………………………… 85
組織学習 …………………………………… 17
組織セット・パースペクティブ ……… 292

組織的知識創造 …………………………… 87
組織の組織 ……………………………… 297
組織文化 ……………………… 258, 259, 260
　——の概念 …………………………… 105
　——の機能 …………………………… 279
　——の機能と逆機能 ………………… 278
　——の逆機能 ………………………… 280
　——の変革 …………………………… 278
　——の変革メカニズム ……………… 281
　——のマネジメント ……… 105, 258, 281
ソフト的な側面 ………………………… 191
ソ連の崩壊 ………………………………… 3

た行

ダーウィンの海 …………………………… 91
ダイアディック …………………………… 77
大気 ………………………………………… 144
ダイヤモンド ………………………… 20, 174
ダイヤモンド・モデル …………………… 21
大量生産方式 …………………………… 168
ダウ・ケミカル …………………………… 76
多国籍企業 …………………………… 16, 162
　——と国家 …………………………… 173
　——の概念 …………………………… 162
　——の機能別管理 …………………… 193
　——の社会的責任 …………………… 304
多国籍企業間行動 ……………………… 227
多国籍企業論 ……………………………… 63
ダニング …………………………………… 54
WTO ……………………………………… 138
ダブル・ループ学習 …………………… 17, 84
多様性 ……………………………………… 22
単一化と多様化 …………………………… 6
断続性（非連続性）……………………… 85
単品管理 ………………………………… 246

地域志向	52, 164, 165
地域別事業部	74
チェンジ・マネジメント	284
知覚ギャップ	267
知識創造	17, 19, 87
知的財産権	206
中国的経営	116
超国籍企業	162
調達管理	212
——の意義	212
——の課題	213
直接投資	42
直接取引型モデル	204
低コンテクスト	271
ディマンドチェーン・マネジメント	222
適応	67
デジュール・スタンダード	229
撤退戦略	249
デファクト・スタンダード	228, 229, 230
電子商取引	203
ドイツの課題	24
統一化と分散化	6
統一化の要因	6
統合と分化	6
統合ネットワーク	76, 188, 288
独自能力	82
独自の価値	67
独占的優位性	45
土壌	144
特化	36
ドメイン	68, 69
ドラッカー	18, 85
トランスナショナル・モデル	58
トランスナショナル企業	58, 186
トランペナーズ	260, 261, 263

取引コスト	14, 50, 290
取引コスト・パースペクティブ	293
トレードオフ（二律背反）	30, 186

な行

内的キャリア	273, 274
内部化優位	55
NIEs	5
二重課税	201, 202
二重国籍企業	167
日本的経営	97
——の概念	98
——の起源	104
——の基盤	104
——の限界	125
——の変遷	100
——のメリットとデメリット	123
日本的取引慣行	290
日本の課題	23
ネットワーク外部性	229
ネットワーク社会	204
納期	215
能力開発の停滞	124

は行

バーゲニング	175
バーチャル企業	83
ハード的な側面	191
バーナード	71
バーノン	48
買収	43
ハイマー理論	43
パックス・アメリカーナ	49
——体制	168
発展可能性	182

索引

ハブ・アンド・スポーク型モデル・203, 204
パワー……………………………………… 296
範囲の経済 ……………………………… 12
反グローバリズム運動 ………………… 177
バンドワゴン効果 ……………………… 49
B to C …………………………………… 203
比較生産費説 …………………………… 37
比較優位 ………………………………… 38
　──の原理 …………………………… 36
東インド会社 …………………………… 35
ビジネス・システム ……………… 182, 298
　──戦略 …………………… 69, 71, 182
ビジネス・プロセス …………………… 299
ビジネス・モデル ……………………… 299
標準化と適応化 ………………………… 6
標準化の遅れ …………………………… 124
品質 ……………………………………… 215
ファシリテーター型リーダーシップ … 277
ファミリー形成 ………………………… 232
フィードバック・コントロール …… 93, 195
フェアな自由競争 ……………………… 113
普及 …………………………………… 19, 85
物流 ……………………………………… 245
プラザ合意 …………………………… 3, 318
ブラックホール ………………………… 57
プラットフォーム ………… 173, 174, 302
BRICs ………………………………… 5, 170
フリーライダー ………………………… 212
ブレトン・ウッズ体制 ………………… 316
プロセス・イノベーション …………… 89
プロダクト・イノベーション ………… 89
プロダクト・ライフサイクル理論 …… 48
文化 ……………………………………… 139
　──の概念 …………………………… 258
文化支援活動（メセナ）……………… 307

文化的多様性 …………… 265, 268, 272, 273
分化ネットワーク ………………… 188, 288
分業 ……………………………………… 36
分散化の要因 …………………………… 7
米国的経営 ……………………………… 112
米国の課題 ……………………………… 25
閉鎖性 …………………………………… 124
ヘクシャー=オリーン理論 …………… 38
変革型リーダー ………………………… 283
変種変量生産 …………………………… 246
貿易（輸出入）………………………… 34
法務管理 ………………………………… 206
　──の意義 …………………………… 206
　──の課題 …………………………… 208
ポジション・スクール ………………… 180
ホフステッド …………………………… 260
本国 ……………………………………… 173
　──志向 ………………………… 52, 164

━━━━━━━━ ま行 ━━━━━━━━

マーケティング・ミックス ………… 15, 219
マーケティング管理 …………………… 218
　──の意義 …………………………… 218
　──の課題 …………………………… 220
マクロ－セミマクロ－ミクロの関係性 320
マクロとミクロのジレンマ …………… 309
マクロとミクロの両立 …………… 309, 310
マザー・ドーター構造 …………… 111, 168
魔の川 …………………………………… 89
マルチ・ステークホルダー …………… 307
マルチナショナル型組織モデル ……… 187
マルチナショナル企業 …………… 58, 185
マルチフォーカル ……………………… 30
　──企業 ……………………………… 31
水 ………………………………………… 145

357

水ビジネス ……………………………… 146
民主主義 …………………………………… 113
モジュール化 ……………………………… 213
もの言う株主 ……………………………… 114
模倣困難性 ………………………………… 182

━━━━━ や行 ━━━━━

優位性 ……………………………………… 63
　──の保有 …………………………… 44
有効性 ……………………………………… 182
ユビキタス・ネットワーク社会 ……… 204
4 C ………………………………………… 219
4 P …………………………………… 15, 219

━━━━━ ら行 ━━━━━

ライフサイエンス分野 …………………… 157
ライフスタイル …………………………… 142
ラテンモデル ……………………………… 110
リカード …………………………………… 37
利害関係者（ステークホルダー）…293, 294
リスク ……………………………………… 26
リスク・マネジメント ………… 27, 308, 310
　──の変遷 …………………………… 313

リスク・マネジメント・プロセス ……… 315
リソース・ベースト・ビュー ……… 80, 180
立地特殊的優位 …………………………… 55
理念型モデル ……………………………… 186
リリエンソール …………………………… 162
リレーションシップ（関係性）・
　マーケティング ……………………… 220
理論と実践の融合 ………………………… 62
レオンチェフの逆説 ……………………… 39
連結の経済 ………………………………… 13
ローカル・フォー・グローバル ………… 86
ローカル・フォー・ローカル …………… 86
ローカル適応 ……………………………… 28
ローカル適合 ……………………………… 29
ローコスト・オペレーション …………… 246
ロジスティクス …………………… 245, 300
ロジスティクス管理 ……………………… 222
　──の課題 …………………………… 223
ロジャーズ …………………………… 19, 85
ロボット分野 ……………………………… 155

━━━━━ わ行 ━━━━━

ワン・トゥ・ワンマーケティング ……… 220

〈編著者略歴〉

岸川善光（KISHIKAWA, Zenko）：第1章～第3章，第10章
・学歴：東京大学大学院工学系研究科博士課程（先端学際工学専攻）修了。博士（学術）。
・職歴：産業能率大学経営コンサルティングセンター主幹研究員，日本総合研究所経営システム研究部長，同理事，東亜大学大学院教授，久留米大学教授（商学部・大学院ビジネス研究科），横浜市立大学教授（国際総合科学部・大学院国際マネジメント研究科），同副学長を経て，現在，横浜市立大学名誉教授。その間，通商産業省（現経済産業省）監修『情報サービス産業白書』白書部会長を歴任。1981年，経営コンサルタント・オブ・ザ・イヤーとして「通商産業大臣賞」受賞。
・主要著書：『ロジスティクス戦略と情報システム』産業能率大学，『ゼロベース計画と予算編成（共訳）産能大学出版部，『経営管理入門』同文舘出版，『図説経営学演習（改訂版）』同文舘出版，『環境問題と経営診断』（共著）同友館（日本経営診断学会・学会賞受賞），『ベンチャー・ビジネス要論（改訂版）』（編著）同文舘出版，『イノベーション要論』（編著）同文舘出版，『ビジネス研究のニューフロンティア』（共著）五弦社，『経営戦略要論』同文舘出版，『経営診断要論』同文舘出版（日本経営診断学会・学会賞（優秀賞）受賞），『ケースブック経営診断要論』（編著）同文舘出版，『ケースブック経営管理要論』（編著）同文舘出版，『エコビジネス特論』（編著）学文社，『アグリビジネス特論』（編著）学文社，『コンテンツビジネス特論』（編著）学文社，『サービス・ビジネス特論』（編著）学文社，『スポーツビジネス特論』（編著）学文社，『経営環境要論』（編著）同文舘出版，『経営管理要論』（編著）同文舘出版，『経営組織要論』（編著）同文舘出版など多数。

〈共著者略歴〉

朴慶心（PARK, Kyeong Sim）：第4章～第9章
・学歴：横浜市立大学大学院国際マネジメント研究科博士後期課程単位取得。博士（経営学）
・職歴：横浜市立大学共同研究員，日本経済大学大学院経営学研究科講師，中小企業大学校講師，ナレッジバンクディレクターなどを歴任。
・主要著書・論文：『エコビジネス特論』（共編著）学文社，『アグリビジネス特論』（共編著）学文社，『サービス・ビジネス特論』（共編著）学文社，『コンテンツビジネス特論』（分担執筆）学文社，『経営管理要論』（共著）同文舘出版，『経営組織要論』（共著）同文舘出版，「米国・日本・韓国における半導体企業の競争戦略に関する研究－経済システム・産業システム・経営システムの関係性分析を踏まえて－」横浜市立大学大学院国際マネジメント研究科。

（検印省略）

平成28年3月25日　初版発行　　　　略称：グローバル要論

グローバル経営要論

編著者　　岸　川　善　光
発行者　　中　島　治　久

発行所　同文舘出版株式会社

東京都千代田区神田神保町1-41　〒101-0051
営業（03）3294-1801　　編集（03）3294-1803
振替 00100-8-42935　　http://www.dobunkan.co.jp

Ⓒ Z. KISHIKAWA　　　　　　　　　　　　　製版　一企画
Printed in Japan 2016　　　　　　　　　印刷・製本　萩原印刷

ISBN978-4-495-38661-0

JCOPY〈出版者著作権管理機構 委託出版物〉
本書の無断複製は著作権法上での例外を除き禁じられています。複製される場合は，そのつど事前に，出版者著作権管理機構（電話 03-3513-6969, FAX 03-3513-6979, e-mail : info@jcopy.or.jp）の許諾を得てください。

経営学要論シリーズ

●岸川善光 (編) 著

1. 経営学要論*
2. 経営管理要論
   ケースブック　経営管理要論
3. 経営戦略要論
4. 経営組織要論
5. 経営情報要論*
6. イノベーション要論
7. グローバル経営要論
8. 経営診断要論
   ケースブック　経営診断要論
9. 経営環境要論
10. ベンチャー・ビジネス要論

＊は未刊